21世纪应用型本科金融系列规划教材

U0792048

金融市场

（第四版）

郭红　孟昊　主编

东北财经大学出版社
Dongbei University of Finance & Economics Press

大　连

图书在版编目（CIP）数据

金融市场/郭红，孟昊主编．—4版．—大连：东北财经大学出版社，2023.1

（21世纪应用型本科金融系列规划教材）

ISBN 978-7-5654-4703-7

Ⅰ.金…　Ⅱ.①郭…②孟…　Ⅲ.金融市场-高等学校-教材　Ⅳ.F830.9

中国版本图书馆CIP数据核字（2022）第235507号

东北财经大学出版社出版

（大连市黑石礁尖山街217号　邮政编码　116025）

网　　址：http：//www.dufep.cn

读者信箱：dufep@dufe.edu.cn

大连雪莲彩印有限公司印刷　东北财经大学出版社发行

幅面尺寸：185mm×260mm　　字数：393千字　　印张：17

2023年1月第4版　　2023年1月第1次印刷

责任编辑：孙晓梅　　责任校对：蔡　丽

封面设计：张智波　　版式设计：原　皓

定价：48.00元

教学支持　售后服务　联系电话：（0411）84710309

如有印装质量问题，请联系营销部：（0411）84710711

第四版前言

如果说，金融是现代经济的枢纽和命脉，那么，金融市场学则是研究金融市场运行机制及各主体行为规律的科学。在20世纪最后30年中，全球金融市场和机构发生了深刻的变革，显著标志就是金融创新、全球化和放松管制。这三个标志当时被普遍认为是划时代进步的特征。在经历了21世纪第一场全球金融风暴的今天，人们对金融市场的认知发生了有目共睹的变化，金融服务业正在逐渐适应新的经济发展状况。这种变化不仅局限于对“适度”金融创新、全球化和放松监管的界定，更表现为一种新的行业结构逐渐浮出水面。包括新业务模式、新运营模式、生态系统数字化在内的新变革已经成为当前全球金融理论学者、政府部门和市场参与者广泛讨论和探究的热点问题。

随着我国改革开放的不断深化，社会主义市场经济体系日趋完善，金融市场已成为支持国内国际双循环良性互动的重要因素。我国金融市场在改革过程中，既面临巨大发展机遇，也面临诸多风险。正如习近平总书记所指出的，优化结构，完善金融市场、金融机构、金融产品体系；市场导向，发挥市场在金融资源配置中的决定性作用。这成为中国金融市场发展的重大课题。

全球和我国金融市场发生的巨大变革需要反映在最新的金融市场学教科书中，本书出版的目的之一就是向读者揭示这一引人入胜的变革过程，介绍当前广泛运用于投资、融资和风险控制方面的金融工具。我们试图让读者了解这样一个事实：每一个金融工具都有其适用的需求方和供给方，每一个金融工具都在利率、资产价格、监管方式以及国际竞争中产生和发展。本书将介绍各类金融工具的特性、交易规则以及发展趋势并将金融创新融入其中，同时还将对金融监管及金融市场的主要知识做重点介绍。

可以肯定地说，现在乃至将来，变革都将是金融业的主流特征，新的金融机构、工具和市场仍将层出不穷。本书对当前金融领域已有主要发展成果的介绍将为读者提供一个对金融市场的全面认识，这对在未来继续深入理解和领会金融变革与创新精髓是大有裨益的。

本书中所涉及的金融工具和市场规则大多以国内外最新变革为素材，编者尽其所能采用有关的最新数据、信息和规则，并尽可能多地运用同步案例、小资料和小思考等形式丰富完善内容，使理论更易于理解。同时，本书新设“思政小课堂”专栏，以期将国家意识、价值塑造、文化自信与知识传授、能力培养多元统一。此外，本书还配有基本训练及参考答案、即测即评、课件等补充资料（请登录东北财经大学出版社网站查询），便于教师教学使用。

“金融市场”作为金融学专业的主干课程之一，其教学对象是已经掌握了宏微观经济学、货币金融学等理论知识的高等院校本科学生。本课程的教学目标是掌握金融市场的基本理论、知识和技能，注重运用所学知识分析和解决现实金融市场中的相关问题，为今后进一步学习、进行理论研究和从事实际工作奠定坚实的基础。

第四版教材由天津财经大学郭红和孟昊担任主编，负责制定教材的修订大纲、教学基本要求和要点。本书各章分工如下：第1、2、3章由郭红、黑丹琪、张培杰编写；第4、5、10章由郭红、郑雪岩、郑雨菲编写；第6、7、12章由孟昊、崔美丹编写；第8、9、11章由孟昊、陈雨琴、徐宗爽编写。

本书是金融学专业的主干课教材，也可作为经济管理类其他专业的选修课教材，还可以作为理论研究和实际工作者的参考用书。由于编者水平有限，加上时间仓促，书中难免有疏漏与不足之处，希望读者批评指正！

郭红　孟昊

2022年11月

目　录

第1章

金融市场概述

学习目标

通过本章学习，在知识方面，掌握金融市场的定义及特征；在技能方面，熟悉金融市场的功能、分类及金融市场的构成要素，了解金融市场的发展趋势；在能力方面，理解金融全球化与自由化、金融证券化与工程化的含义，对金融过度虚拟化有自己的思考。

导读案例

金融市场的诞生与我国金融市场的发展

金融市场形成于17世纪初的欧洲大陆。16世纪初期，西欧就出现了类似现在的证券交易活动。那时欧洲正处于大航海时代，但最初只有国王或有钱的贵族可以航海，老百姓则很少有人能独自负担得起一艘船的费用以及可能存在的风险。于是，大家就想到了合伙投资远洋贸易，即每个人都出一笔钱投资入股，收益共享、风险共担。1602年，荷兰东印度公司成立，开始面向全社会筹集资金，建立了世界上最早的证券交易所——阿姆斯特丹证券交易所。1611年，阿姆斯特丹证券交易所大厦建成，标志着金融市场已经形成。

1978年改革开放以来，我国金融市场的发展经历了中央银行与商业银行分离的过渡期（1978—1983年）；分业监管，多种所有制、多种经营形式并存的发展期（2004—2011年）；金融制度逐步完善、对外开放程度逐步提高的时期（2012年至今）。中国金融市场稳步向前，对外开放不断向纵深发展。在开放过程中，我们坚持“引进来”和“走出去”相结合的原则，避免对外开放的单向性发展。随着外资金融机构在中国金融市场中的地位和作用不断增强，国内金融机构积极响应国家开放政策，参与国内国际金融市场，着力打造国际金融中心，使我国金融市场的国际地位及竞争力不断上升。

在2022年3月24日公布的第31期全球金融中心指数GFCI中，最新全球前十大金融中心为纽约、伦敦、香港、上海、洛杉矶、新加坡、旧金山、北京、东京、深圳。香港蝉联全球第三；上海排名超过旧金山、东京和新加坡，重返全球第四；深圳跻身全球金融中心十强。

资料来源　根据金融中心信息网（http：//www.cfci.org.cn/Global/default.html）资料编写。

1.1　金融市场的界定及特征

经济生活中的市场通常划分为：（1）产品市场，即提供生产出来的产品和服务；（2）要素市场，即提供生产所需的土地、劳动力、技术以及资金等要素。本书所要探讨的正是要素市场中的金融市场部分。

1.1.1　金融资产

资产一般是指任何具有交易价值的财产。它可以分为实物资产和金融资产，前者的价值依赖其具体的物理特性，被用来生产及交换，最终实现社会财富的增加，如土地或机械设备；后者的价值则与其具体的物理形态无关，是对某种未来利益的法律权利。具体而言，金融资产是指一切代表未来收益或资产合法要求权的凭证，亦称金融工具或有价证券。在日常生活中，我们随处可以接触到金融资产，如股票、债券、保险单或存放在商业银行的存款等。从本质上说，金融资产是一种契约安排，它赋予其持有者在付出一定代价的条件下获取一定收益的权利。比如，国债的持有者在债券到期时可以得到根据息票利率及债券面值计算得出的确定的现金流量，公司股票的持有者在公司对债权人进行支付之后，对公司所有的剩余收入具有要求权。可见，金融资产的最大特征就是能够在市场交易中为其持有者提供即期或远期的货币收入。

金融资产与实物资产密不可分，虽然金融资产本身不能创造新的社会财富，但它可以使收入或财富在投资者之间进行分配。例如，公司通过对实物资产进行投资最终获利，在偿还了债务之后，根据公司股东拥有的股票代表的要求权对剩余收入进行分配，拥有优先股的股东首先分得既定的现金流量，拥有普通股的股东则按照持股份额分得相应的收益。

金融资产可以分为原生性金融资产和衍生性金融资产两大类。前者包括债务性资产和权益性资产，后者则以前者为基础衍生出远期、期货、期权以及互换等形式。

> 小思考1-1
>
> **金融资产与实物资产有何关系?**
>
> 金融资产是一切代表未来收益或资产合法要求权的凭证，亦称金融工具或证券。它是单位或个人拥有的以价值形态存在的资产，是一种索取实物资产的权利。在金融资产价值决定中，有些金融资产与实物资产联系密切，如发行股票筹资购买生产用实物资产；也有一些衍生金融工具是依附于股票、债券这些金融资产而产生的。衍生金融工具通过原生性金融工具迂回地与实物资产相联系。

1.1.2　金融市场的界定

金融市场是指资金供给者和资金需求者双方进行货币资金融通的市场，是交易金融资产并确定金融资产价格的一种机制。它包括三层含义：一是金融市场是进行金融资产交易的场所，这一场所可以是有形的，也可以是无形的；二是金融市场反映了货币资金供求双方之间的关系；三是金融市场包含了金融资产交易的运行机制，特别是价格发现机制。

1.1.3 金融市场的特征

根据金融市场的定义，可以看出金融市场有以下特征：

首先，金融市场是以金融资产为交易对象的市场。在金融市场中，市场参与者交易的不是实物资产，而是各种基于实物资产而产生的金融资产。如在股票市场，股票交易者所买卖的股票份额代表其拥有某个公司的股权，这个份额只代表对该公司资产份额的所有权，而并非实物性质的资产。

其次，金融市场参与者之间并非单纯的买卖关系，更主要的是一种借贷关系或委托代理关系，体现资金所有权和使用权相分离的原则。有些企业在扩张期拥有较好的投资机会，但又面临资金瓶颈，在业务拓展过程中，可能出现资金的暂时性短缺，此时这些企业就可以通过金融市场进行融资，如采取发行债券或股票的方式融通资金。若资金需求者向市场上的资金供给者发行债券，交易成功便代表资金需求者取得了一定期限内资金的使用权，但也需要付出到期向资金供给者还本付息的代价。对于资金供给者而言，其通过支出资金取得债券的目的并不是拥有债券，而是债券到期时在收回本金的同时还能获得因让渡资金使用权而得到的收益。同理，投资者购买某公司的股票也是由于看好该公司的发展前景，从而能够获得股权所附带的报酬率（投机者的交易除外）。

此外，金融市场可以是有形场所，如证券交易所，投资者可以在固定的地点进行交易；也可以是无形的，仅代表一种交易关系，如投资者通过电话、电传及互联网等现代通信方式对金融资产进行交易。后者已经越来越普遍。

> 小资料 1-1
>
> **纽约证券交易所——世界最大的证券交易所**
>
> 纽约证券交易所（NYSE）位于美国纽约州纽约市百老汇大街18号，在华尔街拐角南侧。截至2004年7月，30家处于道琼斯工业平均指数中的公司，除英特尔和微软之外，都在NYSE上市。2005年4月，NYSE和全电子证券交易所合并，成为一个营利性机构。2018年12月，NYSE入选2018年度“世界品牌500强”，排名第372位。由于NYSE历史悠久，市场比较成熟，所以在NYSE上市的条件也比较严格。

1.2 金融市场的功能与分类

金融市场是现代市场经济体系的核心，它通过组织金融资产交易，可以发挥着多方面的功能。随着不断丰富的金融资产种类以及日益复杂的金融交易方式，金融市场也逐渐变得更为复杂，形成了不同划分标准下的多种类别。

1.2.1 金融市场的功能

金融市场能够促进资金从供给方向需求方流动，以便投资实物资产。由于国民经济各部门的发展程度不同，难以随时实现资金收入与支出之间的均衡，这就需要金融市场为资金供给者与资金需求者提供一个有效的平台进行金融资产交易，调剂双方之间的资金余缺，从而起到融通资金的作用。同时，资金盈余的部门不一定是具有最高投资能力和最好投资机会的部门，因此盈余资金在这些部门难以得到高效利用，这同样需要通过金融市场将资金从低效率利用部门转移到高效率利用部门，从而实现资源的合理配置和有效利用。例如，资金需求者可以通过在金融市场中发行债券或股票等金融工具来募集资金，拥有闲置资金的资金供给者可以根据自己的收益风险偏好和流动性要求购买相应的金融工具，从而使资金需求者获得资金融通，同时使资金供给者获得使其资金效益最大化的投资渠道。

金融市场上的资金融通关系如图 1-1 所示。

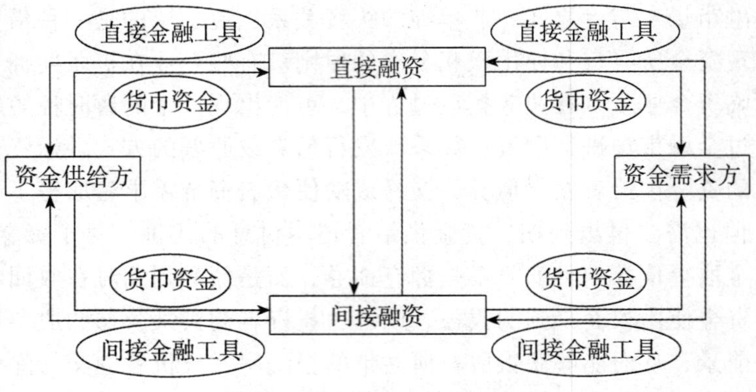

图1-1　金融市场上的资金融通关系

具体而言，金融市场的功能主要体现在以下三个方面：

1）价格发现机制

金融市场中的参与者通过设计、出售、转让金融资产等环节在资金供给方和资金需求方之间构建起资金融通机制。资金需求方能否成功筹措到资金的关键在于其发行的金融资产的收益水平能否满足资金供给方的需求。金融市场中买卖双方的交易决定了金融资产的价格，这就是金融市场的价格发现机制。

2）提供流动性

金融市场为投资者提供了能够以合理价格将金融资产变现的机制，这一机制使得金融资产的投资者可以在外界因素驱动下出售金融资产时及时变现，即这一机制为金融资产提供了流动性。所有的金融市场都能提供某种形式的流动性，如果金融市场不具有流动性，那么投资于债券的资金供给者，也就是债券持有人就只能等到债券到期，而股票持有者则只能等到公司清盘。

3）降低交易成本

金融市场另一个重要的功能是通过提供一个有形或无形的交易场所将资金供求双方聚集在一起，方便双方进行金融资产交易，降低交易成本。金融资产的交易者在交易过程中所面临的交易成本包括发出买卖金融资产的意图、等待交易对手的出现、评估金融资产投资价值等。在一个有效率的金融市场中，金融资产的价格可以集中反映市场参与者所要搜集的信息，从而减少交易者的信息搜集费用，促进交易完成。

1.2.2 金融市场的分类

从金融市场的构成来看，它是由许多具体的子市场组成的庞大的金融市场体系。根据不同的标准，可以对金融市场进行不同的划分。

1）按照交易标的物划分

按照交易标的物划分，可分为以下五种：

（1）债务工具市场是发行和交易债务工具的场所，是金融市场的重要组成部分。债务工具是由政府、金融机构、公司等向投资者发行的，承诺按照一定利率支付利息并按约定条件偿还本金的债权债务凭证，包括各种票据、债券等。债务工具的投资者与发行人之间是一种债权债务关系，投资者（债务工具持有人）是债权人，发行人为债务人。由于债务工具的利率通常是事先确定的，因此债务工具是固定收益证券。

（2）股权工具市场是股权工具发行和交易的场所。股权工具是股份公司在筹集资金时公开或私下发行的、用以证明投资者的股东身份和权利，并据以享有权益和承担义务的凭证，其典型代表是股票。股权工具代表其持有者（即股东）对股份公司的所有权，即股东是公司的所有者，以其出资额为限对公司负有限责任，承担风险，分享收益。

（3）外汇市场是进行外汇交易的场所，可分为两个层次：一是批发外汇市场，即银行间外汇交易市场，包括商业银行之间、中央银行与商业银行之间以及各国中央银行之间的外汇交易。二是零售外汇市场，即商业银行与企业或个人客户之间的外汇交易市场。

（4）黄金市场是集中进行黄金等贵金属交易的场所，既有有固定场所的有形市场，也有无固定场所的无形市场。19世纪初，世界上就已经出现了较为健全的国际黄金市场，目前有40多个黄金市场，主要分布在欧洲、亚洲、北美洲。随着黄金的非货币化，黄金市场在金融市场中的地位有所下降。

（5）金融衍生工具市场是进行金融衍生工具交易的市场。金融衍生工具是在原生性金融工具的基础上创造出来的金融创新工具，主要包括期货、期权及互换等，其价值由其交易的标的资产的价格所决定。

小资料1-2

五大国际黄金市场

伦敦、苏黎世、纽约、芝加哥和香港被称为五大黄金交易市场。其中，伦敦黄金市场是世界上最重要的黄金市场，于1919年正式成立，由五家大的黄金交易公司组成，每天上午和下午进行两次黄金定价。苏黎世黄金市场是第二次世界大战后发展起来的世界性黄金市场，它以瑞士三大银行为中心，在国际黄金市场上的地位仅次于伦敦。纽约和芝加哥黄金市场是20世纪70年代中期发展起来的，目前是世界前两大黄金期货交易中心。香港黄金市场已有100多年的历史（以1909年香港金银贸易场的成立为标志），由于其交易时间处于纽约、芝加哥黄金市场收市和伦敦黄金市场开市前的空当，可以连贯亚洲、欧洲、美洲，形成完整的世界黄金市场，使其成为世界主要的黄金市场之一。

2）按照融资期限划分

按照融资期限划分，可以分为以下两种：

（1）货币市场又称短期金融市场，是进行短期资金融通的场所，交易对象是期限在一年以内的金融资产。货币市场主要满足政府、企业、家庭以及金融机构等市场主体的短期性、临时性资金需求，货币市场中交易的金融工具主要有国库券、大额可转让定期存单、银行承兑汇票、同业拆借、商业票据、回购协议等，它们的共同特点是期限短、风险小、流动性强、交易成本低。其中，国库券是期限小于一年的政府债券。大额可转让定期存单是一种定期存款，不能提取存款但是可以转让。银行承兑汇票是客户委托银行承兑的远期汇票，可以在二级市场流通。同业拆借是银行间相互借贷资金以调剂短期资金余缺，通常都是隔夜拆借。商业票据是大公司以贴现方式发行的一种短期无担保债权凭证。回购协议是在出售证券的同时，约定在一定期限后按约定价格购回所卖证券。

（2）资本市场又称长期金融市场，是进行长期资金融通的市场，交易对象是期限在一年以上的金融资产。广义的资本市场包括银行中长期存贷款市场和中长期证券市场。资本市场的融资工具包括中长期债务工具和股权工具，其显著特点是融资期限较长、风险大、流动性小。

小思考 1-2

资本市场和货币市场融资的目的有什么不同?

在资本市场上融资的目的一般是获得长期的稳定性资金，用于补充长期资本，扩大再生产。在货币市场上融资的目的主要是解决短期资金流动性不足的问题，满足短期资金流动性需要。

3）按照金融工具交易次数划分

按照金融工具交易次数划分，可以分为以下两种：

（1）发行人将金融工具首次出售给投资者时所形成的市场被称为一级市场、初级市场或发行市场。一级市场是首次发行金融工具的市场，其主要功能是融资。金融工具的发行方式主要有两种：第一种是向特定机构销售金融资产，称为私募发行；第二种是向非特定的社会公众发行金融资产，称为公募发行。

（2）在金融工具发行后，投资者之间买卖流通各种证券所形成的市场就是二级市场、次级市场或流通市场。投资者可以在二级市场上将其在一级市场上购买的证券出售变现，其他投资者可以在二级市场上对已发行的证券进行交易。正因为如此，证券才富有流动性，从而能起到融通资金、及时变现的作用。二级市场可以分为场内市场和场外市场。场内市场指的是在证券交易所内进行交易的市场，场外市场指的是在证券交易所外进行交易的市场。场外市场还包括第三市场和第四市场。第三市场是原来在证券交易所上市的证券移至场外市场进行交易而形成的市场。第四市场是证券买卖双方直接相互联系进行交易的市场。在第三市场和第四市场进行交易限制更少，成本更低。

小资料 1-3

场内市场与场外市场有何不同?

场内市场与场外市场有三点不同：第一，交易方式不同。场内市场集中在固定的交易地点，所有买卖双方必须在证券交易所的管理下进行交易；场外市场是分散的市场，没有固定的交易场所。第二，竞价方式不同。场内交易通过公开竞价的方式达成，即多个买家对多个卖家以拍卖的形式进行；场外交易是直接由买卖双方协商议价的。第三，经纪制度不同。场内交易需要通过专业的经纪人来进行，场外交易是做市商制度。

一级市场是二级市场的前提和基础，没有证券的发行自然不会有证券的买卖和流通；二级市场是对一级市场的完善和补充，正是因为证券可以在二级市场流通，具有流动性，才使得证券可以在一级市场上更顺利地筹资。

4）按照成交与定价方式划分

按照成交与定价方式划分，可以分为以下两种：

（1）公开市场是由众多市场参与者以公开竞价的方式对金融资产的交易价格进行定价的市场。这类市场多为有形市场，在具有固定场所与组织规则的证券交易所中开展交易活动。

（2）议价市场是金融资产的成交与定价通过买卖双方协商形成的市场。大多数债券以及非上市公司的股票通常在议价市场进行交易。随着现代信息技术的快速发展，议价市场的活跃程度和交易效率都有大幅度提高。

5）按照交割方式划分

金融市场的交易过程包括成交与交割两个环节。成交是指交易双方达成协议，而交割是指交易双方履行协议内容从而结束交易。根据交割方式的不同，金融市场可以分为现货市场、期货市场和期权市场。

现货市场是随着交易协议的达成进行交割，一般是在交易达成的两个工作日内进行交割。期货市场是达成交易协议并约定在未来确定的时点按照协议约定的价格进行交割。事实上，期货交易的目的往往不是进行商品所有权的转移，而是通过这样一份期货合约来规避风险或者套利。期权市场是期货市场的发展延伸，期权交易中的交易双方在达成协议后，合约会赋予期权的买方在将来一定时期内或特定时点选择是否进行交割的权利。当然，期权买方也需要付出期权费作为代价，无论到期是否进行交割。

6）按照地域划分

按照地域划分，可以分为以下两种：

（1）国内金融市场是指金融交易的作用范围限于一国之内，包括全国性以及地方性金融市场，它是国际金融市场形成的基础，受本国金融监管当局的监管。

（2）国际金融市场是指在国际范围内进行金融资产交易的市场，有狭义与广义之分。狭义的国际金融市场即传统的国际金融市场，是指进行各种国际金融业务的场所，包括货币市场、资本市场、外汇市场、黄金市场及金融衍生品市场等；广义的国际金融市场还包括离岸金融市场，即非居民之间在某种货币发行国国境之外，从事该种货币交易的市场，其优点在于能够免受所在国的监管并享受税收优惠。

小资料1-4

在岸金融市场和离岸金融市场的概念与区别

在岸金融市场是指本国居民间利用本国货币进行交易的金融市场。离岸金融市场是相对于在岸金融市场来讲的，主要为非居民提供境外货币借贷或投资贸易结算、外汇和黄金交易、保险服务及证券交易等金融服务，亦称境外金融市场。

1.3 金融市场的构成要素

金融市场是资金供给者和资金需求者进行资金融通的市场，其构成要素主要包括由各类金融市场参与者组成的金融市场主体、由各种金融工具构成的金融市场客体以及金融市场的组织形式。

1.3.1 金融市场主体

金融市场主体指的是金融市场的参与者，大致可以分为以下几类：

1）金融机构

金融机构是从事各类金融活动的组织，是金融市场的重要主体，是金融市场运行的主导力量。金融机构以是否能够吸收存款作为资金来源，可以分为存款性金融机构和非存款性金融机构。

存款性金融机构可以吸收存款作为资金来源，并将其进行放贷或投资于证券。存款性金融机构主要包括商业银行、储蓄机构和信用合作社。商业银行是最重要的存款性金融机构，其主要作用是吸收存款、发放贷款及办理结算业务。现代商业银行在金融市场上既是资金供给者，也是资金需求者，发挥着信用中介和支付中介的作用。储蓄机构与商业银行不同，并不以吸收活期存款为主要资金来源，而是以吸收储蓄存款作为资金来源，期限通常较长，相对比较稳定。储蓄机构的资金主要用于发放不动产抵押贷款或是投资于政府债券等有价证券。信用合作社是具有互助合作性质的组织，其资金来源主要为会员的存款，其资金主要用于向会员提供消费信贷、票据贴现或证券投资。

非存款性金融机构主要通过发行证券或以契约性方式来募集社会闲散资金。常见的非存款性金融机构主要包括保险公司、养老基金、投资银行、投资基金等。保险公司分为寿险、财险及灾害保险公司，其主要资金来源是收取的保险费。寿险公司的资金运用倾向于收益高的证券或贷款，财险及灾害保险公司的资金运用倾向于流动性较强的金融工具。养老基金通常由政府按立法规定缴纳，资金来源较为稳定，其资金多投资于长期公司债券。投资银行是在资本市场上从事证券的发行、买卖及相关业务的金融机构。随着资本市场的发展，投资银行的业务范围越来越广泛，目前，投资银行的主要业务除证券的承销外，还包括证券的自营买卖、证券经纪、公司理财、企业并购、咨询服务、风险资本管理等。投资基金是以向社会公众出售其股份或受益凭证募集资金，并将其投资于多样化证券组合的金融机构。投资基金以集中资金、分散风险、专家理财为特点。

2）企业

企业是从事商品生产和商品流通的独立的经济核算单位，是金融市场上较为活跃的资金供给者和需求者。企业在日常经营活动中，很难做到每个时点都收支平衡，即企业在日常经营中时常会表现为资金盈余或短缺。当企业面临资金短缺时，可以采用银行贷款，发行债券、股票等在金融市场上筹集资金。反过来，当企业暂时有闲置资金时，也可以将其投资于金融市场而获取收益。企业也可以在金融市场上通过套期保值等方式来转移价格或利率等风险。

3）政府

政府是金融市场中的主要资金需求者之一。政府（包括中央政府和地方政府）可以通过在金融市场上发行中央政府债券或地方政府债券筹集资金，以弥补财政预算赤字或增加政府支出，从而刺激经济增长。政府债券由政府发行并承担还本付息的责任，是国家信用的体现。在各类债券中，政府债券的信用等级是最高的。此外，政府还充当金融市场的调控者和监管者，通过制定和颁布各种政策、法规、制度等，授权金融监管机构对金融市场的运行情况进行监管。

小资料1-5

国债与地方政府债券

债券是一种发行人向债权人承诺到期还本付息的有价证券。国家财政部门可以发行，地方政府也可以发行。两者有一定的区别：

国债是以国家信用为基础，由国家财政部门发行，信用极高，具有安全性高、流通性强、收益稳定、免税待遇等特征。投资者可以通过商业银行等渠道购买。目前我国已经很少有纸质国债了，多为电子式储蓄国债。

地方政府债券的发行主体一般是地方政府，以地方政府的信用为基础。地方政府要进行交通、医院等公共设施建设，但资金不足，也得不到中央政府的拨款，就可以发行地方政府债券进行融资。债券到期后，如果地方政府有财政赤字，则可能无法兑付，因此信用没有国债高，但是这种情况极少。

小思考1-3

政府债券会出现违约吗？如果违约，后果将怎样？

政府债券违约就是发行的政府债券不能按时还本付息。如果政府没有新的资金来源还本付息，就有违约风险。由于有些国家的政府连续多年出现财政赤字，难以依靠财政盈余来偿还到期的政府债务，因此政府债券的偿还一般都是通过发行新的债券来偿还旧债。只要将政府债务控制在一定的规模内，政府发债的能力就不会丧失。如果一个主权国家的政府债券发生违约，该国的信用将受到重创，最直接的后果就是重新安排到期债券，债权人将提出各种补偿要求。

4）个人

个人是金融市场上较为活跃的主体之一。通常情况下，个人是金融市场上主要的资金供给者，他们将手中的富余资金投资于各种有价证券以实现保值增值的目的。个人既可以直接购买有价证券进行投资，也可以通过购买基金、保险单、养老基金等间接投资于金融市场。个人也是金融市场中的资金需求者，如申请用于住房或耐用消费品的抵押贷款等。

小资料1-6

中国国债期货迎来重启九周年，推动国债期货双向开放

2022年9月6日，中国国债期货迎来重启九周年。近日，国债期货对外开放被多次提及。自2022年8月26日中国证监会副主席方星海提出“推动国债期货双向开放”之后，9月2日，方星海再次表示，支持香港市场推出国债期货，加快推动境内国债期货市场对内对外开放，实现两地协同发展。

回顾过去9年国债期货的发展，在投资者结构上，2020年五大国有商业银行、基本养老保险入市；2021年开始，年金养老金也可以直接参与国债期货交易。据业内人士介绍，国债期货的机构持仓占比已接近90%，是机构持仓占比最高的期货品种之一。截至2021年年底，国债市场存量规模已攀升至22.53万亿元；2021年日均成交10.31万手，日成交量约1 090亿元，期货成交量/现货存量比例约为0.48%。目前国债期货三个品种的总持仓量已经达到30万~40万手，成为债券市场重要的交易工具。

资料来源　黄思瑜. 国债期货重启九周年，机构期待加速开放，增设超长期限品种［N］. 第一财经日报，2022-09-07（A03）.

1.3.2　金融市场客体

金融市场客体就是各种金融资产，或称金融工具或有价证券。正是各种金融工具的广泛运用，才使得金融市场的各项功能得以发挥。

现在金融市场上的金融资产主要包括票据、债券、股票、外汇及金融衍生工具等。金融工具有偿还期、流动性、风险性及收益性等基本特征。偿还期是指债务人在债务全部偿还之前所剩余的时间。对于金融工具的持有者而言，实际偿还期应该从其持有金融工具之日起计算，直至到期日为止。流动性是指金融工具有在短期内迅速变现而不致亏损的能力。一般而言，流动性与偿还期成反比。偿还期越长，流动性越低；偿还期越短，流动性越高。风险性是指金融工具的本息是否会有遭受损失的可能性。金融工具所面临的风险主要是违约风险及市场风险，前者与债务人的信誉有关，后者与通货膨胀、市场利率等因素有关。一般而言，风险同偿还期正相关，偿还期越长风险越高；与债务人的信誉负相关，债务人信誉越好则风险越低。收益性指的是金融工具持有者会享有金融工具到期时的本金及净收益，多以收益率来衡量。

小资料1-7

金融资产的主要风险

金融资产具有风险性，其面临的最主要的风险包括：(1) 市场风险，即因市场变量变动而产生的风险，具体可以分为利率风险、汇率风险、通胀风险等；(2) 信用风险，也称违约风险，是因交易对手不能履约而产生损失的风险；(3) 流动性风险，即因金融资产的流动性不佳而造成损失的风险。

1.3.3　金融市场的组织方式

在金融市场上，如何把买卖双方组织起来进行交易将决定市场的基本机制、特点和效率。常见的金融市场组织方式包括拍卖方式与柜台方式。

1）拍卖方式

拍卖方式是指各种金融资产以拍卖的方式成交，与现实中实物商品拍卖相同，各种金融工具也是通过公开竞价形成交易价格的。公开竞价主要有两种：一种是卖方通过喊价及手势报出金融工具的卖价，买方通过激烈的竞争报出买价，最终金融工具会被卖给出价最高的买方；另一种是通过计算机撮合配对的方式进行交易，根据时间优先、价格优先的原则进行配对交易。时间优先指的是相同价格，对于买卖双方而言，先出价者优先成交。价格优先指的是相同时间，对于买方而言，出价高者优先成交；对于卖方而言，出价低者优先成交。

2）柜台方式

柜台方式就是按标购标售（Bid and Ask）方式进行交易。这种方式所确定的买卖成交价格不是通过竞价方式实现的，而是由证券公司根据金融工具的市场行情和供求关系自行确定，报出金融工具的买入及卖出价格，买卖金融工具的投资者分别与证券公司进行交易。证券公司可以通过制定相对较低的买入价格与相对较高的卖出价格，赚取差价获得盈利。

1.4 金融市场的发展趋势

金融市场发展至今已有400余年的历史，在最近的60多年，金融市场进入了快速发展时期。伴随着世界经济一体化及多国逐步放开金融管制的趋势，金融市场逐渐呈现出新的发展趋势，主要体现在以下三个方面：

1.4.1 金融全球化与自由化

世界经济一体化是指世界各国经济相互开放，形成相互联系、相互依赖的有机体。世界经济自20世纪70年代末开始出现一体化趋势，伴随着世界经济一体化步伐，全球金融市场逐渐成为一个联系密切的整体，金融市场的国际化趋势有了质的飞跃，金融领域的跨国活动迅猛增加。金融全球化是指金融业跨国发展，金融活动按全球同一规则开展，同质的金融资产价格趋同，国际资本通过金融中心在全球范围内迅速流转，从而形成全球一体化的趋势。金融全球化主要表现为以下几个方面：

首先是资本流动全球化。随着投资及融资行为呈现出全球化趋势，投资者与融资者可以在全球范围内选择他们所需要的金融机构和金融工具，资本流动也迈出了全球化的步伐。20世纪80年代以来，国际资本流动呈现出不断加速和扩大的趋势，特别是90年代后，国际资本以前所未有的数量急剧膨胀。

其次是金融机构全球化。金融市场是通过各种金融机构将金融市场主体与客体联系起来的，金融机构全球化体现为金融机构全球化经营网络的形成。金融机构全球化的趋势也始于20世纪80年代，各国大银行和其他金融机构竞相以扩大规模、扩展业务范围和推进国际化经营作为自己的战略选择，以此来应对日益加剧的金融服务业全球竞争。20世纪90年代后，很多国家开始逐步放松对外国金融机构在本国设置分支机构的限制，促进了各国金融机构在国外市场的拓展。进入21世纪，金融机构的跨国并购与重组成为金融机构全球化的一个突出特点，造就了众多巨型金融机构。

同步案例 1-1

中国工商银行收购南非标准银行

近年来，中国与非洲之间的贸易和投资往来增长迅速，非洲是中国第三大贸易伙伴。2006年，中非贸易总额达到550亿美元。贸易和投资的快速发展给银行提供了商业机会，2007年，中国工商银行以约55亿美元购入南非标准银行20%的股份，成为南非标准银行最大的股东。此项并购是中国工商银行最大的一笔对外直接投资。

2007年，南非标准银行在全球1 000家上榜银行中排名第106位（非洲共有18家银行上榜），是南非乃至非洲规模最大的商业银行。并购前，南非标准银行最大的股东是有政府背景的Public Investment Corporation，持有约13.9%的股权；第二、第三大股东别为南非最大保险集团Oid Mutual Group及Tutuwa Group，各有8.2%及7.6%的股权，其他股东持股量不足5%。根据并购协议，中国工商银行支付了约366.7亿南非兰特（约54.6美元）的对价，收购南非标准银行20%的股权，成为该行第一大股东。收购成功后，中国工商银行将派驻两名非执行董事进入南非标准银行，其中一名担任副董事长职务。双方还将成立一家资产管理公司，募集最少10亿美金的全球资源基金，旨在投资金属、石油和天然气等自然矿产资源。

资料来源　于扬．工行拟收购南非标准银行20%股权［N］．证券时报，2007-10-26.

金融全球化的一个重要前提就是金融自由化，也就是20世纪70年代以来，发达国家逐步放松或取消对资金流动及金融机构跨地区、跨国经营限制的过程。金融自由化主要表现在：放松或取消对金融机构经营业务的限制；放松或取消外汇管制；放松或取消利率管制等。

金融自由化增强了金融市场的竞争性，提高了金融业的经营效率，推动了金融机构的发展。在金融自由化条件下，金融信息更具公开性，能够准确、迅速地反映市场的供求状况，从而形成有效的价格信号体系。更重要的是，金融自由化推动了全球金融一体化，随着各国敞开本国金融市场的大门，资本流动的速度不断加快，金融自由化使资源配置在世界范围得到有效改善。

当然，金融自由化也给世界经济带来了一些负面影响。金融自由化加大了金融风险，利率和汇率管制的解除导致市场波动幅度剧增，对金融机构经营业务管制的解除使金融机构大量涉足高风险的业务领域，风险资产显著增多。同时，商业银行与非银行金融机构之间以及各国金融市场之间的联系更加密切，这加大了单一机构财务危机对整个金融体系稳定性的冲击。此外，金融自由化还给货币政策的实施及金融监管增加了难度。

小资料 1-8

拉美国家的金融自由化

在拉美国家开展的两次金融自由化过程中，智利、阿根廷等国家成为了金融自由化的改革先锋。在金融自由化过程中，其采取的措施如下：首先，放开利率，信贷限制大幅减少甚至取消；其次，降低市场准入门槛，金融部门进入壁垒降低，同时银行准备金要求也降低了；再次，开放市场，允许在国内外开设外汇存储账户，外资的流入和流出限制也进一步放松。这些措施所带来的结果是明显的，具体体现如下：首先，由于金融市场的活力被激活，金融中介的地位大幅提高，相关的信贷业务以及储蓄业务得到迅猛发展；其次，外国资本的流入量达到新高，当然也包含了外债的流入。再次，利率得到大幅提升。在金融自由化期间，智利的实际利率达到了惊人的41%。最后，金融自由化削弱了政府的影响因素，很多金融机构为了获得更大的经济收益，增加自身高风险业务所占的比例。

资料来源　吴晓然．发展中国家的金融自由化与中国金融开放探析［J］．全国流通经济，2020（24）：161-163．有改动。

思政小课堂1-1

金融自由化理论、实践梳理及对我国的启示

金融自由化理论在发展中国家产生了广泛而深远的影响，但其理论本身和实践均存在诸多困惑。发展中国家与发达国家市场结构、市场化程度不同，复制发达国家经验、旨在消除金融抑制的金融自由化改革，难以改善发展中国家资源配置效率，实现金融发展、经济增长目标，同时还会因金融自由化对金融系统产生冲击，导致金融体系的脆弱性，甚至发生金融危机。

习近平总书记指出，防范化解金融风险，特别是防止发生系统性金融风险，是金融工作的根本性任务，也是金融工作的永恒主题。2022年第10期《求是》杂志刊发中国银保监会党委文章《持之以恒防范化解重大金融风险》，指出站在新的历史起点上，要沉着应对和防范化解重大金融风险，坚定不移推动中国金融高质量发展。因此，在稳步推进金融改革与发展的同时，更要注重系统性金融风险的防范。

资料来源　侯英，王玉霞．金融自由化理论、实践梳理及对我国启示［J］．金融发展评论，2021（8）：83-94．有改动。

1.4.2　金融证券化与工程化

金融证券化就是把流动性较差但质量较高、预期未来有稳定现金流的资产通过商业银行或投资银行的集中及重组，转化成可在金融市场上出售和流通的有价证券，即资产证券化。资产证券化的核心是对证券化资产中的风险和收益进行分离与重组，从而提高其定价与配置的效率。

金融证券化为金融市场创造了新的交易工具，增强了市场活力。金融证券化对投资者和金融机构都产生了很大的影响：一方面，金融证券化为投资者提供了更多的金融资产选择种类，投资者能够扩大投资规模，根据自己的资金状况及风险偏好进行组合投资；另一方面，金融证券化改善了金融机构资产的流动性，提高了金融机构资金周转效率，还为金融机构提供了获得低成本融资的渠道。当然，金融证券化中的风险非常复杂，可能对整个金融体系的稳定性造成一些负面影响，造成金融市场动荡，也加大了金融监管难度。

自20世纪70年代以来，国际金融环境的巨大变化以及信息技术的高速发展成为推动金融工程化的动力。金融工程以金融产品和解决方案的设计、金融产品的定价与风险管理为主要内容，综合运用数学建模、仿真模拟、数值计算等多种工程技术方法及现代金融学理论，对原生性金融资产与金融衍生产品进行组合与分解，以创造性地解决金融问题。

金融工程的产生和发展有力地促进了金融市场效率的提高，具体表现为：一是金融机构通过金融工程开发新的金融产品，可以获取新的收益来源，从而促进金融机构的持续发展和竞争力的提高；二是金融工程极大地丰富了金融市场交易，扩大了市场规模，提高了投资的便利程度，丰富了投资者的选择，使金融市场的效率大幅提高；三是金融工程提供了创造性地降低金融风险的空间，产生了创新的风险管理技术和工具。不过，金融工程是一把“双刃剑”，它在促进金融机构和金融市场发展的同时，也带来了一些负面影响。金融工程的风险管理思想主要是风险转移和风险分散，但是其对风险的转移很容易产生信息不对称问题，利用金融工程设计精巧的套利和投机策略可能带来金融市场的动荡。

小资料 1-9

京东白条的资产证券化

京东白条专项计划开始于2015年9月，是国内第一个互联网消费金融产品。京东白条ABS以京东白条产生的消费贷款作为基础资产，将这些消费贷款通过特殊目的载体（SPV）汇成资产池，打包重组，发行有价证券融通资金，并以消费者归还的消费贷款对有价证券进行偿付。京东白条专项计划存续期为两年，募集资金8亿元，采用了分层的结构化设计，按照未来偿付的优先级别将产品分为优先级、次优级和次级三个级别，该项计划还采取了循环购买的方式实现了资产池的构建，并且全部依托于内部增信的方式。

1.4.3 对金融过度虚拟化的反思

随着各个国家和地区对金融监管的逐步放开和金融自由化及全球化的趋势不断凸显，金融市场得以不断地创新与发展，与此同时，也产生了一系列问题。将金融工具证券化或工程化，在提高金融市场效率及增强金融市场竞争的同时，也存在一些风险隐患。如果过度依赖这些工程化的金融衍生工具，在加快虚拟经济发展速度的同时没有及时促进实体经济的发展，加之监管机构未能合理、准确地进行监督，金融系统便会出现问题并不断恶化，最终导致金融危机。以2008年美国次贷危机为例，对于这场从2006年春季就已开始逐渐显现，并从2007年8月开始席卷美国、欧盟和日本等世界主要金融市场的全球性金融危机，人们往往只关注危机的表象：因次级抵押贷款机构破产、投资基金被迫关闭、股市剧烈震荡引起的金融风暴，致使全球主要金融市场出现流动性不足的危机。其深层次的原因是由多方面因素共同作用而成的，其中值得一提的就是金融工具的过度创新——过度虚拟化。

金融工具及技术的不断创新在提高金融机构的经营效率及盈利能力的同时，也给各国的金融市场监管带来了压力。金融工具的创新能够增强资本的流动性，衍生金融工具往往具有强大的资金吸附能力，从而使得资金过分滞留在二级市场而不是进入实体经济领域，这会导致虚拟资本的膨胀及金融泡沫的产生。从宏观角度来看，这不仅会造成金融市场的动荡，还会危及整个金融与经济的正常运行，加剧经济波动的幅度以致发生危机。金融衍生工具交易量过大会使得各个市场相互影响产生连锁反应，影响全球金融市场的稳定。

面对金融虚拟化这把“双刃剑”，我们要时刻保持警觉，在稳步推进金融创新的同时，不断加强对金融监管政策的相应调整，将更多的创新金融业务纳入监管范围；还要加强国际金融领域的协调与配合，通过加强合作，解除金融危机及消除金融动荡的隐患。另外，随着金融市场化程度的不断加深，各国的金融活动也密切相关，这时仅依赖一个国家的力量很难达到有效监管，因此要构建全球性、联盟性质的监管机构来进行有效监管。我们应该从本国国内金融市场的不断完善做起，提高金融市场的公信力，让投资者对资本安全恢复信心。

本章小结

本章主要介绍了金融市场的相关基本概念。金融市场是资金供应者和资金需求者通过金融工具进行交易而融通资金的市场，是交易金融资产并确定金融资产价格的一种机制。金融市场在现代经济体系中的重要作用正在日益凸显，其功能主要体现为价格发现、流动性提供以及交易成本降低。金融市场有多种分类方式，常见的分类标准包括：按照交易标的物划分为债务工具市场、股权工具市场、外汇市场、黄金市场和金融衍生工具市场；按照融资期限划分为货币市场和资本市场；按照金融工具交易次数划分为一级市场和二级市场等。金融市场的构成包括金融市场的主体、客体及组织形式。金融市场的发展趋势是金融自由化与全球化、金融证券化或工程化。我们应对金融市场的发展有清醒的认识，对金融过度虚拟化有自己的思考，要对金融监管进行改进，使其能够更好地适应金融市场的发展。

基本训练

一、主要概念

金融市场　金融资产　金融衍生工具　货币市场　资本市场　一级市场　二级市场　离岸金融市场　金融自由化　金融工具证券化　金融工程

二、重点实务

金融市场的基本特征与功能　金融市场的分类及它们之间的关系　政府在金融市场中所扮演的角色　金融市场的发展趋势

三、案例分析

日本金融自由化的历程

第二次世界大战（以下简称二战）结束至20世纪70年代中期以前，日本一直对金融业的市场准入、各类金融机构的业务范围、金融业的价格与非价格竞争、资本国际流动等实行严格的管制。20世纪70年代后，日本开始了金融自由化。

第一阶段是20世纪70年代中期以后到80年代末。在这一阶段，日本经济增长率开始降低，企业资金需求逐步减少，这不仅促进了证券回购市场的发展而且引发了银行业与证券业之间的竞争，还加速了银行同质化的进程，从而引发了银行业内部的激烈竞争。同时，为弥补财政赤字而大量发行政府债券也对二战后日本传统金融体制造成了冲击。这些都极大地加速了日本金融自由化的进程。

第二阶段是20世纪90年代前半期，谨慎的金融自由化改革阶段。日本政府并没打算从根本上改革传统的金融管制体制，只是采取了存款利率的完全自由化以及金融机构业务的兼营化。

第三阶段是20世纪90年代后半期，金融自由化的最终完成阶段。由于面临空前的金融危机，日本政府陆续出台了多部金融改革法令，对二战后传统的金融体制进行了多方面的重大改革：首先是金融控股公司合法化，其次是金融机构业务兼营化得到了进一步发展，最后是对金融机构开业及价格与非价格竞争管制进一步放松，实现了国际金融交易的彻底自由化。

但是当1995年完成存款利率市场化时，金融危机爆发了。在利率市场化改革中，日本政府倾向于对政策性金融机构进行补贴，导致民营金融机构在竞争中处于弱势，因此民营金融机构更倾向于高风险贷款，这为日本出现泡沫经济埋下了伏笔。金融危机于20世纪90年代后半期愈发严重。1997年，大型金融机构倒闭，还发生了全国性的金融挤兑事件。之后，日本在完善有关应对金融危机制度的工作中，逐步意识到危机出现的深层次原因是破产制度的不完善（即尽量不让企业倒闭）以及金融监管和税务部门没能做好应对金融自由化的配套工作。

资料来源　佚名．日本金融自由化有得有失，中国能学到什么［EB/OL］．(2018-06-28)［2022-11-14］．https：//www.zhuanzhi.ai/document/f64d226c19429538b71feaf087f6bda4.

请结合案例谈谈我国应该如何应对金融自由化。

四、社会调查

近年来，我国金融全球化程度大幅度提升。查阅相关资料，搜集我国金融全球化的案例，并结合具体事例谈谈金融全球化对我国经济的影响及挑战。

五、即测即评

第1章单项选择题　　第1章多项选择题　　第1章判断题

第2章

货币市场

学习目标

通过本章学习，在知识方面，掌握货币市场及货币市场各子市场的相关概念、形成与发展，了解货币市场各子市场的作用；在技能方面，熟悉各种货币市场工具的主要特点，掌握国库券收益率、同业拆借利息、回购协议利息等的计算；在能力方面，熟悉货币市场各子市场的交易机制，了解货币市场的发展趋势。

导读案例

高质量发展背景下我国货币市场基金

在我国经济转向高质量发展的大背景下，富有活力及韧性的金融业是保障我国社会发展行稳致远、经济高质量发展的助推器。作为我国金融产品体系的重要组成部分，货币市场基金在发展中不断显露出新特点、新问题，货币市场基金的稳定发展对金融安全的维护有重要意义，应从完善货币市场基金相关制度、筑牢货币市场基金相关风险“防火墙”、优化货币市场基金供给等方面入手，强化货币市场基金的健康稳定发展。

我国对于货币市场基金的酝酿早在2003年年初就已开始。2003年5月，南京商业银行联合江苏省内11家中小银行和省外6家城市商业银行，成立了银行间债券市场资金联合投资项目，投资范围为银行间债券市场和货币市场。这被认为是我国货币市场基金的雏形。2004年9月，《货币市场基金管理暂行规定》出台，为货币市场基金的规范运作提供了可循之规。2005年，又有多家基金管理公司推出了货币市场基金。其中，2005年5月12日，中银国际基金管理公司旗下的基金产品——中银国际货币市场基金开始通过中国银行面向全国公开发售，此举意味着国内首只银行系货币市场基金亮相。

在我国利率市场化快速推进的背景下，货币市场基金于2013年后借助互联网金融技术进入新的发展阶段，从7 000多亿元的规模，迅速突破7万亿元，成为我国居民投资理财的一种重要金融产品。支付宝联合天弘基金公司于2013年推出了互联网平台货币市场基金天弘余额宝，货币基金净值由2013年年末的7 476亿元增加到2017年年末的6.7万亿元。

时至今日，货币市场基金在我国已形成一定规模。截至2021年年底，我国货币市场基金规模约1.5万亿美元，占公募基金总体规模的42.2%，约占资产管理行业总体规模的14%。

资料来源 韩极．高质量发展背景下货币市场基金改革方向初探［J］．经济与社会发展，2022，20（1）：38-47.

货币市场是金融市场的重要组成部分，是期限在一年以内的短期金融工具交易所形成的供求关系及运作机制的总和。与其他金融市场一样，货币市场为金融资产交易提供了平台。货币市场交易的主要目的是保持资金的流动性，因此，货币市场上所交易金融工具的期限通常在一年以内，多用于满足资金需求者对短期资金的需求。货币市场的主要子市场有国库券市场、同业拆借市场、回购协议市场、商业票据市场、银行承兑汇票市场、大额可转让定期存单市场以及货币市场基金市场等。

2.1 国库券市场

短期政府债券是由政府部门发行并承担到期还本付息责任的期限在一年以内的债务凭证。它既包括由国家财政部门发行的国库券，也包括由地方政府或政府代理机构所发行的债券。本节主要讨论国库券市场。

2.1.1 国库券的概念与特点

国库券是由国家财政部门发行的，政府提供信用担保的短期债券，是货币市场中一种非常重要的交易工具。国库券的发行可以满足政府的短期资金周转需要，也可以为中央银行的公开市场业务提供操作工具。

作为一种货币市场工具，国库券具有以下几个特点：一是安全性高。国库券是政府的直接债务，通常情况下不存在违约风险。因此，国库券通常被视为无违约风险债券，国库券利率被称为无风险利率，作为确定其他利率水平的基准。二是流动性强。这一特点体现为国库券能够随时以较低成本迅速变现。国库券之所以具有高度的流动性，是因为国库券的流通市场是一个高速执行、高效率、高竞争性的市场。三是收益免税。国库券的收益在很多国家和地区享有不同程度的税收优惠政策。四是面值较小。相比于其他货币市场工具，国库券的面值较小，适合中小投资者进行投资。

小思考2-1

你知道国库券的起源吗？

国库券最早出现在1877年，由英国经济学家和作家沃尔特·巴佐特发明，英国财政部根据《1877年财政部证券法》发行。后来许多国家和地区都依照英国的做法，以发行国库券的方式来满足政府对短期资金的需要。1929年，美国财政部根据《1917年第二自由公债法》发行国库券，现在国库券已成为美国货币市场上最重要的金融工具。

基于国库券的上述特点，其市场规模快速扩大，国库券已经成为许多国家和地区货币市场上交易规模最大的金融工具之一。中央银行和各商业银行是国库券最主要的持有者。中央银行持有国库券的目的在于公开市场业务操作，通过对国库券的直接买卖及回购协议等调节货币供应量，从而实现其货币政策目标。对于商业银行而言，由于国库券期限短且流动性强，商业银行多以其短期头寸投资国库券，在保证其头寸收益能力的同时也有利于对自身流动性的调整。

2.1.2　国库券的发行与流通

国库券市场包括发行市场和流通市场两部分。财政部发行国库券的主要原因是为政府筹措短期资金以弥补短期性或季节性的财政赤字，或应对其他短期资金需求，但在发行的同时需要考虑与财政政策、货币政策等的需求相适应。财政部在确定国库券的发行数量、时间、期限及利率时，要综合考虑政府短期资金需求量、市场利率水平以及货币政策目标等多方面因素。

国库券的发行大多采用拍卖方式。以美国为例，国库券的发行程序为：

（1）投资者向联邦储备银行提交投标单。美国财政部通常于每周四宣布7日后发行国库券的数量和期限，有意竞标者可以向联邦储备银行索取投标单。

（2）联邦储备银行接受投标单。联邦储备银行或其分行在每个营业日的上午9时至下午3时接受国库券投标单，竞标者最迟要在下个周一下午1时以前将投标单送到联邦储备银行或其分行，下午1时后停止接受投标。

（3）决定中标者及中标价格。联邦储备银行或其分行停止受理投标以后，将投标单按照年收益率从低到高的顺序加以排列，提请美国财政部进行分配。

（4）美国财政部宣布投标结果。

（5）美国财政部正式发行国库券。投标结果在周一宣布之后，美国财政部于同一周的周四正式发行国库券，中标者必须于该日或该日前向联邦储备银行或其分行交款。国库券以记账形式发行，其优点是便于国库券所有权的转让。

在国库券拍卖中，主要有两种投标方式：一是竞争性投标，即竞标者同时报出认购国库券的数量和价格，所有竞标按照价格从高到低（收益率从低到高）排序；二是非竞争性投标，即竞标者只报出认购数量，并同意按中标的平均竞价购买。在竞标结束后，非竞争性投标和非公众性购买（如中央银行的购买）要从拍卖的全部债券中扣除。剩余部分就是竞争性竞标者所能获得的数量。竞争性投标又可以分为多重价格拍卖（美国式）和单一价格拍卖（荷兰式）。在多重价格拍卖中，竞争性投标人报出他们愿意交易的数量以及愿意接受的收益率，收益率从最低到最高（价格从最高到最低）排列，然后从最低的收益率报价开始，直到竞争性投标人的全部配额分配完。单一价格拍卖的程序相同，只是所有被接受的报价都要按已中标的竞争性投标中的最高收益率（最低价格）中标。

国库券的流通、转让通常在场外交易市场进行，国库券交易商对尚未偿还的国库券提供连续的买卖报价。美国国库券的交易是24小时交易，交易地点包括纽约、伦敦和东京。交易从东京开始，然后转移到伦敦，伦敦的交易结束后，开始在纽约交易。美联储在执行货币政策而买卖国库券时，只与一级交易商直接交易。

2.1.3 国库券收益率的计算

1）贴现收益率

在二级市场上，交易商对国库券的买卖报价惯例与附息债券是不同的，国库券的报价一般是以贴现收益率来表示的，计算公式为：

$$Y_d=\frac{F-P}{F}\times\frac{360}{t}\times100\%$$

式中，Y_d为贴现收益率，F为国库券面值，P为国库券价格，t为距到期日的实际剩余天数。

反过来，如果给定贴现收益率，可以计算出国库券的价格，计算公式为：

$$P=F\times\left(1-Y_d\times\frac{t}{360}\right)$$

2）真实收益率

虽然贴现收益率被交易商用作国库券的报价方法，但其在衡量国库券收益率水平时存在一些弊端：第一，贴现收益率的分母使用的是面值，这意味着这一衡量方法是以面值金额为基础的，而不是以实际投资金额为基础的；第二，年贴现收益率是按照一年360天而不是一年365天计算的，这使得国库券的收益率难以和以一年365天为基础计算付息的中长期政府债券进行比较；第三，贴现收益率使用单利计息而没有考虑复利问题。贴现收益率低估了国库券的真实收益率。

国库券的真实收益率计算公式为：

$$Y_E=\left\{\left[1+(\frac{F-P}{P})\right]^{\frac{365}{t}}-1\right\}\times100\%$$

式中，Y_E为真实年收益率。

3）债券等价收益率

能够使国库券收益率与附息政府债券收益率进行比较的收益率是债券等价收益率，其计算公式为：

$$Y_{BE}=\frac{F-P}{P}\times\frac{365}{t}\times100\%$$

式中，Y_{BE}为债券等价收益率。

【例2-1】国库券收益率的计算

一张面值为10 000元的国库券，现市场价格为9 800元，距到期日91天（3个月期），请计算这张国库券的贴现收益率、真实收益率和债券等价收益率。

$$Y_d=\frac{10\,000-9\,800}{10\,000}\times\frac{360}{91}\times100\%=7.91\%$$

$$Y_E=\left\{\left[1+(\frac{10\,000-9\,800}{9\,800})\right]^{\frac{365}{91}}-1\right\}\times100\%=8.44\%$$

$$Y_{BE}=\frac{10\,000-9\,800}{9\,800}\times\frac{365}{91}\times100\%=8.19\%$$

可以看出，根据贴现收益率计算的收益率低估了真实收益率，而债券等价收益率低于真实收益率但高于贴现收益率。

2.2 同业拆借市场

同业拆借市场也称同业拆放市场，是金融机构之间以货币借贷方式进行短期资金融通的市场。它最早出现于美国，其形成原因是法定存款准备金制度的确立。根据1913年美国《联邦储备法》的规定，加入联邦储备银行的会员银行必须按存款数额的一定比率向联邦储备银行缴纳法定存款准备金。由于清算业务活动和日常收付数额的变化，各银行总会出现存款准备金多余或不足的情况。有多余存款准备金的银行需要把多余的部分加以运用，以获得利息收入；而存款准备金不足的银行又必须设法借入资金，弥补存款准备金缺口，以避免因延缴或少缴准备金而受到中央银行的经济处罚。这样，商业银行之间就产生了相互调剂资金的需求，成为同业拆借市场产生的基础。1921年，在美国纽约形成了调剂会员银行存款准备金头寸的联邦基金市场。此后，随着西方各国相继引入法定存款准备金制度，同业拆借市场快速发展，拆借交易开始从银行之间扩展到银行与其他金融机构之间。拆借的目的也不再仅是补足存款准备金和轧平票据交换头寸，而是成为金融机构进行资产负债管理的重要工具。

2.2.1 同业拆借市场的参与者

同业拆借市场是金融机构进行资金融通的市场，通常来说，金融机构便是同业拆借市场的主要参与者。每个国家和地区对参与同业拆借市场的金融机构有不同的规定和限制，通常情况下，同业拆借市场的主要参与者可以分为资金需求者、资金供给者以及中介机构三大类。

商业银行是同业拆借市场最重要的参与者，它既是同业拆借市场主要的资金需求者，又是主要的资金供给者。商业银行出于将库存现金和存款准备金最小化以及及时补充短期资金头寸不足的原因，对同业拆借市场的依赖程度较高。同时，由于资金实力较强、信用水平较高，商业银行能够便捷地从同业拆借市场上获得资金。中小银行、非银行金融机构、外国银行的代理机构及分支机构等是同业拆借市场上的主要资金供给者。一方面，由于这些机构的资金及资产负债规模较小，且结构较为单一，在同等条件下，要依靠随时拆入资金来满足流动性需求的能力较弱，所以其在日常经营中会增大超额准备金及现金存量，由此形成较为稳定的资金盈余；另一方面，这些机构可以向大的商业银行进行资金拆出，在提高资金利用率、减少盈余资金从而提高营利水平的同时，还能提高资金的流动性从而减少风险，达到资金营利性与流动性的有机均衡。

同业拆借市场上的资金需求者与供给者既可以直接进行交易，也可以通过中介机构进行交易。中介机构是自身不进行交易，撮合其他交易者进行交易，从中收取佣金的机构。同业拆借市场上的中介机构是指从事专营或兼营拆借中介业务的机构，主要包括短期融资公司及一些商业银行。

小资料2-1

利率市场化改革下的我国同业拆借市场发展

为推进利率市场化改革，健全市场化利率形成和传导机制，培育货币市场基准利率，中国人民银行于2007年正式推出了上海银行间同业拆放利率（Shanghai Interbank Offered Rate，SHIBOR）。十余年来，在有关各方的共同努力下，SHIBOR已经成为我国认可度较高、应用较广泛的货币市场基准利率之一。2007年7月，《同业拆借管理办法》颁布，同业拆借市场确立更加开放、透明、市场化的管理框架，引入更多市场化的事中事后管理手段，逐步取代严格的事前管制措施，逐步实现管理手段的市场化转型。

截至2021年年末，同业拆借市场成员已达2 418家，是市场建立之初的49倍；2021年全年成交量达118.8万亿元，是市场建立之初的近556倍。基于同业拆借市场形成的SHIBOR已经成为我国金融市场重要的基准利率。

资料来源　根据（1）顾成军．我国同业拆借市场发展问题分析［J］．市场论坛，2014（2）：64-66.（2）中国货币网（https：//www.chinamoney.com.cn/chinese/index.html）有关资料编写。

2.2.2　同业拆借市场的拆借程序

同业拆借交易通常在全国统一的市场中进行。在我国，金融机构必须通过全国银行间同业拆借中心的电子交易系统进行同业拆借交易。在全国统一的同业拆借网络中，参与资金拆借的各类金融机构可以通过相互协商和谈判来确定双方认可的一致价格（即利率），从而进行交易。通常，同业拆借市场的交易包括双方表达意向、洽谈成交、划拨资金和归还贷款四个步骤。由于拆借交易的方式、期限及地理位置各不相同，具体拆借程序也有差异。

1）通过中介机构的同城拆借

同城拆借多以支票作为载体，当拆借双方协商成交后，拆入行签发资金付款的支票，支票面额为拆入金额加拆入期利息。拆入行凭此支票与拆出行签发的以中央银行为付款人的支票进行交换，同城央行分支机构在得到通知后进行内部转账，借记拆出行账户，贷记拆入行账户。至到期日，拆出行将拆入行签发的以拆入行为付款人的支票交到票据交换所进行交换，票据交换所以拆入行在中央银行的存款进行清算，反向借贷冲账。

2）通过中介机构的异地拆借

异地拆借是指处于不同城市或地区的金融机构之间的拆借，其交易过程与同城拆借相似，区别在于异地拆借交易双方只需通过电话协商成交而不需要交换支票，拆借成交后双方通过所在地区的中央银行资金电划系统进行划拨转账。

3）直接拆借

除以上两种间接拆借方式之外，交易双方还可以直接拆借，包括头寸拆借与同业借贷。头寸拆借的程序是拆入行将拆出行开出的支票存在中央银行，从而使拆入行的存款准备金增加，同时拆入行开出支票，面额为拆入金额加利息交给拆出行，标明兑付日期。在拆借到期时，拆出行可将支票进行票据交换清算获得本息收入。同业借贷的程序为拆入行填写借据给拆出行，拆出行审核后将资金划拨至拆入行账户，拆借到期时反向划转本金加利息，从而完成交易。

2.2.3 同业拆借市场的期限与利率

同业拆借是临时性资金融通，因此同业拆借市场的拆借期限通常较短，最短的为隔夜拆借，还有几日、几个月不等，最长期限为一年。

同业拆借利率即同业拆借市场的资金价格，通常按年利率以百分数的形式报价。在报价时，同一金融机构报出两个价格，分别为拆入利率和拆出利率。拆入利率表示该金融机构愿意接受的借款利率，拆出利率则表示愿意提供的贷款利率。通常情况下，一家金融机构的拆入利率低于拆出利率，二者之间的差价为金融机构的收益。由于同业拆借利率波动灵敏，能够及时准确地反映货币市场资金供求状况，因此它也成为货币市场的关键利率，许多浮动利率资产交易都以同业拆借利率作为参照利率。

目前，国际货币市场上通用的同业拆借利率是伦敦同业拆借利率（LIBOR），国际金融市场上的大多数浮动利率交易以LIBOR作为基准利率。此外，国际货币市场上较有代表性的同业拆借利率还有美国联邦基金利率（Federal Funds Rate）、新加坡银行间同业拆借利率（SIBOR）、中国香港银行间同业拆借利率（HIBOR）等。

小思考2-2

我国同业拆借市场的利率品种有哪些?

上海银行间同业拆放利率以位于上海的全国银行间同业拆借中心为技术平台计算、发布并命名，是由信用等级较高的银行组成报价团自主报出的人民币同业拆出利率计算确定的算术平均利率，是单利、无担保、批发性利率。依据《上海银行间同业拆放利率实施准则》确定和调整报价银行团成员，监督和管理SHIBOR。目前，对社会公布的SHIBOR品种包括隔夜、1周、2周、1个月、3个月、6个月、9个月及1年。

SHIBOR报价银行团首批由16家商业银行组成，现由18家商业银行组成。报价银行是公开市场一级交易商或外汇市场做市商，是在中国货币市场上人民币交易相对活跃、信息披露比较充分的银行。每个交易日根据各报价银行的报价，剔除最高、最低各两家的报价，对其余报价进行算术平均计算后，得出每一期限品种的SHIBOR，并于上午11：30对外发布。

同业拆借市场的拆借利息一般按日单利计算，计算公式为：

拆借利息=拆借金额×拆借利率×（生息天数÷基础天数）

式中，不同国家和地区对计息期限的计算方法有一定差异：

（1）欧洲货币法。这种方法主要在欧洲和美国货币市场使用，也称为实际天数/360计算方法，即以360天作为一年的基础天数，但生息天数则按实际天数计算。

（2）大陆法。这种方法在欧洲大陆国家较为流行，也称为30/360计算方法，即规定1个月为30天，1年为360天，生息天数和基础天数均按这个时间计算。

（3）英国法。这种方法主要为英国、科威特和比利时等国所采用，也称为实际天数/365计算方法，即按实际天数计算利息；如遇闰年，则改为实际天数/366。

即使拆借利率相同，但由于计息方法不同，实际支付的利息也是不同的。

【例 2-2】同业拆借利息的计算

某银行在同业拆借市场上拆入1 000 000美元，利率为10%，期限为2022年4月1日至7月1日。其应付利息为：

（1）按照欧洲货币法，生息天数为91天，基础天数为360天：

1 000 000×10%×（91÷360）=25 277.78（美元）

（2）按照大陆法，生息天数为90天，基础天数为360天：

1 000 000×10%×（90÷360）=25 000（美元）

（3）按照英国法，生息天数为91天，基础天数为365天：

1 000 000×10%×（91÷365）=24 931.51（美元）

2.2.4 同业拆借市场的特点与作用

1）同业拆借市场的特点

第一，融资期限较短。在同业拆借市场出现之初，融资主要是为了调剂商业银行临时性资金不足或盈余，因此期限多为一日或者几日。随着同业拆借市场成为调和金融机构资金流动性与营利性的矛盾、为各类金融机构解决短期资金需求和短期资金运用的重要渠道，同业拆借的期限已发展至隔夜、数日到一年不等。

第二，信用交易。同业拆借市场的交易通常不需要担保或抵押，是一种纯信用资金借贷式交易。交易双方都以各自的信用担保，严格遵守交易协议。

第三，准入标准严格。由于同业拆借市场交易主体之间交易频繁、规模巨大，且多为信用交易，因此各国金融监管当局都对同业拆借市场的准入进行了严格的限制，即必须都是商业银行或中央银行指定的其他金融机构。

第四，交易便捷。同业拆借市场交易手段先进，手续简便，成交迅捷。交易商可以通过电话洽商或通过专业经纪人进行交易，是一种无形市场，通常无书面合约，交易效率高。

第五，利率决定市场化。同业拆借利率可以由融资双方根据资金供求关系及其他影响因素自主协商，也可借助中介人、经纪人，通过市场公开竞标确定。无论是交易双方直接协商议价还是通过中介进行竞价匹配，都充分反映了市场上的资金供求状况及增减变化。

2）同业拆借市场的作用

同业拆借市场是货币市场中最活跃的市场，其良好的发展对货币政策的有效性及国家经济发展具有重大作用。首先，同业拆借市场加强了金融资产的流动性，保障了金融机构的安全运行。金融机构可以通过同业拆借市场较为方便地获得短期资金，从而满足其流动性需求，同时能够不通过低价出售金融资产来保持流动性，这也间接地支持了金融机构的安全运行。其次，同业拆借市场提高了金融机构的营利水平。正是由于同业拆借市场的存在，金融机构才能将闲置资金贷放出去从而增加资产的收益，同时不需要刻意追求过多的超额准备金也能提高资金的使用效率。再次，同业拆借市场及其利率可以作为中央银行制定货币政策的重要依据。中央银行可以通过调节存款准备金率来调节同业拆借市场资金供求状况，同业拆借利率也能够反过来反映同业拆借市场的资金供求变化，使得中央银行能够据此制定货币政策。最后，同业拆借利率对于宏观经济发展有重要作用。由于同业拆借利率能够反映资金供求状况，它被很多国家和地区视为基础利率。

2.3 回购协议市场

回购协议交易是在证券现货交易的基础上产生的一种金融交易，它集证券交易与抵押贷款的优点于一身，在给投资者提供相对安全的投资渠道的同时，也为筹资人开拓了一条便捷的融资途径，更为各国中央银行提供了用于公开市场操作的金融工具。

2.3.1 回购协议市场的概念与交易机制

回购协议是指资金需求方在出售证券的同时与证券购买者签订的、承诺在未来某一确定日期按预先约定的价格将其购回的协议。资金需求方承诺购回证券的价格就是回购价格，购回证券的日期就是回购日期。一般情况下，回购协议中交易的主要是政府债券，也有商业票据、大额可转让定期存单、银行承兑汇票、抵押担保证券等。我国的回购协议市场上交易的是经中国人民银行批准的、可以在回购协议市场上进行交易的政府债券、中央银行债券及金融债券。回购协议的交易过程如图2-1所示。

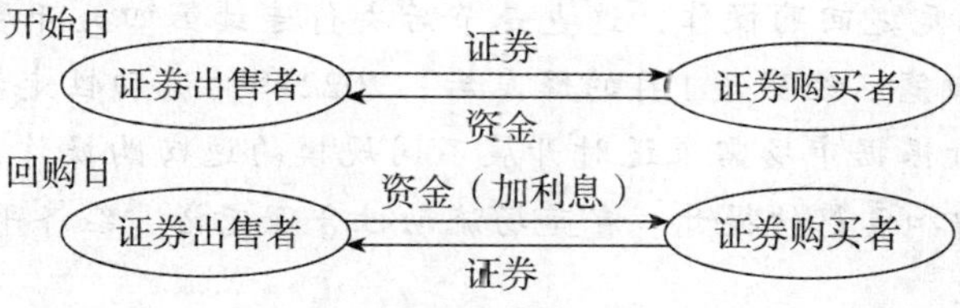

图2-1 回购协议的交易过程

简单地说，回购协议本质上是一种抵押贷款，其抵押品就是先出售再购回的证券。证券出售者（借款人）以出售证券的形式借入短期资金并为贷款提供抵押品，证券购买者（投资者）在贷出资金的同时接受证券作为贷款的抵押品。对借款人而言，回购协议的好处在于其短期借入利率要低于银行贷款利率；对贷款人而言，回购协议为其提供了流动性较高的短期担保交易。回购协议与抵押贷款也有差异。在抵押贷款中，如果借款人不能按时偿还贷款，贷款人通常要经过法律程序才能收回抵押品并加以处置；在回购协议中，一旦证券出售者（借款人）不能在交易结束时购回证券，投资者就享有对证券的处置权，以此来弥补因交易对手违约而遭受的损失。因此，回购协议相较于抵押贷款更安全。

小资料2-2

美国的回购协议市场

1969年，美国联邦政府在法律中明确规定，银行通过政府债券回购协议形成的资金来源，可以不受法定存款准备金的限制。这进一步推动了银行踊跃参与回购协议交易，并将回购协议的内容集中到国库券和地方政府债券上。从20世纪60年代开始，当通货膨胀的阴云开始笼罩西方世界时，回购协议市场却迎来了意想不到的黄金时期。随着市场利率的高涨，大多数公司的财务主管们急于为手中掌握的短期资金寻找妥当的投资场所。企业的积极参与为回购协议市场带来了大批投资者。美国的回购协议市场是世界上规模最大的回购协议市场。早在20世纪90年代初，隔夜回购协议的日交易量就远远超过100亿美元。

资料来源　李伟民. 金融大辞典［M］. 哈尔滨：黑龙江人民出版社，2002.

回购协议市场就是通过回购协议进行短期资金融通的场所，其交易活动由回购与逆回购组成。回购与逆回购实际上是一个问题的两个方面，证券出售者（借款人）的一笔回购交易从证券购买者（投资者）的角度来看就是一笔逆回购交易。当回购交易的期限仅为一天时，即为隔夜回购；如果期限超过一天，则称为定期回购。

回购协议市场已逐渐演变成货币市场的最大组成部分之一。在回购协议市场上，主要是借款人和投资者直接进行交易，也可以通过回购经纪人进行交易。投资银行通常通过回购协议市场进行融资和弥补空头。存款性机构通常是证券回购的一方（资金需求方），货币市场基金、信托公司、地方政府以及企业通常是证券逆回购的一方（资金供给方）。

同步案例 2-1

逆回购重回百亿级，央行适时回笼流动性

2022年春节假期结束后，央行逆回购操作量重回百亿级水平。2022年2月10日，央行开展了200亿元逆回购操作，这也是节后央行连续第四天开展200亿元逆回购，市场资金持续净回笼。经历了1月的降息后，2022年的流动性走势备受关注。在分析人士看来，央行根据市场需求适时开展不同规模的逆回购操作，反映了央行临时流动性调整的能力和意愿的提升。在市场流动性合理充裕、经济平稳发展的情况下，利率仍有下调可能。

根据央行2月10日发布的公告，为维护银行体系流动性合理充裕，央行以利率招标方式开展了200亿元逆回购操作，期限为7天，中标利率为2.1%。鉴于2月10日有2 000亿元逆回购到期，央行单日实现净回笼1 800亿元。央行在春节前一周启动了14天期逆回购，并且接连开展1 000亿~2 000亿元不等的逆回购操作。春节假期后的4个工作日里，央行连续开展了200亿元逆回购，节前投放资金陆续大额回笼。

但从资金表现来看，节后持续的大额净回笼对资金面扰动有限。数据显示，2月10日，SHIBOR各类品种全线下行。其中，隔夜SHIBOR下行31.6个基点，报1.728%；7天期SHIBOR下行7.7个基点，报2.01%。另从回购利率表现来看，更具代表性的银行间市场7天期回购利率（即“DR007”）下降至1.9886%，低于政策利率水平。

资料来源　岳品瑜，廖蒙. 逆回购重回百亿级，央行适时回笼流动性［N］. 北京商报，2022-02-11（3）.

2.3.2　回购协议市场的交易定价

在回购协议中，对于交易双方来说，确定证券的回购价格是回购协议交易的关键所在。回购价格的定价方法有两种：净价定价法和总价定价法。二者均以交易开始日证券的市场价格为基础，区别在于对回购协议交易期间的利息处理不同。净价定价法又称清洁定价，它只考虑证券的市场价格而并不考虑回购协议交易期间证券所产生的利息。总价定价法又称肮脏定价，在定价过程中除了考虑证券价格外，还要考虑回购协议交易期间证券所产生的利息。

回购价格根据以下公式确定：

回购价格=本金+应付利息

式中，应付利息的计算公式为：

应付利息=本金×回购利率×（回购期限/360）

在回购交易中，首期资金支付额指的是正回购卖出证券的价格，到期资金支付额指的是回购证券时支付的价格，前者低于后者的差价被算作融入资金的利息支出。

回购利率不是统一、固定的，它取决于多种因素。第一，抵押品的质量。在回购协议中，作为抵押品的证券质量越高，流动性越强，回购协议的利率就会越低；否则，利率就会相对较高。例如，与政府债券相比，机构债券作为抵押品时的回购利率就较高。第二，回购期限。回购协议的期限越长，不确定因素就越多，利率也就较高。第三，抵押品的交割方式。如果采取实物交割方式，回购利率会相对较低；如果抵押品托管在借款人的结算银行，则回购利率较高。第四，当时的同业拆借利率水平。回购利率的总体水平是由同业拆借利率决定的。回购利率一般低于同业拆借利率，这是因为回购交易中有抵押品，而同业拆借是无抵押借贷。

2.3.3　回购协议市场的风险

即使回购协议所涉及的证券都是高质量的抵押品，和借贷协议一样，回购协议的双方也都面临信用风险。假设在约定的日期，借款人没有能力回购证券，虽然投资者可以获得对抵押品的控制权，并处置抵押品，但此时投资者仍面临风险，表现为：如果证券的收益率上升，证券价格就会下跌，其市场价值将低于未付的回购价格。反过来，如果证券的收益率在回购期内下降，证券的市场价值上升，借款人就会面临因投资者违约而无法收回抵押品的可能。

尽管回购交易的双方都面临信用风险，但通常投资者处于更不利的位置，因此，回购协议更注重降低投资者的信用风险。具体来说，回购协议的贷款金额应低于所抵押证券的市场价值。证券的市场价值超过贷款价值的那部分被称为回购保证金。不同交易的回购保证金也不同，通常由交易双方进行协商，一般需要考虑回购期限、抵押品的质量、交易双方的信誉度等因素。回购保证金率一般为1%~3%，如果借款人的信誉度较低或证券的流动性较差，回购保证金率可达到10%或更高。

控制信用风险的另一个方法是定期计算并标出抵押品的市场价值，即抵押品的逐日盯市制度。当抵押品的市场价值按一定比例变动时，回购保证金也相应地进行调整。若抵押品的市场价值下跌到一定金额，可能导致回购保证金不足，此时借款人应提供现金或是提供投资者愿意接受的证券来补足回购保证金。反过来，若抵押品的市场价值上升到一定金额，可能导致回购保证金超额，此时，投资者应向借款人退还与超出部分等额的现金，或退还一定比例的已购证券。

2.4 商业票据市场

对于信用评级较高的大公司而言，如果需要筹集短期资金，可以尝试通过发行商业票据来实现。商业票据起源于19世纪末的美国，是一种由信用评级较高的大公司在公开市场上发行的、作为其债务凭证的无担保短期票据。近年来，一些信用级别相对较低的公司也可以通过提升信用级别或获得担保来发行商业票据，从而作为票据发行者参与市场。

2.4.1 商业票据的特征

商业票据的投资者大部分是机构投资者。其中，货币市场基金、保险公司、养老基金、商业银行以及非金融公司是商业票据的主要投资者。商业票据的主要特征包括：

第一，商业票据的期限较短。在美国，商业票据的期限通常少于270天，标准发行的期限少于45天。美国《1933年证券法》规定，发行期限不超过270天的商业票据可免于在证券交易委员会（SEC）注册。在欧洲，商业票据的期限一般为2~365天。

第二，商业票据的信用风险较低。虽然商业票据由企业发行并且无担保，但商业票据的发行企业通常为规模巨大、信誉卓著的大公司，商业银行也为商业票据的发行提供信用额度支持。

第三，商业票据发行规模巨大。期限短与信用风险低相结合，使得商业票据成为短期资金的理想投资工具。商业票据市场是一个批发市场，且发行规模相当大。在美国货币市场中，商业票据市场的份额最大，甚至超过了国库券市场。

第四，商业票据流动性较低。尽管商业票据市场是货币市场中份额最大的部分，但其二级市场的交易规模相对较小。大多数商业票据的投资者购买符合其特定期限要求的商业票据，并持有至到期。二级市场的交易通常集中于机构投资者对少数大型的、信用评级高的商业票据的投资。如果想出售商业票据，通常可将商业票据回售给原来的发行人或交易商。

小思考2-3

我国金融市场上的商业票据及其发行要求

在我国，商业票据通常指结算票据，如汇票、本票、支票，这种短期的商业票据融资工具被称为企业短期融资券。1987年12月1日，第一个地方性短期融资券管理办法，即中国人民银行上海市分行《企业短期融资券管理暂行办法》发布。2005年5月25日，中国人民银行制定并颁布《短期融资券管理办法》。2005年5月27日，第一批109亿元短期融资券发行。2008年3月14日，中国人民银行制定并颁布了《银行间债券市场非金融企业债务融资工具管理办法》，自2008年4月15日起施行，进一步完善了银行间债券市场管理，促进了非金融企业直接债务融资发展。

商业票据的发行要求主要有：（1）债务融资工具发行与交易应遵循诚信、自律原则。（2）企业发行债务融资工具应在中国银行间市场交易商协会注册。（3）债务融资工具在中央国债登记结算有限责任公司登记、托管、结算。（4）全国银行间同业拆借中心为债务融资工具在银行间债券市场的交易提供服务。(5) 企业发行债务融资工具应在银行间债券市场披露信息。信息披露应遵循诚实信用原则，不得有虚假记载、误导性陈述或重大遗漏。(6) 企业发行债务融资工具应由金融机构承销。企业可自主选择主承销商。需要组织承销团的，由主承销商组织承销团。(7) 企业发行债务融资工具应由在中国境内注册且具备债券评级资质的评级机构进行信用评级。

2.4.2 商业票据市场的交易机制

商业票据市场就是进行商业票据交易的市场，其交易机制包括以下内容：

1）商业票据的发行

商业票据的发行者分为金融性公司与非金融性公司两类。金融性公司又分为附属性金融公司、与银行有关的金融公司以及独立的金融公司。非金融性公司发行的商业票据相对较少，主要用于企业短期资金需求及季节性开支等用途。

商业票据的发行通常采取两种方式：一是发行人直接销售给投资者；二是通过商业票据交易商间接销售。

通过第一种方式发行的商业票据被称为直接票据，它无须经过证券交易商作中介，直接由发行人出售给投资者。这类商业票据的发行人大多是金融公司。金融公司需要持续的资金来源以满足客户的贷款需求，它们更倾向于通过销售团队直接向投资者出售商业票据。直接发行人可以通过金融信息供应商公布报价并进行销售。直接票据的发行程序包括：首先，进行商业票据评级，由发行人向评级机构提出评级申请，并提供必要的财务数据；其次，发行人公告发行商业票据的数量、价格、期限等信息；再次，投资者与发行人洽谈包括数量、票据期限等方面的买卖条件；最后，双方进行票据与资金交换，达成交易。

采取第二种发行方式的商业票据被称为交易商票据，是发行人利用证券公司提供的服务来出售商业票据。这类商业票据的发行人通常是非金融公司和一些小型银行控股公司、金融公司。其发行方式通常分为三类：助销发行、代销发行及招标发行。助销发行是指商业票据交易商与发行人事先谈妥发行事项，再根据市场情况商定承销期，然后将票据全权交给交易商进行承销，期满未售出部分由交易商全部按照约定价格承购。代销发行是指商业票据交易商与发行人进行商榷，按照发行人要求的价格由交易商销售，期满未售出部分退回发行公司。招标发行是指交易商以受托办理招标方式准销，代表发行人公开招标出售，未售出部分由发行人自行处理。

商业票据的发行成本由以下四部分构成：一是按照交易商协会提供的参考利率所确定的贴现率，交易商的参考利率是一个加权平均利率；二是承销费用，即证券交易商代理商业票据发行的费用；三是签证费用，是为证明商业票据所载事项正确而由权威机构予以签证的费用；四是保证费，商业票据的发行人如果在到期时资金短缺不能清偿票据，相关商业银行对其提供信用额度支持，通常商业银行按照商业票据申请的信用额度的一定比率向发行人收取保证费。

2）商业票据价格的确定

由于商业票据二级市场尚不发达，商业票据的价格通常是指发行价格。商业票据是贴现发行的，其价格根据以下公式确定：

发行价格=面值-贴现金额

贴现金额=面值×贴现率×期限/360

商业票据的收益率高于同等期限的国库券，原因主要有三点：首先，尽管商业票据的信用风险较低，但还是高于无信用风险的国库券。其次，投资国库券所得的利息收入有免税优惠，商业票据必须以更高的收益率来抵消国库券的税收优惠。最后，商业票据的流动性不如国库券高。

3）商业票据的评级

所有商业票据的投资者都要承担信用风险，商业票据评级是用来分析商业票据信用风险的主要依据。商业票据评级是指对商业票据的质量进行评价并按照质量高低分级，主要考虑发行人的管理质量、经营能力和风险、资金周转速度、竞争能力、流动性债务结构等。在美国，被证券交易委员会指定为美国公司债务评级全国公认统计评级机构的有惠誉国际、穆迪和标准普尔三家。

虽然信用评级增加了发行的手续及成本，但有利于市场投资者对发行人的财务状况进行了解，增加了市场信息的透明度。商业票据的等级不同，发行难易程度与利率水平也不尽相同。

小思考2-4

商业票据评级有何意义？

（1）有利于票据发行者筹集资金。对于初次进入票据市场且不为投资者所熟悉的发行人，通过对其发行的票据进行评级，其资金实力、信誉及还本付息的可靠性等情况能被准确有效地传递给众多投资者，使筹集更多的资金成为可能。从长远看，评级良好的发行人，其示范和带动作用也会部分解决中国票据市场主体不足的问题。

（2）有助于市场化利率的形成。利率由资金供求双方决定，发行人希望票据以较低的利率发行以减少资金成本，而投资人则希望以较高利率发行以获得更多的利息收入。商业票据评级在很大程度上决定了均衡利率水平，票据的不同等级反映了不同的信用溢价。一般而言，等级越高，利率越低；等级越低，利率越高。

（3）有利于与国外同业交流和中国金融市场国际化程度的提高。对商业票据评级是国际通行的做法，在中国票据评级体系建立与实施过程中，可以吸收、借鉴国外的经验教训。同时，商业票据评级体系的建立健全也会吸引外国机构投资者参与中国票据市场。

资料来源　郭晓广，王晟先．完善票据市场信用评级体系［J］．中国金融，2019（18）：71-72.

2.5　银行承兑汇票市场

银行承兑汇票市场是以银行承兑汇票为媒介，通过汇票的发行、承兑、转让及贴现，从而实现资金融通的市场。这个市场以银行信用为基础。

2.5.1 银行承兑汇票

银行承兑汇票是由银行承诺到期付款的汇票，即银行对远期汇票进行承兑，并承担到期无条件支付承兑汇票票面金额的责任。银行承兑汇票的产生是为了便于商业贸易交易。使用银行承兑汇票为商业交易融资被称为承兑融资。

银行承兑汇票的流通转让包括出票、承兑、背书、贴现及再贴现与转贴现几个环节。

1）出票

出票是指出票人签发汇票并将其交付给收款人的行为。通过出票，汇票便从出票人处转移至收款人处。汇票在作为支付凭证的同时也是信用凭证，体现出票人的支付信用。通常情况下，银行承兑汇票具有可追索性。

2）承兑

承兑是指银行对远期汇票的付款人明确表示同意按照出票人的指示在到期日见票付款。承兑是一种附属票据行为，包括在汇票票面签字标明“承兑”字样和把承兑的汇票交给持票人这两种行为。银行汇票的承兑大致有以下四种：国际进出口贸易的银行汇票承兑、国内货物运输的银行汇票承兑、国内仓储货物的银行汇票承兑、出口备货融资的银行汇票承兑等。

3）背书

背书是指在汇票背面签名后将汇票交给被背书人（也称受让人）。背书之后，被背书人即成为持票人。背书过程使得票据权利从背书人处转移至被背书人处，背书人是汇票的债务人，需要对其后手承担汇票被付款人承兑及付款的保证责任，并证明前手签字的真实性及背书的连续性，以证明其权利的正当。若汇票遭到拒绝承兑或拒绝付款，后手有权利向背书人追索款项。背书次数越多，对汇票承担责任的人越多，汇票的担保性越强，持票人的权利就越能得到保障，此时汇票的流通性也越强。

4）贴现

贴现是一种转让行为，是指持票人为了获得现款，将未到期的已承兑汇票以贴付从贴现日起到汇票到期日止的利息为条件，向银行作出的票据转让。银行扣除贴现利息后向持票人支付现款。

5）再贴现与转贴现

再贴现是指商业银行或其他金融机构将未到期的汇票向中央银行所作出的票据转让行为，这是中央银行向商业银行及其他金融机构融通资金的形式之一。转贴现是指银行在对承兑汇票贴现后，并未将汇票持有到期，而是在二级市场上将汇票出售给票据交易商，转让给其他金融机构。

2.5.2 银行承兑汇票市场的交易机制

银行承兑汇票的交易期限分为30天、60天、90天等，也有180天或270天的。由承兑银行对汇票持票人负有不可撤销的第一性责任，汇票的背书人或出票人负第二性责任。由于银行承兑汇票是银行信用，因此信用风险较低，即使银行到期拒绝付款，持票人也可以向背书人或出票人索款。银行承兑汇票可以在二级市场上出售，因此具有较强的流动性。银行既可以直接将承兑汇票销售给投资者，也可以通过货币市场交易商将承兑汇票销售给投资者。

与国库券和商业票据一样，银行承兑汇票也是以贴现方式出售的。使用银行承兑汇票融资的成本包括贴现利息和手续费。银行发行银行承兑汇票向客户收取贴现息的利率是银行认为它可以在二级市场上卖出该票据的利率的函数。

银行承兑汇票还可以作为承兑银行在公开市场业务中从中央银行获得贷款的抵押品。当然，并不是所有银行承兑汇票都有资格作为抵押品，它必须符合中央银行规定的条件，最主要的是不能超过一定期限（美国最长是6个月，英国是3个月），并且必须是为一项自偿性的商业交易融资。

2.6 大额可转让定期存单市场

定期存单是由吸收存款的存款性金融机构发行的一种金融工具。存款机构通过发行定期存单筹集资金，为其经营活动融资。定期存单分为不可转让与可转让两类，前者的持有人必须等到定期存单的到期日才能收回本金和利息，后者允许持有人在到期之前在公开市场上出售存单。定期存单还可以按照面值分为两类：第一类是大额定期存单，面值通常为100万美元及以上；第二类是小额定期存单，面值低于10万美元，这是一种定位于零售的产品。这里我们只讨论期限在1年或1年以内的大额可转让定期存单。

2.6.1 大额可转让定期存单

大额可转让定期存单是由商业银行等存款机构发行的，按照一定金额、一定期限和约定的利率计息，并可以进行转让的金融工具。它通常由资金实力雄厚的大银行发行，面额固定并可以流通转让。

1）大额可转让定期存单的特点

与传统的定期存款相比，大额可转让定期存单具有以下特点：第一，不记名。传统的定期存款记名，不可流通转让，如果提前支取要承担一定的利息损失；而大额可转让定期存单不记名，可以流通转让，有活跃的二级市场。第二，金额大。传统的定期存款金额不固定；而大额可转让定期存单金额固定，且一般金额较大，通常在100万美元以上。第三，期限短。传统的定期存款既有1年以内的定期存款，也有1年以上的长期存款；而大额可转让定期存单的期限通常为14天至12个月不等，3个月的居多。第四，大额可转让定期存单的利率既可以是固定的，也可以是浮动的，一般略高于同期限的定期存款。

大额可转让定期存单与商业票据或债券也有所不同，银行发行大额可转让定期存单筹集的资金需要缴纳存款准备金；而商业票据或债券无须缴纳存款准备金，但它也不受存款保险法的保护。大额可转让定期存单由商业银行发行，信用较高；而商业票据或债券的发行人以企业为主，信用风险要高于大额可转让定期存单。

同步案例 2-2

“Q条例”与大额可转让定期存单的诞生

在1929—1933年的经济大危机中，美国有大量银行倒闭。许多经济学家认为造成这一现象的主要原因是银行以高利率吸收存款，然后将其投资于高风险的贷款和证券以谋求高额利润。经济发生衰退后，贷款收不回来，证券无法出售，银行则破产倒闭。面对经济大危机以后的金融萧条，美国国会通过了《1933年银行法》，该法第Q项条例对商业银行的存款利率做了规定：银行对活期存款不得公开支付利息，对储蓄存款和定期存款支付的利率不能超过国家设定的最高限度。这项对存款利率进行管制的规定被称为“Q条例”。

20世纪60年代后，美国发生了日益严重的通货膨胀，“Q条例”的规定使银行的存款类资金来源受到很大影响。为了应对这种不利局面，商业银行开始进行金融创新，大额可转让定期存单就是其中的一种。大额可转让定期存单诞生于1961年，由花旗银行创设，购买存单的客户随时可以将存单在市场上出售变现。这样，客户实际上是以短期存款取得了按长期存款利率计算的利息收入。大额可转让定期存单提高了商业银行的竞争力，也提高了存款的稳定性。

2）大额可转让定期存单的种类

大额可转让定期存单可以根据发行人分为四种类型：一是由本国银行发行的国内存单；二是以美元标价，但在美国境外发行的欧洲美元存单；三是以美元标价，但由非美国的银行在美国的分支机构发行的扬基存单；四是由储贷协会和储蓄银行发行的储蓄机构存单。

2.6.2 大额可转让定期存单的发行与交易

大额可转让定期存单既可以直接发行，也可以通过交易商发行。商业银行在发行大额可转让定期存单时通常要考虑以下因素：一是商业银行资产负债的差额及结构。由于定期存单是作为存款机构短期融资和流动性要求的一部分而发行的，因此其发行量受到贷款需求和潜在替代资源的可获得性的影响。二是市场利率。商业银行要预测利率的未来走势，如预测利率上升，就可将存单期限设置长一些。三是信用评级。发行人的信用评级越高，发行利率就越低。四是金融监管。商业银行在发行时要考虑相关的金融监管法律法规，如对最低存款金额和发行规模的限制等。

大额可转让定期存单最大的投资者是投资公司和货币市场基金，商业银行、地方政府以及公司也是其主要投资者。

大额可转让定期存单的收益率取决于发行银行的信用评级、市场利率水平、期限以及定期存单的流动性等。其中，发行银行的信用评级是首要因素。在美国，由本国评级较高的银行发行的一级存单的收益率要低于非一级存单的收益率。在英国，由清算银行（如国民西敏寺银行、汇丰银行和巴克莱银行等）发行的定期存单的收益率最低。欧洲美元存单的平均收益率高于美国国内存单，其原因在于：首先，美联储对国内存单要求法定存款准备金，而这个要求不适用于欧洲美元存单。由于法定存款准备金要求增加了发行银行的资金成本，因此本国的发行银行支付给国内存单的收益率要低于欧洲美元存单。其次，发行定期存单的银行必须向联邦存款保险公司支付保险金，这也提高了资金成本。最后，欧洲美元存单是在外国司法管辖下运营的银行所支付的美元债务，因此其持有人面临求偿权依据外国司法而无法执行的风险（称为主权风险）。

小资料 2-3

银行发行同业存单热情高涨

同业存单是银行主动负债管理的重要工具之一，发行同业存单有助于拓展银行机构的融资渠道，提升银行主动负债管理能力。银行的资金来源主要有三个：一是央行；二是同业相互调剂；三是储蓄存款。当前中小银行在揽储方面遇到较大困难，高息揽储被叫停后，结构性存款收缩，中小银行的储蓄存款来源减少。因此，中小银行需借助银行同业市场来补充自身资金缺口。

具体来看，2022年计划发行额度超过1 000亿元的有16家银行，其中，平安银行、兴业银行拟发行规模均超过9 000亿元。此外，青岛银行、郑州银行等超过70家银行计划发行额度超过100亿元。

对于中小银行面临的资本补充需求和负债端压力，应持续完善宏观审慎评估体系（MPA）考核，鼓励银行，特别是中小银行多渠道补充资本，提高抗风险能力；发挥好结构性货币政策工具的作用，进一步降低实体经济融资成本。总体来说，要把防范金融风险、稳住经济大盘、确保经济在合理区间运行有机结合起来。只有这样，才能在做好自身稳健经营和风险防范的基础上，发挥好金融对实体经济的支持作用。

资料来源　张志伟，余俊毅，张博．银行发行同业存单热情高，年内16家银行计划发行额度均超千亿元［N］．证券日报，2022-01-24（B01）．

2.7 货币市场基金市场

货币市场基金是指通过某些特定发起人成立基金管理公司，通过出售基金凭证单位的形式募集资金，统一投资于货币市场工具，并将这些工具形成的资产组合收益按一定的规则在扣除一定比例的管理费用后，支付给基金凭证单位持有人，因而是专门以货币市场作为投资组合领域和对象的基金投资方式。

货币市场基金最早出现于1971年的美国，当时被当作银行存款的一个替代物。20世纪70年代初，美国对存款机构大部分存款利率进行管制，而货币市场工具的利率不受限制，但货币市场又有最低交易额的限制，许多中小投资者无法进入货币市场，由此，货币市场基金应运而生。

2.7.1 货币市场基金的特点

由于货币市场基金是基金的一种，因此它具有基金所具有的利益共享、风险共担、分散投资、专家理财等特点；又因为它是专门投资于货币市场工具的基金，因此与一般基金相比，又有其独有的特点：

第一，安全性较高。货币市场基金的投资对象主要是一些期限较短、流动性较高的货币市场工具，货币市场基金投资组合的期限平均为4~6个月，投资组合所承担的利率风险相对较低。另外，货币市场基金所持有的货币市场工具的发行人都是政府部门或是信用等级较高的金融机构及公司，因此信用风险也较小。

第二，流动性较强。由于货币市场基金的投资对象流动性较强，基金的资产通过交易转换成现金后几乎不会遭受损失，因此，货币市场基金赎回方便，二级市场交易非常活跃。投资者可将货币市场基金作为暂时流动性储备。

第三，投资成本较低。货币市场基金的认购和赎回免收手续费，管理费用也低于一般基金。一般基金年管理费率为基金资产净值的1%~2.5%，而货币市场基金的年管理费率只占基金资产净值的0.25%~1%，因此具有投资成本低的特点。

第四，操作便捷，月复利分红，不缴所得税。从操作上来讲，投资货币市场基金操作便捷，过程也很简单。货币市场基金是所有基金中最稳健和最基本的投资工具，操作类似于银行的活期储蓄存款，且月复利分红，不缴所得税。

第五，提供一种有限制的存款账户。货币市场基金的投资者可以签发以其基金账户为基础的支票来取现或进行支付，因此，货币市场基金份额具有支票存款的功能，并且还能获取与货币市场工具相同的收益率。当然，用货币市场基金账户所开具的支票一般有最低限额要求。

小思考2-5

货币市场基金的投资范围

货币市场基金是以货币市场工具为投资对象的基金。2004年中国证监会发布的《货币市场基金管理暂行办法》的规定，货币市场基金的投资范围主要包括：现金；1年以内（含1年）的银行定期存款、大额存单；剩余期限在397天以内（含397天）的债券；期限在1年以内（含1年）的债券回购；期限在1年以内（含1年）的中央银行票据；中国证监会、中国人民银行认可的其他具有良好流动性的货币市场工具。

我国货币市场基金投资的范围是一些安全系数高和收益稳定的品种，对于很多希望回避证券市场风险的企业和个人来说，货币市场基金是天然的“避风港”，通常情况下既能获得高于银行存款利息的收益，又保障了本金的安全。

2.7.2 货币市场基金的发行与交易

货币市场基金属于开放型基金，即基金份额可以随时购买及赎回，其发行方式分为公募和私募两种。通常情况下，货币市场基金的初次认购按照面额进行，不收取手续费。由于开放型基金的份额时刻处于变化中，所以货币市场基金的交易实际上是基金持有人增持或退出基金的过程。与其他开放型基金不同，货币市场基金的购买或赎回价格所依据的净资产值是不变的，通常是每个基金单位1元。对于货币市场基金所分配的盈利，投资者可以将其进行再投资，也就是将收益转换为新的基金份额；也可以直接领取现金收益。

同步案例2-3

互联网货币基金

相较于传统货币基金，互联网货币基金改变了销售渠道，充分吸收用户手中的闲散资金，利用互联网平台进行销售。互联网货币基金可以分为以下三类：

（1）对接平台类，这类互联网货币基金是指投资者随时随地能直接通过平台与第三方进行交易，如支付宝余额宝和微信零钱通这样的生活支付平台、京东小金库以及苏宁零钱包这样的网购交易平台等。为避免垄断、确保基金稳健运行，每个平台都精选国内资产管理能力、投资回报能力、综合实力均比较强的基金公司，且根据平台大小及风险承受能力对接不同的货币基金数量，支付宝目前对接了29只货币基金，微信零钱通对接了21只货币基金，苏宁零钱包对接了12只货币基金。

（2）对接银行类，这类互联网货币基金是指通过商业银行平台进行销售，投资者直接通过商业银行平台进行购买，如兴业银行掌柜钱包、平安银行聚财宝等。这类产品的推出是由于银行吸引存款和销售理财产品的能力逐渐下降，为了保持市场份额和迎合金融创新作出的改变。

（3）对接基金公司类，这类互联网货币基金是指在基金公司自有平台上销售，如挂钩南方现金增利的南方现金宝。与前面两类相比，对接基金公司类有其原生优势——基金销售和管理的经验和专业人才。但其缺乏金融科技相关的技术，因此也存在操作风险。

资料来源　张泽琳，谢爱辉．互联网货币基金发展问题探析［J］．大众投资指南，2020（3）：249-250.

思政小课堂2-1

目前我国货币市场发展中存在的问题及改革思考

当前我国货币市场基金发展迅速，规模扩张引人注目。2003年我国第一只货币市场基金推出至今，借助“互联网+”的东风，货币市场基金获得长足发展。随着我国货币市场基金市场的发展，其蕴含的风险也有所积累，考虑到货币市场基金规模不断扩大，发展过程中也呈现诸多新问题。

“十三五”期间，我国金融业围绕防范化解金融风险不断深化改革，金融市场韧性不断提升，风险防控取得明显成效。随着改革的不断深入，金融领域深层次矛盾和问题日渐凸显，在我国经济转向高质量发展的大背景下，在构建运行有效的市场环境的同时，维护国家金融安全是当今需要重点关注的问题。

金融安全是国家安全的重要组成部分。防范化解金融风险，特别是防止发生系统性金融风险，是金融工作的根本性任务。习近平总书记强调，金融管理部门要努力培育恪尽职守、敢于监管、精于监管、严格问责的监管精神，形成有风险没有及时发现就是失职、发现风险没有及时提示和处置就是渎职的严肃监管氛围。要做到“管住人、看住钱、扎牢制度防火墙”。要管住金融机构、金融监管部门主要负责人和高中级管理人员，加强对他们的教育监督管理，加强金融领域反腐败力度。

资料来源　张瑞华．目前我国货币市场发展中存在的问题及改革思考［J］．今日财富（中国知识产权），2021（4）：60-62.

本章小结

本章对货币市场的有关知识进行了全面阐述。货币市场是金融市场的重要组成部分，是期限在1年以内的短期金融工具交易所形成的供求关系及运作机制的总和。货币市场包括国库券市场、同业拆借市场、回购协议市场、商业票据市场、银行承兑汇票市场、大额可转让定期存单市场以及货币市场基金市场等主要子市场。国库券是由国家财政部门发行的、政府提供信用担保的短期债券。同业拆借市场是金融机构之间以货币借贷方式进行短期资金融通的市场。回购协议是指资金需求方在出售证券的同时与证券购买者签订的、承诺在未来某一确定日期，按预先约定的价格将其购回的协议。回购协议市场是通过回购协议进行短期资金融通的场所。商业票据是一种由信用评级较高的大公司在公开市场上发行的、作为其债务凭证的无担保短期票据。银行承兑汇票市场是以银行承兑汇票为媒介，通过汇票的发行、承兑、转让及贴现，实现资金融通的市场。大额可转让定期存单是由银行发行的，按照一定金额、一定期限和约定的利率计息，并可以进行转让的金融工具。货币市场基金是一种专门以货币市场作为投资组合领域和对象的基金。

基本训练

一、主要概念

货币市场　国库券　同业拆借市场　回购协议　商业票据　银行承兑汇票　大额可转让定期存单　货币市场基金

二、重点实务

同业拆借市场的特点与作用　货币市场基金的特点　货币市场子市场的构成及在我国的发展状况　回购协议交易中回购利率的决定因素

三、案例分析

货币市场与流动性：隔夜利率的频繁高波动与期限倒挂

2019年以来，我国虽然资金面整体合理充裕，但是短端利率波动加剧，甚至屡屡出现隔夜利率与7天利率倒挂的局面。隔夜利率高于7天利率的情况并不多见，2016年至2018年3年间仅出现过6次，2019年以来却已经出现了13次。为什么在流动性总量大体充裕的情况下，会出现隔夜利率与7天利率倒挂的局面？

流动性总量更多地影响资金利率的中枢，而作为流动性“缓冲垫”的超储更多地影响资金利率的波动。在流动性较为平稳的2016年，各个月份超储率均在1.7%以上。到了2017年，各月超储率平均水平下降到1.2%左右，资金利率波动明显上升。2019年以来，虽然流动性总量合理充裕，但超储率的波动有所加大。除了5月、6月和9月外，2019年其余月份超储率都处于1.5%以下。2019年4月与8月的超储率水平更是处于2016年以来的同期最低水平。

回顾10月，在通胀预期升温和跨年因素的影响下，3个月与1年期资金利率提高，央行未开展TMLF操作，而是进行了MLF投放，这可能强化了市场对1年期利率上行的预期。

展望11月，7天利率有望延续相对稳定的局面，但由于SHIBOR 3M与名义GDP增速走势接近，3个月利率中枢易上难下。

展望未来，随着通胀预期的升温，杠杆融资的需求可能出现回落，隔夜融资需求对利率的敏感性或将上升。

历史数据显示，超储率与隔夜7天利率的波动率呈现负向关系：当超储率提高时，短端利率的波动趋于下降；而当超储率较低时，短端利率波动可能上升。这种波动也影响7天利率与隔夜利率之差。当超储率较高时，7天利率与隔夜利率之差可能较高；当超储较低时，隔夜利率波动加大。隔夜利率中枢可能更加接近7天利率，超储率较低引起货币市场波动的情况在美国也曾经出现过。

与此同时，市场较强的降息预期提高了隔夜融资需求，进一步加大了短端利率的波动。

利率互换数据显示，2018年12月以来，1年期FR007互换利率水平时常低于当期的FR007，这反映出市场预期未来短端利率可能下降。2019年隔夜融资占比多数时间内维持在80%以上，较2018年有所提高，杠杆融资的上升降低了隔夜融资需求对利率的敏感性，使得隔夜利率在部分流动性偏低的时点显著上升。

从1年期利率来看，近期1年期股份行NCD利率已经上升并逼近TMLF利率，而11月5日将有4 035亿元MLF到期，考虑到央行10月未续作TMLF，如果11月5日央行续作MLF，可能引导1年期NCD利率突破TMLF利率，向MLF利率靠近。

资料来源　郭于玮，鲁政委．货币市场与流动性月报：隔夜利率的频繁高波动与期限倒挂［EB/OL］．［2019-11-06］．http：//finance.sina.com.cn/zmt/2019-11-05/doc-iicezzrr7282435.shtml.

请结合实际，分析2019年超储率波动加大的原因。

四、计算题

1. 面额为10 000元、售价为9 500元、距离到期日期限为6个月（182天）的国库券，其贴现收益率是多少？

2. 某银行在同业拆借市场上拆入1 000 000万元，利率为8%，期限为2019年4月25日至7月25日，其应付利息为多少？

五、社会调查

近年来，随着互联网金融的快速发展，以余额宝为代表的各种互联网基金兴起，货币市场基金的发展进入了全新阶段。请查阅相关资料，谈谈你对我国货币市场基金未来发展方向的理解和建议。同时，进行相关社会调查，看看你身边了解互联网基金并运用其理财的人有多少。

六、即测即评

第2章单项选择题　　**第2章多项选择题**　　**第2章判断题**

第3章

债券市场

学习目标

通过本章学习，在知识方面，掌握债券的概念及分类、债券市场的构成；在技能方面，熟悉债券市场的发行和交易机制，债券价格的确定、政府债券及公司债券的分类及特点、债券的信用评级；在能力方面，能够深入理解债券市场的作用，对我国债券市场的发展与完善有自己的思考。

导读案例

欧洲债务风险“灰犀牛”来势汹汹

为抑制高通胀，2022年9月，欧洲央行将欧元区三大关键利率上调75个基点，创1999年欧洲货币联盟成立以来首次最大单次加息幅度。不仅如此，根据欧洲央行评估，在接下来的几次会议上预计将进一步加息，以抑制需求。可以看出，欧洲央行正追随美联储进入快速加息通道，然而由于欧洲央行的激进加息和缩表模式，流动性紧缩将进一步加剧欧元区债务风险。

近年来，债台高筑已成为欧元区经济的新常态。受新冠肺炎疫情影响，欧洲各国为刺激经济恢复，纷纷签下巨额“账单”。2021年欧盟层面政府债务与国内生产总值（GDP）之比达88.1%；欧元区国家该指标达到95.6%，19个成员国中有12个该指标超过60%的欧盟《稳定与增长公约》警戒线。其中，希腊、意大利、葡萄牙、西班牙、爱尔兰高负债5国面临的债务压力最大。

同时，由于欧盟成员国众多，各国债务水平不同，其内部国债存在利差，而随着欧洲央行加息，利差分化正在加剧。自8月下旬以来，10年德债利率重回1.5%，10年意债利率则突破4%的“警戒线”水平。在高于4%利率的发债成本下，意大利的财政负担不可持续，这也意味着意大利主权违约的风险大增。不仅如此，被视为欧洲债券市场风险“晴雨表”的意大利和德国国债利差逐步走阔，一度扩张超过200个基点。高盛预计，2022年年底这一数字会扩大至250个基点，原因是“政治不确定性上升，以及政策可能丧失连续性的综合影响”。利差走阔，显示负债成本走高，像上述5国这样的高负债欧元区国家债务融资将变得更难。标普全球市场情报数据显示，8月投资者做空意大利债券总规模达2008年1月以来最高水平，超过390亿欧元。而当能源价格反弹、美联储紧缩预期升温等外部环境恶化后，欧债市场预计将受到更大的冲击。

资料来源　项梦曦. 欧洲债务风险“灰犀牛”来势汹汹［N］. 金融时报，2022-09-16（008）.

债券市场是中长期债务工具的发行与交易市场，它有助于将个人、公司和政府部门的闲置资金转移给那些需要进行长期债务融资的公司和政府部门，是金融市场的重要组成部分。债券市场所使用的债务工具借贷期限为1~30年，在借贷期间定期支付利息，因此，债券市场也被称为固定收益市场。

3.1 债券市场概述

债券是一种历史悠久的金融工具，它是由政府、金融机构、公司等部门直接向社会借债筹措资金时，向投资者发行的、承诺按一定利率支付利息并按约定条件偿还本金的债权债务凭证。债券的发行人是债务人，投资者（或债券持有人）为债权人。最早的债券是政府债券。19世纪以来，资本主义经济进入高速发展阶段，公司需要筹措大量资金以维持其长期发展，公司债券因此诞生。第二次世界大战后，各国债券市场发展迅猛，成为与股票市场并列的资本市场的两大支柱。

3.1.1 债券的特征与构成要素

债券作为投资者向政府、金融机构或公司提供资金的债权债务凭证，具有偿还性、流动性、安全性和收益性等特征。债券一般规定偿还期限，偿还性是指债券到期时发行人必须按约定条件偿还本金并支付利息的特征。流动性是指债券在偿还日到来之前，可以在证券市场上自由流通和转让。债券的安全性体现在两个方面：一是债券的利率一般是固定的，即使是浮动利率债券也有一个预定的最低利率界限，以保证投资者在市场利率波动时免受损失，因此债券的收益较为稳定；二是公司破产时，债券持有人享有优先于股票持有人的公司剩余资产索取权。当然，安全性也不是绝对的，只在相对意义上风险较小。债券的收益性也体现在两个方面：一是债券可以给投资者带来一定的利息收入；二是投资者可以利用债券价格的变动赚取买卖差额。

债券有很多种类，但基本要素相同，主要包括票面价值、偿还期限、债券利率及债券价格。

票面价值包括币种和票面金额两个因素。债券的发行人可根据资金供求情况及自身需要选择适合的币种。债券的票面金额是债券到期时债务人须足额偿还的金额。

偿还期限是指债券从发行之日起至偿清本息之日止的时间。偿还期限应在债券票面上注明，债券发行人必须在债券到期日偿还本金。债券票面上还应注明债券本金的偿还方式，如是到期一次还本还是分期还本等。

债券利率是指债券利息与债券票面价值的比率，也称为息票利率，通常以年利率表示。根据债券市场的具体惯例，债券利率可用百分比形式表示，也可用分数形式表示。债券利率直接关系到债券的收益。影响债券利率的因素主要包括市场利率水平、发行人的资信状况、债券的偿还期限和资金供求情况等。

债券价格是指债券发行时的价格。理论上，债券的票面金额就是它的价格，但实际上，由于受多种因素的影响，债券价格常常偏离其面值。也就是说，债券面值是固定的，但它的价格是经常变化的。发行人还本付息是以债券面值为依据，而不是以其价格为依据。

此外，债券还有是否可提前赎回、税收待遇、流通性等方面的规定。

小思考 3-1

公司债券与股票有哪些区别?

第一，法律性质不同。公司债券是债权凭证，债券持有人是债权人，仅能按照约定期限取得利息，收回本金，无经营决策权；股票是所有权凭证，股票持有人是公司的所有者，有权参与公司经营决策，分享公司剩余财产。

第二，在公司清算时，债券持有人比公司股东优先得到债务赔偿，对公司的经营状况不需要承担责任。

第三，期限不同。公司债券有一定的清偿期，到期后公司必须返还本金；股票投资属于永久性投资，股东无法要求公司返还其本金。

第四，收益的风险与方式不同。公司债券有固定的利率，无论公司是否营利，都要向债券持有人支付约定的利息；股票没有固定利息，投资者的收益与企业经营状况密切相关，风险比较大。

第五，征税方面的不同。公司债券的利息在税前利润中支付，股息和红利在税后利润中支付。

3.1.2 债券的种类

1）根据发行人划分，可分为政府债券和公司债券

政府债券是由中央政府、政府机构及地方政府发行的债券，可分为中央政府债券、政府机构债券和地方政府债券。由于政府信用很好，政府债券被认为是各类投资工具中风险最低的金融工具。中央政府债券又称为国债，是由中央政府财政部门发行的、以国家财政收入为保证的债券。国债几乎不存在违约风险，因此通常被认为是最安全的投资。此外，国债的利息收入可以享受税收优惠，豁免所得税。政府机构债券是由财政部门以外的政府机构发行的债券，其收支偿付不列入政府预算，由发行单位自行负责。政府机构债券的发行机构包括政府部门和直属企事业单位，也包括由政府主办但属于私营的机构。地方政府债券又称为市政债券，由地方政府担保，其信用风险略高于国债和政府机构债券，同样享有税收优惠。

公司债券是公司为了筹措营运资金而发行并负责还本付息的债券。由于发行公司存在违约或破产的可能，因此，公司债券具有一定的信用风险。公司债券是否有担保或抵押以及发行公司的信用等级如何，直接影响其信用风险的高低。

金融债券是由银行和非银行金融机构发行的债券。发行金融债券的金融机构一般有雄厚的资金实力，信用等级较高，发行债券所筹集的资金有特定的用途，因此金融债券具有良好的信誉。在西方国家，由于金融机构大多属于股份有限公司，因此金融债券可纳入公司债券的范畴，但其信用风险要低于普通的公司债券。

小资料 3-1

我国金融债券的发展

我国金融债券的发行始于1982年。该年，中国国际信托投资公司率先在东京证券市场发行了外国金融债券。

为推动金融资产多样化，筹集社会资金，1985年，中国工商银行、中国农业银行发行金融债券，开办特种贷款。这是中国经济体制改革以后国内发行金融债券的开端。在此之后，中国工商银行和中国农业银行又多次发行金融债券，中国银行、中国建设银行也陆续发行了金融债券。

金融债券的资信通常高于其他非金融机构债券，违约风险相对较低，具有较高的安全性。金融债券的利率通常低于一般的企业债券，但高于风险更小的国债和银行储蓄存款利率。与此同时，金融债券能够较有效地解决银行等金融机构资金来源不足和期限不匹配的矛盾。

资料来源　晓健. 推动中国金融债券持续健康发展［J］. 国际融资，2010（7）：30-33.

2）根据利息支付方式划分，可分为附息债券和零息债券

附息债券是指在债券券面上附有息票，或是按照债券票面载明的利率及支付方式支付利息的债券。这种债券不是到期一次性支付利息，而是每半年付息一次，也可每3个月或每年付息一次。息票一般会注明应付利息的日期和金额。

零息债券又称为贴现债券，是指按照低于面值的价格发行，到期后按照面值偿还本息的债券。由于债券发行时，按贴现原理，用折扣方式从债券面值中扣除利息，因此，这种债券的发行价格低于面值，其差额构成债券利息。

3）根据利率特征划分，可分为固定利率债券和浮动利率债券

固定利率债券在债券偿还期限内向投资者支付固定利率的利息，在最终到期日向投资者支付最后一期利息并偿还本金。

浮动利率债券按某一浮动利率指数或以其为基准的可变利率支付利息，并定期调整，通常是每3个月或半年调整一次。典型的利率指数为伦敦同业拆借利率。浮动利率债券的投资者虽然不能确定债券的收益率，但可以确定它的利率总是和当前的市场利率保持一致。

3.1.3　债券的发行市场

发行新的债务工具筹集资金的市场就是债券的发行市场，又称为一级市场。债券的发行市场主要由发行人、投资者和中介人组成。只要具备发行资格，无论是国家、政府机构、金融机构，还是公司或其他法人，都可以通过发行债券来筹资。债券的投资者是资金的提供者，他们通过持有债券，定期获得利息并在到期日获得本金。债券投资者主要分为机构投资者和个人投资者。机构投资者包括证券投资基金、养老基金、保险公司及各类储蓄机构，它们是债券市场最大的投资者；个人投资者可以通过购买人寿保险单或养老基金等工具在债券市场上间接投资，也可以直接投资于债券市场。在债券市场中，发行人和投资者往往通过中介人进行交易。中介人可以负责管理债券发行和交易的整个过程，投资银行、商业银行以及信托投资公司等都是常见的中介人。

1）债券的发行方式

根据发行对象的不同，债券的发行可以分为公募发行和私募发行。公募发行是指公开向社会非特定的投资者发行债券，发行人必须向证券管理机构办理发行注册手续。由于发行数额一般较大，通常要委托证券公司等中介机构承销。公募债券信用度高，可以上市转让，因而发行利率一般比私募债券利率低。私募发行是指面向少数特定的投资者发行债券，不对所有的投资者公开出售。私募发行的对象包括两类：一是指定的机构投资者，如投资银行、信托公司、保险公司以及基金等；二是有所限定的个人投资者，如发行单位的员工等。私募发行有特定的投资者，发行手续简便，发行费用相对较低，但私募债券一般不能上市交易，流动性较差。

根据发行价格与票面价值的异同，债券的发行可以分为平价发行、溢价发行和折价发行。平价发行也称为等额发行，是指债券的发行价格和票面价值相等，因此对于发行人而言，发行募集资金数额与未来偿还的本金数额相等。溢价发行是指债券的发行价格高于票面价值，发行人到期时按票面价值偿还本金。折价发行是指债券的发行价格低于债券票面价值，偿还时按票面价值偿还本金。

根据有无中介机构协助发行，债券的发行可以分为直接发行和间接发行。直接发行是指债券发行人直接向投资者推销债券，不需要中介机构进行承销。直接发行可以节省中介机构承销包销的费用，节约发行成本，但需要花费大量人力和时间进行申报登记、债券印制等繁杂的工作。另外，发行人还要完全承担债券不能按时售完的发行风险。选择直接发行方式的一般是一些信誉和知名度较高的大公司或大型金融机构。一般而言，私募发行多采用直接发行方式，而公募发行多采用间接发行方式。间接发行是指发行人不直接向投资者进行销售，而是委托中介机构承销。与直接发行相比，间接发行可节省人力和时间，降低发行风险，能迅速高效地完成发行工作，但发行人需支付承销费用，因而增加了发行成本。

间接发行又包括代销、余额包销和全额包销方式。代销是指发行人和承销者签订协议，由承销者代为向社会销售债券的发行方式。承销者按规定的发行条件尽力推销，如果在约定期限内未能按照原定发行数额全部销售出去，债券剩余部分可退还给发行人，承销者不承担发行风险。采用代销方式发行债券，手续费一般较低。余额包销是指承销者按照规定的发行数额和发行条件，在约定期限内代为推销债券，如果有剩余，须由承销者负责认购的发行方式。采用这种方式销售债券，承销者承担部分发行风险，能够保证发行人筹资计划的实现，但承销费用高于代销费用。全额包销是指承销者首先按照约定条件将债券全部承购下来，并且立即向发行人支付全部债券价款，然后再由承销者向投资者推销的发行方式。全额包销方式由承销者承担了全部发行风险，可以保证发行人及时筹集到所需资金，因而包销费用也较余额包销费用高。

小思考 3-2

公募债券与私募债券有何区别?

公募债券向不特定的多数投资者公开募集，需办理法定手续，可以在证券市场上转让。私募债券向特定的投资者发行，手续简单，一般不能在证券市场上交易。

2）债券的发行价格

债券的发行价格是发行人发行债券时所使用的价格，也是投资者认购债券时实际支付的价格。理论上，债券的发行价格是债券的票面价值及所要支付的利息按发行当时的市场利率折现所得的现值。从资金时间价值来看，债券的发行价格由两部分组成：债券到期还本金额的现值和债券各期利息的年金现值。决定债券发行价格的基本因素包括债券的票面价值、票面利率、市场利率、债券期限等。

【例 3-1】债券发行价格计算

有一张面值为1 000元、票面利率为12%、期限为2年的债券，每年付息一次，市场利率为10%。求债券的发行价格。

息票利息=1 000×12%=120（元）

各期息票利息的年金现值$=\frac{120}{1+10\%}+\frac{120}{(1+10\%)^2}=208.26$（元）

债券到期还本金额的现值$=\frac{1\ 000}{(1+10\%)^2}=826.45$（元）

债券发行价格=各期息票利息的年金现值+债券到期还本金额的现值

=208.26+826.45=1 034.71（元）

小资料 3-2

我国公开发行公司债券的条件

1.股份有限公司的净资产不低于人民币3 000万元，有限责任公司的净资产不低于人民币6 000万元；

2.累积债券余额不超过公司净资产的40%；

3.最近3年平均可分配利润足以支付公司债券1年的利息；

4.筹集的资金投向符合国家产业政策；

5.债券的利率不超过国务院限定的利率水平。

3.1.4 债券的流通市场

债券的流通市场又称二级市场，是指已发行债券买卖转让的市场。债券一经认购，即确立了一定期限的债权债务关系，但通过债券流通市场，债券持有人可以转让债权，将债券变现。准备投资于债券的投资者既可以在发行市场上认购新发行的债券，又可以在流通市场上购买别人转让的、尚未到期的债券。在债券的流通市场上同时有多种债券进行交易，这就为投资者提供了调整所持金融资产结构、分散投资风险的可能性，从而增加了投资工具与渠道，提供了风险管理的工具。

债券的流通转让可以在证券交易所进行，但是由于国债一般享有上市豁免权，无须申请即可在证券交易所上市交易，因此申请在交易所上市的债券主要是公司债券。在证券交易所交易的债券占债券交易总量的比例极小，大多数债券都是在场外交易市场进行交易的。在美国，几乎所有的联邦债券、联邦机构债券和市政债券以及大部分公司债券都在场外交易市场交易，这主要是因为在场外交易市场上，无论是债券发行人的发行成本还是投资者的债券交易成本都低于证券交易所。此外，证券交易所较严的监管制度和准入条件也限制了债券的场内流通。

总之，债券的发行市场和流通市场相辅相成，是相互依存的整体。发行市场是整个债券市场的源头，是债券流通市场的前提和基础。发达的流通市场是发行市场的重要支撑，是发行市场扩大的必要条件。

小思考3-3

公开发行债券失败怎么办?

公开发行债券，在销售期内售出的债券面值总额占拟发行债券面值总额的比例不足50%的，或未能满足债券上市条件的，视为发行失败。发行失败，发行人应当按发行价并加算银行同期存款利息返还给认购人。在债券发行结束之前，发行人不得动用所募集的资金，主承销商和债权代理人负有监督义务。

思政小课堂3-1

债券市场高质量发展成效显著

党的十八大以来，直接融资在推动经济转型发展过程中发挥的重要性日益凸显，中国债券市场以完善机制建设为关键抓手，锚定服务实体经济的本源职责，在稳经济、调结构、促发展等方面发挥了积极作用。

与此同时，中国债券市场在高质量发展中逐渐走向成熟：市场规模稳步扩大，产品创新不断涌现，参与主体日趋多元，交易活跃度持续提升，双向开放不断深化，制度框架逐步完善。到2022年8月，我国已形成以银行间债券市场为主导，包括交易所市场、商业银行柜台市场在内的多元化、分层次的债券市场体系，债券市场已成为我国企业的第二大融资渠道，中国债券市场托管余额超过142万亿元，成为全球第二大债券市场。

立足新起点，展望未来十年，中国债券市场改革发展向市场化、法治化、国际化更高水平、更深层次推进的号角已经吹响。业内专家表示，作为资本市场的重要组成部分，中国债券市场正步入重大战略机遇期。在进一步完善制度建设、提升市场效率的基础上，积极发挥债券市场的融资功能，已经成为稳增长、推动中国经济高质量发展的有机组成部分。

中共中央政治局2022年4月29日下午就依法规范和引导我国资本健康发展进行第三十八次集体学习。中共中央总书记习近平在主持学习时强调，资本是社会主义市场经济的重要生产要素，在社会主义市场经济条件下规范和引导资本发展，既是一个重大经济问题也是一个重大政治问题，既是一个重大实践问题也是一个重大理论问题，关系坚持社会主义基本经济制度，关系改革开放基本国策，关系高质量发展和共同富裕，关系国家安全和社会稳定。必须深化对新时代条件下我国各类资本及其作用的认识，规范和引导资本健康发展，发挥其作为重要生产要素的积极作用。

资料来源　张弛. 债券市场高质量发展成效显著［N］. 金融时报，2022-09-05（1）

3.2　政府债券市场

政府债券又可具体分为中央政府债券（即国债、政府机构债券）及地方政府债券。

3.2.1 国债

如前文所述，国债是由中央政府财政部门发行的、以国家财政收入为保证的债券。一国政府发行国债有以下四个目的：一是在战争时期筹措军费，这也是国债的最早起源。二是平衡财政收支。政府的公共开支通常高于其税收收入，从而形成财政赤字。为了弥补财政赤字，政府发行债务为财政赤字融资。三是筹集建设资金。国家进行基础设施和公共设施建设往往需要大量的中长期资金，通过发行中长期国债，可以为建设项目筹资，以此促进经济发展。四是偿还到期国债。为了解决偿债的资金来源问题，国家可通过发行国债筹资，用以偿还到期的旧债。

由于中央政府信用等级高，国债被认为是无信用风险的债券，同时国债拥有交易活跃的二级市场，这些特点使得国债成为债券市场中的基准债券，可以用来为其他债务工具定价，确定套期保值头寸，评估市场对未来经济和政策发展的影响。此外，国债还享有税收豁免，可以免除所得税，这也是国债吸引投资者的一个特点。

1）国债的发行与流通

期限在1年或1年以下的国债称为国库券，通常贴现发行，我们已经在第2章中介绍过，在此不再赘述。期限超过1年的债券以附息债券形式发行，期限不超过10年的债券被称为中期国债，期限超过10年的债券被称为长期国债。

国债的发行大多采用公开拍卖方式，对所有的经济实体开放。拍卖前，财政部门会提前发布公告，提供详细的说明，包括发行的数量、期限和类型，明确拍卖的规则和程序。投标方式可以是竞争性投标，即竞标者同时报出认购国债的数量和收益率；也可以是非竞争性投标，即竞标者只报出认购数量，并同意按中标的平均竞价购买。竞争性投标又可以分为多重价格投标（美国式）和单一价格投标（荷兰式）。

小资料3-3

国债业务公告2022年第129号

根据国家国债发行的有关规定，财政部决定发行2022年记账式附息（二十期）国债，已完成招标工作。现将有关事项公告如下：

一、本期国债计划发行850亿元，实际发行面值金额850.8亿元。

二、本期国债期限2年，经招标确定的票面利率为1.99%，2022年9月15日开始计息，招标结束后至9月15日进行分销，9月19日起上市交易。

三、本期国债为固定利率附息债，利息按年支付，利息支付日为每年9月15日（节假日顺延，下同），2024年9月15日偿还本金并支付最后一次利息。

其他事宜按《国债业务公告》（2022年第1号）规定执行。

特此公告。

中华人民共和国财政部

2022年9月14日

国债的流通转让可以在证券交易所进行，也可以在场外交易市场进行。国债一般享有上市豁免权，无须申请即可在证券交易所上市交易。发达国家的国债交易大多在场外交易市场进行。交易商可以向客户报出国债的买卖价格，直接与客户进行交易；交易商之间也可以通过交易商间经纪人进行交易。国债的二级市场交易非常活跃，使得国债具有高度的流动性，这既为投资者提供了便利，又为中央银行的公开市场业务提供了操作工具。

2）国债的信用评级

国债通常被认为是无违约风险债券，但是并非所有的政府都拥有相同的信用等级。对国债的信用评级也称为国家主权信用评级，就是信用评级机构依照一定的程序和方法对一国政府作为债务人履行偿债责任的信用意愿与信用能力的评判。目前涉及主权信用评级业务的国际三大评级机构是标准普尔、穆迪以及惠誉国际。

国家主权信用评级除了要对一个国家国内生产总值增长趋势、对外贸易、国际收支状况、外汇储备、外债总量及结构、财政收支、财政政策、货币政策等影响国家偿还能力的因素进行分析外，还要对金融体制改革、社会保障体制改革等造成的财政负担进行分析，最后才能进行评级。根据国际惯例，国家主权等级是该国境内单位发行外币债券的评级上限。

同步案例3-1

日本信用评级发展进程

日本信用评级行业起步较其他亚洲国家要早。1984年，日本大藏省与金融机构合作举办有关公司债券的研讨会，提出了成立专业信用评级机构的建议。随后，评级机构作为独立的法人机构开始在日本出现。1985年，日本信用评级公司（JCR）、日本投资家服务公司（NIS）、日本公社债研究所（JBRI）相继成立；同年，穆迪和标普在日本设立了办事处。1998年，NIS和JBRI合并，成立了现在的评级和投资信息公司（R&I）。

20世纪80年代，国外评级机构在日本评级市场建立之初就参与其中。面对国际三大评级机构的优势地位，成立时间短、经验欠缺的日本评级机构经过兼并整合，走出了一条成功的发展道路：在国内评级市场，本土机构得以与国际三大评级机构分庭抗礼。整体来看，日本信用评级市场表现出明显的“四大一小”特征：JCR、R&I、标普及穆迪四家机构抢占了绝大部分市场份额，占总量的95%；惠誉国际的市场份额不足5%，处于日本信用评级市场的边缘。

与国际三大评级机构在美欧市场占据九成以上市场份额不同，日本两家本土机构JCR、R&I与标普、穆迪两大机构平分秋色，同时积极探索国际化和多元化发展。究其背后的原因，可以从三个方面进行解释：日本债券市场的特色、本土评级机构和产融集团的密切联系，以及监管部门有意识的指导和保护。

通过观察日本评级市场可以发现，日本评级行业是日、美、欧里市场化水平最高的。日本本土评级机构的发展可以称得上成功，从宏观角度看，也保证了国家金融秩序的稳定。在我国评级行业对外开放的背景下，学习日本监管部门在日本本土评级业发展过程中所发挥的独特作用，构建符合我国国情，既能促使我国评级机构不断完善和发展，又能保证本土评级机构话语权的监管思维、监管框架，显得尤为重要和迫切。

资料来源　闫衍，陈静，谈睿．日本信用评级业现状、市场格局与成因［J］．债券，2019（2）：55-60.

3.2.2 政府机构债券

政府机构债券是指除中央政府以外，其他政府部门和机构发行的债务凭证。虽然不是政府的直接债务，但由于被政府担保，因此政府机构债券的信用风险较低。政府机构债券通常要缴纳中央所得税，但可以不缴纳地方政府所得税，因此税后收益较高。我国目前不允许政府机构发行债券。

在美国，有权发行政府机构债券的机构有两类：第一类是联邦政府所属机构，称为联邦机构，其资金全部或大部分由联邦政府拨给，包括美国进出口银行、联邦住宅管理局、政府国民抵押协会、小企业管理局、私人出口基金公司、美国铁路协会、农业电气化管理局、田纳西河流域管理局等。其中，除了私人出口基金公司和田纳西河流域管理局的债券外，其他债券都由美国政府提供全额信用担保。自1974年开始，联邦机构不再发行新的债券，而是通过美国财政部的联邦融资银行筹集部分或全部资金，随着联邦机构债券逐步到期偿还，这一类债券逐渐退出市场。第二类是由联邦政府主持或创办，后来独立经营，但仍在某种程度上受政府控制和管理的政府资助企业。这类机构的主体是农民、房地产所有者以及学生信贷机构，如联邦农业信贷银行、联邦住房贷款银行、联邦住房贷款抵押公司、联邦土地银行、联邦国民抵押协会、学生贷款市场协会等。政府资助企业直接在市场上发行债券，一般没有美国政府的全额信用支持。也就是说，购买政府资助企业债券的投资者面临信用风险。

政府机构债券属于政府债券的一个组成部分，具有政府债券的特点。由于债务人是政府机构，有相当高的信用作为清偿担保，清偿能力强，收益稳定，因而该类债券是一种风险较低、安全性较高的金融工具。所不同的是，国债信用等级更高，因为政府可以通过增发纸币来实现其无限清偿权；而政府机构债券的信用是靠政府的支持和资助得以实现的，所以其信用水平稍低于国债。此外，政府机构债券和国债的资金用途不相同，前者所筹资金主要用于各个不同的行业，以实现不同机构各自特定的职能；而后者被广泛用于政府的各项财政开支。

3.2.3 地方政府债券

地方政府债券是指地方政府根据信用原则、以承担还本付息责任为前提筹集资金的债务凭证，其发行目的主要是为当地的交通、通信、住宅、教育、医院和污水处理系统等地方性公共设施的建设筹集资金。全世界有多个国家和地区实行地方政府债券模式，其中美国和日本的地方政府债券发行规模最大。

地方政府债券按照资金用途和偿还资金的来源，可以分为一般责任债券和收益债券。一般责任债券是指地方政府为缓解资金紧张或解决临时经费不足而发行的债券，通常以地方政府的财政收入作为偿还保证。收益债券是指为筹集资金建设某项具体工程而发行的债券，地方政府往往以项目建成后取得的收入作为偿还保证。

地方政府债券具有地方性、税收优惠、信用风险较低以及流动性较弱等特点。地方性是指地方政府债券的发行人身份以及所筹资金的用途和来源等都具有明显的地方性特点。地方政府债券一般在地方政府的辖区内发行，由本辖区的投资者购买，所募集的资金用于满足该地方政府的财政开支需要和有关项目建设需要，因而各地方政府发行债券的期限、利率、数量和时间等不尽相同。投资于地方政府债券可以享受利息收入完全豁免所得税的税收优惠，再加上地方政府债券的安全性较高，地方政府债券被认为是安全性仅次于国债的一种债券，这使得其对投资者有很强的吸引力。流动性较弱是因为地方政府债券虽在发行后也会进入证券交易市场流通，但因为其地方性特点以及地方政府债券并非中央银行公开市场业务操作的主要对象，因此其流动性较弱。

小思考3-4

地方政府债券被谁购买了？

与国债相比，很少有投资者购买地方政府债券，他们甚至没有听说过这种债券。大多数地方政府债券是由银行购买的，而银行在购买后会将其转售给信托公司。信托公司将这部分债券制作成金融产品或投资项目。如果投资者购买这类金融产品或投资项目，则相当于成为地方政府债券的债权人。

自2022年3月起，我国财政部推出地方债券柜台发行，地方政府债券对个人投资者开放，个人可通过承办银行直接购买。个人投资者可以购买地方政府债券的方式有：（1）去银行柜台办理，携带个人身份证件，去国有四大银行网点申请购买即可；（2）通过网上银行自主办理，用户通过银行手机App购买，方便了个人投资者。

资料来源　财政部.关于印发《地方政府债券信息公开平台管理办法》的通知［J］. 中华人民共和国财政部文告，2021（2）：11-12.

小资料3-4

全国地方政府债券发行和债务余额情况

一、发行情况

2022年6月，全国发行新增债券15 765亿元，其中一般债券2 041亿元、专项债券13 724亿元。全国发行再融资债券3 572亿元，其中一般债券2 383亿元、专项债券1 189亿元。全国发行地方政府债券合计19 337亿元，其中一般债券4 424亿元、专项债券14 913亿元。

2022年6月，地方政府债券平均发行期限14.8年，其中一般债券8.1年、专项债券16.8年。地方政府债券平均发行利率3.08%，其中一般债券2.87%、专项债券3.14%。

二、全国地方政府债务余额情况

经第十三届全国人民代表大会第五次会议审议批准，2022年全国地方政府债务限额为376 474.30亿元，其中一般债务限额158 289.22亿元、专项债务限额218 185.08亿元。截至2022年6月末，全国地方政府债务余额347 503亿元，控制在全国人大批准的限额之内。其中，一般债务144 858亿元，专项债务202 645亿元；政府债券345 881亿元，非政府债券形式存量政府债务1 622亿元。地方政府债券剩余平均年限8.4年，其中一般债券6.2年、专项债券9.9年；平均利率3.44%，其中一般债券3.44%、专项债券3.43%。

3.3 公司债券市场

公司债券是公司发行的、约定在一定期限还本付息的有价证券，是债券持有人和发行人之间的债权债务关系凭证。公司债券的发行人涉及公共事业、交通运输、工业以及金融业，其中工业领域的公司债券在公司债券市场规模最大。公司债券的投资者主要包括保险公司、养老基金、存款性金融机构、基金以及私人投资者。债券投资者的风险主要来源于发行公司的偿债能力，而偿债能力又取决于公司的营利状况。任何公司的未来经营都存在很大的不确定性，由此造成公司债券的风险较高，也使得公司债券的息票利率远高于政府债券。公司债券发行人和投资者的权利和义务在债券契约中有非常详细的规定。债券契约中要明确引入公司受托人作为投资者的代理人，即受托人对持有债券的投资者发挥信用保证作用。如果发行公司到期不能支付本金或利息，即构成违约，可通过法律程序强制合同执行。债券持有人作为债权人，对公司收入和资产用于本金和利息的支付，比普通股及优先股股东具有法律上的优先求偿权。

小资料3-5

发行公司债券有何限制?

根据《公司债券发行与交易管理办法》，存在下列情形之一的，不得发行公司债券：

1. 前一次公开发行的公司债券尚未募足；
2. 对已发行的公司债券或者其他债务有违约或者迟延支付本息的事实，仍处于继续状态；
3. 违反《中华人民共和国证券法》的规定，改变公开发行债券所募集资金的用途；
4. 最近36个月内公司财务会计文件存在虚假记载，或公司存在其他重大违法行为；
5. 本次发行申请文件存在虚假记载、误导性陈述或者重大遗漏；
6. 严重损害投资者合法权益和社会公共利益的其他情形。

3.3.1 公司债券的分类

1）根据债券持有人可否参与公司利润分配，可分为参与公司债券和非参与公司债券

参与公司债券是指债券持有人除了可按预先约定获得利息收入外，还可在一定程度上参与公司利润分配的公司债券，而参与分配的方式和比例是在发行债券时事先约定的。非参与公司债券是债券持有人只能按照事先约定的利率（固定利率或者浮动利率）获得利息的公司债券，这类公司债券的持有人不能参与公司的利润分配。

2）根据债券赎回特征不同，可分为可赎回公司债券、可退还债券、偿债基金债券以及永久性债券

普通债券的本金都是在到期日一次性偿还，但有些债券改变了普通债券的结构，本

金可以在到期日之前偿还，如可赎回公司债券、可退还债券、偿债基金债券以及永久性债券等。

可赎回公司债券是指债券发行时就附有可提前赎回条款的公司债券，发行人可在债券到期前购回其发行的全部或部分债券。附有可赎回条款的债券对于发行公司非常有利，因为当市场利率水平下降到债券的息票利率以下时，发行公司可以赎回发行的债券，以较低的利率重新发行债券融资。但这一条款对于投资者非常不利，因此可赎回债券的息票利率要高于普通债券，以弥补提前赎回债券给投资者造成的损失。在债券的发行日和可赎回日之间通常有5~10年的可赎回保护期。

可退还公司债券允许债券持有人在指定日期以平价向发行公司卖出债券。这样，当市场利率在债券发行日之后上升，造成债券市场价格下降时，债券持有人可以以平价将债券卖回发行公司。由于投资者享有这一潜在的利益，发行公司可以以低于普通债券的息票利率发行可退还债券。可退还债券也要设置最短通知期。

偿债基金债券是指债券的全部本金中的一部分须按照约定的日期和金额进行偿付的债券。偿债基金债券并不要求所有本金都在到期日一次性偿还，应偿还本金随时间的推移逐渐减少。这样做的目的在于降低发行公司的信用风险。

永久性债券也称为不可赎回债券，是指支付利息但没有确定到期日的债券。永久性债券可由公司发行，但有些永久性债券中含有可赎回条款，允许发行人偿还本金并由此解除永久性负债。

3）根据发行债券的目的不同，可分为改组公司债券、调整公司债券、承担保证债券、延期公司债券等

普通公司发行债券的目的一般是为公司扩大生产规模提供资金来源，但有些债券的发行是有特定目的的。

改组公司债券也称为以新换旧债券，是指在公司改组或者重整中为清理公司债务、调整公司产业结构而发行的公司债券。公司进行改组或者重整时，一些公司往往通过重新发行公司债券的方式来促进公司债务关系清理、资产结构优化和经营成本调整。

调整公司债券也称为利息公司债券或者重整公司债券，是指面临债务信用危机的公司经债权人同意发行的较低利率的新债券，用来换回原来发行的较高利率的旧债券。

承担保证债券是指发行人为承担另一公司的债务或者为另一公司提供偿债保证而发行的债券。一般来说，发债人通过购买、合并、控股等方式已取得了对另一公司的拥有权或经营权，为了承担该公司的债务，或保证该公司发行债券本息的偿还，需要发行新的债券。

延期公司债券是指公司在已发行债券到期无力支付利息和本金，又不能发新债还旧债的情况下，在征得债权人的同意后，延长偿还期限（并可调整利率）的公司债券。

4）根据债券所附选择权，可分为可转换公司债券和附认股权证的公司债券

20世纪70年代前，债券市场发行的债券都是普通的公司债券。70年代后，利率的频繁波动促成了附有选择权的公司债券的诞生，对投资者更具吸引力。附有选择权的公司债券包括可转换公司债券和附认股权证的公司债券。

可转换公司债券是指债券持有人有权利而非义务在事先约定的日期以事先约定的价

格，将债券转换为事先约定数量的普通股的公司债券。也就是说，可转换公司债券相当于附有使债券持有人由债权人转换为股东的选择权。可转换公司债券可以分为两种：一是转换为债券发行公司的股权，投资者可以根据债券契约规定的转换条件购买该公司普通股的赎回权。二是转换为其他公司的股权，这种债券通常是以发行公司的母公司股权为转换股发行的。对于投资者而言，可转换公司债券使其获得了将债券转换成可以在股权市场出售获利的股票的潜在收益，而且在转换前可以获得有保证的固定利息收入，在转换时也无须支付任何经纪费用。对于发行公司而言，发行债券的成本远低于发行股票，而且在转换前并没有增发股份，因此不会稀释股权，在转换后发行公司股权资本增加，长期负债减少。

附认股权证的公司债券是一种附有预定认股权数量的标准附息债券。所附认股权使得债券持有人享有权利而非义务，在未来的某一特定日期以某一特定价格向发行公司认购约定数量的股份。因此，这种债券相当于附有一个简单的看涨期权。附认股权证的公司债券可以作为一个整体持有，将其以附认股权的形式交易；也可以将认股权剥离，将无认股权的债券和认股权证分别交易。

5）根据抵押担保状况，可分为抵押债券、担保信托债券、设备信托凭证、保证债券和信用债券

固定资产、实物资产或有价证券可以作为债券发行的安全保证。抵押债券是指以特定财产为抵押品发行的债券。作为抵押品的资产是土地、房屋等固定资产。如果发行人不能按期还本付息，债券持有人对抵押资产有留置权，即拥有出售抵押资产来获得其未偿债务的法律权利。在实践中，如果发生违约，一般要对发行人进行债务重组。此时，抵押债券持有人与其他债券持有人相比，在决定债务重组条款时处于有利的位置。

有些公司并不拥有固定资产或其他实物资产，但拥有其他公司的有价证券。当这些公司以持有的有价证券或各种动产为抵押品而发行债券时，这种债券被称为担保信托债券。用作抵押品的有价证券须交由受托人保管，发行人仍保留股票的表决权及接受股息的权利。

设备信托凭证是指公司为了购买设备而以该设备作为抵押品发行的债券。发行人购买设备后，将设备的所有权转交给受托人，再由受托人以出租人身份将其租赁给发行人，发行人以承租人身份支付租金，受托人将租金收入用于偿还设备信托凭证的本金和利息。设备信托凭证的本金偿还是分期进行的，不用普通债券的到期还本方式。待债券到期后，设备所有权转回发行公司。

保证债券是由另一经济实体提供保证的公司债券。保证条款要求保证人对债券的利息和本金支付提供担保。保证债券的安全性取决于担保人满足保证条款的财务状况以及发行人的财务状况。

信用债券是指没有抵押或担保，完全依靠发行人良好的信誉发行的债券。这种债券由于其发行人的绝对信用，安全性较高。除政府债券外，经济实力雄厚、信誉较好的大公司发行的公司债券有些也是信用债券。虽然信用债券没有抵押品，但债券持有人同样享有一般债权人对发行人财产或收入的索偿权。

小资料 3-6

我国信用债市场的发展

我国信用债市场起源于20世纪80年代初。其萌芽阶段的时间漫长，一直到2008年，整个市场才形成主要的监管部门、交易场所、基础产品和配套制度等。

信用债市场由四大监管部门监管：国家发改委、中国证监会、交易商协会和中国银保监会。其中，国家发改委主要管理企业债，中国证监会主要负责公司债和资产证券化，交易商协会主要分管中期票据和短期融资券，中国人民银行和中国银保监会主要分管金融债。在早期，中国银监会和中国保监会是分开的，中国保监会当时只管保险公司债，范围要窄于中国银保监会。

信用债的交易场所为上深交易所和银行间市场。上深交易所，大多数读者都比较熟悉，1990年，上交所得到中国人民银行批准，正式成立；深交所紧随其后，于1991年获批成立。银行间市场成立的时间相对较晚，直到1997年才成立。

资料来源　李彪，孙琪．中国信用债市场的国际比较与发展展望［J］．金融市场研究，2019（11）：36-46.

同步案例 3-2

运输设备的融资工具——设备信托凭证的诞生

在多年前的美国，铁路公司发明了一种购买火车车厢和发动机的融资方式，具体做法是：铁路公司向制造商下达火车车厢和发动机订单，制造商把设备的合法权转移给受托人，使得受托人享有对铁路设备的合法权利。然后，受托人将设备租赁给铁路公司，同时卖出设备信托凭证，以获得资金向制造商支付。受托人收取铁路公司支付的租金，并用这些收入支付设备信托凭证的利息和本金。火车车厢和发动机是标准化的，可以在任何铁路上使用，并且当时正值美国铁路业高速发展时期，火车车厢和发动机被视为极佳的债务担保品，这就使得铁路公司可以以最低利率在公司债券市场上融资。

此后，设备信托凭证也应用于其他运输部门，如卡车公司以此方式为购买卡车大型轮胎融资，航空公司以此方式为购买运输机融资，石油公司以此方式为购买大型运油车融资。

3.3.2　公司债券的发行与流通

1）公司债券的发行合同书

公司债券的发行合同书也称信托契约，是说明公司债券持有人和发行债券公司双方权益的法律文件。在发行合同书中要明确引入一家受托公司作为合同第三方，受托公司代表债券持有人的利益来监督合同书中各条款的履行。

信托契约中要标明债券的票面价值、票面利率、还本和付息期限及特别条款等要素。发行合同书还会规定各类限制性条款，以此来保证发行公司出现违约时债权人的利益。最常见的限制性条款是有关债券清偿的条款，如利息和偿债基金的支付，只要公司不能按期支付利息或偿还本金，债券持有人就有权要求公司立即偿还全部债务。

限制性条款一般可以分为否定性条款和肯定性条款。否定性条款是指不允许或限制股东作出某些事情的规定。常见的否定性条款包括对债务、分红派息、营运资金水平与财务比率、使用固定资产抵押、变卖或购置固定资产、租赁、工资以及投资方向等方面不同程度的限制。否定性条款实质上是对公司相关活动设置某些最高限。肯定性条款是指公司应该履行某些责任的规定，如要求营运资金、权益资本达到一定水平以上。肯定性条款实质上是对公司运营设置了某些最低限。无论是肯定性条款还是否定性条款，公司都必须严格遵守，否则发生违约的风险就会增加。

有些债券还包括所谓的交叉违约条款，规定对于有多笔债务的发行公司，只要其对任意一笔债务违约，则可认为该公司对全部债务违约。

2）公司债券的信用评级

在给某一新发行的债券定价时，必须考虑债券发行人的信用等级。也就是说，投资者必须评估发行人可能违约、不能还本或付息的信用风险。大型机构投资者和投资银行一般都设有信用分析部门，但绝大多数投资者对公司债券的信用评价依赖专门从事信用分析并以信用评级方式公布分析结果的信用评级机构。较为著名的信用评级机构包括标准普尔、穆迪、惠誉国际，以及达夫菲尔普斯等，标准普尔和穆迪被认为是最具权威性的信用评级机构。评级标准包括发行人所在地、营业类型、所处行业的未来前景、在市场中的排名、利润表、流动性和现金流、未来规划等。也就是说，对债券的信用评级主要是评价债券发行人的偿还能力、资信状况以及投资者所要承担的风险。正是基于此，信用评级机构评出的信用等级可以显示发行人的财务状况和信用风险，这是确定债券票面利率的基础。

上述四家信用评级机构的公司债券评级标准见表3-1。其中，前四个级别的债券信用高、风险低，是投资级债券；从第五级开始的债券信用低，是投机级债券。公司债券市场也由此可分为投资级市场和投机级市场。信用评级在B级以下的债券通常被称为垃圾债券。垃圾债券既有发行时属投资级，但之后被下调至投机级的，也有发行时即被评为投机级的。公司债券的信用评级下调主要有两种情况：一种是由于杠杆收购或是资本重组，发行人自愿大幅增加其债务而被降级；另一种是由于其他原因，后者也被称为“堕落天使”。

表3-1　　**公司债券信用等级的评定**

评级说明	标准普尔	穆迪	惠誉国际	达夫菲尔普斯
最高级	AAA	Aaa	AAA	AAA
高级	AA	Aa	AA	AA
中上级	A	A	A	A
中级	BBB	Baa	BBB	BBB
中低质量	BB	Ba	BB	BB
低质量（投机）	B	B	B	B
可能违约	CCC	Caa	CCC	CCC
高度投机	CC	Ca	CC	CC
最低质量	DDD，D	C	DDD	DD

同步案例3-3

标普下调复星国际评级，称其资本结构可能持续承压

2022年9月16日，标普将复星国际的长期主体信用评级及担保的优先无抵押债券的债项评级自“BB”下调至“BB-”，反映未来12个月内复星国际难以显著延长债务久期以及复星国际的资产出售计划存在不确定性。

标普称，下调复星国际的评级，反映其流动性缓冲空间收缩。标普将其流动性水平的评估调整至稍欠。在当前民营企业融资渠道持续收缩的大环境下，较为依赖短期债务融资导致复星国际陷入不利的处境。

过去12个月内，多家房地产开发商出现违约，且宏观经济遭遇挑战。受此影响，高收益债券发行人的境外债券市场融资渠道和民营企业在境内债券市场发行长期债券的融资渠道，亦是此前几年复星国际频繁使用的融资渠道，在过去几个月实质上已关闭，这种状态可能再持续两个季度。

在债券市场融资渠道关闭的情况下，复星国际需要依靠银行贷款再融资和资产处置获得资金，加上控股公司层面的143亿元库存现金（截至2022年6月末），来偿付一年内到期的债务。2022年7月到2023年6月，复星国际有近280亿元债券到期以及330亿元左右银行贷款到期。标普表示，在市场信心改善之前，复星国际的资本结构可能续承压。

资料来源　佚名．标普下调复星国际评级，称其资本结构可能会持续承压［EB/OL］．［2022-10-19］．https：//new.qq.com/rain/a/20220916A0946300.

3）公司债券的二级市场

公司债券同样可以在交易所市场和场外交易市场进行交易。例如，美国的交易所公司债券市场以交易10年以上、固定利率的长期公司债券为主，高、中、低等信用评级的公司债券都可以在交易所交易。在监管方面，所有上市公司债券都应在证券交易委员会注册登记，但证券交易委员会仅对注册信息的表面完整性和准确性进行形式审查。相对于交易所市场而言，场外交易市场的交易规模要大得多。公司债券的流动性主要取决于发行人，大公司的债券发行规模大，具有较高的流动性；规模小、知名度较低的发行人的债券流动性较差。

本章小结

本章对债券市场的相关知识进行了全面阐述，主要介绍了债券的概念、分类及发行流通机制，重点介绍了政府债券市场和公司债券市场的分类、特点及发行与流通。债券市场分为发行市场和流通市场。债券发行市场是发行单位出售新债券的市场，债券流通市场是已发行债券买卖转让的市场。政府债券分为中央政府债券、政府机构债券和地方政府债券。中央政府债券又称为国债，是指中央政府财政部门发行的、以国家财政收入为保证的债券。政府机构债券是指除中央政府以外，其他政府部门和机构发行的债务凭证。地方政府债券是指地方政府根据信用原则、以承担还本付息责任为前提而筹集资金的债务凭证。公司债券是指公司依照法定程序发行的，约定在一定期限还本付息的有价

证券。公司债券可以根据债券持有人可否参与公司利润分配、债券赎回特征不同、债券发行目的不同、债券所附选择权以及抵押担保状况等标准，划分为多种类别。

基本训练

一、主要概念

政府债券　公司债券　附息债券　浮动利率债券　公募发行　私募发行　可赎回公司债券　可转换公司债券　附认股权证的公司债券　信用债券　抵押债券　设备信托凭证

二、重点实务

债券的构成要素　决定和影响债券价格的因素　发行国债的主要作用　债券的发行方式及特点　公司债券的特点

三、案例分析

持续净增持中国债券，境外机构加速入市

2019年以来，境外机构进入中国债券市场的步伐加快，入市机构数量、累计持有中国债券规模等都不断攀升。截至2019年9月，共有2 257家境外机构进入银行间债券市场。随着境外机构入市数量的增长，其持有的中国债券规模也在持续增加。截至2019年9月，境外机构合计持有我国债券总量高达21 168亿元，较8月份增加886亿元。至此，境外机构在我国债券市场已经实现连续10个月净增持。

与此同时，境外机构在我国债券市场的交易活跃度也不断提升，成交量显著增长。从持有的债券品种看，境外机构投资的债券类型构成基本固定，目前主要偏好于政策性金融债、国债、同业存单等流动性较好的债券，此三类债券的交易量和持有量占比合计均超过95%。值得注意的是，境外机构在9月份的净增持中，国债增持规模相对较大。

然而，境外机构持有我国债券的规模仍有较大上升空间，境外机构持有我国国债比重约为8.2%，和其他亚洲国家相比仍偏低。亚洲开发银行（ADB）的数据显示，截至2019年第一季度，印度尼西亚市场中外资持有国债占比为39.1%，马来西亚这一指标为23.8%，泰国这一指标为18.0%，韩国这一指标为11.1%。虽然2017年和2018年两年境外机构大幅增持中国国债，但是占比仍然相对较低，未来提升空间值得关注。

资料来源　赵洋．持续净增持中国债券 境外机构加速入市［EB/OL］．［2019-10-16］．http://www.financialnews.com.cn/sc/zq/201910/t20191016_169420.html.

阅读以上案例，思考境外投资者对我国债券的配置意愿主要受哪些因素影响、国债相对于其他类型债券有何优势、它为何受到境外机构的偏爱。

四、计算题

1.某公司发行票面金额为1 000元、票面利率为8%的3年期债券，该债券每年付息一次，假设发行时的市场利率为10%。计算该债券的发行价格。

2.有一张面值为100元的附息债券，期限为10年，息票利率为10%，假设发行时的市场利率为10%。该债券价格是多少？

五、社会调查

通过查阅相关资料，选取不同评级的两只债券，对其收益情况及面临的风险进行分析，并分别绘制收益率曲线进行比较。

六、即测即评

第3章单项选择题

第3章多项选择题

第3章判断题

第4章

资产证券化市场

学习目标

通过本章学习，在知识方面，重点掌握资产证券化的概念、特点和参与主体，抵押贷款、抵押贷款支持证券和资产支持证券的基础知识以及资产证券化的发展趋势；在技能方面，熟悉资产证券化的操作流程、抵押贷款支持证券和资产支持证券的主要种类和交易机制；在能力方面，能够运用相关知识，分析和理解资产证券化市场的作用，对我国资产证券化市场的发展有独立的思考。

导读案例

资产证券化市场平稳，绿色发展

2022年上半年，我国资产支持证券市场整体运行平稳，信用风险可控，并朝着绿色方向发展。第三方债券评估机构东方金诚与中央结算公司日前联合发布的《2022年上半年资产证券化发展报告》显示，2022年上半年，我国发行资产证券化产品9 500亿元；截至2022年6月末，我国资产证券化总规模为47 300亿元。在各类资产证券化产品中，个人汽车抵押贷款ABS规模发展最为迅速，且绿色ABS、碳中和ABS以及基础设施REITs也在快速发展。

目前，我国资产证券化市场仍属于专业化交易市场，主要是机构投资者参与，个人投资者可通过购买理财产品间接参与。国内资产证券化业务主要分为三种模式：企业资产证券化业务（企业ABS）、信贷资产证券化业务（信贷ABS）和资产支持票据业务(ABN)。

在2022年上半年发行的资产证券化产品中，企业ABS的规模显著高于信贷ABS和ABN，发行利率震荡下行，市场整体上行，信用利差小幅缩窄。从产品类型看，我国资产证券化市场的产品类型日益丰富。2022年8月，华菱线缆发行了2.91亿元以华菱线缆供应商对公司的应收账款为底层资产的首单ABS产品；2022年6月，邮储银行发行了主要以信用卡不良为底层资产的不良资产ABS；2022年3月，五矿信托与蔚来租赁合作发行了全国首单绿色新能源汽车租赁资产ABN。

此外，在碳达峰、碳中和目标指引下，我国绿色ABS的发展规模在2022年再创新高。截至6月末，我国共发行50只绿色BAS产品，其中28只专项用于碳中和，发行总规模达972.76亿元，较上一年同期增长130%，对支持绿色发展起到了积极的作用。

资料来源 佚名. 2022年上半年资产证券化发展报告［EB/OL］.［2022-07-29］. https：//m.jrj.com.cn/madapter/bond/2022/07/29191136854929.shtml.

资产证券化最早起源于美国。通过证券化过程，可以将具有共同特征的贷款、应收账款等缺乏流动性的资产转换为可以市场化的、具有投资特征的附息证券。资产证券化产品的出现极大地改变了世界金融形势，对全球金融市场影响深远。

4.1 资产证券化概述

资产证券化的概念和实践兴起于20世纪70年代的美国抵押贷款支持证券。自1970年美国政府国民抵押贷款协会（Ginnie Mae）发行第一只以抵押贷款组合为基础资产的抵押贷款支持证券——房贷转付证券起，资产证券化逐渐成为一种被广泛采用的金融创新工具并迅猛发展。

4.1.1 资产证券化的概念与特点

1）资产证券化的概念

资产证券化的概念有广义和狭义之分。

广义的资产证券化是指某一资产或资产组合采取证券资产这一价值形态的资产运营方式，它主要包括四类：一是实体资产证券化，即实体资产向证券资产的转换，是以实物资产和无形资产为基础发行证券。二是信贷资产证券化，是指把流动性欠佳但有未来现金流的信贷资产经过重组形成资产池，并以此为基础发行证券。三是证券资产证券化，即证券资产的再证券化过程，就是将证券或证券组合作为基础资产，再以其产生的现金流或与现金流相关的变量为基础发行证券。四是现金资产证券化，是指现金持有者通过投资将现金转化成证券的过程。

狭义的资产证券化是指信贷资产证券化。具体而言，它是指将缺乏流动性但能够产生可预见的稳定现金流的资产，通过一定的结构安排，对资产中的风险与收益要素进行分离与重组，进而转化为在金融市场上可以出售的流通证券的过程。按照被证券化资产种类的不同，信贷资产证券化可分为抵押贷款支持证券化和资产支持证券化。本章所述的资产证券化是狭义的资产证券化。

虽然可以证券化的资产种类很多，但并非所有资产都适合证券化。适合证券化的资产必须具备一个重要前提，即能在未来产生可预见的稳定的现金流。一般而言，适合证券化的资产有以下七个特征：第一，资产必须具备一定的同质性，未来产生可预测的且稳定的现金流量，或有明确约定的支付模式，这种约定必须是契约性质的；第二，有良好的信用记录，违约率和损失率低；第三，本息的偿还完全分摊于整个资产存续期间，即资产在存续期间有持续性收入；第四，资产的债务人或贷款的借款人有广泛的地域和人口分布；第五，资产的抵押物有较高的清算价值（变现价值）或对债务人的效用很高；第六，资产的合同标准规范，条款清晰明确，避免不合规范的合同和因合同条款缺乏有效性、完备性而造成利益上的损失；第七，资产池的资产应达到一定的规模，从而实现证券化交易的规模经济。

思政小课堂4-1

数据资产证券化

随着互联网+文化产业的推进，数字化、绿色化以及智能化发展已经成为各央企和国企的发展和转型方向。习近平总书记在给2019中国国际数字经济博览会的贺信中指出，当今世界，科技革命和产业变革日新月异，数字经济蓬勃发展，深刻改变着人类生产生活方式，对各国经济社会发展、全球治理体系、人类文明进程影响深远。数字科技作为引领这一轮科技革命与产业变革的战略性技术，对经济发展、社会进步、国际政治经济格局等方面产生了重大而深远的影响。

2022年3月16日，国务院金融稳定发展委员会专题会议指出，金融发展的新方向是"数字经济"；2022年3月27日，深交所推出"数字经济"系列产品；2022年7月30日，全球数字经济大会数字金融论坛提出，要聚焦数字金融发展趋势；2022年8月30日，深圳市第七届人民代表大会常务委员会第十一次会议通过《深圳经济特区数字经济产业促进条例》，第25条规定深圳市人民政府应当推动建立数据交易平台、探索数据跨境流通、数据资产证券化等交易模式创新。南开大学法学院副院长陈兵表示，当数据资产实现证券化后，可以进入"场内"进行市场化交易，这有利于实现数据的规范化以及市场化的高频次交易，进而吸引更多的"数商"。

京东方A深入贯彻落实"数字经济"系列金融产品，在2022年3月25日公告了其公开发行的第一期"数字经济"主题资产证券化产品，网下发行规模20亿元，票面利率3.5%，这是全市场首单"数字经济"主题证券化产品。此次"数字经济"系列资产证券化产品的成功落地，是深交所认真贯彻新发展理念、发挥资源优化配置功能、服务国家经济高质量发展战略的又一务实举措。

资料来源　深圳市人民代表大会常务委员会. 深圳经济特区数字经济产业促进条例［EB/OL］.［2022-09-09］. https：//www.163.com/dy/article/HGQNPMH90518KCLG.html.

2）资产证券化的特点

资产证券化作为一种创新型的融资方式，有效地融合了直接融资和间接融资，具有如下特征：

（1）资产证券化是以资产的未来现金流为支持的融资方式。区别于银行信贷、发行证券等传统融资方式以融资主体的整体信用状况作为融资基础，资产证券化是以进行证券化的基础资产所产生的未来现金流为支持进行融资的。投资者在进行证券化产品投资决策时，主要依据基础资产的质量及未来现金收入流的可靠性和稳定性，而不需对发起人的整体信用状况和经营业绩进行判断。

（2）资产证券化是结构融资方式。资产证券化有严谨有效的交易结构，其重要环节是按照基础资产的期限、利率等特点，将其进行分解、组合和定价，并重新分配风险与收益。这种结构性融资有三个特点：一是成立资产证券化的专门机构——特殊目的载体。特殊目的载体是以资产证券化为目的而特别组建的独立法律主体，其资产是向发起人购买的基础资产，负债是其发行的资产支持证券。特殊目的载体负责对整个资产证券化过程进行信用增级，以提高所发行证券的信用级别，这既吸引了更多投资者购买资产支持证券，又降低了资产支持证券的发行成本。二是真实出售的资产转移。基础资产从发起人转移给特殊目的载体是结构性重组中非常重要的一环，这种转移必须是真实出售，其目的是实现基础资产与发起人之间的破产隔离，即发起人的债权人在发起人破产时对已转移的证券化资产没有追索权。三是对基础资产的现金流进行重组。通过对基础资产现金流的重组，可以提高基础资产质量和信用等级，并分散风险。

（3）资产证券化是表外融资。资产证券化融资过程中一般要求将证券化的资产从发起人的资产负债表的资产栏目中剔除，使证券化项目的资产或负债不反映在原始权益人的资产负债表中，最多以某种说明的形式反映在公司的资产负债表的注释中。这是因为它以真实出售的方式实现了破产隔离，将证券化资产从原始权益人的资产负债表中剔除并确认收益和损失，原始权益人放弃了对这些资产的控制权。如果一个企业顺利地进行了资产证券化，将有效提高公司的财务指标。

（4）资产证券化是低成本融资。传统融资方式中的资金需求者必须依靠本身的信用向投资人吸收资金，所以借款人本身的信用评级决定了其获取资金成本的高低，但资产证券化需要对拟证券化的资产进行集合和打包，并辅之以适当的信用增级措施，可以使该证券取得比发起人本身更高的信用评级，从而较大幅度地降低发起人的融资成本。因此，即使资产证券化过程不可避免地要支付许多费用，但是总融资成本相较于传统融资方式仍是较低的。

同步案例 4-1

浙江商业集团成功发行定向资产支持票据

2022年4月，浙江商业集团成功发行定向资产支持票据（ABN），这是我国高速公路服务区资产证券化融资产品在国内银行间交易市场的首单创新发行，发行总额为10亿元人民币，发行期限为3+2年，最终票面利率为每年3.40%，比5年贷款市场利率报价（LPN）的4.60%低了120BP。

本项目采用双层SPV结构，将非标准化的服务区租金现金流转变为标准化，进而发行此标准化产品，并以入池服务区租金的现金流量的收益作为基础资产，将发行ABN所获得的资金用来改扩建服务区及补充自身流动资金等。

本次浙江商业集团发行的ABN票面利率如此低的原因主要是：一方面，该公司以入池服务区租金的现金流量的收益作为基础资产，本身就具有一定程度的可靠性和稳定性；另一方面，此次发行的定向资产支持票据不仅以浙江商业集团自身的信用为基础进行担保，还引入了增进机构——浙江省交通投资集团有限公司，进一步提高了此次发行的ABN的信用程度，有效地降低了融资成本。

通过本次发行，浙江商业集团既实现了其资产证券化零的突破，又为其他存量资产的盘活起到了很好的助推作用。

资料来源 佚名. 浙江商业集团成功发行服务区资产证券化创新金融产品［EB/OL］.［2022-04-25］. https：//www.zcgc.cn/news/newsshow.html?channelCode=GroupNews&id=4688.

4.1.2 资产证券化的参与者

1）资产证券化的核心参与主体

一个最基本的资产证券化操作必须包含三个参与主体，即发起人、特殊目的载体和投资者，它们是资产证券化的核心主体。

（1）发起人。发起人也称原始权益人，是指拥有可证券化原始产权的经济主体，是证券化基础资产的原始所有者，通常是金融机构或大型工商企业。其职能是确定可证券化的资产，即选择拟证券化的资产，并进行组合，然后将其出售给从事证券化业务的特殊目的载体或作为资产证券化的担保品。

（2）特殊目的载体。特殊目的载体是指接受发起人转让的资产，或受发起人委托持有资产，并以该资产为基础发行证券化产品的机构。选择特殊目的载体时要求满足破产隔离条件，即发起人破产对其不产生影响，从而可以以资产信用而非企业信用进行权益出售或债券融资。

（3）投资者。投资者即证券化产品发行后的持有人。资产证券化的投资者主要是机构投资者，如银行、保险公司、共同基金、养老基金和其他法人实体。证券化资产组合较为复杂，分散投资主体，如自然人，很难直接参与。

2）资产证券化的其他参与者

除了上述三个核心参与主体，资产证券化还有若干其他参与者，可以分为两大类：一类是围绕特殊目的载体服务展开，主要承担证券化的信用增级、评级和发行工作；另一类是围绕投资者服务展开，主要包括服务人和受托管理人。

（1）信用增级机构。信用增级机构是减少资产支持证券整体风险的中介机构，它负责提升证券化产品的信用等级，向特殊目的载体收取相应费用，并在证券违约时承担赔偿责任。资产证券化的破产隔离机制使投资者丧失了向发起人无限追索的权利，从而降低了证券投资者获得完全清偿的可能性。为了提高信用等级，采取信用增级手段就非常必要。通过信用增级，资产证券化产品的信用评级和发行成本都可以改善。信用增级包括内部信用增级和外部信用增级。内部信用增级一般由发起人提供；外部信用增级机构是独立的第三方，包括专业增级公司、保险公司、金融机构和大型企业的财务公司等。

（2）信用评级机构。在公开市场上发行的证券需要达到一定的信用等级要求，资产证券化产品同样需要专业的信用评级机构进行评级。信用评级机构对资产证券化产品进行评级，为投资者建立了一个明确的、可以被理解和接受的信用标准，同时，严格的评级程序也为投资者提供了最佳保护。资产支持证券的具体评级程序及原则与债券评级相似。

小资料4-1

国家发改委公布2021年度评级机构评价结果

2022年8月15日，国家发改委办公厅公布了2021年度企业债券信用评级机构信用评价结果。信用评价指标体系的设置遵循客观公正、科学规范、定量与定性相结合的原则，具体包括信用行为指标、风险防控指标、服务实体经济指标以及专家和机构评价指标四大部分。参评机构和专家分别对受评机构的信用情况、专业能力、业务合规性、承销和存续期管理服务质量、评级结果和评级服务质量等方面进行评价。受评的6家信用评级机构按得分高低依次为中诚信国际信用评级有限责任公司、中证鹏元资信评估有限公司、联合资信评估有限公司、远东资信评估有限公司、上海新世纪资信评估有限公司、东方金诚国际信用评估有限公司。

资料来源 财金司. 国家发展改革委办公厅关于公布2021年度企业债券主承销商和信用评级机构信用评价结果的通知［EB/OL］.［2022-08-15］. https://www.ndrc.gov.cn/xwdt/tzgg/202208/t20220815_1332939.html? code=&state=123.

（3）承销商。资产支持证券的承销商一般是投资银行，其承担的职责包括为特殊目的载体提供发行、承销、上市安排等服务，协调并帮助处理法律、会计、税收以及现金流分析等方面的事务，为资产支持证券定价；作为融资顾问，运用其经验和技能设计既能在最大程度上保护发起人的利益又能为投资者所接受的融资方案。

（4）服务人。服务人是在资产证券化有效期内受托管理和维护证券化资产，向发起人收取本金和利息以及追索过期的应收账款，并转交给特殊目的载体的服务中介。服务人的具体职责包括：第一，对资产项目及其所产生的现金流进行监理和保管，负责收取这些资产到期的本金和利息，将其交付受托人；第二，对过期欠账进行催收，确保资金及时、足额到位；第三，定期向受托管理人和投资者提供有关特定资产组合的财务报告。服务人通常由发起人或其附属公司担任，因为它们最熟悉基础资产及相关债务人的基本情况。

（5）受托管理人。受托管理人具有托管资产组合以及与之相关的一切权利，代表投资者行使职能，具体包括：第一，把服务人存入特殊目的载体账户中的现金流转付给投资者；第二，对没有立即转付的款项进行再投资；第三，监督资产证券化中交易各方的行为，定期审查有关资产组合情况的信息，确认服务人提供的各种报告的真实性，并向投资者披露；第四，公布违约事宜，并采取保护投资者利益的法律行为；第五，当服务人不能履行其职责时，代替服务人担当其职责。

4.1.3 资产证券化的操作流程

一个完整的资产证券化操作流程为：发起人将可证券化的基础资产出售给一个特殊目的载体；特殊目的载体将这些基础资产构建成资产池，以资产池所产生的现金流为支持，在金融市场上发行资产支持证券；最后以资产池产生的现金流来清偿所发行的资产支持证券。这一过程如图4-1所示。

资产证券化的具体操作步骤如下：

1）选择证券化资产，构建资产池

只要能够在未来一段时期内产生稳定、可靠的现金流的资产都可以证券化。在实践中，一般选择同质性高、信用高且资产相关数据易得的资产进行证券化。

发起人即资产的原始权益人根据自身的融资要求，确定资产证券化的目标，对其拥有的能够产生未来现金收入流的信贷资产进行清理和估算，根据历史经验数据对整个组合的现金流的平均水平进行判断，并考核债务人的信用及抵押担保贷款的抵押价值等；然后按信贷资产的期限结构、本金和利息的重新安排或是按信贷资产风险的重新分配对现金流进行重组，根据证券化目标确定资产数量，将这些资产汇集成一个资产池。

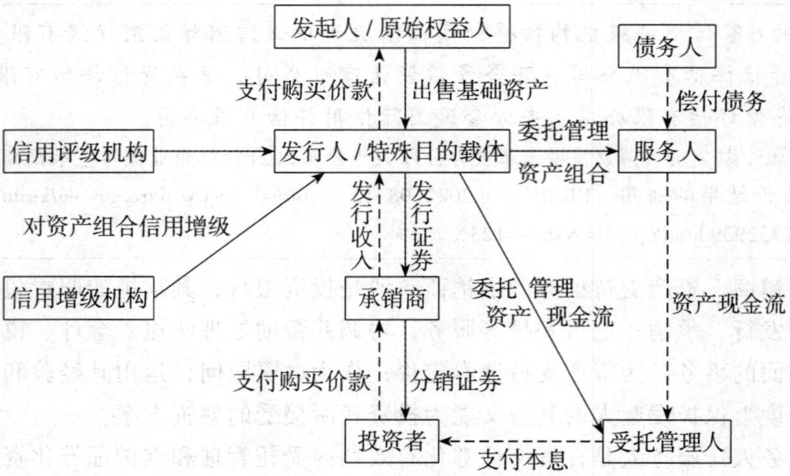

图4-1 资产证券化流程图

2）组建特殊目的载体

特殊目的载体是一个以资产证券化为唯一目的、独立的特殊信托实体。它是资产转化为证券的“介质”，使证券化产品的投资者对证券化资产拥有完全的主张权，是实现破产隔离的重要手段。同时，特殊目的载体还是证券发行的主体，购买发起人拟证券化的资产，以此为支持发行证券。

特殊目的载体可以由发起人直接设立，也可以由投资银行设立。其注册后的活动受法律严格限制，其资本化程度很低，资金全部来源于发行证券的收入。特殊目的载体实际上是一个“空壳公司”，没有固定的场所和人员，其经营也仅限于证券化这一单一业务，具体操作也委托给相应的投资银行、资产管理服务公司等中介机构。

组建特殊目的载体的目的是最大限度地降低发行人的破产风险对资产证券化的影响，实现被证券化资产和发起人其他资产之间的破产隔离。破产隔离使发起人破产与证券化的资产不相关联，为了达到这一目的，在组建特殊目的载体时需要设立业务限制、保持独立性、设立独立董事并满足其他禁止性要求。

小资料4-2

不同特殊目的载体破产隔离效力

特殊目的信托是以《中华人民共和国信托法》（以下简称《信托法》）为法律基础，信托公司作为特殊目的信托和资产支持专项计划的受托人，从发起机构或原始权益人处获得基础资产。在这种结构下，破产隔离的效力是《信托法》所赋予的，《信托法》第十五条规定，信托财产与委托人未设立信托的其他财产相区别；第十六条规定，信托财产与属于受托人所有的财产相区别。以信托形式进行资产转让，可以实现完全的破产隔离，具有最强的破产隔离效力。

3）资产的真实出售

真实出售是资产证券化的核心技术，即证券化资产完成从发起人到特殊目的载体的转移。真实出售的目的是保证证券化资产的独立性，使发起人的债权人不得追索该资产，特殊目的载体的债权人也不得追索发起人的其他资产，从而保证破产隔离。

以真实出售的方式转移证券化资产要满足两个条件：第一，证券化资产必须完全转移到特殊目的载体中，这既保证了发起人的债权人对已转移的证券化资产没有追索权，也保证了特殊目的载体的债权人（即投资者）对发起人的其他资产没有追索权。第二，资产控制权已经从发起人转移到特殊目的载体，需要将证券化的资产从发起人的资产负债表中剔除，由此资产证券化成为一种表外融资方式。

4）信用增级

特殊目的载体获得证券化资产后，为吸引投资者并降低融资成本，必须提高拟发行资产支持证券的信用等级，使投资者的利益得到有效保护和实现。特殊目的载本对证券化资产进行风险分析后，必须对一定的资产组合进行风险结构重组，并通过额外的现金流来源对可预见的损失进行弥补，以降低可预见的信用风险，提高资产支持证券的信用等级。

小资料 4-3

信用增级的主要方式

信用增级可分为两种方式：外部信用增级和内部信用增级。

外部信用增级是由担保机构提供担保的方式，主要有三种：第一，公司保证，即由发起人寻求一家实力较强、信誉良好的公司对资产支持证券的按时偿还作出全额或部分额度保证，在贷款组合遭遇损失时提供赔偿。第二，信用证法，即为资产支持证券提供信用增级的商业银行向SPV开出全额或部分不可撤销的信用证，一旦基础资产发生违约，将影响SPV的正常支付能力，SPV可以直接向商业银行求偿。第三，保险法，即发起人或发行人为基础资产购买信用保险，在某些情况导致贷款违约时，由保险公司进行赔偿；或者由发行人为所发行的债券购买债券保险，在债券违约时，由保险公司进行赔偿，确保资产支持证券能够按时支付本息。

内部信用增级是根据资产支持证券的投资风险的不同，将资产划分为不同的级别，以满足不同投资者的需求。内部信用增级的方法有四种：第一，优先/次级结构，即将证券按照获得本金和利息的先后次序划分为优先和次级两部分，在还本付息、损失分配等方面，优先级证券都享有优先权。次级证券承受了更高的信用风险，为优先级证券提供了保护。次级证券相对于优先级证券本金数额越大，提供的保护越大。第二，超额抵押，即特殊目的载体在向发起人购买基础资产时不支付全部价款，而是按一定比例折扣支付给发起人，剩余部分作为担保。第三，利差账户，即将基础资产组合所产生的收益超过支付给投资者的本息以及特殊目的载体运作费用的差额部分作为担保。第四，现金抵押账户，即由发起人或第三方金融机构注入的，用于弥补资产证券化活动中可能产生的损失。

5）资产支持证券的信用评级

资产支持证券的信用评级为投资者提供证券选择的依据，因而是构成资产证券化的又一重要环节。资产支持证券的信用评级与一般证券的信用评级不同，它侧重的不是证券发行主体的财务状况和偿债能力，而是考虑拟证券化基础资产的信用风险，即将被评级的资产与发起人的信用隔离开。信用评级越高，证券的风险越低，其发行成本也越低。

信用评级包括初步评级和发行评级两个步骤。初步评级是在信用增级之前，特殊目的载体聘请信用评级机构进行初步评级，即内部评级。然后，特殊目的载体根据内部评级的结果采取相应措施，进行信用增级。信用增级完成后，就要聘请专业评级机构进行正式的发行评级，并将评级结果对外公布。

在资产支持证券完成信用评级后，评级机构还要进行跟踪监督，根据基础资产池的特征、信用风险与发行目的变化情况作出说明和分析，及时公告和披露监督报告。

6）证券销售

在信用增级和信用评级结果向投资者公布之后，特殊目的载体作为发行人，要委托金融机构，如投资银行进行资产支持证券的发行和销售。资产支持证券出售后，特殊目的载体从承销商处获得证券发行收入，按约定的购买价格向发起人支付价款，并向相关的中介机构支付服务费。至此，发起人实现了融资目的。资产支持证券的发行与销售完成后，即可到证券交易所申请挂牌上市交易。

小资料 4-4

资产支持证券的承销机构应具备的条件

资产支持证券的承销可采用招标承销和协议承销等方式。《信贷资产证券化试点管理办法》规定，承销机构应为具备以下条件的金融机构：

（1）注册资本不低于2亿元人民币；

（2）具有较强的债券分销能力；

（3）具有合格的从事债券市场业务的专业人员和债券分销渠道；

（4）最近两年内没有重大违法、违规行为；

（5）中国人民银行要求的其他条件。

7）资产池管理

由于特殊目的载体没有对证券化资产池进行管理的能力，为了维护投资者等各方利益，特殊目的载体需要委托服务人和受托管理人进行资产池的管理。前者负责资产证券化有效期内受托管理和维护证券化资产，向发起人收取本金和利息以及追索过期的应收账款；后者负责监督前者的行为，定期审查有关贷款组合情况的信息资料，记录、接收由服务人转交的现金收入，并存入专门账户进行管理。

8）证券清偿

按照资产支持证券发行时的约定，资产支持证券到期后，由资产池产生的收入在还本付息、支付各项服务费之后，若还有剩余，将按协议规定在发起人和特殊目的载体之间分配。资产支持证券得到完全的偿付、清算完毕之后，特殊目的载体向投资者提交证券化交易终结报告，整个资产证券化过程结束。

同步案例 4-2

国家开发银行和中国建设银行的信贷资产证券化信用增级

2005年年底，国家开发银行和中国建设银行作为我国信贷资产证券化的试点单位，发起了我国首只信贷资产支持证券产品——开元信贷资产支持证券和第一只住房抵押贷款证券化产品——建元2005-1个人住房抵押贷款支持证券，在银行间债券市场正式发行。

国家开发银行以其自身所拥有的煤电、海运、通信、市政公共设施等领域的信贷资产为基础，发行了开元信贷资产支持证券。开元信贷资产支持证券分为三档：优先A档、优先B档和次级档。信托财产所产生收益的支付顺序是：只有在优先A档证券项下的当期利息和优先B档证券项下的当期利息依次清偿完毕之后，才开始依次支付优先A档证券项下的本金；当优先A档证券项下的本金全部清偿完毕之后，才开始支付优先B档证券项下的本金；只有在优先B档证券项下的本金全部清偿完毕之后，剩余部分才支付次级档证券。

建元2005-1个人住房抵押贷款支持证券分为优先级和次级两级。其中，优先级证券再按本息支付顺序分为A、B、C三档，分别获得中诚信AAA、A和BBB级评级。次级证券向中国建设银行定向发行，未予评级。

4.2 抵押贷款支持证券市场

抵押贷款支持证券起源于美国，主要指由房地产抵押贷款组合支持的资产支持证券。虽然从技术上看，抵押贷款支持证券市场是资产支持证券市场的一部分，但在很多国家和地区，它们被视为两个相互独立的市场。本节我们主要讨论抵押贷款支持证券市场，下一节讨论资产支持证券市场。

4.2.1 抵押贷款

抵押贷款指借款人以一定的抵押品作为担保品向银行取得的贷款。本节讨论的抵押贷款主要指住房抵押贷款，即借款人以特定房产作为担保品，并按照计划还款的贷款。如果借款人未能按期偿还贷款，贷款人有权扣押贷款抵押品以确保债务得到清偿。

1）贷款的参与者

一是抵押贷款的申请人，即借款人，主要是需要购置住房的家庭和个人。

二是抵押贷款的发起人，即贷款人，主要是金融机构。在美国，三类最大的抵押贷款发起人是商业银行、储蓄机构和抵押贷款银行。发起人在收到贷款申请后要对申请人进行信用评估，重点考查偿付收入比和贷款价值比两个指标。其中，前者是衡量申请人月偿付能力的指标，等于申请人月偿付额与月收入之比，该比率越低，申请人越能满足偿付要求；后者是贷款总额与抵押资产的市场价值之比，该比率越低，发起人越安全。

三是抵押贷款担保人。发起人为了降低抵押贷款的风险，通常要求申请人为所借贷款寻找第三方担保。在美国，政府机构和私人抵押保险公司共同扮演了担保人的角色，如1934年创立的联邦住房管理局（Federal Housing Administration，FHA）和1944年创立的退伍军人管理局（Veterans Administration，VA），都是政府设立的住房抵押贷款担保机构。

2）贷款比例、贷款期限及贷款利率

贷款比例是指贷款额占抵押物价值的比例。贷款比例越高，贷款人的风险越高。在美国，购房者必须支付房屋价款一定比例的现金作为首付款，再由金融机构向购房者提供房屋价款80%左右的贷款。如果购房者难以支付20%的现金首付款，也可以通过政府担保等途径降低首付款比例。美国的购房首付款比例是一个区间，为5%~30%。在我国，主要根据借款人的个人贷款次数及信用水平来审核贷款比例。

贷款期限是从贷款发放到收回贷款本息的时间。一般情况下，住房抵押贷款的最长期限为30年。具体贷款期限主要受借款人的信用水平、偿还能力、借款金额等因素影响。

贷款利率是借款人的主要成本，它决定了借款人每月须支付的还款额。在美国，由于利率是市场化的，因此借款人可以选择适合自己的利率水平和利率类型。我国的住房抵押贷款是由商业银行在中央银行规定的利率浮动幅度内确定具体的利率水平。

3）贷款偿还方式

（1）等额本息还款法，即借款人每月以相等的金额偿还贷款，每月还款额包括每月应付利息和本金，在贷款到期日前还清全部本息。

（2）等额本金还款法，即在贷款期限内将贷款总额等分，每月偿还等额的本金和未偿还贷款在该月所产生的利息。由于每月偿还本金数额固定，利息递减，因此借款人的月还款总额递减。

（3）等额累进还款法，即将贷款期限划分为若干时间段，借款人在每一时间段的月还款额都较前一时间段的月还款额按一定金额递增或递减，直至偿清贷款本息，因此可分为等额递增还款法和等额递减还款法。

小思考4-1

等额本息还款法和等额本金还款法有什么区别？

等额本息还款法是指借款人每月以相等金额来偿还贷款本息，其中每月的贷款利息按照月初剩余的贷款本金计算，逐月结清。由于每月的贷款额相等，因此，在贷款初期每月的还款额中，剔除了按月结清的利息之后，所还的贷款本金就比较少。不过在贷款的后期，因为贷款本金不断减少，每月还款额中的利息相应减少，每月所还的贷款本金比较多。等额本金还款法即借款人每月以相等金额（贷款金额/贷款月数）偿还贷款本金，每月贷款利息按照月初剩余贷款本金来计算，逐月结清，两者合计出来的数额便是每月的还款额。

4）住房抵押贷款的主要形式

美国拥有全球规模最大的住房抵押贷款市场，美国金融机构利用长期积累的经验和现代信贷管理技术与方法，不断创造新的住房抵押贷款形式，极大地丰富了美国住房抵押贷款市场。在此对美国住房抵押贷款的主要形式进行介绍。

第一，固定利率和可调整利率抵押贷款。抵押贷款的利率是借款人选择贷款人以及贷款数量时必然要考虑的重要因素。借款人除了要考虑利率水平的高低外，还要考虑利率是固定的还是可调整的。

抵押贷款合约中须明确借款人是按固定利率还是按可调整利率支付利息。固定利率抵押贷款是指一旦确定贷款利率，在整个贷款期内，无论市场利率如何变化，借款人都必须按约定利率支付利息。可调整利率抵押贷款是一种可以根据参考利率对合约利率进行定期重设的贷款。参考利率一般是由市场决定的利率，如政府债券利率，或基于储蓄机构资金成本的利率。通常情况下，每月、每半年或每年重设一次合约利率。重设的合约利率等于重设日的参考利率加上一个利差。可调整利率抵押贷款可以规避利率风险，但计算较为复杂。

第二，权益增长型抵押贷款。这种贷款形式可以使借款人在较短期限内偿还贷款。在贷款初期，月还款额与传统贷款相同；但在其后的还款期内，月还款额将递增。这种贷款形式与前面所述的等额递增还款法相似，不同之处在于，等额递增还款法不改变贷款期限，仅减轻借款人在贷款初期的还款额；而权益增长型抵押贷款可以缩短整个贷款期限。

第三，分享增值型抵押贷款。这是金融机构在利益共享、风险共担的原则下，将住房抵押贷款作为一种投资行为所发放的利率较低、期限较短的一种住房抵押贷款。在这种贷款形式下，借款人可以用与贷款人分享房地产的增值为代价，支付较低的贷款利率。贷款期限通常不超过10年，到期后需对抵押物重新估值，以便分享增值。

第四，权益参与型抵押贷款。这是分享增值型抵押贷款的一种变形。与分享增值型抵押贷款中由贷款人与借款人一起分享房地产的增值不同，权益参与型抵押贷款是由外部的投资者与借款人分享房地产的增值，即贷款人和借款人签订住房抵押贷款合约，同时由第三方（投资者）垫付一部分资金或提供部分首付款，或分担月还款额的一部分，作为回报，投资者可以分享房地产的增值。

第五，反向年金抵押贷款。这是专门为无固定收入又有住房的老年人设计的抵押贷款形式。老年人以自有住房作为抵押，由金融机构定期向其发放贷款，到期时以出售住房的收入或其他资产还贷。其特点是分期放款、一次性偿还，其优点是鼓励有住房但无固定收入的老年人抵押住房，为其生活提供保障。

第六，再抵押贷款。再抵押贷款是指以已进行过一次抵押的房产作为抵押物进行再一次贷款。再抵押贷款的求偿权次于首次抵押贷款，一旦出现违约事件，处置抵押物后应先偿付首次抵押贷款人；若有剩余，才偿付再抵押贷款人。

小资料4-5

个人住房抵押贷款证券化的基础资产特点

RMBS产品的基础资产是个人住房抵押贷款，个人住房抵押贷款具有期限长、利率低、抵押充足、早偿率较高等特征，是较为适合进行证券化的基础资产。

（1）期限长。目前我国已发行的RMBS产品入池贷款加权期限一般在10~20年。与其他贷款资产支持证券产品相比，公司信贷资产支持证券入池资产为对公贷款，期限一般在3~5年；个人汽车抵押贷款支持证券入池资产为车贷，期限一般在2~4年。相比之下，RMBS住房抵押贷款期限较长，风险较高。

（2）利率低。在利率方面，个人住房抵押贷款通常以贷款基准利率为基准，实际利率为贷款基准利率的一定倍数。目前个人住房抵押贷款利率一般在基准利率上浮20%以下，与企业贷款相比，处于较低水平。

（3）抵押充足。RMBS抵押物为个人住房，具有较高的价值和较强的变现能力。房地产首付款比例受国家政策管控，目前我国个人住房首付款比例最低为20%，初始抵押率最高为80%，一般低于70%，考虑房价上涨因素后的动态抵押率则更低。这使得抵押品价值对贷款余额的覆盖程度较高，回收率较高。

（4）早偿率较高。个人住房抵押贷款的借款人在正常偿还本息一定时间后，可以选择提前偿还部分或全部剩余贷款本金。由于住房抵押贷款有期限长的特点，其还款现金流很大程度上受到提前还款率和提前还款分布的影响。提前还款率不仅取决于利率走势，还取决于贷款成本和市场投资收益。当贷款利率高于市场利率时，市场利率较低，借款人没有很好的投资环境，闲置资金成本变高，往往会选择提前还款。目前发行的RMBS产品年化早偿率为6%~12%，高于其他贷款类产品。

4.2.2 抵押贷款支持证券

抵押贷款支持证券是指金融机构将其所持有的流动性较差但具有未来现金流入的住房抵押贷款重组为抵押贷款资产池，由证券化机构以现金方式购入，经过担保或信用增级后，以证券形式出售给投资者的融资过程。这一过程将原先难以出售给投资者的缺乏流动性但能够产生可预见性现金流入的资产，转换成可以在市场上流通的证券。

1）抵押贷款支持证券的主要种类

抵押贷款支持证券的种类繁多，美国抵押贷款支持证券市场主要有三种产品：抵押转递证券、担保抵押证券和剥离式抵押担保证券。

抵押转递证券（mortgage pass-through securities，MPTS）也称为过手抵押贷款支持证券，是由特设的信托机构将其拥有的或购买的住房抵押贷款集中起来，组成资产池，然后以资产池为支持，发行证券。在抵押转递证券创设中，基本上不对资产池产生的现金流进行分层组合等处理，而是直接将现金流转递给投资者。抵押转递证券的出现大大增强了抵押贷款市场的流动性，但由于其具有单一性，因此难以满足所有投资者的需求。

担保抵押证券（collateralized mortgage obligations，CMOs）也称为转付型抵押贷款支持证券，是在抵押转递证券的基础上开发出来的。投资银行购买抵押转递证券，然后以其为担保，将现金流进行分层组合，发行一系列不同档次的债券。不同档次的债券现金流特征不同，期限分为短期、中期和长期，投资者可以从中选择合意的档次。担保抵押债券可以在一定程度上消除提前偿付的风险。

1986年，联邦国民抵押贷款协会引进了剥离式抵押担保证券（stripped mortgage-backed securities，SMBS），其特点是将现金流的本金和利息剥离并分别支付给相应的投资者。剥离式抵押担保证券分为两个等级：利息型（IO），即将所有抵押贷款偿还的利息分配给该类；本金型（PO），即将所有抵押贷款偿还的本金分配给该类。由于本息分离，IO与PO对利率的敏感性不同，现金流也呈现不同的特点。PO的价格对利率变化非常敏感，且与利率变动方向相反。当市场利率下降时，PO的价格将上升；而当市场利率上升时，PO的价格将下降。IO的价格则与利率变动方向一致，当利率变动时，PO和IO价格的变动方向恰好相反，机构投资者一般用其控制剥离式抵押担保证券的组合风险。

2）抵押贷款支持证券的参与主体

抵押贷款支持证券的发起人包括商业银行、住房抵押贷款公司以及其他发放住房抵押贷款的金融机构。

抵押贷款支持证券的发行人涵盖政府机构、半政府机构以及商业银行、经纪商、建筑商等普通商业机构。其中，政府机构和半政府机构在许多国家占据主导地位。在美国，抵押贷款支持证券的主要发行人是政府国民抵押贷款协会、联邦国民抵押贷款协会和联邦住房贷款抵押公司。前一个是政府机构，后两个是政府支持机构，它们发行的抵押贷款支持证券也被称为政府机构债券。由于有政府信用作隐性担保，其信用等级仅次于政府债券。在其他国家和地区，如韩国住房抵押贷款公司、中国香港住房抵押贷款公司、加拿大抵押住房公司、澳大利亚麦格里证券化公司等政府、半政府或政府支持机构都是各国抵押贷款支持证券的主要发行人。

由于抵押贷款支持证券通常能够获得较高的信用评级，违约或本金损失概率较低，且同政府债券相比有更高的收益，因此吸引了各类投资者，其中以商业银行和共同基金为主。

3）抵押贷款支持证券的操作流程

抵押贷款支持证券的操作流程与资产证券化的操作流程类似，包括以下步骤：

第一，设立特殊目的载体，作为抵押贷款支持证券的发行人。

第二，确定拟证券化的抵押贷款，组建资产池。

第三，发起人将拟证券化资产池真实出售给特殊目的载体。

第四，特殊目的载体对抵押贷款支持证券进行信用增级，信用评级机构对抵押贷款支持证券进行信用评级，发行人和信用评级机构就信用等级方面的要求达成一致，即可正式发行。

第五，特殊目的载体向证券监督机构提出发行申请并获准后，与投资银行签订承销协议，由投资银行负责承销抵押贷款支持证券。

第六，特殊目的载体从证券承销商那里获得证券发行收入，按约定的购买价格向发起人支付价款，并向相关的中介机构支付服务费。

第七，服务人和受托管理人实施资产与现金管理。

第八，在抵押贷款支持证券到期后，对证券进行清偿。

4）抵押贷款支持证券的风险

除了普通债券具有的信用风险和利率风险外，抵押贷款支持证券还具有提前偿付风险，即市场利率的变动对抵押贷款借款人的偿付行为产生直接影响，从而增加了资产池现金流的不确定性。

第一，信用风险，也称违约风险。抵押贷款支持证券的信用风险即原始抵押贷款的信用风险，在原始贷款债务人出现违约的情况下，抵押贷款支持证券的现金流也相应受到影响。

第二，利率风险，也称市场风险。在抵押贷款支持证券交易中，利率风险是最难规避与管理的一种基本风险。它包括两层含义：一是利率变化导致抵押贷款支持证券的价格发生变化；二是利率变化导致抵押贷款支持证券的现金流发生变化。一般而言，在其他条件相同的情况下，抵押贷款支持证券的到期期限越长，或是利率水平越低，其价格相对于利率的变化就越敏感。

第三，提前偿付风险，也称赎回风险。住房抵押贷款常用的还款方式——等额本息还款法和等额本金还款法都属于摊还资产。如果借款人偿付的资金超过了每月计划偿付金额，超出部分将比原摊还计划更快地被用来清偿以此为支持所发行证券的未偿余额，这就构成了提前偿付。借款人提前偿还全部或部分抵押贷款会使抵押贷款支持证券现金流不稳定，还可能发生再投资风险。

小思考 4-2

怎样降低资产证券化产品提前偿付的风险？

（1）发起人在构建资产池时选择对提前偿付有约束的贷款。这类贷款通过规定在一段时间内不允许借款人提前偿还贷款（锁定方式）或收取提前偿付罚金来限制提前偿付。

（2）SPV委托资金托管人将提前收到的现金流用于购买国债、金融债等来调整现金流，降低投资人的再投资风险，确保投资人的投资收益和期限符合要求。

（3）通过结构化设计，对资产池的现金流进行特殊切割，确保特定的证券在一定范围内不受资产现金流变化的影响。

4.3 资产支持证券市场

抵押贷款在证券化基础资产中占有最大比例，但是随着资产证券化技术的不断发展和金融市场的日益成熟，支持证券化的基础资产类型也在不断丰富。本节将讨论以非住房抵押贷款资产为抵押担保的资产支持证券。

1985年3月，美国斯佩里金融租赁公司为了融通资金、改善经营，以1.92亿美元的租赁票据为担保，发行了世界上第一只资产支持证券。同年5月，米兰德银行发行了世界上第一只以汽车贷款为担保的资产支持证券。目前，美国的资产支持证券市场规模最大，我国也已经起步。资产支持证券中最常见的基础资产是汽车贷款、信用卡应收款、住房权益贷款等。

小资料 4-6

资产支持证券的发行过程

资产支持证券最早由基础资产的发起人（商业银行、抵押贷款公司、邮储贷款公司、汽车金融公司以及信用卡服务商等）将资产出售给第三方或其附属的特殊目的载体，从而实现发起人信用与有关资产信用的破产隔离，在SPV将这些资产打包、评估分层、信用增级并进行信用评级后，再向投资者公募或私募发行。

资料来源 佚名. 资产支持证券［EB/OL］.（2008-09-11）［2022-10-26］. http://www.pbc.gov.cn/goujisi/144449/144490/144556/144602/2887657/index.html.

同步案例 4-3

中国电建2022年储架绿色ABS

2022年8月，“中国电建2022年第1-10期绿色资产支持专项计划”成功发行，这是一项中国电建持有的以绿色应收款项为基础资产的绿色ABS，发行规模为26.48亿元，全场认购倍数超过5倍，其发行的A1票面利率为2.25%，募集规模

10.35亿元，信用评级为AAA；A2票面利率为2.68%，募集规模14.8亿元，信用评级为AAA。

中国电力建设集团公司是全球清洁低碳能源、水资源以及环境建设领域的引领者，此次绿色ABS的发行，既积极践行了“绿水青山就是金山银山”的新发展理念，聚焦“碳达峰、碳中和”目标，又有效地为公司盘活了存量资产，降低了融资成本，从而降低了资产负债率，推动中国电建实现更高质量的发展。

资料来源　杨静远．26.48亿元！中国电建2022年绿色ABS首期成功发行［EB/OL］．（2022-08-19）［2022-10-26］．http：//fund.powerchina.cn/art/2022/8/19/art_9759_1496940.html.有改动。

4.3.1　汽车贷款支持证券

汽车贷款支持证券的发起人主要包括三类：一是商业银行。商业银行既可以直接发放汽车信贷，也可以通过汽车经销商间接提供贷款。作为发起人的商业银行具有分散化的收入来源和流动性，因此，由商业银行发起的汽车贷款支持证券对投资者很有吸引力。二是汽车制造商的金融分支机构。这是汽车制造商设立的专门从事汽车金融业务的分支机构。汽车制造商的金融分支机构最主要的商业目的是支持和推动其母公司汽车制造业务的开展，因此在贷款定价时会采取一些激励措施，这样贷款风险相对较大，但它作为母公司的一个有机组成部分，母公司也会注重保持其持续融资能力。由汽车制造商的分支机构发起的汽车贷款支持证券对于投资者也是极具吸引力的。三是独立的财务公司以及专门从事汽车贷款的金融机构。由于这类机构一般规模较小，如果通过发行传统债券融资，通常达不到投资等级，而通过资产证券化可以获得成本相对低廉的资金来源，可以说它们是资产证券化的最大受益者之一。

和4.2节所述的抵押贷款证券化的操作流程相同，汽车贷款支持证券的发起人将拟证券化的汽车贷款组建成资产池，并真实出售给特殊目的载体。特殊目的载体对汽车贷款支持证券进行信用增级后，由信用评级机构确定信用增级的程度。在汽车贷款支持证券评级中，信用评级机构除了关注发起人的历史、对汽车贷款的管理经验、运营策略和运作程序、商业计划和增长策略以及资本结构和资金实力外，发起人的汽车贷款发放过程也是评级机构注重的一个参数，其中包括贷款发放标准、所使用的信用评分模型、贷款期限和条件等。

在评估汽车贷款支持证券价值时，投资者必须考虑的因素包括发起人的类型、债务人的信用质量、汽车贷款支持证券的信用增级程度、信用评级状况等。

小资料4-7

汽车贷款支持证券现状

2008年至今，我国的汽车贷款资产支持证券市场发行总量稳步且迅速增长，2021年的发行数量达到123单，规模达到3 432.72亿元，比2020年增长了26.41%。

具体来看，汽车贷款资产支持证券市场的产品中，信贷资产证券化产品占比最高，为76.76%，发行数量达到52单，规模为2 635.12亿元；占比第二位的为企业资产证券化产品，为15.89%，发行数量达到53单，规模为545.62亿元；占比最少的为资产支持票据，为7.34%，共发行了18单，规模为251.98亿元。

总的来看，在这三类汽车贷款资产支持证券市场产品中，信贷资产证券化产品的增速最快，其规模占比从2020年的71.45%增长到2021年的76.76%。此外，企业资产证券化产品虽然单数比信贷资产证券化产品稍高一点，但其发行规模比较小，对汽车贷款资产支持证券市场的影响不如信贷资产证券化产品大。

同步案例4-4

国泰君安助力广汽汇理ABS，助力汽车产业高质量发展

国泰君安牵头承销的汇聚达个人汽车抵押贷款资产支持证券于2022年7月25日成功发行，发行总规模40亿元。其中，A1级证券发行规模为20亿元，A2级证券发行规模为14.8亿元，B级证券发行规模为3.2亿元；A1级证券的利率为2%，是2021年以来汽车发行信贷ABS的最低利率。本次发行获得了各国有银行、外资行以及各基金公司的积极认购，获得了国内外投资者的高度认可。

在“碳中和、碳达峰”背景下，国泰君安积极助力绿色金融向纵深发展，通过金融推动实体的创新尝试，使资金更多流向绿色产业和新能源产业，以绿色金融助力绿色发展。

截至目前，牵头主承销商——国泰君安参与了屹腾2022年个人汽车贷款绿色资产支持证券、2022年盛世融迪个人汽车贷款绿色资产支持证券以及上和个人汽车贷款绿色资产支持证券等，引导80多亿元资金流向绿色领域，助力汽车产业等实体经济实现高质量发展。

资料来源　国泰君安. 国泰君安助力广汽汇理ABS成功发行，支持汽车金融高质量发展［EB/OL］.［2022-07-29］. https://www.gtja.com/content/events/news/gqhl-220729.html.

4.3.2　信用卡资产支持证券

信用卡资产支持证券是以信用卡应收款为担保发行的资产支持证券，其规模与信用卡的广泛应用齐头并进，从其1987年诞生至今，已成为资产支持证券市场中规模最大、流动性最强的证券。如果说20世纪80年代末最早出现的信用卡资产支持证券是为信用卡业务提供多样化融资渠道而开发的工具，那么随着20世纪90年代初商业银行面临金融监管当局更为严格的资本充足率要求，资产证券化为商业银行提供了可以通过减少资产负债表中的资产改善资本充足率的有效手段。

信用卡资产支持证券的发起人主要有商业银行、消费金融公司、独立的信用卡公司以及零售商。1991年以前，信用卡证券化结构是单独的信托结构，每一笔信用卡证券化都需要组建一个新的特殊目的载体和一个新的基础资产池。1991年以后，集合信托成为信用卡证券化的主要结构形式，基础资产集合起来，统一支持所有证券，不再进行单独划分。也就是说，由信用卡发卡人设立一个特殊目的载体，接受多个账户应收款，以此支持信用卡资产支持证券的发行。对于发起人而言，这种结构可以降低成本；对于投资者而言，这种结构更易评价新发行证券的信用风险。信用卡资产支持证券具有高流动性，且发起人信用等级较高，当市场不景气时，它也成为资产支持证券投资者的避风港。

4.3.3 住宅权益贷款支持证券

住宅权益贷款也称次顺序抵押贷款，是指房屋所有人以其已经抵押的住宅再度抵押，向银行申请的贷款。20世纪90年代初，住宅权益贷款属于第二留置权抵押贷款，现在已大多为第一留置权抵押贷款。住宅权益贷款与上一节讨论的住房抵押贷款的最大区别在于，住宅权益贷款用于修缮房屋、大学教育、清理债务、医疗以及休假等用途。住宅权益贷款支持证券的发起人一般是商业银行，也有财务公司和其他金融机构。

住宅权益贷款可以是封闭式的，也可以是开放式的。封闭式住宅权益贷款与住房抵押贷款形式相同，一般具有固定利率和固定到期日，其现金流包括利息、计划本金偿付以及提前偿付。开放式住宅权益贷款是给定房屋所有人信贷额度，在循环期限内根据信贷额度借入资金，可以签发支票或使用信用卡。在贷款期末，房屋所有人可以一次性偿还贷款，也可以分期偿还未偿余额。

本章小结

资产证券化可以将具有共同特征的贷款、应收账款等缺乏流动性的资产转换为可以市场化的、具有投资特征的附息证券。资产证券化的概念有广义和狭义之分。狭义的资产证券化是指信贷资产证券化，本章使用的是狭义概念。资产证券化是以资产的未来现金流为支持的融资方式，此外还有结构融资、表外融资、低成本融资等特点。

一个完整的资产证券化操作流程包括：发起人将可证券化的基础资产出售给一个特殊目的载体；特殊目的载体将这些基础资产构建成资产池，以资产池所产生的现金流为支持，在金融市场上发行资产支持证券；最后以资产池产生的现金流来清偿所发行的资产支持证券。

抵押贷款支持证券是指金融机构将其所持有的流动性较差但具有未来现金流入的住房抵押贷款重组为抵押贷款资产池，由证券化机构以现金方式购入，经过担保或信用增级后，以证券的形式出售给投资者的融资过程。抵押贷款支持证券的种类繁多，主要有抵押转递证券、担保抵押证券和剥离式抵押担保证券。抵押贷款支持证券的风险主要包括信用风险、利率风险以及提前偿付风险。

除了住房抵押贷款可以作为证券化基础资产外，汽车贷款、信用卡应收款、住房权益贷款等都可以作为基础资产进行证券化。

基本训练

一、主要概念

资产证券化　特殊目的载体　破产隔离　真实出售　信用增级　抵押贷款支持证券　资产支持证券

二、重点实务

资产证券化的特点　资产证券化的参与主体　资产证券化的完整操作流程　信用增级的主要方式　抵押贷款支持证券的主要种类　抵押贷款支持证券的操作流程

三、案例分析

内蒙古发行公开市场首单PPP项目的ABS

中铁城建内蒙古冰上运动训练中心PPP项目资产证券化产品于2021年12月30日在上交所成功上市，产品规模为5亿元，进一步推动了我国PPP储架式资产证券化项目的发展。该项目的原始权益人为内蒙古冬韵体育投资有限公司，原始权益人的代理人为中铁建资产管理有限公司，大公国际资信评估有限公司任其信用评级公司。

大多数PPP项目面临周期比较长、银行融资难以及资产变现难等问题，因此，PPP项目与ABS相结合的模式可以在一定程度上解决PPP项目面临的这些困难，此次发行公开市场首单PPP项目的ABS，成功盘活了存量资产，提高了资产的流动性。

本次资产证券化在上海证券交易所发行，有利于树立呼伦贝尔市良好的形象，同时，推动了我国冰雪产业投入的多元化及蓬勃发展，产生了一定程度的示范效应。

本次发行还给PPP项目带来了低融资成本优势。本项目是中铁建资产管理有限公司首次公开市场直接融资，拓宽了融资渠道，有效降低了PPP项目的融资成本，为创新PPP投融资模式起到了很好的示范作用。

资料来源　佚名. 内蒙古发行公开市场第一单PPP项目的ABS［EB/OL］.［2022-10-26］. https：//new.qq.com/rain/a/20220125A01W1600.html.

自2014年备案制改革以来，国内ABS的发行数量不断增长，发行规模不断扩大，品种不断丰富，给融资人带来新型融资渠道、给投资人带来更丰富的投资品种，与此同时也带来了一些风险。通过本章的学习，谈一谈资产证券化的利与弊。

四、社会调查

通过查阅相关资料和网站，了解我国当前有哪些资产证券化产品、它们有何特点、发行和交易流程是怎样的。通过比较我国和美国资产证券化市场的差距，思考我国应如何发展资产证券化、哪些行业或公司适合推行资产证券化。

五、即测即评

第4章单项选择题　　第4章多项选择题　　第4章判断题

第5章

股票市场

学习目标

通过本章学习，在知识方面，掌握股票的含义、特点及种类，股票发行市场与流通市场等内容；在技能方面，掌握股票发行程序及股票交易原则；在能力方面，能运用股票市场的基础知识对现实问题进行分析。

导读案例

内蒙古欧晶科技股份有限公司首发股票

内蒙古欧晶科技股份有限公司（以下简称欧晶科技）首次公开发行股票的申请已获中国证监会证监许可〔2022〕1481号文核准。欧晶科技本次发行的股票将在深圳证券交易所主板上市，主承销商为国信证券股份有限公司，发行数量为不超过3 435.6407万股的人民币普通股（A股），发行价格为15.65元/股。

申购流程为：发行人和主承销商根据市场情况、发行人基本面以及承销风险等因素，确定本次发行股票的发行价格，之后按此价格进行网下和网上申购；对初步询价的结果进行部分剔除后，确定最终的发行价格与获配数量；最后，有效报价的网下投资者应及时参与申购，及时足额缴纳认购款。

欧晶科技按本次发行价格15.65元/股预计募集资金53 767.78万元，扣除10 730.70万元的发行费用后，预计本次募集的资金净额为43 037.08万元。

资料来源　内蒙古欧晶科技股份有限公司. 内蒙古欧晶科技股份有限公司首次公开发行股票投资风险特别公告［EB/OL］.［2022-08-29］. https://finance.sina.com.cn/roll/2022-08-29/doc-imiziraw0092461.shtml? finpagefr=p_115.

股票是在16世纪作为筹集资金、分散风险的一种手段而进入远洋贸易领域的。17世纪后，随着资产阶级革命的爆发，股票逐渐进入金融和工业领域。17世纪末到19世纪中叶，股份有限公司因适应大工业生产的要求而迅速发展起来，股票也相应得到了发展。股票发展至今已有400多年的历史，它是社会化大生产的典型产物。

5.1 股票概述

5.1.1 股票的概念与特点

1）股票的概念及股东权益

股票是一种有价证券，是股份有限公司在筹集资本时向出资人公开或私下发行的、用以证明出资人的股东身份和权利，并根据持有人所持有的股份数量享有权益和承担义务的凭证。

股票持有人称为股东，股东权益在利润和资产分配上表现为索取公司对债务还本付息后的剩余收益，即剩余索取权；同时，股东有权投票决定公司的重大经营决策，如经理的选择、重大投资项目的确定、兼并与反兼并等，日常经营活动则由经理作出决策。换言之，股东对公司的控制表现为合同所规定的经理职责范围之外的决策权，即剩余控制权。如果公司破产，股东将丧失其控制权，通常会一无所获，但只负有限责任，即公司资产不足以清偿全部债务时，股东个人财产也不受追究。

总之，在公司正常经营状态下，股东拥有剩余索取权和剩余控制权，这两者共同构成了对公司的所有权。

2）股票的特点

作为一种投资工具，股票有以下四个特点：

（1）投资的永久性。投资者一旦投资入股，在公司存续期间，就不能直接从公司退股抽资。这是因为公司的运作资本由众多股东投入，如果股东可以随意退股抽资，就会打乱公司的正常业务活动，给公司客户和其他股东造成损失，使市场经济运行秩序和资本市场的融资关系受到损害。

（2）收益的风险性。投资者对公司进行投资的主要目的之一就是获得收益。股票的投资收益率应高于长期存款利率；否则，投资者宁愿把钱存在银行里，也不会进行投资。股东对公司投资后，公司运用资金进行经营，这期间必然会面临众多风险。只有在有效规避风险的情况下，公司以及股东才可能营利；否则，将蒙受损失。

（3）决策的参与性。股东按自己对公司投资的资本份额承担相应的风险，出于关心自己的资本安全和收益水平的原因，股东会十分关注公司的经营运作。由于经营决策和经营管理人员的素质在公司的经营运作上起到十分重要的作用，所以股东会在这些方面积极参与决策。

（4）转让的市场性。股票具有高可转让性，即股票持有者可以按一定的市场价格将股票卖给愿意购买的人。在股票转让中，股票卖出者通过出售股票将股票代表的股东身份及相应权益一并让渡给了股票购买者。每个投资者在不同时期对投资收益的要求不同，他们对风险的评价也在不断变化，因此，股票转让价格具有很强的市场波动性。

除上述主要特点外，股票还具有可抵押性、可继承性和可赠送性等特点。

5.1.2 股票的分类

根据投资者不同的投资需求和企业不同的融资需求，股份公司发行了多种类型的股票。这些股票所代表的股东地位和权利各不相同，主要有以下几种：

1）根据股票代表的股东权利不同，可以分为普通股和优先股

（1）普通股是指在优先股要求权得到满足后才能参与公司利润和资产分配的股票。普通股是股份有限公司最重要的股份形式，是构成公司资本的基础，也是最普遍的一种股票形式。持有普通股的股东享有以下权利：

① 企业的经营参与权。普通股股东是公司资本的所有者，有股东大会出席权、表决权和选举权。

② 盈余分配权和资产分配权。当公司将红利分派给优先股股东后，普通股股东有权享有公司分派的红利；当公司解散清算时，普通股股东取得公司剩余资产的次序排在优先股股东之后，如果公司剩余资产有限，普通股股东往往是最终的损失者。

③ 优先认股权。当公司增发新的普通股时，现有股东有权按其原来的持股比例认购新股，以保持对公司所有权的现有比例。现有股东也可以在市场上出售优先认股权，其价值取决于股票当前的市场价格、新股出售价格和购买一股所需的权数。

小思考 5-1

公司的解散清偿顺序是怎样的？

首先支付清算费用，之后支付职工工资和劳动保险费用、缴纳所欠税款、清偿公司债务，剩余部分再按照股东的出资比例确定。优先股的清偿在普通股之前，在全部债券之后。

（2）优先股是指在分派股息和剩余索取权方面较普通股优先的股票。它具有以下特点：一是在股息和资产分配上，优先股股东有权优先获得股息和剩余资产。二是优先股的股息通常是固定的，其收益率一般高于银行的长期存款利率。由于股息是固定的，所以与普通股相比，优先股的市场价格更易受到利率水平的影响。三是优先股股东一般不出席股东会，不拥有普通股股东所拥有的表决权和选举权。在特殊情况下，优先股股东可以出席股东会，行使股东权利，但需要根据法律和公司章程的规定。

考虑到跨期性、可转换性、复合性及可逆性等因素，优先股又可以分为不同的类别：

① 根据剩余索取权是否可以跨期累积，可以分为累积性优先股和非累积性优先股。累积性优先股是指如果公司在某个时期内所获盈利不足以支付优先股股息时，允许将股息累积至次年或以后某一年盈利时，连同当年股息一并发放的优先股。非累积性优先股是指公司按固定股息每年分配，但当公司的盈利不足以支付全部股息时，其所欠部分在以后年度不予补发。与非累积性优先股相比，累积性优先股优点较多，对公司有一定好处，因此，累积性优先股更为常见。

② 根据优先股股东是否享有剩余分配权，可以分为参与性优先股和非参与性优先股。参与性优先股是指不仅可以优先获得固定的股息，还可以与普通股共同分享公司的剩余收益的优先股。根据参与程度的不同，此类优先股还可以分为无限参与优先股和有限参与优先股两种。非参与性优先股是指只能获取固定股息而不能参加公司额外分红的优先股。在实践中，参与性优先股既有固定的股息收益，又可以得到红利收益，其风险要比普通股小得多，这使得普通股股东实际上处于不利地位，所以参与性优先股的数量

受到严格限制。

③ 根据优先股是否可以按一定的比率转换为普通股，可以分为可转换优先股和不可转换优先股。可转换优先股是指在规定的时间内，股东可以按一定的比率将优先股转换成普通股的优先股。这实际上是给予优先股股东选择不同的剩余索取权和剩余控制权的权利。当公司盈利状况不好时，优先股股东就可以持有优先股，保证固定的股息收入；当公司有大量盈利、普通股价格上涨时，股东就可以行使其转换的权利，以获取更大的剩余索取权。不可转换优先股是指在任何条件下，股东都不能将其转换成普通股的优先股。

④ 根据发行股票的公司是否可以收回股票，可以分为可赎回优先股和不可赎回优先股。可赎回优先股是指允许公司按发行价格加上一定比例的补偿收益予以赎回的优先股。不可赎回优先股是指在任何情况下，公司都不能赎回的优先股。通常情况下，公司在能以较低的股息发行新优先股时，为了减少股息负担，会实施赎回策略。可以看出，可赎回优先股对股东是不利的。

小资料 5-1

优先股的表决权恢复

根据《国务院关于开展优先股试点的指导意见》（国发〔2013〕46号）的规定，优先股股东一般情况下不参与公司的经营决策，没有表决权，但是，在以下几种情况下，优先股的表决权恢复：

（1）发行优先股；

（2）修改公司章程中与优先股相关的内容；

（3）一次或累计减少公司注册资本超过10%；

（4）公司合并、分立、解散或变更公司形式；

（5）公司章程规定的其他情形。

同步案例 5-1

京东物流的大幅减亏

2022年8月23日，京东物流公布了其上半年财务报告。数据表明，京东物流上半年营业收入586.23亿元，同比增长20.94%；归属于母公司的净亏损为14.62亿元，同比减少90.48%。从数据中可以发现，京东物流2022年上半年亏损大幅减少。

营业收入增长的原因主要是一体化供应链客户收入增加，亏损大幅度收窄的原因主要是可转换可赎回优先股的公允价值变动所致，以及随着收入的快速增长，规模经济推动了成本构成的效益提高。此前的2020年，京东物流大幅亏损的主要原因在于可转换可赎回优先股的公允价值变动。为何可转换可赎回优先股的公允价值变动的影响这么大却并未对京东物流造成致命性伤害呢？那是因为在会计上，可转换可赎回优先股被认定为债而非股，因此，可转换可赎回优先股的公允价值变动不会对公司的现金流产生任何影响。

什么是可转换可赎回优先股？根据国际会计准则IAS32的定义，它属于复合型金融工具（Compound Financial Instruments），包含两个部分：一个是金融负债，即发行人支付现金股利的合同义务；另一个是权益工具，即持有人转换为普通股的权利。投资机构之所以选择可转换可赎回优先股而非普通股，是因为可转换可赎回优先股投资方式对投资方的利益更有保障。

资料来源　白帆．京东物流上半年大幅减亏，“京邦达跨”合体后有多大想象空间？[EB/OL]．[2022-08-24]．https：//finance.sina.com.cn/jjxw/2022-08-24/doc-imizmscv7528302.shtml.

2）根据股票的风险特征不同，可以分为蓝筹股、成长股、收入股、周期股、防守股、概念股和投机股等

通常将经营业绩较好、具有稳定且较高的现金股利支付、大公司发行的被公认为具有较高投资价值的股票称为蓝筹股。它一般是指长期稳定增长的、大型的传统工业股及金融股。

成长股是指销售额和利润额持续增长，而且其增长速度快于整个国家和本行业增长速度的公司的股票。这类公司一般对股东支付较低红利，而将大量收益用于再投资。随着公司的成长，股票价格上涨，投资者便可以从中得到更大的收益。

收入股是指那些当前能支付较高收益的股票。

周期股是指那些收益随着经济周期波动而波动的公司所发行的股票，如汽车制造公司或房地产公司的股票。

防守股是指在面临不确定性因素和经济衰退时期，股息和红利要高于其他股票平均收益的股票。此类股票的发行公司大多属于经营公用事业及生活必需品的行业。

概念股是指适合某一时代潮流的公司所发行的、股价波动较大的股票。

投机股是指价格极不稳定，或公司前景难以确定，具有较大投机潜力的股票。

3）根据股东是否对股份有限公司的经营管理享有表决权，可将股票分为表决权股票和无表决权股票

表决权股票是指该股票的持有人对公司的经营管理享有表决权。表决权股票又可以具体分为普通表决权股票、多数表决权股票、限制表决权股票、有表决权优先股等。普通表决权股票也称单权股票，是指每股股票只享有一票表决权；多数表决权股票也称多权股票，是指每股股票享有若干表决权；限制表决权股票是指表决权受到法律和公司章程限制的股票；有表决权优先股是指持有这类股票的股东可以参加股东大会，有权对规定范围内的公司事务行使表决权的优先股。

4）根据是否在股票票面和股份公司的股东名册上记载股东的姓名，可以分为记名股票和不记名股票

记名股票是指在股票票面和股份公司的股东名册上记载股东姓名的股票。记名股票不仅要求股东在购买股票时记载姓名或名称，而且要求股东转让股票时向公司办理股票过户手续。除了记名股东外，任何人不得凭此股票对公司行使股东权。

不记名股票是指股票票面不记载股东姓名的股票。不记名股票只凭股票所附息票领取股息，可以自由转让，不用办理过户手续。与记名股票相比，不记名股票转让更方便、自由。

5）根据股票有无票面金额，可以分为有票面金额股票和无票面金额股票

有票面金额股票又称有面值股票，是指股票票面上注明一定金额的股票，如10元、

100元等。股票的面值是固定不变的，它可以确定每一张股票所代表的价值在该公司资本总额中所占的比例，又可以根据股票面值和股份总数之积确定公司注册资本总额。

无票面金额股票又称无面值股票，是指股票票面上没有注明金额的股票。股票发行时无票面价值记载，仅表明每股所占资本总额的比例，其价值随着公司财产的增减而增减。这种股票的内在价值总是不断变动的。其最大优点就是避免公司实际资产与票面资产的背离，因为股票的面值往往徒有虚名，人们关心的不是股票面值，而是股票价格。

小思考5-2

记名股票和不记名股票以什么方式转让?

《中华人民共和国公司法》对记名股票和不记名股票的转让方式进行了规定：记名股票由股东以背书方式或法律、行政法规规定的其他方式转让，转让后由公司将受让人的姓名或者名称及住所记载于股东名册。不记名股票转让，由股东将股票交付给受让人后即发生转让的效力。

思政小课堂5-1

互联网金融概念股

党的二十大报告提出加快发展数字经济，促进数字经济和实体经济深度融合；在第四届世界互联网大会开幕式上，习近平总书记还提出，中国希望通过自己的努力，推动世界各国共同搭乘互联网和数字经济发展的快车。中国对外开放的大门不会关闭，只会越开越大。可见，互联网与经济的结合是我国瞄准“两个一百年”奋斗目标作出的战略谋划和前瞻部署。

中国金融四十人论坛常务理事会副主席谢平在2012年“金融四十人年会”上提出了“互联网金融”的概念。互联网金融是互联网企业与传统金融机构利用互联网技术以及信息通信技术实现资金融通、投资、支付以及信息中介服务的新型金融业务模式，是互联网技术与金融科技的有机结合。互联网金融概念股是从事以上相关业务的上市公司的股票。

2022年8月12日，《证券时报》数据宝发布了最新统计结果：上证指数上涨0.91%，A股成交额上升4.56%，主力资金流入最多的是包含122只个股的互联网金融概念股，其中主力资金净流入最多的是东方财富、国元证券、海联金汇，分别净流入14.34亿元、4.87亿元、3.36亿元。

5.2 股票发行市场

股票发行市场也称为一级市场，是公司直接或者通过中介机构向投资者出售新发行股票的场所，是资金需求者直接获得资金的市场。

5.2.1 股票的发行制度与方式

1）股票的发行制度

由于各个国家和地区的经济发展状况、政治、文化、历史传统等不同，尤其是股票市场规范程度和成熟程度存在差异，因此对股票的发行有不同的管理制度，大致可分为注册制和核准制两种。

（1）注册制主要是指发行人申请发行股票时，必须依法将公开的各种资料完全、准确地向证券监管机构申报。注册制遵循公开管理原则，发行人不仅要完全公开相关信息，不得有重大遗漏，而且要对所提供信息的真实性负责。证券监管机构的职责是对申报文件的全面性、准确性、真实性和及时性做形式审查，但不对发行人的资质进行实质性审核和价值判断，而是将发行公司股票的良莠留给市场来检验。

（2）核准制吸取了注册制的强制性信息披露原则，同时要求申请发行股票的公司必须符合相关法律和证券监管机构规定的必备条件。核准制遵循实质管理原则，符合条件的发行公司只有经证券监管机构的批准才可以在股票市场上发行股票。证券监管机构除进行注册制所要求的形式审查外，还关注发行人的法人治理结构、营业性质、资本结构、发展前景、管理人员素质和公司竞争力等，并据此作出发行人是否符合发行条件的判断。

注册制假定投资者能够正确理解股票发行说明书，能够自己作出正确判断和选择，保护自己的利益不受损失，其主要依靠健全的法律法规对发行人的发行行为进行约束。而在核准制下，证券主管机关在审查过程中有权否决不符合规定条件的股票的发行申请，将一些不符合条件的公司排除在股票市场之外，保护投资者的利益。在核准制下，投资者可能完全依赖监管机构，当监管机构的决策出现失误时，就会为股票的发行增添额外的风险。

注册制比较适合股票市场较发达的国家和地区，这些地方的股票市场发展历史长、法律较健全、行业自律性较好、投资者素质较高。核准制更适合发展初期的股票市场，在这些地方，相关法律还不健全，投资者经验较少，市场结构还不完善。股票市场从不成熟走向成熟的标志之一就是由核准制走向注册制。目前，欧美等成熟资本市场普遍采用注册制，我国主要采用核准制。

小资料5-2

我国股票发行制度演变之路

一、审批制阶段（1993—2000年）

审批制阶段又可以分为“额度管理”阶段（1993—1995年）与“指标管理”阶段（1996—2000年）。在“额度管理”阶段，1993年4月25日，国务院颁布了《股票发行与交易管理暂行条例》，标志着审批制的正式确立。在审批制下，股票发行由国务院证券监督管理机构根据经济发展和市场供求的具体情况，在宏观上制定一个当年股票发行总规模，经国务院批准后，下达给国家计委，国家计委再根据各个省级行政区域和行业在国民经济发展中的地位和需要进一步将总额度分配到各省、自治区、直辖市、计划单列市和国家有关部委。在“指标管理”阶段，由国家计委、证券委共同制定股票发行总规模，中国证监会在确定的规模内，根据市场情况向各省级政府和行业管理部门下达股票发行家数指标，省级政府或行业管理部门在指标内推荐预选企业，证券监管部门则会同意符合条件的预选企业上报发行股票正式申报材料并审核。

二、核准制阶段（2001至今）

核准制阶段又分为“通道制”阶段（2001—2004年）与“保荐制”阶段（2004年至今）。在“通道制”阶段，1999年正式实施的《中华人民共和国证券法》确立了核准制的法律地位。核准制的第一个阶段是“通道制”。2001年，中国证监会宣布取消股票发行审批制，正式实施股票发行核准制下的“通道制”。每家证券公司一次只能推荐一定数量的企业申请发行股票，由证券公司将拟推荐企业逐一排队，按序推荐。在“保荐制”阶段，为适应市场需求和深化股票发行制度改革，我国作出了重大举措。“保荐制”起源于英国，全称是保荐代表人制度。中国的保荐制度是指有资格的保荐人推荐符合条件的公司公开发行证券和上市，并对所推荐的发行人的信息披露质量和所做承诺提供持续训示、督促、辅导、指导和信用担保的制度。与“通道制”相比，保荐制度增加了由保荐人承担发行上市过程中连带责任的内容。

三、试点注册制阶段（2020年至今）

自2020年创业板改革试点注册制首批企业上市开始，创业板市场始终实施注册制。创业板的基本内涵是处理好市场与政府的关系，尽量减少不必要的行政干预，做到真正把选择权交给市场。它的实施架构为“一个核心、两个环节和三项市场化安排”，即以信息披露为核心，审核注册分为交易所审核和中国证监会注册两个环节，同时包括建立市场化新股发行承销机制、设立多元包容的发行上市条件以及构建公开透明可预期的审核注册制机制三项安排。2022年，中国证监会对全年的立法工作做了总体部署，其中包括落实中央经济工作会议关于全面实行股票发行注册制的决策部署，这意味着主板全面注册制也提上了日程。

2）股票的发行方式

（1）根据股票发行对象的不同，可以分为公开发行与非公开发行。公开发行是指公开向社会所有投资者发售股票的方式，没有特定的发行对象。这种方式发行对象较广，可以筹集到较多资金。此外，大量投资者的存在还可以降低股票被少数投资者大量持有并加以操纵的风险。公开发行的股票可以申请在股票市场上流通，提高股票的流动性，提高发行者的声誉。公开发行也有一些缺点，由于发行量较大，工作繁重，难度增大，需要承销商协助，从而增加了发行成本。同时，股票从发行到上市流通的整个过程都要接受监管部门的监督，要公开财务报表等重要信息，不利于公司管理及公司的信息保密。

非公开发行是指公司只针对少数特定投资者进行股票发售的形式。这种方式一般在两种情况下使用：一是股东配股，即上市公司向原股东发行新股筹集资金；二是私人配股，一般是针对机构投资者（如金融机构或者与公司有密切往来的企业）进行配售。非公开发行可以降低发行成本，但针对有限的对象发售股票只能筹集到有限的资金，而且不利于提高公司在社会上的声誉。

（2）根据有无发行中介，可以分为直接发行与间接发行。直接发行是指不通过中介机构，发行人自己向投资者进行股票发售，又称为自销式发行。直接发行成本较低，要求发行人有较高信誉，能够完全凭借自己的市场地位将股票发售出去。只有具备很强实力的公司才会选择这种发行方式。在发行量较大时，因为没有中介机构的专业化服务及大量的销售网点，发行公司直接发行股票会面临很高的风险。直接发行可以采取按权售股、以股代息、股债转换及股票分割等多种方式进行。

间接发行是指发行人委托中介机构，如投资银行、证券公司等，代为向广大社会投资者发售股票的发行方式，又称为代销式发行。这种方式通常用于新公司发行股票。根据委托人与承销商之间权利与义务的不同，间接发行又可分为不同的承销方式：代销方式，指承销商代发行人发行股票，在承销期结束后，承销商将未完全售出的股票全额退还给发行人的发行方式。发行人与承销商之间是委托代理关系，承销商不承担任何销售风险，因此代销费用较低，适用于信用度好、知名度高的大型企业。包销方式，指发行人与承销商签订合约，承销商首先以双方商定的价格将要发行的股票全部买下，将款项在规定的时间内全额付给发行公司，然后承销商再以略高的价格向社会投资者进行销售，将赚取的价差作为承销商收入。此时，发行人与承销商之间是一种买卖关系，发行人可以将发行的股票全部销售出去，将风险转移给承销商，承销商也可以通过销售股票赚取差价。包销的手续费较高，适用于资信还未被公众认可、知名度不高但又急需资金的公司。包销是最常见的股票发行方式。

> 小资料 5-3
>
> **证券的代销、包销**
>
> 《中华人民共和国证券法》规定，证券的代销、包销期限最长不得超过90日。股票发行采用代销方式，代销期限届满，向投资者出售的股票数量未达到拟公开发行股票数量70%的，为发行失败，发行人应当按照发行价并加算银行同期存款利息返还股票认购人。公开发行股票，代销、包销期限届满，发行人应当在规定的期限内将股票发行情况报国务院证券监督管理机构备案。

5.2.2 股票公开发行的程序

每个国家和地区都对股票发行制定了严格的法律程序，由于发行的目的、方式不同，发行程序也会不同。一般而言，股票公开发行包括两种：一是首次公开发行；二是股票增发。

1）首次公开发行的基本程序

公司首次公开发行（IPO）股票要遵循如下程序：

第一，发起人在被批准注册登记取得独立的法人资格后，订立招股章程，主要包括企业名称、负责人、经营范围及可行性预测分析、募集股票总额及各发起人认领的股份数额、股票种类、每股面值、发行价格、发行期限及逾期的处理等，主要是供投资者参考，以选取认购股票。

第二，发起人向主管部门提交招股说明书，其中要写明上述招股章程的内容，还要明确股票销售机构的名称及地点、开户银行的名称及地点、注册会计师证明等。

第三，经主管部门同意后，发行公司应与中介机构签订委托募集合同，合同内容包括募集方法、推销股数、发行价格、手续费等。

第四，发行公司或者中介机构通过广告及书面通知的方式招股，投资者开始认购。投资者在认购书上需填写认购股数、金额等，然后签名盖章，有时还需交纳一定的保证金以保证认购者按时交纳股金。

第五，投资者认购股票以后，需在规定的日期交纳股金，才能领取股票，这被称为股票交割。同样，发行者必须在认购后的规定日期交付所卖出的股票，才能收受股金款，股票从交割日后的第二天生效。

第六，股票交割后的一定时期内，公司董事会要向证券监督管理部门登记，包括发行总额和每股价格、股东名单、公司董事名单和监事名单、募集期和股金收足日期等，为日后增发新股和上市审查做准备。

小资料5-4

创业板上市首次公开发行股票的条件

《首次公开发行股票并在创业板上市管理办法》规定：

（1）最近一期末净资产不少于2 000万元，且不存在未弥补亏损。

（2）发行后股本总额不少于3 000万元。发行人的注册资本已足额缴纳，发起人或者股东用作出资的资产的财产权转移手续已办理完毕。发行人的主要资产不存在重大权属纠纷。

（3）发行人是依法设立且持续经营3年以上的股份有限公司。有限责任公司按原账面净资产值折股整体变更为股份有限公司的，持续经营时间可以从有限责任公司成立之日起计算。

（4）最近两年连续盈利，最近两年净利润累计不少于1 000万元；或者最近一年盈利，最近一年营业收入不少于5 000万元。净利润以扣除非经常性损益前后孰低者为计算依据。

2）增发股票的基本程序

增发股票是指现有的股份公司增加发行股票，一般遵循以下程序：

第一，制订新股发行计划，说明发行新股的目的及就发行目的对经济环境和市场进行预测，对可能遇到的困难及人、财、物等条件的限制作出估计。在充分考虑投资者的需求偏好、股市行情及股东权益等因素后，拟定所发行股票的种类、发行方式和价格。

第二，要经过董事会决议。如果增发股票的数额是在股东大会授予董事会的权限之内，仅需要召开董事会讨论发行计划，对新股发行的有关事项作出决议。如果股票的发行数量超过股东大会授予的权限范围，必须召开股东大会，变更原有章程，规定新的增股数量界限，授予董事会增发股票的权限，再由董事会具体执行。

第三，向证券主管部门提交发行申请书，并编制增股说明书。

第四，如果在现有股东之间分摊股份，需要冻结股东名簿，停止股票转让过户的办理。

第五，签订委托销售合同。

第六，向现有股东发出通知或公告。

第七，股东认购或公开发行。

第八，股票交割。

第九，处理零股或失权股。零股是指按现有股东的持股比例分摊不足一股的份额，发行者可将所有零股集中起来出售，将所得款项按股东拥有的份额再加以分配。失权股是指有新股认购权的股东自动放弃认购权的那部分股票，对此种失权股票，发行者多采用公开发行的方式处理。

第十，向证券监督管理部门报告发行情况和结果。

5.3 股票流通市场

股票流通市场又称二级市场，是对流通中的股票进行买卖的场所，其存在保证了股票的流动性。相比较而言，股票流通市场的结构和交易活动比发行市场更复杂，其作用和影响也更大。股票的流通既可以在交易所进行，也可以在柜台市场（OTC）进行。本节主要介绍交易所交易。

5.3.1 股票交易所概述

1）股票交易所的定义与特征

股票交易所是股票买卖双方公开交易的场所，是一个高度组织化、集中交易的市场，是整个股票市场的核心。股票交易所本身并不买卖股票，也不决定股票价格，而是为股票交易提供一定的场所和设施，配备必要的管理和服务人员，并对股票交易进行周密的组织和监督，以便股票交易顺利进行。

股票交易所是股票流通市场的核心，它有以下七个特点：一是股票交易所是有组织的市场，是具有严格管理、组织健全、设备完善独立的组织机构。二是股票交易所并不持有和买卖股票，也不参与制定价格。三是股票交易所是集中的有形市场，股票交易一般在交易大厅或者交易室完成。四是股票交易所里进行的是上市股票的交易。上市股票是发行市场所发行股票中的一部分，一般由规模大、影响大的机构或公司发行，非上市股票在场外交易或暂不交易。五是股票交易所有严格的规章制度和确定的运作规程。六是股票交易所的交易是间接交易，投资者必须委托股票经纪人进行交易，不能自行和其他投资者直接进行交易。股票交易所内的大部分交易是在买方经纪人和卖方经纪人之间达成的（股票自营商的交易除外）。七是股票交易所的成交速度比较快，成交率比较高，交易费用也较高。

2）股票交易所的职能和作用

股票交易所的基本职能包括：提供股票交易场所和设施；制定交易规则，如上市、清算、交割、过户等各项规则；接受上市申请，审查、筛选并安排股票上市；组织、监督股票交易，并对会员和上市公司进行监管；搜集、编制和公布市场信息。

通过执行上述基本职能，股票交易所发挥如下重要作用：

（1）创造具有连续性和集中性的股票交易市场。连续性的股票交易是指在现有价格变动不大的情况下，股票可以迅速及时成交。股票交易所营业时间固定，有大量交易者参与，这使股票买卖随时可以成交，从而保证股票交易持续不断地进行。此外，股票交易所具有统一的交易规则，使其可以有效地对供求机制、竞争机制和价格机制进行自动调节，使价格充分反映供求关系。连续的股票交易市场具有交易频繁、成交量大、买卖报价差距小、价格波动小、买卖可以立即实现等优势。

（2）有利于形成公平合理的股票交易价格。股票交易价格并非由股票交易所及其成员决定，而是在充分竞争的条件下，由买卖双方集中公开竞价形成的。交易价格不仅是交易大厅内交易双方公开竞价的结果，也是通过网络连接的各委托交易网点综合市场行情的反映。由此形成的价格既反映了供求关系又体现了真实的投资价值，是在市场机制调节下的均衡价格。

（3）保证充分的信息披露，便利了投资与筹资。股票交易所作为公开的市场，不断提供各种信息资料，为投资者提供了公开透明的投资环境。同时，股票的高流动性也增强了其对投资者的吸引力，为筹资者提供了更多的机会。

（4）优化资源配置，引导资金合理流动。股票交易所公布的股票交易价格和成交量体现了市场对某一股票或行业的评价，投资者可以据此选择和调整投资方向。

（5）反映和预测经济动态。股票价格的变动受到多种因素的影响，如企业的利润、发展前景等，股票价格的变动又会反作用于经济的发展。在市场经济条件下，一般商业循环滞后于股价变动，因此股票价格波动往往成为经济周期循环的风向标，是整个社会经济的晴雨表。通过股票交易价格的变动，可以预测企业及生产部门的经济动态和整个社会经济的发展状况。

股票交易所在发挥积极作用的同时，也存在一些缺陷，主要是容易形成脱离股票实际价值和真实供求关系的泡沫价格。股票是一种虚拟资产，其交易并非代表真实的实物资产的买卖，很大一部分交易是为了追逐价格波动的差价以获利。股票交易所集中交易的特性又为大宗投机交易提供了可能，而当股票价格脱离其实际资本增值和盈利能力太远时，泡沫经济也就随之产生了。

3）股票交易所的组织形式

股票交易所依据其组织形式，可以分为会员制股票交易所和公司制股票交易所。会员制股票交易所是以会员协会形式组建的，不以营利为目的，主要由证券商组成，只有享有会员资格或特许经纪权的经纪人才有资格在股票交易所中进行交易。会员制股票交易所属社团法人，其最高权力机构是会员大会，由会员大会选举产生理事会，理事会是交易所的决策管理机构。股票交易所由会员共同经营，共同分担费用。

会员制股票交易所因法律地位的不同又可以分为法人型和非法人型。法人型会员制股票交易所是不以营利为目的的法人社团，其会员以股票经纪人和证券商为限。非法人型会员制股票交易所为自愿结合的非法人团体，公司章程对会员的入会、惩戒、开除等条款都有详细规定，并被视为会员间的契约而必须遵守，会员的权利与义务一般也由组织赋予。美国、欧洲大多数国家以及巴西、印度尼西亚、泰国等国的股票交易所均实行会员制，由于会员制股票交易所不存在破产风险，以会员自律管理为主，不以营利为目的，因此容易维护其公正角色。但由于会员本身就是市场的买卖者、管理者与参加者，难免有过分突出会员利益的现象。

公司制股票交易所以营利为目的，主要由银行、证券公司、信托投资公司及其他各类公司共同投资入股建立，其对本所内的股票交易负有限责任。这种股票交易所的股东不参与股票交易，只是出资建立，为证券商和证券经纪人提供交易的场地、设施及服务，以保障股票交易的公开性。在公司制股票交易所注册的证券商与股票交易所签订合同，交纳保证金。公司制股票交易所必须遵守公司法的各项规定，在政府主管机构的管理和监督下运行。其最高权力机构是股东大会，执行机构是董事会，由董事会选聘与任命经理对各职能部门进行日常管理。公司制股票交易所本身也要通过发行股票来筹集资金，其股票也可在除自身以外的其他股票交易所上市交易。目前世界上实行公司制股票交易所的国家或地区有加拿大、日本、澳大利亚、新加坡、中国香港、中国台湾等。公司制股票交易所的经营者和管理者分开，并对交易提供担保，有利于形成合理的管理体制及降低风险；同时，公司制股票交易所具有营利性质，收费较高，有不断扩大市场规模的动机。

目前两类股票交易所的界限已经不十分明显，会员制股票交易所在自律管理的基础上受到国家法律和管理制度的约束；公司制股票交易所逐步淡化了其营利色彩，健全了内部管理体制。

小思考5-3

我国有几个证券交易所?

我国有北京证券交易所、上海证券交易所和深圳证券交易所，连同香港证券交易所和台湾证券交易所，中国一共有五家证券交易所。

同步案例5-2

恒瑞1.5折“发股票”

2022年9月8日，恒瑞发布了一则股权激励公告，员工持股计划拟受让公司回购股份的数量不超过1 200万股，受让价格为公司回购股票均价的15%，本次回购均价为29.37元/股。据测算，受让价格约为4.41元。

自2021年第三季度以来，由于国内产品降价、疫情等因素的影响，许多制药企业的业绩受到影响，许多领先制药企业的市值发生了重大调整。总体来看，医药企业估值逻辑体系的变化也导致新上市医药股持续破发，股价下跌。这次恒瑞1.5折“发股票”也是为了应对日益复杂的内部和外部环境影响。有投资人认为，恒瑞此举是在变相向股东输出利润，留住公司的核心人才。

在投资创新研发的同时，如何提升资本市场对创新药物的热情，成为我国生物医药行业关注的焦点。特别是2021年中期以来，流通市场泡沫破裂，价值体系重建，投资者变得越来越理性。在新股数量减少的同时，由于政策和市场态度的变化，二级市场对创新药物的热情也有所下降。

任何时代都有挑战和机遇。随着我国对生命科学的重视和中国创新能力的提高，所有具有核心竞争力的公司都有良好的发展机会。企业要取得长期成功，就必须找到正确的研发方向，还要有强大的资金、人才以及同行合作能力。其中立项很重要。制药企业要综合考虑公司的实际情况和发展战略，选择自己的道路。另外，人才也是决定企业成败的核心因素。在竞争中吸引越来越多专业人才的方法成为朝阳产业的企业必修课。

资料来源　季媛媛. 恒瑞“1.5折发股票”背后：国内药企如何突破业绩支撑的创新困局?［EB/OL］.［2022-09-13］. https://www.360kuai.com/pc/976ce614c31ac1f84?cota=3&kuai_so=1&refer_scene=so_3&sign=360_da20e874.

5.3.2　股票交易机制与程序

现代股票交易实现了高度的无形化和电子化，建立了高效的网络运行架构，并跨越了场所、区域的限制。

1）股票交易电子系统

股票交易电子系统由交易系统、结算系统、信息系统和监察系统构成。其中，交易系统通常由撮合主机、通信网络和柜台终端三部分组成。撮合主机是整个交易系统的核心，它将通信网络传来的买卖委托读入计算机内存进行撮合配对，并将成交结果和行情通过通信网络传回证券商柜台；通信网络是连接证券商柜台终端、交易席位和撮合主机的通信线路及设备，如单向卫星、双向卫星和地面数据专线等，用于传递委托、成交及行情等信息。不同的交易席位需要不同的通信方式。证券商申请会员资格后，通过在股票交易所购买交易席位进行交易。席位原指股票交易所交易大厅中的座位，座位上有电话、传真等通信设备，可以和证券商柜台传递委托与成交信息。随着交易过程的电子化和通信技术的现代化，交易方式由手工竞价模式发展为电脑自动撮合；交易席位的形式也发生了很大变化，演变为与撮合主机联网的报盘终端和参与交易的权利。证券商柜台电脑终端系统用于证券商管理客户股票账户和资金账户、传送委托、接收成交、显示行情等。

结算系统是对股票交易进行清算、交收和过户，使买入者得到股票、卖出者得到资金的系统。各国的股票市场都有专门机构进行股票的存管与结算。股票结算与交收过程通常在交易结束后的3~5天完成。

信息系统负责对每日股票交易的行情信息和市场信息进行实时发布。信息系统发布网络主要由交易通信网、信息服务网、股票报刊和互联网四个渠道组成。其中，交易通信网是通过交易系统的通信网络发布股票交易实时行情、股价指数和重大信息公告等，最为迅速、快捷。

监察系统负责对市场进行实时监控，主要包括行情监控、交易监控、股票监控、资金监控等。

小资料5-5

股票委托交易时间

盘前集合竞价：指股票在每个交易日上午9：15—9：25，由投资者按照自己所能接受的心理价格自由地进行买卖申请，9：25以成交量最大的价格为开盘价。其中9：15—9：20可以撤单，9：20—9：25不能撤单。

尾盘集合竞价：深市的尾盘集合竞价时间为14：57—15：00，撮合交易最大成交量的价格就是收盘价，这3分钟是不能撤单的。沪市没有尾盘集合竞价，其收盘价是最后一笔交易的前一分钟所有交易的成交量加权平均价。

连续竞价：沪市每周一到周五9：30—11：30，13：00—15：00；深市每周一到周五9：30—11：30，13：00—14：57。

资料来源　中国证券业协会．证券市场基础知识［M］．北京：中国财政经济出版社，2010.

2）股票交易指令

股票交易指令对交易双方都很重要，简单、准确的股票交易指令可以避免投资失误，保证交易的顺利进行。股票交易指令由买卖股票的数量、买卖股票所属的公司、指令期限和价格限制等因素构成。股票交易指令主要分为以下几种：

（1）限价指令，是指投资者明确规定买入股票的最高限价或卖出股票的最低限价，经纪人只能在股票价格达到或低于最高限价时买入，在股票价格达到或高于最低限价时卖出。买入指令的成交价格必须等于或低于指定价格，卖出指令的成交价格则必须等于或高于指定价格，实行的是优价成交原则。限价指令可以把交易价格限定在一个明确的区间内，使投资者有一个较清晰的预期收益。

（2）市价指令，是指客户只要求经纪人按交易市场当时的价格买进或卖出股票的委托方式。采用市价委托策略买卖证券有两个好处：一是成交迅速，因为这种委托没有规定买卖的具体价格；二是成交的把握大，只要没有意外情况发生，该种委托一般都能得到执行。市价委托策略一般在客户急于买进或卖出股票时采用，它更受那些急于在跌势中出售股票的客户欢迎。市价委托策略也有缺点，当市场价格波动较大时，容易出现高价买进或低价卖出的情况。

（3）停损市价指令，又叫止损指令或STOP指令，是指由投资者向经纪人规定一个特定的买入价或卖出价，在市场价格没有达到这个特定的买入价或者卖出价时不进行交易，达到这个价格时即变为市价指令予以执行。客户利用止损指令，可以有效地锁定利润、减少损失。

（4）停损限价指令，是指投资者同时给出停损价格和限制价格两种指令，一旦市场价格达到或超过停损价格，停损限价指令自动形成一个限价指令。其目的在于使既得利益得到保证或使可能的损失得到限定，同时，交易在限定价格或其上水平进行。

（5）触价指令，是指当市场价格触及设定价格时，触价指令会自动变成市价指令，这时经纪人就可以争取以最佳价格为客户达成交易。如果市场价格没有到达设定的价格水平，这份指令就无法生效。

触价指令与停损指令有相似之处，其区别在于：触价买入指令要求成交买价比当时的市场价格低，止损买入指令可能的结果是所买入的价位比当时市场价格要高。触价卖出指令要求卖价比当时的市场价格高，止损卖出指令可能的结果是卖出的价位比当时的市场价格低。

3）股票交易机制

（1）指令驱动，又称委托驱动或竞价驱动，有集合竞价和连续竞价两种形式。集合竞价先形成开盘价格，然后对进入交易系统的投资者交易指令进行连续竞价处理，以双方的报价为基准进行撮合，形成最后的交易价格。这种交易制度的优点是：信息传递速度快，透明度高，运行费用低；缺点是：处理大额买卖的能力较差，一些不活跃的股票可能持续萎缩，股票价格容易波动。目前我国主板市场采取这种机制。

（2）报价驱动，又称做市商制度，是由做市商对其做市股票的买卖价格进行报价，随时准备按此价格向要求买入的投资者卖出，从要求卖出的投资者买入，通过获取买卖差价获得利润。在这种机制下，最终交易价格是由做市商提供的，证券投资各方看到报价之后再下订单，从做市商手中买卖证券。这种交易制度的优点是：成交迅速，交易价格相对稳定，可以抑制股价操纵；缺点是：透明度低，可能增加投资者的成本，监管成本较高，有可能出现串谋行为。

做市商制度又可分为垄断性做市商制度和竞争性做市商制度。每种证券只有一个做市商进行报价的制度称为垄断性做市商制度，这种做市商又称为专营商；每种证券有多个做市商进行报价的制度是竞争性做市商制度。

4）股票交易程序

（1）开户。投资者需在其所选择的证券商处开设股票账户和资金账户。股票账户用于记录投资者所持有的股票种类、名称、数量等情况，同时还可以委托证券机构办理登记、结算和交割业务。资金账户是在投资者开设股票账户后，在证券营业部开设的用于股票买卖而进行现金收付的账户。

（2）委托买卖。投资者填写股票买卖委托书，提交交易密码或股票账户许可的证件，委托证券商买卖股票。

（3）竞价成交。竞价成交主要由证券商在股票交易所派驻的经纪人完成。股票成交的数量和价格均由拍卖竞价决定。竞价遵循价格优先、时间优先原则，主要有口头竞价、板牌竞价、计算机终端申报竞价三种方式。其中，英美交易所常采用口头竞价，交易价格和数量通过经纪人唱报。板牌竞价主要用于澳大利亚、中国香港等国家和地区的交易所，主要信息写在板牌上来传达。我国交易所主要使用计算机终端申报竞价方式来集中买卖双方的出价、要价等。

（4）清算交割。清算是指以差额交收的方式，以股票交易所为中介人进行的交收，具体来讲，是指证券商分别抵消自己买进和卖出的股票的金额和数量，在交易所价格清算时，向买方收款，向卖方付款。在交易所股票清算时，证券商向卖方收进股票，向买方付出股票。交割是指在股票成交后，投资者在证券商规定的交割日办理交割手续，买主支付现金收取股票，卖主付出股票收取现金的交易行为。

（5）过户。过户是指记名股票的交割手续办理完毕后，股票的卖方将股票的权利转移给买方的手续。

5.4 二板市场

二板市场又称创业板市场，是为具有高成长性的中小企业和高科技企业融资服务的资本市场。二板市场是社会经济发展到一定阶段后出现的创新事物，它主要面向中小型企业，特别是成长性强的新兴高科技公司，上市条件通常比主板市场低。

国际上成熟的股票市场都设有二板市场。美国的纳斯达克原来是独立于纽约股票交易所和美国股票交易所的二板市场，在和美国股票交易所合并后已经成为第一大股票交易市场，是二板市场的开山鼻祖。其他国家和地区大都是借鉴纳斯达克的运作模式和经验建立起来的。

小资料 5-6

中国创业板市场的最新发展

截至2022年7月31日，我国创业板受理的再融资申请共525家次，此外，共369

家次再融资已经注册生效，融资规模将近3 400亿元。

"注册制改革是以信息披露、质量提升为核心的系统工程，带来了发行、上市、交易、退市、再融资等全流程、全方位的改善和优化。"南开大学金融发展研究院院长田利辉说。由于创业板具有更多元、更包容的优势而吸引了越来越多的企业，为越来越多的企业打开了资本市场的大门。

资料来源 佚名. 创业板注册制满两年，355家公司上市，总市值超2.6万亿元［N］. 沈阳晚报，2022-08-26.

5.4.1 二板市场的特点与功能

1）二板市场的特点

与主板市场相比，二板市场具有以下几个特点：

（1）二板市场满足了不同层次的投融资需求。二板市场的设立是为了完善股票市场结构，满足不同层次、不同目的的投融资需求。主板市场是针对具有一定业绩基础的大中型企业而设的，二板市场则为中小企业提供了一个社会评价和选择机制，通过市场竞争实现优胜劣汰，同时也为风险投资提供了一个退出通道。

（2）二板市场更注重企业的成长性。与主板市场注重公司的资本规模与既定业绩水平不同，二板市场更注重公司的未来发展空间，强调企业有明确的发展主题和经营业绩、有可观的发展前景和成长空间、有周密的发展计划和实施步骤。

（3）二板市场股票的风险较大，收益较高。二板市场所容纳的上市公司大多处于初创时期，规模小，面临较高的技术风险、市场风险、经营风险，未来营利的不确定因素较多，抗风险能力较差。但创业企业的成长性较好，可能在短期内迅速壮大，投资回报率也更高。

（4）对二板市场的监管更严。二板市场上市公司的规模较小，股票价格涨跌幅度较大，使得创业板市场投机性较强，股票价格更容易被人为操纵。各个国家和地区的证券监管部门对二板市场的监管都比较严格，尤其是在信息披露方面的要求很高。

（5）二板市场交易更具灵活性。交易价格按净价基础确定，没有交易佣金。股票交易额没有数量起点和单位限制，价格涨跌幅限制更为宽松。

2）二板市场的功能

（1）作为资本市场所固有的功能。与主板市场一样，二板市场具有筹集与利用社会闲置资金、优化资源配置、反映社会经济动向的基本功能。

（2）促进中小企业和高科技企业发展的功能。二板市场为中小企业提供了门槛较低的直接融资渠道，促进了中小企业的发展。

（3）促进风险投资业发展的功能。二板市场发挥了风险资本退出窗口的作用。风险资本家以在二板市场出售企业股票的形式退出风险资本。

小资料5-7

中国创业板市场的历程

2019年10月18日，中国证监会上市公司监管部主任蔡建春在证监会新闻发布会上表示，《关于修改上市公司重大资产重组管理办法的决定》（以下简称《重组办法》）于10月18日正式发布，自发布之日起施行。主要内容包括五大方面：

一是简化重组上市认定标准，取消“净利润”指标。取消净利润指标，资产体量较大但盈利能力较差的公司进行较大体量的并购重组将不再构成重组上市（借壳），有利于公司通过并购重组转型升级做大、做强。

二是将“累计首次原则”计算期间进一步缩短至36个月。本次修订将计算期间缩短至36个月，意味着在控制权变更的3年之后再注入新实控人资产不再构成重组上市，近5年内发生过控制权转让的壳公司将受益。这相当于从时间维度对重大资产重组认定触发的难度增大，从而在一定程度上鼓励企业并购重组。

三是允许符合国家战略的高新技术产业和战略性新兴产业相关资产在创业板重组上市，其他资产不得在创业板实施重组上市交易。部分放开创业板并购重组限制有利于提升创业板公司的质量，允许符合国家战略的高新技术产业和战略性新兴产业相关资产重组上市，可与科创板形成良好的竞合关系，助力新兴产业的发展壮大。

四是恢复重组上市配套融资。此次修订恢复重组上市配套融资，一定程度上将提升资产方通过重组上市的积极性。恢复重组上市配套融资亦是再融资政策优化的一部分，整体再融资市场也有望回暖。不允许配套融资在一定程度上抑制了企业重组的积极性。恢复重组上市配套融资在为上市公司换血的同时改善了企业现金流，可以为企业正常经营活动融资，特别对于引导社会资金支持具有自主创新能力的高科技企业有重要意义。

五是丰富重大资产重组业绩补偿协议和承诺监管措施，加大问责力度。针对重组承诺履行中出现的各种问题，为加强监管，《重组办法》第五十九条增加一款，明确规定：重大资产重组的交易对方作出业绩补偿承诺的，应当严格履行补偿义务。超期未履行或违反业绩补偿承诺的，可以对其采取相应监管措施，从监管谈话直至认定为不适当人选。

资料来源　佚名. 重磅！证监会发布重组新规：允许创业板借壳上市［EB/OL］.［2019-10-18］. https: //baijiahao.baidu.com/s?id=1647727281804617448&wfr=spider&for=pc.

5.4.2　世界主要的二板市场

从全球范围看，美国是二板市场发展较为成熟的国家，纳斯达克为世界所关注。欧洲和亚洲虽然都开设了二板市场，但从规模、成功度等方面看，与美国相去甚远。

1）美国的纳斯达克（NASDAQ）

NASDAQ是美国高科技企业的摇篮，隶属于美国全国证券交易商协会（NASD），是全球第一个电子股票市场。它起步虽晚，但发展速度很快，已从一个初级市场转变为一个高级市场，上市标准也有所提高。NASDAQ由两个板块组成并有两套上市标准：一个面向全国资本市场，服务大一点的公司；另一个面向小额资本市场。在纽约股票交易所上市的股票可以在NASDAQ同时挂牌交易。1997年以前，NASDAQ单纯采用做市商制度，随着1997年电子交易网以及限价指令的引入，它逐步形成了“以做市商制度为主，指令驱动相结合”的交易制度。

2）欧洲的易斯达克（EASDAQ）

1996年，EASDAQ（欧洲证券交易商协会自动报价系统）开始交易，这是一个设立在布鲁塞尔的独立小盘股市场。EASDAQ是地域性的欧洲市场，可以说是美国NASDAQ的欧洲版本，许多方面都参照美国的规则。EASDAQ是覆盖欧洲大陆的第一个专门为高成长性小型企业设立的独立股票市场。

3）亚洲的二板市场

亚洲的二板市场与美国、欧洲有较大不同，它是主板市场的补充，多为非独立的附属市场，和主板市场拥有共同的组织管理系统和交易系统，甚至采用相同的监管标准；不同的只是上市标准比主板市场更低，因而能满足新生小公司的上市要求。

日本的二板市场称为佳斯达克（JASDAQ），创立于1998年，是日本模仿NASDAQ在店头市场的基础上建立的。2010年10月12日，大阪证交所合并创业板后全新创立的JASDAQ启动。JASDAQ分为两个板块，分别是以拥有一定资产及利润的企业为对象的Standard及具有成长潜力的Growth。当时，该市场包括上市企业1 005家，总市值为88 163亿日元，是亚洲最大的创业板市场。

韩国的高斯达克（KOSDAQ）创立于1996年7月，主要目的是扶植高新技术产业，特别是中小型风险企业，为这些企业开辟直接融资的渠道。

新加坡自动报价股市（SESDAQ）是新加坡证券交易所的一部分。新交所成立于1973年，其前身可追溯到1930年成立的证券经纪人协会。它有两个主要交易板，即第一级股市（主板市场）和自动报价股市（二板市场）。

马来西亚吉隆坡证券交易所在1988年11月11日建立了二板市场。这是一个主要为与科技有关的公司开设的市场，此后又建立了评判效益及自动报价场外评价市场（MESDAQ）。

中国香港联合交易所创业板市场（GEM）1999年年底开市，当时国内许多企业宣布争取创业板上市，将目标锁定为香港创业板。

与欧美二板市场的公司主要是高科技电子、互联网类企业不同，中国台湾店头市场（OTC）包括证券、机电、钢铁、保险、营建、运输、化学等多达16类行业的公司，但高科技类公司所占比重较大，在市场上仍起到重要作用。

同步案例5-3

中国科创板市场创建发展历程

科创板（Sci-Tech Innovation Board）是习近平总书记于2018年11月5日在首届中国国际进口博览会开幕式上宣布设立的，是上海证券交易所下的创业板，于2019年6月13日正式开板。设立科创板并试点注册制是提升服务科技创新企业能力、增强市场包容性、强化市场功能的一项重大改革举措，其特点是并不限制首次公开募股的定价，也允许企业采取双重股权结构。

2019年1月23日，习近平总书记主持召开中央全面深化改革委员会第六次会议并发表重要讲话，会议审议通过了《在上海证券交易所设立科创板并试点注册制总体实施方案》《关于在上海证券交易所设立科创板并试点注册制的实施意见》。

2019年1月30日，中国证监会就《科创板上市公司持续监管办法（试行）》和

《科创板首次公开发行股票注册管理办法（试行）》公开征求意见；同日，上海证券交易所就设立科创板并试点注册制相关配套业务规则公开征求意见。

2019年3月1日，中国证监会主席易会满签署第153号令和第154号令。第153号令显示：《科创板首次公开发行股票注册管理办法（试行）》已经2019年3月1日中国证券监督管理委员会第1次主席办公会议审议通过，现予公布，自公布之日起施行；第154号令显示：《科创板上市公司持续监管办法（试行）》已经2019年3月1日中国证券监督管理委员会2019年第1次主席办公会议审议通过，现予公布，自公布之日起施行。

2019年3月15日，上交所正式发布《保荐人通过上海证券交易所科创板股票发行上市审核系统办理业务指南》与《科创板创新试点红筹企业财务报告信息披露指引》。18日，科创板发审系统上线。

2019年4月，第一届科创板股票上市委员会成立大会举行。按照设立科创板并试点注册制总体工作部署以及《科创板首次公开发行股票注册管理办法（试行）》和《上海证券交易所科创板股票上市委员会管理办法》，上交所设立了科创板股票上市委员会。

2019年6月15日，券商完成科创板技术通关测试。

2019年6月21日，最高人民法院发布《最高人民法院关于为设立科创板并试点注册制改革提供司法保障的若干意见》，从依法保障以市场机制为主导的股票发行制度改革顺利推进、依法提高资本市场违法违规成本、建立健全与注册制改革相适应的证券民事诉讼制度等方面提出了17条举措。

2019年7月22日，科创板正式开市，中国资本市场迎来了一个全新板块。截至上午9时31分，科创板首批上市的25家公司股票全线上涨。

2019年8月8日，第二批科创板公司挂牌上市，包括晶晨股份、柏楚电子。

截至2019年10月28日，共有59家科创企业获得发行注册许可，其中36家公司实现了首次公开发行并上市交易。

2020年7月11日，“科创板AI产业工作站”正式成立，加快推动人工智能发展。

截至2021年10月31日，在宣布设立科创板的3年间，在科创板上市的公司共352家，总市值超5万亿元。科创板大刀阔斧地推动制度创新，大量的“硬科技”企业成功在科创板登陆，并且取得融资，推动了我国经济高质量发展。

2022年5月12日，中国证监会制定并发布了《证券公司科创板股票做市交易业务试点规定》，进一步完善了做市商准入条件与程序、风险监测监控、内部管控以及监管执法等方面的内容。

资料来源　根据中国证监会、最高人民法院、上海证券交易所网站资料编写。

本章小结

股票是有价证券的一种主要形式，是股份有限公司在筹集资本时向出资人公开或私下发行的、用以证明出资人的股东身份和权利，并根据持有人所持有的股份数量享有权益和承担义务的凭证。根据不同的标准，股票发行可以分为公开发行与非公开发行、直接发行与间接发行。股票公开发行程序分为两类；一类是首次公开发行；另一类是增发股票。股票的交易指令主要有限价指令、市价指令、停损市价指令、停损限价指令、触价指令。股票流通市场是对流通中的股票进行买卖的场所。股票交易所按照组织形式的不同，可以分为公司制股票交易所和会员制股票交易所两类。二板市场也称创业板市场，是为具有高成长性的中小企业和高科技企业融资服务的资本市场。

基本训练

一、主要概念

股票　普通股　优先股　股票交易所　限价指令　市价指令　停损市价指令　停损限价指令　触价指令　主板市场　指令驱动　报价驱动　二板市场

二、重点实务

股票的公开发行程序　股票的发行制度与方式　股票交易指令　股票交易机制　世界主要二板市场

三、案例分析

百威亚太首次公开发行股票并在香港联交所主板上市

2019年9月30日，全球最大的啤酒生产商百威英博（AB InBev）分拆其亚太区业务并以百威亚太控股有限公司（简称百威亚太）作为上市主体，于香港联交所主板首次公开发行股票并上市（股票代码：1876.HK）。百威亚太本次全球发售的股份总数为14.52亿股（超额配售行使前），发行价为每股27港元，募集资金总额约392亿港元，成为2019年以来香港最大的首次公开发行项目和2019年度全球第二大首次公开发行项目。

百威亚太的上市过程很艰难。2019年5月10日，百威亚太向香港联交所递交了招股书，计划将自己的亚太子公司拆分出来单独上市。百威亚太于7月5日开始正式招股，定价区间在40~47港元，募资额最高可达764.46亿港元，估值为4 239亿~4 981亿港元。

2019年7月13日，百威英博在官网发布声明称，已暂停旗下亚太子公司的上市进程，未再推进此项IPO的原因包含目前市场状况等多种因素。百威英博把暂停原因简单描述为“市场状况”，但有分析师指出，主要原因是百威亚太的定价过高，大部分机构不买账，导致机构认购数量不足。

两个月后，百威亚太宣布重启IPO进程。“卷土重来”的百威亚太跟两个月前有几个不同之处：募资额和股价几乎折半，拥有了基石投资人；出售了大洋洲业务，还债压力变小。在向市场妥协后，百威亚太最终的发行价为27港元，相比原定的40~47港元招股区间缩水了33%~43%；募资金额下降48.7%，近乎腰斩。但好消息是，其拥有了全球最大的基金管理公司之一的新加坡政府投资公司（GIC）作为基石投资者，终于“有人背书”。

在9月17日的发布会上，百威亚太方面表示，GIC的投资额在10亿美元左右，并强调“这次引入基石投资者是因为GIC主动来找我们”。此外，为了更“轻装上阵”，在这两个月内火速出售了大洋洲业务。

早在7月上市时，百威亚太就表示此次IPO募集的全部资金将用于偿还欠母公司百威英博的债务，帮助集团完成重组。这些债务来自百威英博近些年频繁的并购动作，其中最轰动的是在2016年收购全球第二大啤酒公司南非的SABMiller，行业第一与第二的整合堪称“世纪并购”，这进一步巩固了百威英博的霸主地位。2018年，百威英博旗下啤酒品牌超过500个，在超过150个国家和地区销售啤酒，销量占全球市场份额超过30%。

截止到2018年年底，百威英博的净债务达1 028.4亿美元，按照计划，应当在2020年年底前将债务与EBITDA（息税折旧摊销前利润）的比例从2018年的4.65倍降至4倍以下。

在宣布香港IPO暂停后，7月19日，百威英博宣布将澳大利亚业务以113亿美元的价格出售给日本朝日集团。由此，百威亚太不再拥有大洋洲市场，业务将完全专注于亚洲市场，包括中国内地、韩国、越南、印度等。

资料来源　佚名. 我百威亚太，今年全球第二大IPO，又回来了［EB/OL］.［2019-09-30］. https: //baijiahao.baidu.com/s?id=1646090279619190182&wfr=spider&for=pc.

请根据上述材料分析百威亚太在香港联交所首次公开发行成功的关键因素有哪些。

四、模拟操作

对我国主板市场、中小板市场及创业板市场的投资者结构进行调研分析。

五、即测即评

第5章单项选择题　　第5章多项选择题　　第5章判断题

第6章
私人权益市场

学习目标

通过本章学习，在知识方面，掌握私人权益市场的主要类别、私人权益投资、风险投资和非风险投资的概念与特点；在技能方面，掌握私人权益投资、风险投资和非风险投资的运作方式；在能力方面，能运用私人权益市场的基础知识对现实问题进行分析。

导读案例

私募股权投资发展史及我国私募股权投资现状

现代私募股权投资（Private Equity，PE）先后经历了四个重要发展时期：

（1）1946—1981年为PE初期，一些小型的私人资产投资以及小型企业接触私募从而使PE开始起步。

（2）1984—1993年，是PE发展的第二个时期。这一时期的特点是：出现了一股大量以垃圾债券为资金的杠杆收购浪潮，并在20世纪80年代末90年代初达到高潮，典型案例是美国最大的食品和烟草生产商雷诺兹-纳贝斯克公司被KKR以250亿美元收购。

（3）1994—2002年，是PE的快速成长时期。这一时期出现了更多制度化的私募股权投资企业，并在1999—2000年的互联网泡沫时期达到高峰。

（4）2003年至今是PE发展的第四个重要时期，全球经济从之前的互联网泡沫逐步走弱，杠杆收购达到了空前的规模，从而使私募企业的制度化得到了空前的发展。

据中国证券投资基金业协会发布的《中国私募股权投资基金行业发展报告（2021）》显示，2020年，我国新增投资数量创5年新高，投资金额创3年新高。2021年1月至11月，我国私募股权新成立基金数量为7 358只，同比增长（按年化加权）37%。同期我国私募股权认缴规模为6 458亿美元，同比增长（按年化加权）47%。在经济形势转好的背景下，私募股权募资全面提速。

国际私募股权投资基金经过几十年的发展，呈现出规模不断扩大、质量不断提升、监管与自律不断规范的发展态势。从发展方式来看，私募股权投资基金与我国经济创新驱动发展的内在要求高度一致，在当前我国新旧动能转换、迈向高质量发展的历史进程中，发挥着支持企业重建重组、促进科技创新和新兴产业发展、推动经济转型升级的重要作用。

资料来源　(1) 佚名. 中国私募股权投资发展史（1946—2018）[EB/OL].（2018-03-26）[2022-10-26]. https://www.sohu.com/a/226358500_730713.（2）佚名. 私募股权投资基金发展现状及趋势 [EB/OL]. [2022-06-29]. https://xueqiu.com/3876989212/224018956.

进入21世纪以后，在国际资本市场上，私人权益市场发展迅速，成为仅次于银行贷款和IPO的重要资本市场。相对于海外私人权益投资在国内攻城略地，中国本土私人权益市场的发展还有待深入。

6.1 私人权益市场概述

所谓私人权益市场，是指为高风险并有潜在高收益的项目提供资本的市场。私人权益投资起源于1945年美国研究发展公司，经过几十年的发展演进，私人权益市场已经成为现代金融体系不可或缺的、最为灵活高效的重要组成部分。本节首先介绍私人权益的概念及特点。

6.1.1 私人权益的概念与特点

1）私人权益的概念

私人权益也称私募股权、私人股权，既是一种金融工具，也是一种投融资后的权益表现形式。与其相关的常见概念有私人权益投资（PE Investment）、私人权益基金（PE Fund）等。

私人权益投资就是通过私募形式融资并对具有高风险和潜在高收益的非上市企业进行权益性投资的过程。投资方在交易实施过程中通常考虑了将来的退出机制，然后凭借其强大的产业、管理优势及在资本市场高效的运作实现被投资企业的大幅增值，再通过上市、并购或者管理层回购等方式出售持股实现获利退出。

2）私人权益的功能与特点

私人权益与公司债券、贷款、股票等具有相似的功能，其功能主要包括：

第一，私人权益不是一种负债式的金融工具，这与股票相似，但与公司债券、贷款等有本质区别，从法律角度讲，私人权益体现的不是债权债务关系。

第二，私人权益在融资模式方面属于私下募集，其销售和赎回都是基金管理人通过私下与投资者协商进行的，这与贷款相似，不同于公司债券、股票等以公开募集为主的方式。

第三，私人权益不能在交易所自由地交易，主要是柜台交易。

第四，从全球范围来看，私人权益机构多采取有限合伙制，有很高的投资管理效率，还避免了双重征税的弊端。

私人权益投资是一种创新的投资方式，适合风险大、不确定性高的投资环境，其主要特点包括：

第一，私人权益投资主要是投资于尚未IPO的企业，以私募形式进行，很少涉及公开市场操作，一般无须披露交易细节。

第二，私人权益投资是一种权益资本投资，而非借贷投资，它所关注的是投资对象的发展前景和资产增值，而非当前的盈亏情况。

第三，私人权益投资是一种主动参与管理型专业投资。作为普通合伙人的私人权益投资经理，或者具备企业管理的丰富经验，或者具备投资银行的从业背景，对所投资企业的经营管理、市场前景和行业情况都有比较深刻的理解。他们不仅投入企业股权，还利用长期积累的经验、知识和商业网络关系帮助筹资企业发展壮大、完成资产重组或走出财务困境。

第四，私人权益投资是一种管理高风险以获取高收益的投资方式。在私人权益市场筹资的企业，无论是处于初创阶段的新兴企业还是陷于财务困境的上市公司，都面临较高的投资风险。私人权益投资所要求的投资收益率也远高于一般的金融投资，早期风险投资所要求的投资收益率为35%~70%，后期风险投资所要求的投资收益率为25%~49%，对陷入财务困境的企业进行融资所要求的投资收益率为30%~35%，而其他非风险投资所要求的投资收益率也高达15%~25%。因此，私人权益投资常被戏称为“最昂贵的融资方式”。

小资料6-1

天使投资

天使投资（Angel Investment）是投资于早期项目的私募股权投资形式，是由自由投资者或非正式风险投资机构对原创项目构思或小型初创企业进行的一次性前期投资。天使投资是非组织化的，其资金来源大多是民间资本，门槛较低。有时即便是一个创业构思，只要有发展潜力，也能获得资金。

天使投资一般金额较小（30万~300万元人民币），且为一次性投入，它对风险企业的审查并不严格，更多的是基于投资人的主观判断或者由个人的好恶决定的。很多天使投资人本身是企业家，了解创业者的难处。天使投资是公司起步阶段的最佳融资对象。天使投资人不一定是百万富翁或高收入人士，可能是融资者的邻居、家庭成员、朋友、公司伙伴、供货商或任何愿意投资的人。天使投资人不但可以带来资金，也可以带来关系网络。如果他们是知名人士，还可提高公司的信誉。

6.1.2 私人权益市场的参与者

1）私人权益市场的筹资者

不同规模、不同发展阶段的企业，出于不同的融资原因，都可能成为私人权益市场的筹资者。处于初级阶段的高科技企业是该市场的主要筹资者之一。由于经营风险高，该类企业很难从传统的金融中介和金融市场获得融资，需要风险资本的支持，因而风险投资是私人权益投资的重要形式之一。20世纪80年代以来，私人权益投资的领域逐步拓宽，非风险投资所占份额逐步上升并最终超过了风险投资。在美国，一些需要扩张、财务重组或进行所有权转移的中型企业（年销售额2 500万~5亿美元）容易得到私人权益投资的青睐。此外，上市公司也可能成为私人权益投资的对象，它们往往利用私人权益市场进行管理收购或杠杆收购。一些处于财务困境的上市公司通过发行私人权益渡过危机，避免公开发行的注册成本和信息披露。通过私人权益融资的企业通常具有相似的特征，即风险高、不确定性大且信息披露少，无法从银行或证券市场等其他渠道获得融资。对这类企业进行投资，通常需要投资者在投资决策前进行严格筛选和审慎调查，而这又是商业银行等普通金融中介很难完成的。

2）私人权益市场的中介机构

20世纪70年代以前，美国等发达国家的私人权益投资主要以富裕家族、金融机构和企业集团对筹资企业的直接投资为主，一般不需要金融中介的参与。私人权益发展至今，美国绝大多数投资是通过专业的金融中介进行的，其中80%的金融中介是机构投资者和投资经理以有限合伙制形式建立的。在该组织结构下，机构投资者作为有限合伙人提供99%的资本，但不负责私人权益投资的具体运营，仅就其投资额负有限责任；私人权益投资经理作为普通合伙人往往要投入1%的资本，但可以分享20%左右的投资收益，以此激励投资经理努力工作。除了附加收益外，普通合伙人还可以每年按投资金额的一定比例提取管理费。普通合伙人对经营承担无限责任，并负责私人权益投资的具体运作。

3）私人权益市场的投资者

私人权益市场的投资者来源广泛，富有的个人、风险基金、杠杆收购基金、战略投资者、公司养老基金、公共养老基金、捐赠基金、保险公司和其他非金融企业都可能成为私人权益市场的投资者，其中以养老基金（特别是公共养老基金）的投资额最大、发展速度最快。

6.1.3 私人权益市场的运作

私人权益市场的运作过程包括发起、投资和退出。简单地讲，发起就是普通合伙人向养老基金、富裕家族或个人等投资者募集资金，发起成立某种形式的私人权益基金；投资相对复杂，依次要经历投资项目筛选、投资交易构造、投资管理监控等环节；退出主要通过协助筹资企业进行IPO、出售或公司回购等手段完成，私人权益收回投资、获得收益并回馈投资者，在完成运作全过程后开始新一轮投资。

1）私人权益基金的发起融资

私人权益基金的发起就是募集资金和组建机构的过程。通常来说，此类基金有如下几种组织形式：

（1）公司制，即法人制基金，有完整的公司架构，运作比较正式和规范。在这种模式下，股东是出资人，也是投资的最终决策人，各自根据出资比例来分配投票权。

（2）契约制。这种形式的组织结构比较简单，具体做法是：证券公司作为基金的管理人，选取一家银行作为其托管人；募到一定数额的金额开始运作，每个月开放一次，向基金持有人公布一次基金净值，办理一次基金赎回；为了吸引基金投资者，应尽量降低手续费，证券公司作为基金管理人，根据业绩表现收取一定数额的管理费。

（3）信托制，即信托公司将信托计划下取得的资金进行权益类投资。采取信托制的优点是可以借助信托平台，快速集中大量资金，起到资金放大的作用。

（4）有限合伙制，即基金由有限合伙人和普通合伙人组成。有限合伙人是提供资本的机构和个人投资者，“有限”指的是投资者的责任仅限于其出资额；而普通合伙人通常是管理基金的私人权益投资者，负有无限责任。

小思考6-1

采取有限合伙制的优缺点是什么？

采取有限合伙制的优点有：第一，财产独立于各合伙人的个人财产，各合伙人的权利、义务更加明确，激励效果较好；第二，仅对合伙人征税，避免了双重征税。

其缺点主要体现在两方面：一方面，出资人作为有限合伙人，经常参与普通合伙人的工作，参与合伙事务的执行，给专业管理人员进行投资决策带来困扰，不能将有限合伙制度的优越性充分体现出来；另一方面，在有限合伙制下，普通合伙人负有无限责任，这对于自然人的普通合伙人来说，风险很大。

（5）虚拟制。虚拟制基金表面看来像委托理财，实际上是按基金方式运作。基金在设立和扩募时，表面上是与每个客户签订委托理财协议，但这些委托理财账户是合在一起进行基金式运作的，在买入和赎回基金单元时，按基金净值进行结算。虚拟制的优点是可以规避证券管理部门对基金设立与运作方面的审批与监管，并避免了双重征税。

（6）组合制。为了发挥上述各种组织形式的优越性，可以设立一个基金组合，将几种组织形式结合起来，如公司制与虚拟制的组合、公司制与契约制的组合、契约制与虚拟制的组合等。

（7）母基金制。母基金是一种专门投资于其他基金的基金，也称为基金中的基金（Fund of Fund，FOF）。它通过设立私人权益投资基金，进而参与到其他股权投资基金中。母基金利用自身的资金及管理团队优势，选取合适的权益类基金进行投资，通过优选多只股权投资基金分散和降低投资风险。

小资料6-2

我国首支国家级母基金

2010年12月，首支国家级大型人民币母基金“国创母基金”成为焦点。该母基金由国开金融和苏州创投集团有限公司分别依托国开行和苏州工业园区发起设立，总规模达600亿元，首期规模为150亿元，分为PE母基金和VC母基金两个板块。PE板块名称为“国创开元股权投资基金”，首期规模100亿元，主要投资于专注产业整合、并购重组的股权投资基金；VC板块名称为“国创元禾创业投资基金”，首期规模50亿元，主要投资于专注早期和成长期投资的创投基金。

资料来源：佚名．中国私募股权投资母基金运作的六大模式［EB/OL］．［2022-01-18］．https://business.sohu.com/a/591247411_121123883.

2）私人权益基金的投资运作

私人权益基金的投资过程相对比较复杂。首先，普通合伙人通过信息搜集和信息分析，完成项目筛选；其次，普通合伙人与筹资企业就权益投资的证券类型、数量和定价，以及对投资协议的其他相关条款进行协商和谈判，完成交易构造；最后，普通合伙人积极参与筹资企业的经营和监控，部分筹资企业会在普通合伙人的积极参与和管理下成长为能够在其他资本市场上融资或出售的企业。

3）私人权益基金的退出运作

退出是指私人权益基金为实现某种目标（如高额回报或减少损失等）转让其所持有

的投资项目股权的行为。投资者对企业进行投资的最终目的不是对企业的占有和控制，而是获取高额收益，他们会在适当的时机变现退出。私人权益基金一般通过首次公开发行、股权出售、股票回购或清算等模式收回投资，获得收益。

（1）首次公开发行。私人权益基金在所投资的企业发展到一定阶段以后，通过将该企业股份上市，实现股权转让，这是最理想的退出方式。上市可以在主板市场，也可以在创业板市场。

小思考6-2

私人权益基金以IPO方式退出需要注意哪些问题?

首先，IPO门槛较高，不仅对公司的经营规模、盈利能力等有严格的要求，而且退出市场容量有限。其次，IPO所需时间较长，上市前期准备工作繁多，上市期间手续比较烦琐，上市之后对于原先公司的股权投资者有很长一段时间的“禁售期”，使私募股权基金的流动性变差。最后，以IPO的方式退出风险较高，外部宏观环境，尤其是上市前股市走势会影响IPO退出的成败。

（2）股权出售。由于IPO需要的时间比较长、难度比较大，加之创业资本在首次公开发行股票之后尚需一段时间才能完全退出，因此股权出售也是私人权益投资常用的一种方式。股权出售可分为两种：一般收购和第二期收购。一般收购主要指公司间的收购与兼并；第二期收购是指由另一家私人权益投资收购，接手第二期投资。

小思考6-3

以股权出售方式退出具有哪些优缺点?

以股权出售方式退出的优点：一方面，以股权出售方式退出更高效、更灵活。与IPO较长的周期、严格的财务审查、业绩的持续增长压力相比，股权出售退出程序更简单。股权出售在企业的任何发展阶段都能实现，对企业类型、市场规模、资产规模等都没有严格规定。另一方面，以股权出售方式退出，交易价格及退出回报较明确，可缓解私募股权基金的流动性压力。只要在并购交易完成后，即可一次性全部退出。

以股权出售方式退出的缺点：一方面，潜在购买方数量有限，购买资金量较大，企业不容易找到合适的购买者，可能导致价格被降低。另一方面，企业管理层可能无法达成一致意见。出售成功后，企业的产权或者控制权可能发生转移，原来的管理层需要让渡一部分权力与利益，他们从自身利益考虑，可能出现抵制出售的情况。

（3）股票回购。股票回购对于大多数投资者来说，是投资不太成功时采用的一个备用方法。股票回购有两种模式：一是给普通股的持股人股票卖出期权，并提前约定估价的方法；二是优先股的强制赎回。普通股的卖出期权是稳定投资收益的一项重要保证措施。

小思考6-4

以股票回购方式退出具有哪些优缺点?

以股票回购方式退出的优点：一方面，股票回购只涉及创业企业或创业企业家与PE机构两方面的当事人，产权关系明晰，操作简便易行；另一方面，股票回购可以把外部股权全部内部化，使创业企业保持充分的独立性，并拥有足够的资本进行保值增值，预留了巨大的升值空间。

以股票回购方式退出的缺点：公司回购自己的股票，可能导致股东出资的返还，使PE机构在实现资本退出的同时减少了公司股东权益，构成对资本维持原则的危害，进而可能侵害公司债权人的利益。

（4）清算。在实践中，约有70%的创业投资是不成功的，越是处于早期阶段的创业投资，失败的比例越高。对于私人权益基金来说，一旦确认创业企业失去了发展的可能性或者成长缓慢，不能给予预期的高回报，就要果断地退出，避免更大的损失。据研究，这种方法平均仅能收回原投资额的64%。

思政小课堂6-1

碳中和目标下私募股权投资基金发展的新机遇

2020年9月，中国提出“将力争于2030年前实现碳达峰，在2060年以前实现碳中和”。习近平总书记多次发表重要讲话，作出重要指示批示，为做好碳达峰、碳中和工作指明了方向。党的十九届五中全会、中央经济工作会议、全国“两会”、中央财经委员会第九次会议同样对碳达峰、碳中和工作作出明确部署。力争2030年前实现碳达峰、2060年前实现碳中和，是贯彻新发展理念、构建新发展格局、推动高质量发展的内在要求，是党中央统筹国内国际两个大局作出的重大战略决策，是解决资源环境约束突出问题、实现中华民族永续发展的必然选择，是构建人类命运共同体的庄严承诺。

站在2022年展望未来，2030年前实现碳达峰、2060年前实现碳中和的目标将给经济社会带来一系列深刻变革。实现此目标离不开金融行业的支持，在共同推动目标实现的征途中，碳中和将给私募股权投资机构带来怎样的机遇呢？

从资金端来看，国内绿色金融政策体系不断建立健全，绿色金融标准、绿色金融产品创新、绿色激励约束机制逐步完善，引导和激励大量资金以市场化方式进入绿色投融资活动，其中部分资金也会进入一级市场，为私募股权投资行业注入绿色活水。近期，以碳中和为主题的基金纷纷设立，可以预期，未来地方政府、国企央企、上市公司以及产业投资机构等均会考虑设立绿色、低碳等可持续发展主题基金，支持我国实体经济绿色发展。

从资产端来看，技术创新和产业升级催生大量投资机会。能源供给、交通运输、建筑、制造业、工业生产、农业等领域的自动化、智能化、信息化、数字化带来的技术变革、降本提质增效，将重塑产业链、供应链、消费链、创新链、价值链，私募股权投资机构可以充分发挥“资本+资源”优势，持续加速赋能碳中和技术研发、场景和应用，推动零碳转型。

在资金端和资产端提供的机会下，越来越多的私募股权投资机构将采纳ESG投资和绿色投资理念，进行自身的ESG体系构建和能力建设，加强ESG风险识别和管理，应对气候变化、产业转型升级带来的风险和机遇。

资料来源 （1）曹红艳，周雷，齐慧，等. 以新发展理念推进碳达峰碳中和［N］. 经济日报，2022-08-29.（2）解旖媛. 实现碳中和目标：私募股权投资大有可为——访盛世投资首席可持续发展官、合伙人姜燕［N］. 金融时报，2021-04-01. 有改动。

6.2 风险投资市场

“风险投资”一词通常被认为起源于美国，是20世纪六七十年代后，一些愿意以高风险换取高回报的投资人发明的。这种投资方式与传统抵押贷款方式有本质的不同，既不需要抵押，也不需要偿还。如果投资成功，投资人将获得几倍、几十倍甚至几百倍的回报；如果失败，则血本无归。对融资者来讲，使用风险投资融资的最大好处在于，即使生意失败也不会背上沉重的债务负担，这就使得创业更具动力。近几十年来，这种投资方式发展得非常迅速。

6.2.1 风险投资的概念与特点

1）风险投资的概念

风险投资（Venture Capital，VC），广义上泛指一切具有高风险、高潜在收益的投资；狭义是指对以高新技术为基础、生产技术密集型产品的企业的投资。根据全美风险投资协会的定义，风险投资是由职业金融家投入新兴的、迅速发展的、具有巨大竞争潜力的企业中的一种权益资本。从投资行为角度看，风险投资是把资本投向蕴藏着失败风险的高新技术及其产品的研究开发领域，旨在促使高新技术成果尽快商品化、产业化，以取得高资本收益的投资过程。从运作方式看，风险投资是指由专业化人才管理的投资中介向特别具有潜能的高新技术企业投入风险资本的过程，也是协调风险投资家、技术专家、投资者之间关系，利益共享、风险共担的一种投资方式。

同步案例6-1

京东风险投资案例

京东是中国最大的综合网络零售商，是中国电子商务领域最受消费者欢迎和最具影响力的电子商务网站之一，在线销售家电、数码通信、家居百货、母婴、图书、食品等12大类数万个品牌百万种优质商品。京东无论在访问量、点击率、销售量还是在行业影响力上，均在国内B2C网购平台中首屈一指。其飞速发展和广阔前景赢得了国际著名风险投资基金的青睐。

2006年，京东创始人刘强东寻求200万美元的资金支持。为此，他向中国私募资本公司Capital Today寻求帮助。结果，Capital Today决定投资1 000万美元。这笔投资最终被证明是一个明智的选择。

京东在2014年上市的时候，Capital Today的股权价值为24亿美元。在Capital Today投资京东之后的这些年里，中国电商行业迎来了发展高峰，许多公司都开始注意到京东。

2011年，沃尔玛参与了京东15亿美元的融资轮。之后，这家零售巨头将其在中国的整体电商运营业务都交给京东负责。2017年2月，沃尔玛在京东的股份达到12%。

Ontario Teacher’s Pension Plan Board也参与了2012年11月4亿美元的私募融资轮。在京东上市之后，其所持股份价值增至6.3亿美元。

资料来源　佚名．中国风投史上最成功的六起案例［EB/OL］．［2018-06-06］．https：//www.sohu.com/a/234235786_507882．有改动。

2）风险投资的特点

（1）风险投资是权益资本，而不是借贷资本。风险投资为风险企业投入的权益资本一般占该企业资本总额的30%以上。对于高科技创新企业来说，风险投资是一种宝贵的资金来源，也可能是唯一的资金来源。风险投资较多应用于企业初创阶段。

（2）风险投资机制与银行贷款完全不同，其差别在于：第一，银行贷款注重安全性，回避风险；而风险投资偏好高风险项目，追逐高风险后隐藏的高收益，意在管理风险、驾驭风险。第二，银行贷款以流动性为本；而风险投资以不流动性为特点，在相对不流动中寻求增长。第三，银行贷款关注企业的现状、企业目前的资金周转和偿还能力；而风险投资放眼企业未来的收益和高成长性。第四，银行贷款考核的是实物指标；而风险投资考核的是被投资企业的管理队伍是否具有较高的管理水平和创业精神，是高科技行业的未来市场。第五，银行贷款需要抵押、担保，它一般投向成长和成熟阶段的企业；而风险投资无须抵押，不要担保，它投资新兴的、有高速成长性的企业和项目。

（3）风险投资是长期的（平均投资期为5~7年）、流动性低的权益资本。一般情况下，风险投资家不会将风险资本一次性全部投入风险企业，而是随着企业的成长不断地分期分批注入资金。

（4）风险投资家既是投资者又是经营者。风险投资家与银行家不同，他们不仅是金融家，而且是企业家；他们既是投资者，又是经营者。风险投资家在向风险企业投资后，便参与企业的经营管理。也就是说，风险投资家为风险企业提供的不仅是资金，还有专业特长和管理经验。

（5）风险投资最终将退出风险企业。风险投资虽然投入的是权益资本，但其目的不是获得企业所有权，而是营利，是得到丰厚利润后从风险企业退出。

（6）风险投资从风险企业退出有4种方式：首次公开发行、被其他企业兼并收购、股权回购和破产清算。

小资料6-3

VC与PE的区别

VC与PE的区别见表6-1。

表6-1 VC与PE的区别

类型	投资行业	投资阶段	投资规模	投资期限	风险及收益
VC	多投资于新兴及高科技行业	初创期的企业	较小，几百万元到几千万元	4~8年	风险高，收益也高
PE	多投资于高成长性的传统行业	成长期和即将上市的企业	较大，几千万元到数十亿元	3~7年	风险相对低，收益也相应较低

VC与PE的本质区别在于，前者是投资于创新，后者是投资于经营。创新是对已有成熟行业（技术或经营模式）的挑战，因而VC常和高科技及新经济企业相伴，这些企业多处于初创期，所能容纳的资金量级较小，通常在百万级别。但创新不是大概率事件，这也是VC高风险的本质原因，这使得VC在逻辑上很难做大。行业所能容纳的资本规模和失败率的高低决定了这个行业中VC机构的事业成长空间和规

模。VC具有高风险、高收益、资金少的特点。

PE是通过促进成长型企业和成熟企业的效率提升来实现价值增长，通常活跃于传统行业。企业处于成长期甚至成熟期，所能容纳的资金量级从数千万元到数十亿元。PE投资回报更加稳健。相对于VC而言，PE低风险、低收益、资金多，所以投资者在操作思路上要精选行业和企业。

小资料6-4

私募股权投资赋能科创企业发展

2022年7月下旬，科创板开市将满3年。作为我国资本市场注册制改革“试验田”，科创板在承担注册制改革“破冰”任务的同时，还服务符合国家战略、突破关键核心技术、市场认可度高的科技创新企业融资。在这些企业登陆科创板前，私募股权投资与风险投资是其重要的融资方式。中国证券投资基金业协会党委委员、副秘书长黄丽萍在第十届中国创业投资高峰论坛上表示，截至2021年年底，85.9%的科创板上市企业和64.1%的创业板上市企业获得私募股权及创业投资的支持，累计投资本金达1 642亿元。

资料来源　杨毅. 私募股权投资赋能科创企业发展［N］. 金融时报，2022-07-07（6）.

6.2.2　风险投资的运作方式

风险投资是长期投资，其运作方式较复杂。勒纳（Lerner）和冈珀斯（Gomper）在他们提出的风险投资循环模型中，以美国的风险投资流程为依据，将风险投资运作过程分为筹资、投资和退出三个阶段。

1）风险投资的筹资阶段

从理论上讲，风险投资的来源呈现多渠道、多元化特征。在美国，风险投资机构的主要形式是有限合伙企业。在这种形式下，风险投资家凭借自己的声望和能力，争取各种潜在风险资本供给者的资金并组建风险投资公司。在有限合伙企业中，合伙人分为普通合伙人和有限合伙人两类。合伙人的出资也有两种形式：一种是基金制，即合伙人将资金集中到一起，形成一个有限合伙制基金；另一种是承诺制，即有限合伙人承诺将提供一定数量的资金，但起初并不注入全部资金，而只提供必要的机构运营经费，待有了合适的项目再按普通合伙人的要求提供其余承诺资金，而且这笔资金将被直接汇到指定银行，普通合伙人无须直接管理资金。在组建有限合伙企业的过程中，普通合伙人必须与出资者签订合伙契约，这是这一阶段的关键步骤之一。合伙契约规定所筹集资金的投资范围，并保证风险投资家按照投资者利益最大化原则行事。

2）风险投资的投资阶段

风险投资的资金通过一定的形式筹集起来后，风险投资家便将其运用到具体的投资过程中。这一阶段大致可分为选择、协议和辅导三个环节。

（1）选择环节，即选择投资对象。这个过程主要是获取、筛选和评估投资方案，并且作出是否投资的决策，其中有效地进行评估是这一阶段成败的关键因素，也是整个风险投资活动中最重要的部分。风险投资公司在选择投资项目时，财务分析屈居次要地位，因为大多数风险企业面对的市场是未知的，市场预测和财务预测的准确性难以得到保证，风险企业的科技含量和创业者素质成为项目选择的首要条件。一般情况下，风险企业的创业者既是企业的经营者，又是技术的拥有者，因此创业者素质往往成为风险企业能否得到风险投资的关键，风险投资公司在对待风险方面持积极态度，希望化高风险为高收益。

（2）协议环节。协议环节的工作主要是风险投资公司在完成对项目的选择之后，与拟投资的风险企业进行实质性接触，协商投资方式、投资条件等有关权利和义务，最后形成有法律效力的合同文件，作为以后辅导环节和退出阶段的依据。协议的重点集中在以下三个方面：

① 投资安排及保障方式。在风险投资项目中，为了实现高回报，风险投资公司一般选择参股的形式进行投资。风险投资公司为了降低风险、保障股权，通常还在协议书中明确股权的保障方式。

② 资金投放及撤回的时机与方式。除了对风险企业首次投入“种子资金”外，风险投资公司还需与风险企业就未来不同发展阶段的增资进行协商。

③ 参与经营管理的方式。这是对风险投资公司参与风险企业决策及协助经营管理的范围与程度加以确认。

（3）辅导环节。本环节是风险投资运作的实质阶段。在完成了风险投资项目的选择，并与风险企业达成合作协议后，风险投资公司就要按协议要求，提供资金融通，参与被投资风险企业的经营管理，协助企业进行产品开发和市场开发。风险投资公司参与被投资企业管理的主要目的是保证风险企业高速发展，使风险资本和收益早日回收。

3）风险投资的退出阶段

风险投资的退出通常有四种情况和方式：一是风险企业上市，风险投资公司将其持有的股票在公开市场上出售，收回投资并获得资本增值。这种情况无论是对风险投资公司还是对风险企业都是最理想的结局，但实践中只有少数风险投资项目能以这种方式完成。二是风险投资的股权被其他企业收购。三是股权由风险企业回购。四是风险企业因经营不善等原因宣布破产，风险资本通过资本清算退出，这是风险投资公司和风险企业最不愿意看到的结果。

同步案例6-2

阿里巴巴风险投资历程

阿里巴巴是以马云为首的18人于1999年在浙江杭州创立的公司。阿里巴巴在企业生命周期的初创期、成长期引入了5轮风险投资，在互联网行业快速壮大。

第一轮融资：在初创期，被风险投资公司多次拒绝的马云及其创始团队在1999年10月融资成功，高盛联合新加坡TDF、瑞典Investor AB等基金组织给阿里巴巴注入了500万美元，阿里巴巴凭借此次天使投资解决了困扰许久的资金问题。

第二轮融资：2000年，为了顺利地开展电商业务，阿里巴巴争取到日本软银集团2 000万美元的风险投资。软银集团董事长兼总裁孙正义被马云的6分钟演讲所征服，但马云拒绝了其4 000万美元的大额风险投资而仅接受2 000万美元。在初创期，为降低融资风险，阿里巴巴的融资以风险投资为主。此时，马云团队已经注意到公司的控制权问题。

第三轮融资：随着电子商务的崛起，淘宝网应运而生，马云为了支持其发展开始了第三轮融资。该轮融资主要由四家风投公司参与，共投资8 200万美元，软银集团投资了6 000万美元。在此次融资中，马云团队对阿里巴巴的控制权被削弱，从绝对控股转变成相对控股。此时，马云团队的持股比例是47%，软银集团的持股比例约为20%。

第四轮融资：2005年，雅虎提供给阿里巴巴10亿美元与雅虎中国的全部资产，从接受注资的这一刻起，马云团队失去了阿里巴巴第一大股东的地位，持股比例降为31.7%，而雅虎成为第一大股东，拥有39%的股份，但其中5%的投票权需要过渡给马云团队，因此，马云团队仍拥有对阿里巴巴的实际控制权。同时，阿里巴巴也迎来了马云团队、雅虎、软银集团的"三足鼎立"局面。

第五轮融资：2011年，阿里巴巴展开了第五轮融资，获得了美国银湖等基金在内的约20亿美元，同时，阿里巴巴宣布内部员工可以按照规定卖出自身所持股权，每股价格13.5美元。2012年，阿里巴巴发行了26亿美元的普通股，此外还有总计16.88亿美元的可转换优先股。同年，阿里巴巴对外宣布，对雅虎总计76亿美元的股份回购计划成功落实。在此轮融资后，雅虎和软银集团的投票权合计不超过50%。同时，雅虎放弃了一系列与阿里巴巴战略相关的否决权，二者的股权之争落下帷幕。

资料来源　牛溪溪. 阿里巴巴的融资历程与合伙人制度探究［J］. 投资与创业，2021，32（24）：181-183.

6.3 非风险投资市场

非风险投资市场包括管理层收购和杠杆收购等。

6.3.1 管理层收购

1）管理层收购的概念

管理层收购（Management Buy-Quts，MBO）又称经营层融资收购，是指目标公司管理者或经营者利用借贷资本或股权交易收购本公司的股份，进而改变公司所有者结构、控制权结构和资产结构，从而达到重组公司的目的，并获取预期收益的一种收购行为。管理层收购是20世纪70年代在传统并购基础上发展起来的一种新型的并购方式，通过这种收购，企业管理者由经营者变成了公司的所有者，拥有了公司的所有权。

管理层收购的基本出发点是解决企业内部激励机制问题，降低企业所有者与经营者之间的委托代理成本。这种方式通过设定管理层既是企业所有者又是企业经营者的特殊身份，促使企业在管理层形成自我激励机制，并促使企业在高负债的外部约束下充分挖掘潜力，实现企业价值的最大化。

同步案例6-3

董事长"七折"对价当上新实控人，新纶新材被管理层收购

新纶新材发布的《2022年度非公开发行股票预案》显示，"由于前期投资扩大、业务调整造成的收入变化引起公司面临较大的流动性压力。截至2022年3月31日，公司及下属子公司已逾期借款共计73 673.81万元，公司流动资金匮乏且负债压力较大，影响了公司在新材料领域拓展的步伐”。

新纶新材拟向公司董事长廖垚及其控制的深圳市上元荟智投资合伙企业（有限合伙）（拟设立）（以下简称“上元荟智（拟设立）”）发行345 664 377股（含本数）普通股，募集不超过90 218.40万元（含本数），扣除发行费用后将全部用于补充流动资金及偿还有息负债。

本次发行价格为2.61元/股，而在股票停牌前（2022年5月20日），新纶新材的收盘价为3.66元/股；本次发行价每股比收盘价低1.05元（低28.69%），相当于打了“七折”。

廖垚和上元荟智（拟设立）拟以现金方式认购本次向特定对象发行的股票，其中廖垚拟以1.17亿元认购4 500万股，上元荟智（拟设立）拟以7.85亿元认购3.01亿股。

本次发行前，侯毅持有21.29%的股份，为控股股东和实际控制人；廖垚直接持有0.11%的股份，其控制的深圳市上元资本管理有限公司持有0.32%的股份。本次发行完成后，侯毅控制的股份降至16.38%，廖垚控制的股份为23.41%，廖垚及其控制的上元荟智（拟设立）通过认购本次非公开发行股票实现管理层收购，取得新纶新材的控制权。本次发行完成后，上元荟智（拟设立）将成为控股股东，廖垚将成为实际控制人。

资料来源　（1）佚名．董事长“七折”对价当上新实控人，新纶新材被管理层收购后将怎样走？［EB/OL］．［2022-05-30］．https://baijiahao.baidu.com/s?id=1734216653733896579&wfr=spider&for=pc.（2）夏子航．“80后投资大咖”出手，新纶新材上演管理层收购［N］．上海证券报，2022-05-30（5）．

2）管理层收购模式及流程

根据被收购公司的资产结构、经营者收购意愿及被收购公司原股东转让意愿的不同，管理层收购主要有以下四种模式：一是经营者收购股东公司；二是经营者收购母公司下属的子公司；三是经营者收购母公司下属的业务部门；四是经营者收购母公司。

通常来说，实施管理层收购大体可以分为以下八个阶段：

（1）目标确定阶段。从理论上讲，适合管理层收购的企业应具备以下几个特点：有良好的经营团队，产品具有稳定需求，现金流比较稳定，有较大的管理效率提升空间，拥有高价值资产，拥有高贷款能力等。目标确定阶段首先要确定现实产权的所有者是否有转让该产权的意愿。一般来讲，国有资产的战略性转移、当地政府对企业产权明晰的愿望以及企业集团经营方向的转移都会形成卖方意愿。其次要确定企业管理层有受让企业产权的意愿。这一般取决于管理层对企业前景的判断及对企业的长远打算，也与管理层能否接受管理层收购这种方式相关。

（2）意向沟通阶段。确定收购目标后，由出让方或意向受让方向对方发出要约。出让方应与受让方达成初步意向，并征询地方主管部门的初步意见。只有得到肯定答复，管理者才会正式启动管理层收购的运作。

（3）实施准备阶段。本阶段的工作主要是组建收购主体，安排中介机构（包括财务顾问、律师、会计师等）入场，并寻找战略投资者共同完成对目标公司的收购（如需要）。管理者在这一阶段需要确定收购的基本方式，是自行完成，还是采用信托方式，或者寻求风险基金及战略同盟的参与。

（4）方案策划阶段。由于各个企业的情况不同，各国和地区对管理层收购的管理归属等有不同的规定，因此管理层收购必须认真策划收购方案，合理利用各种资源和政策优势，如协调参与各方的工作进度、收购融资安排等。具体实施方案一般由参与管理层收购的出让方和受让方以及其他中介机构共同完成，要认真考虑重要的细节问题，如资产处置、融资渠道选择、收购价格的确定以及股东持股比例的合理性等。

（5）收购实施阶段。这一阶段是管理层收购实施方案确认后的实际操作阶段，也是收购能否成功的关键步骤，主要包括评估、定价、价格谈判、融资安排，审计、资产评估，签约及履行，并要准备相关的申报材料。

（6）信息披露阶段。在买卖双方签订股权转让协议和委托管理协议等文件后，如果是上市公司，还要进行公告，披露股权转让的相关信息，同时向当地证券交易主管部门报备相关材料。若非上市公司，则没有此步骤。

（7）政府审批阶段。如果交易涉及国有股权转让，协议生效还需两级政府审批——地方财政部门和国家财政部门。涉及国有股转让的管理层收购项目只有在政府审批通过之后才能实现。

（8）收购后整合阶段，亦称后管理层收购阶段。此阶段是企业实施收购后能否持续发展并不断壮大的关键，也是最终完成收购各项初衷的关键。在这个阶段，最重要的工作是企业重新设计和改造，解决管理层收购中形成的债务。

小思考6-5

管理层收购存在哪些优缺点？

优点：第一，避开了相关法律对诸多问题特别是股票来源的限制，使持股方案能顺利实施。第二，管理层及其他员工自己出资认购公司股份，既能保证激励，又能保证约束。第三，转让的法人股相对成本较低。第四，以协议方式进行转让，价格高于公司每股净资产，容易获得国资管理部门的许可。

缺点：通常会存在国企老总把国家财产变成私人财产的嫌疑。国企实行MBO，若监管不力，会造成国有资产流失。

6.3.2 杠杆收购

进入21世纪，全球金融业正在发生深刻而快速的变化，其广度和深度以前所未有的速度影响着经济、社会和人们的生活。居于金融核心地位的资本市场在经济结构中的作用变得愈发重要和复杂。作为资本市场重要组成部分的企业兼并、收购，更是风起云涌，杠杆收购的兴起成为一种引人注目的经济现象。

1）杠杆收购的定义

杠杆收购最早起源于美国，是20世纪80年代中期第四次并购浪潮中出现的一种新的企业并购方式。杠杆收购（LBO）又称债务并购，指筹资企业以其准备收购的企业的资产和将来的收益能力作抵押，通过大量的债务融资来支持兼并与收购行动，通常由主收购企业、投资银行或其他商业银行、各类金融机构及投资者组成一个投资群体来完成，其本质就是举债收购。

杠杆收购的资金主要来自三个方面：一是优先债权人，多为商业银行和其他金融机构；二是从属债权人，指在公司债务清偿时居于优先债权人之后的债权人，主要有保险公司、投资基金和社会公众投资者；三是以主收购企业为首的股权投资者，它们以控股收购企业为目的，通过发行优先股和普通股募集资金。从资本结构看，杠杆收购就是加大企业的财务杠杆力度，以少量的自有资金进行规模较大的并购活动。理论界一般认为，当借贷资金占并购资金的70%以上时，可称为杠杆收购。

2）杠杆收购的特征

(1) 并购资金安排的高杠杆性。杠杆收购是利用财务杠杆原理来实现并购，其最基本也是最典型的特征就是高杠杆性。一般而言，在并购所需资本中，并购者的自有资本只占并购资金总额的10%~15%，银行贷款占50%~70%，发行债券占20%~40%。在我国，杠杆收购一般是通过银行股权质押贷款来完成的，银行出于控制风险的考虑，一般要求杠杆比率不能太高，而且要求测算的现金流利息比达到2~3倍或更高。

(2) 杠杆收购过程的高风险性。杠杆收购充分利用财务杠杆来放大交易规模，在进行资本扩张的同时，也具有高风险性。由于负债比率过高，并且贷款和债券的利率较高，因此，并购后的公司会面临沉重的偿债压力，股东要承担极高的财务风险。同时，并购者不能全面了解目标企业的背景和所处的市场情况，也面临未来的经营风险。此外，杠杆收购过程涉及很多复杂的环节，在操作过程中需要面对大量的操作风险。

(3) 中介机构在杠杆收购中发挥重要作用。杠杆收购是一项复杂的、高难度的交易活动，单靠企业自身的力量是无法进行的，必须有其他相关中介机构的参与配合。投资银行是最重要的参与者之一，其主要作用有：一是帮助并购方选择目标公司，对双方的交易起促进和推动作用；二是提供融资服务，包括提供过渡性贷款及协助收购者发行垃圾债券，即投资银行先向收购者提供短期、高息的收购资金，再通过发行垃圾债券偿还。

3）杠杆收购的一般运作模式

在杠杆收购活动中，每个收购方案都有其特点，但也有基本的模式。

(1) 设计准备阶段。这一阶段的工作主要是由发起人制订并购方案，对拟并购的目标企业进行评价，与被并购方谈判，进行并购的融资安排，必要时以自有资金参股被并购公司。这里的发起人通常就是公司的并购者，也可以由专为债务并购而设立的公司或投资银行充当发起人。在对企业进行评价时，主要关注以下四个方面：一是目标企业所处行业环境。分析行业所处的发展阶段、行业在社会经济中的地位和作用，以及行业的基本状况。二是目标企业的财务状况。依照会计准则和财务通则，对目标企业的年终报表、中期业绩等报告所揭示的内容进行分析，计算分析各财务指标，包括流动性比率、盈利能力比率、投资收益比率、资本结构比率以及杠杆系数。三是目标企业的经营能力。评价分析目标企业的生产技术能力和销售能力，根据目标企业目前的产品特点、市场需求、市场占有率和销售网络，预测其未来的经营能力。四是目标企业的管理能力。对目标企业领导层的心理、阅历、作风、综合管理方式、决策方式、市场运作能力以及效率等进行详尽分析。

(2) 对杠杆收购的融资进行可行性研究。主要分析杠杆收购融资的成本和并购目标企业后所能带来的短期及长期利益，比较杠杆收购融资方式与其他融资方式的资金成本率，分析并购企业自身是否有足够的能力经营管理目标企业，分析宏观经济环境可能对并购活动产生的影响等。

（3）筹集杠杆收购所需资金。购入目标企业的股份需要大量资金，因此资金的筹集很重要。筹集收购资金有三个渠道：一是由杠杆收购组织者及公司管理层组成的集团筹措并购资金，作为并购活动的自有资金；二是以目标企业的资产和将来的收益能力为抵押向银行等申请贷款，一般占并购所需资金的50%~70%；三是通过发行高息风险债券（垃圾债券）获得，占收购金额的20%~40%。

（4）重组整改目标公司。实行杠杆收购后，企业负担较重，一般会采取合理措施以提高经营效率，实现经营协同，提高企业利润和增加现金流，主要措施包括资本结构重组、经营重组、组织结构重组等。

（5）重组上市阶段。经历了上述阶段后，下一步就是决定重新上市还是在非上市状态下经营。如果公司逐步强大，投资目标已经达到，投资者可能将公司再次上市，即逆向杠杆收购。再次上市的目的主要有三个：首先，使现有股东的股票能够变现；其次，降低企业的杠杆比率；最后，有部分企业希望由此筹款用于资本支出。

同步案例6-4

天齐锂业收购SQM公司

天齐锂业成立于1995年，主营业务覆盖锂产业链的核心领域，拥有国际化的锂资源战略性布局，在中国、澳大利亚和智利等锂资源丰富的地区均有所分布。天齐锂业还利用其垂直一体化的全球产业链布局优势与国际客户发展事业伙伴关系，促进电动汽车和储能产业锂电池技术的可持续发展。

Sociedad Químicay Minera de Chile S.A（以下简称SQM公司）成立于1968年，是位于智利的一家国际性公司。SQM公司凭借独特的地理资源优势，很快发展成为全球领先的硝酸钾、碘、锂生产商，在全球20多个国家和地区设有分支机构。近几年来，新能源汽车行业增长迅速，锂化工产品需求不断增加。

首先，并购双方协定收购价格。天齐锂业在充分参考市场价格的基础上，鉴于SQM公司的优质资源，与SQM公司确定以65美元/股为购买价格，收购SQM公司23.77%的股权，估价为40.66亿美元。之后，天齐锂业在2018年5月、6月召开多次会议并审议通过了关于购买SQM公司股权的多个议案。2018年8月9日，天齐锂业召开临时股东大会，审议并通过了本次杠杆并购的融资安排，向跨境并购银团申请贷款以支付本次交易的大部分款项。最后，天齐锂业支付收购资金，完成交割。天齐锂业收购SQM公司的40.66亿美元分为三个部分：公司自有资金约7.26亿美元，包括交易费用；中信银行（国际）有限公司作出了10亿美元的融资承诺；中信银行成都分行为这笔交易组建的银团贷款支付了25亿美元。至此，天齐锂业完成了对SQM公司的杠杆并购，加上原本持有SQM公司2.10%的股权，天齐锂业合计持有SQM公司25.86%的股权，成为该公司第二大股东。

资料来源　佚名．40亿美元收购SQM，天齐锂业海外收购案探秘［EB/OL］．(2022-07-04)［2022-10-26］．http：//www.juda.cn/news/253405.html.

本章小结

私人权益投资就是通过私募形式融资并对具有高风险和潜在高收益的非上市企业进行权益性投资的过程。权益投资中的风险投资是指由专业化人才管理的投资中介向特别具有潜能的高新技术企业投入风险资本的过程。而非风险投资则包括管理层收购和杠杆收购。管理层收购是指目标公司的管理者或经营者利用借贷资本或股权交易收购本公司的股份，进而改变公司所有者结构、控制权结构和资产结构，从而达到重组公司的目的，并获取预期收益的一种收购行为。杠杆收购是指筹资企业以其准备并购的企业的资产和将来的收益能力作抵押，通过大量的债务融资来支持兼并与收购的行动。

基本训练

一、主要概念

私人权益投资　管理层收购　风险投资　杠杆收购　资本结构重组

二、重点实务

私人权益市场的运作过程　风险投资的运作过程　实施管理层收购的工作步骤　杠杆收购的一般运作模式　私人权益投资的特点　风险投资在资金运作阶段签订协议的主要内容

三、案例分析

绿色投资为私募股权基金带来发展机遇

碳达峰、碳中和目标的提出，意味着需要巨量的绿色投资。据国家气候战略中心测算，到2060年，我国新增气候领域投资需求规模将达约139万亿元，年均约3.5万亿元，占2020年GDP的3.4%、全社会固定资产投资总额的5.7%左右，长期资金缺口年均在1.6万亿元以上。同时，据国际能源署分析，实现碳中和所需要的技术中，还有75%没有被商业化或大规模应用，这意味着绿色科技研发与商业化之间存在巨大鸿沟。

不难看出，实现碳中和所需资金量巨大，且大部分是新能源、能源基础设施以及低碳科技创新和传统产业改造转型等长期投资。而研发新技术、推广新产品通常意味着高风险，单靠政府资金、银行信贷等间接融资手段远远不够。光大“一带一路”绿色基金投资总监唐博文表示，“特别是目前全国碳市场刚起步，碳价还可能发生较大变动”，这就意味着减排或者零排放技术带来的收益可能存在较大的不确定性，与债权融资的风险收益结构也不相符。

同时，绿色低碳转型也为私募股权基金带来快速成长的机遇。2021年7月16日，全国碳排放权交易市场正式启动，进一步催生金融服务创新和大量投资机会。中国证监会市场监管二部主任王建平在全球财富管理论坛2021北京峰会上表示，未来传统工业和交通运输等领域的碳排放大户也将被纳入碳市场。细分这些碳排放大户产业链的上下游，可从中发现巨大的减排市场潜力。其中，仅当前可看到的二氧化碳捕集与封存技术、储能技术、绿色化工、非化石能源应用等就将引发颠覆性创新。

此外，私募股权行业当前存在部分产品脱离实体经济的空转现象。中国证监会在

2021年年中监管工作会议上指出，继续稳妥有序化解私募基金领域风险。弘毅投资董事总经理曹永刚表示，碳中和赛道是传统制造业新的增长极，为PE/VC提供了重视科技制造领域、紧密结合实体经济、回归投资本源的动力和机遇。

资料来源 杨毅. 私募股权投资赋能科创企业发展 [N]. 金融时报，2022-07-07（6）.

请结合案例，针对绿色投资为私募股权投资市场带来的机遇以及私募股权行业存在的一些问题，对我国私募股权投资市场的发展提出建议。

四、社会调查

请通过网络或社会调研，谈谈我国私人权益投资未来的发展趋势。

五、即测即评

第6章单项选择题

第6章多项选择题

第6章判断题

第7章

证券投资基金市场

学习目标

通过本章学习，在知识方面，熟悉证券投资基金的特点和分类，了解基金的设立及募集过程，掌握基金的运作模式；在技能方面，熟悉证券投资基金的投资方式，掌握基金的认购、申购、赎回等交易过程；在能力方面，能运用证券投资基金市场的知识对基金市场进行投资分析。

导读案例

易方达单只基金认购规模破2 000亿元

易方达成立于2001年，是目前全国最大的公募基金管理公司之一，自成立以来一直专注于资产管理业务。2021年1月18日，易方达基金爆火，其旗下新发行的易方达竞争优势企业混合型基金最终募集2 374亿元，刷新了单只公募基金规模纪录。

数据显示，易方达竞争优势企业混合型基金的代销渠道达152家，包括75家券商、44家银行、33家其他第三方等。1月18日，最终募集2 374亿元，配售率为6.3184%。值得一提的是，这只基金的配售资金预计在1月19日被退回。扣除150亿元之后，被退回的资金量高达2 224亿元。1月18日晚，各大银行、券商等基金发行渠道，以及基金公司均在连夜备战，准备产品去对接易方达竞争优势企业混合基金比例配售之后退出的超2 000亿元资金。

为什么此次能引发如此多认购？第一，易方达的冯波属于“双十”基金经理，这类基金经理的新产品稀缺。第二，1月大部分首发都进行了不等的比例配售，其背后的原因是这两年来主动权益类基金的大发展。在政策面上，监管大力倡导发展权益类基金，为基金发展营造了更好的环境；在资金面上，国家鼓励引入中长期资金，“炒股不如买基金”的真实状况让更多客户通过基金进入市场。同时，通过长期业绩的验证，头部基金经理的超额收益和专业投资能力获得市场认可。

资料来源　陆慧婧，方丽．震惊A股！易方达彻底火了，新基金一天狂卖约2 374亿，刷新历史纪录超千亿！[EB/OL]．(2021-01-20)[2022-11-2]．https：//baijiahao.baidu.com/s?id=1689385034153884474&wfr=spider&for=pc.

7.1 证券投资基金概述

证券投资基金作为一种集合投资方式，体现的是一种信托关系。相对于股票、债券等直接投资工具而言，证券投资基金是一种间接投资工具，它充分调动了社会上的闲散资金，投资于有价证券市场，可以让更多的人享受专业的投资管理、进行合理的风险分散并共同获取稳定的收益。本节主要介绍证券投资基金的概念与功能、特点，以及投资基金的类型等。

7.1.1 证券投资基金的概念与功能

1）证券投资基金的概念

证券投资基金在不同的国家和地区有不同的称谓，在美国被称为“共同基金”，在英国和中国香港被称为“单位信托基金”，在欧洲一些国家被称为“集合投资基金”，在日本和中国台湾被称为“证券投资信托基金”。

证券投资基金就是通过发售基金份额，集合投资者的资金，由基金托管人托管，由基金管理人经营，将汇集的资金分散投资于股票、债券等各种金融产品，投资者按所购买的基金份额分享收益并承担风险，基金管理人和托管人按照基金资产规模获得一定的管理费和托管费。

小资料 7-1

我国目前主要的基金管理人和托管人

基金管理人在整个基金运作中处于核心地位，依法筹集基金，办理基金份额的发售、申购、赎回和登记事项，并依法进行基金财产的投资管理。目前我国只有依法设立的基金管理公司可以担任基金管理人，均为有限责任公司。其注册资本不得低于1亿元人民币，且必须为实缴货币资本。

基金托管人在整个基金运作中承担的职责包括资产保管、交易监督、信息披露、资产清算和会计核算等，目的是维护基金的安全和投资者的利益。《中华人民共和国证券投资基金法》第三十二条规定，基金托管人由依法设立的商业银行或者其他金融机构担任。商业银行担任基金托管人的，由国务院证券监督管理机构会同国务院银行业监督管理机构核准；其他金融机构担任基金托管人的，由国务院证券监督管理机构核准。基金管理人与基金托管人之间环环相扣，相互制衡，互相监督。

2）证券投资基金的主要功能

作为投资者与融资者之间的中介，证券投资基金对于资本市场的发展起着重要作用，主要表现在以下四个方面：

（1）拓宽了中小投资者参与资本市场的投资渠道。中小投资者由于资金的规模较小、获得的信息很少、交易的成本过高，只能投资于少量证券并且投资收益通常较差；而证券投资基金将中小投资者的资金汇集起来，交由专业的管理机构进行组合投资，为中小投资者拓宽了投资渠道。

（2）促进了证券市场的稳定和发展。证券投资基金的投资由专业投资机构进行管理和运作，它们可以进行深入研究和分析，投资行为更加理性，可以提高证券市场的效率，实现资源的有效配置，抑制市场的过度投机行为，促进市场的稳定和发展。

（3）促进了国民经济的增长。证券投资基金将社会上的闲散资金汇集起来投资于证券市场，扩大了直接融资的比例，将储蓄资金转化为生产资金，为企业发展提供了重要的资金来源，促进了国民经济的增长。

（4）推动了资本市场的国际化。随着金融全球化的进一步发展，资本市场无法做到完全封闭，通过在境外有限制地发售基金份额，既可以将吸引的外资投资于境内，又可以限制境外资金的投机行为，从而推动资本市场的国际化。

小思考7-1

证券投资基金的局限性

证券投资基金起源于英国，兴盛于美国，现已风靡全世界。证券投资基金有很多优势，但它有哪些局限性呢？

证券投资基金作为一种间接投资工具，投资者所获得的收益比直接投资的回报低。尽管分散投资可以消除一定的非系统性风险，但是在证券市场不稳定的情况下，证券投资基金可能面临严重的系统性风险。由于证券投资基金的目标和策略是既定的，因此基金管理人不得随意调整，在运作上缺乏一定的灵活性。

7.1.2 证券投资基金的特点

1）集合理财、专业管理

证券投资基金将中小投资者的小额资金汇集起来，表现出集合理财的优势，可以发挥资金的规模优势，降低交易成本，获得更多的收益。此外，专业的基金管理人有丰富的投资经验、先进的分析手段、大量的信息资料，可以进行理性投资，使中小投资者享受专业化的管理服务。

2）组合投资、分散风险

证券投资基金委托基金管理人将资金分散投资于多种股票、债券等有价证券，由于不同有价证券受不同国家、不同地区、不同性质的经济影响的程度不同，投资组合中某种证券市值的下降可以通过另一些证券市值的上升来弥补，因此在很大程度上降低了非系统性风险，使投资基金的风险低于股票而收益高于债券。

3）利益共享、风险共担

基金投资者作为基金的所有者，按其所购买的基金份额分享收益并共同承担风险，而基金管理人和托管人则按照基金资产规模的大小获得一定的管理费和托管费，不参与收益分配。

4）严格监管、信息透明

证券投资基金所汇集的资金量较大，因此各国和地区的法律法规都对基金业实行严格而全面的监管，包括实行严格的行业准入制度和审批程序。基金管理人和托管人的行为都受到一定的限制和严格的监管，并要求基金按照规定披露招募说明书和基金合同，定期或不定期地披露会计报告、主要投资指标、重大事项等重要信息，为投资者的利益提供保障。

5）独立托管、保障安全

基金管理人负责基金的投资管理，基金托管人负责基金财产的保管。基金管理人和托管人相互独立，确保资产管理和财产保管相分离，这使得管理人和托管人的行为受到相互制约和监督，切实保护了投资者的利益。

7.1.3 证券投资基金的类型

随着基金数量的日益增多，对基金进行准确的评价和对比变得十分困难。对证券投资基金进行合理分类，可以帮助投资者从品种众多的基金中选择出适合自己的基金，可以帮助基金管理公司合理地对同一类别的基金进行业绩比较，可以帮助基金监管部门有针对性地对不同类型的基金进行分类监管。依据不同的标准，可以将证券投资基金分为以下几类：

1）根据运作方式的不同，可以分为封闭式基金和开放式基金

封闭式基金是指基金规模在发行前已确定并且在基金合同期限内固定不变，在初次发行达到了预定的发行总额后，基金即宣告成立，在封闭期内不得再追加发行新基金单位，尽管基金份额可以在证券交易所交易，但是基金份额持有人不得申请赎回。

开放式基金是指在基金设立后，投资者可以在基金合同约定的时间和场所申购或赎回基金单位，基金单位总额不封闭。与封闭式基金相比，开放式基金的投资者可以向基金管理公司或销售机构申购或赎回，其买卖价格是以基金单位的资产净值为基础计算的，可直接反映基金单位资产净值的高低。由于投资者可能随时赎回，因此基金公司必须保留一部分现金，并更关注所投资产的变现能力。开放式基金风险相对较低，特别受中小投资者的青睐。目前开放式基金的数量已大大超过封闭式基金的数量。

小思考 7-2

除了运作方式不同，封闭式基金和开放式基金还有什么区别？

（1）期限不同。封闭式基金有固定的封闭期，通常在5年以上，一般为10年或15年，经受益人大会通过并经主管机关同意，可以适当延长期限。开放式基金没有固定期限，投资者可随时向基金管理人赎回基金单位。

（2）基金单位的交易价格计算标准不同。封闭式基金与开放式基金的基金单位除了首次发行价都是按面值加一定百分比的购买费计算外，以后的交易计价方式不同。封闭式基金的买卖价格受市场供求关系的影响，常出现溢价或折价现象，并不必然反映基金的净资产值。开放式基金的交易价格取决于基金每单位净资产值的大小，申购价一般是基金单位资产值加一定的购买费，赎回价是基金单位净资产值减去一定的赎回费，不直接受市场供求影响。

（3）投资策略不同。封闭式基金的基金单位数不变，资本不会减少，因此基金可进行长期投资，基金资产的投资组合能有效在预定计划内进行。开放式基金因基金单位可随时赎回，为应付投资者随时赎回兑现，基金资产不能全部用来投资，更不能把全部资本用来进行长线投资，必须保持基金资产的流动性，在投资组合上需保留一部分现金和高流动性金融商品。

> 从发达国家的金融市场来看，开放式基金已成为世界投资基金的主流。从某种意义上说，世界基金发展史就是从封闭式基金走向开放式基金的历史。
>
> 资料来源　李晓波，周峰. 从零开始学基金投资［M］. 北京：中国铁道出版社，2015. 有改动。

2）根据投资目标的不同，可以分为成长型基金、收入型基金和平衡型基金

成长型基金是指把追求资本的长期增长作为基本目标，较少考虑当期收入的基金。其投资对象主要是市场中有较大升值潜力的股票。

收入型基金是指以为投资者带来稳定的、高水平的当期收入为基本目标的基金。其投资对象主要是收益较高且稳定的有价证券。

平衡型基金是既注重资本的长期增长又注重稳定的当期收入的基金。其投资对象主要是债券、优先股和部分普通股，保证资金的安全性和营利性。

相比较而言，成长型基金的风险较高、收益较高，收入型基金的风险较低、收益较低，平衡型基金的风险、收益介于成长型基金和收入型基金之间。

3）根据投资对象的不同，可以分为股票基金、债券基金、货币市场基金和混合基金

股票基金是指以股票为主要投资对象的基金，这是目前最广泛的一种基金类型。60%以上的基金资产投资于股票的为股票基金，其投资目标在于追求长期资本增值。与其他基金相比，股票基金的投资对象和投资目的更具多样性。

债券基金是以债券为主要投资对象的基金，其规模仅次于股票基金。80%以上的基金资产投资于债券的为债券基金，其投资目标在于进行稳健的投资，回报率一般低于股票基金。

货币市场基金是指仅以国库券、大额可转让定期存单、商业票据等货币市场工具为投资对象的基金。它最早创设于1972年的美国，与其他基金相比，货币市场基金每基金单位的资产净值是固定不变的，通常为1元。

混合基金是指同时以股票、债券、货币市场工具为投资对象的基金。基金资产投资于股票和债券的比例不符合股票基金、债券基金的规定，其投资目标在于通过不同类别的投资组合，实现收益与风险的平衡。

4）根据基金组建法律形式的不同，可以分为契约型基金和公司型基金

契约型基金又称为信托型投资基金，是指基金投资者、基金管理人、基金托管人之间通过订立信托契约而设立的基金。

公司型基金又称为共同基金，是指委托人设立的以营利为目的的股份制投资公司，通过发行股票筹集资金，并将资产投资于特定对象的投资基金。

目前，我国只有契约型基金，美国的基金大部分是公司型基金。

5）根据投资理念的不同，可以分为主动型基金和被动型基金

主动型基金是指以寻求取得超越市场的业绩表现为目标的基金。

被动型基金又称为指数型基金，通过选取特定的指数为跟踪对象，试图复制指数的表现，而不是主动寻求超越基准组合的表现。

6）根据募集方式的不同，可以分为公募基金和私募基金

公募基金是指面向社会公众公开发售的基金，投资者通过基金理财中心或者银行购

买，基金的募集对象通常是不固定的，最低投资金额要求较低，投资者众多，需要遵守基金法律和法规，并接受监管部门的严格监管，一般投向中低风险产品。

私募基金是采取非公开方式，面向特定投资者募集发售的基金，在运作上具有较强的灵活性，不公开宣传推广，最低投资金额要求较高，投资者的资格和人数受到严格限制，较少受到政策约束，也不需要接受监管部门的严格监管，通常投向衍生金融工具等高风险产品。

7）根据基金的资金来源和用途不同，可以分为在岸基金和离岸基金

在岸基金是指资金来源于本国或本地区并投资于本国或本地区证券市场的基金。在岸基金在一国或地区基金市场占主导地位。

离岸基金是指资金来源于国外并投资于本国或第三国的证券投资基金。离岸基金一般都在有“避税天堂”之称的地方注册，如卢森堡、百慕大等地等。

8）根据基金交易场所的不同，可以分为交易所开放式指数基金和上市开放式基金

交易所开放式指数基金（Exchange Traded Funds，ETF）又称为交易型交易基金，是在交易所上市交易的、基金份额可变的开放式基金，交易手续与股票相同，具有指数基金的特点，其投资组合通常完全复制标的指数。我国第一只ETF是成立于2004年年底的上证50ETF。

上市开放式基金（Listed Open-ended Funds，LOF）是既可以在场外市场进行基金份额的申购和赎回，又可以在交易所进行基金份额交易，同时可以在场内市场和场外市场进行套利的开放式基金，它是我国借鉴ETF的运行机制，对证券投资基金的一种本土化创新。

同步案例7-1

余额宝：新兴国民理财“神器”

2013年6月推出的余额宝是蚂蚁金服旗下的余额增值服务和活期资金管理服务产品。余额宝对接的是天弘基金旗下的增利宝货币基金，特点是操作简便、低门槛、零手续费、可随取随用。除理财功能外，余额宝还可直接用于购物、转账、缴费还款等消费支付，是移动互联网时代的现金管理工具。余额宝是中国规模最大的货币基金。

余额宝的横空出世拓展了大众理财渠道，在余额宝强大的资金聚拢效应下，各大银行纷纷推出类余额宝产品以应对挑战，如平安银行推出“平安盈”、民生银行推出“如意宝”、中信银行联合信诚基金推出“薪金宝”、兴业银行推出“兴业宝”和“掌柜钱包”等。这些银行系“宝宝军团”多为银行与基金公司合作的货币基金，不过这并不影响余额宝作为中国第一大货币基金的地位。2016年3月底，天弘基金公布的2015年年报显示：余额宝2015年净利润为231.31亿元，份额净值收益率为3.6686%，同期业绩比较基准收益率为1.3781%。在利润排名前五位的基金中，余额宝位列榜首。

资料来源　根据网络资料编写。

7.2 证券投资基金的设立与募集

基金的设立与募集是证券投资基金投资运营的第一步，不同国家和地区对基金的设立与募集有不同的要求和限制。一般来讲，只有具备一定条件的企业或个人才能作为证券投资基金的发起人，申请设立基金。

7.2.1 证券投资基金的设立

世界各国对基金发起人的要求和限制有所不同，但都包括以下三个条件：一是发起人必须是依法设立的证券公司、基金管理公司、信托投资公司等金融机构；二是发起人的实收资本、财务状况和相关业务经验需要达到一定的要求；三是发起人的组织结构、管理制度必须健全。

1）基金的设立制度

基金的设立制度有三类：审批制、核准制和注册制。

审批制是指基金的设立只有经过基金主管部门的批准才能生效。基金主管部门通过审查基金发起人及其设立的基金作出实质性的价值判断，避免了不合格的基金进入市场。这种制度有效率但有失公正，容易出现“寻租”现象，存在一定的弊端。

核准制是指基金的设立由发行审核委员会以投票的方式表决通过后生效，委员会由监管部门的人员和独立的外部专家组成，较审批制而言更为公正。

注册制是指基金的设立只要符合相关法律法规的规定就可生效，无须经审批和投票表决。这种制度充分发挥了市场机制的作用，保证了社会资源的优化配置，体现了个体行为的自主性。

目前大部分发达国家和地区采用的是注册制，在美国，公募基金实行注册登记制而私募基金实行注册豁免制。我国最初实行的是审批制，2004年6月1日起采用核准制。

2）基金的设立程序

基金发起人是发起设立基金的机构，在基金的设立过程中起着十分重要的作用。基金发起人要对有潜力的投资市场进行可行性分析，判断哪种类型的基金更容易吸引投资者，确定基金的推出时间、推出地点、规模大小和存续时间等，根据分析结果设计具体的基金方案。在国外，基金发起人通常由一个或多个有实力的金融机构组成。

基金的设立程序一般包括五个步骤：

(1) 发起人根据经济政策、投资市场运行状况以及对大众投资心理的分析，确定投资基金的投资方向及所采用的形式。

按运作方式不同，基金有封闭式和开放式之分。通常开放式基金适合流动性高、市场成熟的投资对象，可以随时满足投资者的赎回需求；封闭式基金由于资产规模相对固定，因此更适合房地产、实业等流动性低的投资对象。

(2) 发起人根据基金的性质和形式，慎重选择投资基金管理人和托管人，聘请相关会计师、律师、投资顾问等，并与之签订各项委托协议，以确定基金管理人、基金托管人的责权利。

(3) 发起人制定或委托管理人、托管人制定基金文件。

（4）发起人向主管机构提出设立投资基金的申请，并提交一系列文件，其中最重要的是基金合同和基金招募说明书。

基金合同确定了基金管理人、基金托管人以及基金份额持有人之间的权利义务关系；基金招募说明书对基金的具体情况做了详细的介绍，供投资者参考，以便投资者作出投资决策。

（5）主管机构批准发行后，发起人在规定的时间内发行基金受益凭证。

主管机构在收到发起人的设立基金申请后，按照相关规定，在一定时间内作出是否予以批准的答复。基金发起人获得主管机构批准后，要在规定的时间内发行基金受益凭证。

思政小课堂7-1

国内最大的碳中和主题基金落地

党的十八届五中全会明确提出，要加快发展绿色金融，设立绿色基金。2016年8月，习近平总书记在中央全面深化改革领导小组第二十七次会议上提出，要利用绿色基金等金融工具和相关政策为绿色发展服务。2017年8月，中共中央、国务院印发的《关于服务实体经济，防控金融风险，深化金融改革的若干意见》提出，设立绿色基金，支持低碳生产和绿色发展。2018年6月，中共中央、国务院印发的《关于全面加强生态环境保护，坚决打好污染防治攻坚战的意见》提出“设立国家绿色发展基金”。2021年12月23日，中国证券投资基金业协会党委委员、副秘书长黄丽萍表示，截至三季度末，绿色、可持续、ESG等方向的公私募基金数量接近1 000只，规模合计7 900多亿元，较2020年年底规模增长36%。其中，公募基金190多只，管理规模4 100多亿元；私募基金800只，管理规模3 700亿元，90%为股权创投基金。

2022年3月，宝武绿碳私募投资基金（上海）合伙企业（有限合伙）成立，执行事务合伙人为建信金投基金管理（天津）有限公司、华宝（上海）股权投资基金管理有限公司，经营范围为以私募基金从事股权投资、投资管理、资产管理等活动；总规模500亿元，首期100亿元，是国内市场上规模最大的碳中和主题基金。值得关注的是，国家绿色发展基金出资10亿元。该基金是国家绿色发展基金签约落地的首个子基金项目。

近两年，碳达峰、碳中和的概念已经广为人知，成为各行业广泛关注的热词。在2021年两会上，碳中和被首次写入政府工作报告，并定为2021年八大工作重点之一。在国内科技巨头积极推进碳中和计划的同时，众多国内投资机构纷纷加大在“双碳”领域的投资布局，绿色投资正在股权投资行业兴起。2021年10月24日，中共中央、国务院印发的《关于完整准确全面贯彻新发展理念，做好碳达峰碳中和工作的意见》指出，构建与碳达峰、碳中和相适应的投融资体系；完善支持社会资本参与政策，激发市场主体绿色低碳投资活力；国有企业要加大绿色低碳投资；研究设立国家低碳转型基金，鼓励社会资本设立绿色低碳产业投资基金。宝武绿碳私募投资基金的成立就是对上述意见的贯彻落实。

资料来源　佚名. 总规模500亿！国内规模最大的碳中和主题基金成立［EB/OL］.（2022-04-03）［2022-10-26］. http：//www.envirunion.cn/newsinfo-34131.html.

7.2.2 证券投资基金的募集

1）基金的募集程序

基金的募集又称为基金的发售，是投资基金运作过程中的一个基本环节。在得到主管机关的批准后，基金发起人、基金管理人即可发售基金份额，募集基金。

（1）基金份额的发售。基金设立申请得到主管机构的批准后，一般由基金管理人负责发售基金份额。整个基金份额的发售过程必须在规定的时间内完成，即在募集期内完成。过长的募集期会增加基金发售的成本，而较短的募集期又不能很好地满足投资者的需求，所以募集期要根据经验确定时间长短。

国际上大多数基金的发售价格由三部分构成：基金面值、募集费用和销售费用。根据基金发售渠道的不同，基金的发售方式可以分为直接销售、承销和集团承销三种。直接销售是指不通过专门的销售组织，直接面向投资人发售基金。承销是指通过承销商发售基金，通常由投资银行、证券公司或信托投资公司等金融机构担任承销商。集团承销是指由多个承销商组成一个承销集团来发售基金，这种发售方式适合规模较大的基金。

（2）备案和公告。募集期结束后，如果投资基金募集的份额达到一定比例、基金持有人达到一定数量以及符合其他相关规定，基金即可宣告成立。基金管理人需要在法定时间内聘请验资机构验资，并于验资结束后向监管部门办理备案手续，予以公告。至此，投资基金的募集程序结束。

2）不同运作方式的基金在募集方式上的区别

（1）封闭式基金与开放式基金募集方式的区别

封闭式基金的发售一般通过证券交易所的网络系统配售，其发售价格通常不含销售费用，主要由基金的面值和募集费用组成，投资者通过委托经纪人的方式进行基金份额的认购。假如某只封闭式基金的面值为5元，募集费用为0.1元，投资者每认购一个份额基金需要支付的价格为5.1元。

开放式基金一般不在证券交易所上市，而是由基金管理公司负责其发售。基金管理公司通过委托商业银行、证券公司、专业基金销售机构、咨询机构等发售开放式基金份额。

小资料7-2

封闭式基金折价与溢价的原因

封闭式基金表现出以下几个动态特征：在上市初期，会出现溢价现象，幅度在10%左右；几个月后会出现折价现象，且折价幅度波动较大；接近封闭期时，折价率接近0，其价格与其净值趋于一致。为什么会出现这种现象呢？折价主要是由税收因素和资产流动性造成的，即基金净值可能会被高估，以一部分折价来抵偿买卖基金时发生的交易费用或弥补封闭式基金投机性差、交易不活跃等负面因素的影响；而溢价往往源于投资者对基金的需求超过供给或庄家的炒作和投资者认识错误等。

（2）公募基金与私募基金募集方式的区别

公募基金的募集就是以公开的形式向广大社会公众投资者发行基金份额，由于社会公众的投资知识有限，不具备足够的能力保障自己的利益，因此监管当局对公募基金的募集实行严格的监管，要求发起人在募集基金时必须公开招募说明书，对基金的基本情况、投资目标、收益分配等作出真实的陈述，供投资者进行决策分析。

私募基金的募集并不面向社会公众，而是向特定的个人或机构投资者发行基金份额，发行费用较低，节省时间。由于私募基金的发行对象一般是大的金融机构或富有且投资经验丰富的个人，因此监管当局对私募基金募集的监管较为宽松，不必公布招募说明书。

小资料7-3

基金募集失败的表现

1. 基金份额总额未达到准予注册规模的80%；
2. 募集资金规模不足2亿元，或投资人少于1 000人；
3. 原始权益人或其同一控制下的关联方未按规定参与战略配售；
4. 扣除战略配售部分后，网下发售比例低于本次公开发售数量的70%；
5. 导致基金募集失败的其他情形。

同步案例7-2

多只基金募集失败，原因何在？

2022年2月26日，宝盈基金发布公告称，旗下宝盈鸿翔债券型证券投资基金（以下简称“宝盈鸿翔”）于2021年5月28日准予注册募集，截至2022年2月24日，基金募集期限届满，宝盈鸿翔未能满足基金合同约定的基金备案条件，宝盈鸿翔的基金合同不能生效。截至2022年2月26日，当年已有4只基金募集失败，包括ETF、固收+、债券型三大类型的基金。

2022年2月12日，中银国际证券公告称，中银证券国证新能源车电池ETF于2021年11月12日开始募集，但截至2022年2月11日，该基金的募集期限届满，未能满足基金备案条件，故基金合同不能生效。

2022年2月16日，同泰基金发布公告称，该公司旗下的同泰同享混合型证券投资基金于2021年11月15日开始募集，截至2022年2月15日，募集期限届满，未能满足基金备案条件，基金合同不能生效。同泰同享混合型证券投资基金是一只偏债混合型主动管理产品，股票（含存托凭证）资产占基金资产的比例为0~40%，即所谓的“固收+”基金。

2022年2月19日，平安基金发布的《关于平安中证港股通消费主题交易型开放式指数证券投资基金基金合同不能生效的公告》显示，平安中证港股通消费主题ETF于2021年11月18日开始募集，截至2022年2月17日，募集期限届满，未能满足基金备案条件，基金合同不能生效。

基金募集失败，多和近期基础市场遇冷有关。数据显示，截至2022年2月25日，纳入统计的4 317只债券型基金平均净值增长率为负。近10个交易日内，债券型基金净值平均跌幅0.16%。近期债市情绪不佳，一方面是部分城市房贷利率调降，房地产调控政策的边际变化短暂冲击市场情绪；另一方面是俄乌局势加速恶化，引发油价上涨担忧，这可能会加剧全球的通胀压力，同时使美联储加息前景变得“扑朔迷离”。

资料来源　佚名. 怎么回事？又一只基金募集失败了 这次是债基［EB/OL］.（2022-02-27）［2022-10-27］. http：//fund.eastmoney.com/a/1593,202202272290496088.html.

7.3　证券投资基金的运作与投资

基金的运作包括市场营销，投资管理，基金的估值、费用与会计核算，信息披露以及收益分配等，投资包括投资目标、投资理念、投资策略、投资范围、投资组合管理等。

7.3.1　证券投资基金的运作模式

1）市场营销

基金的市场营销是指基金销售机构根据市场和客户的需要而设计基金产品，并进行销售和售后服务等一系列活动。基金主要通过两种方式进行营销：直接销售方式和间接销售方式。在直接销售方式下，基金管理公司不通过中介机构，而是由自行设立的营业网点或电子交易网站直接出售基金份额；在间接销售方式下，基金管理公司通过商业银行、证券公司、保险公司、财务顾问公司或专业的销售代理机构间接销售基金份额。封闭式基金主要采取间接销售方式，开放式基金采取直接销售和间接销售相结合的方式。

基金的市场营销具有服务性、专业性、规范性、持续性和适用性五大特征。服务性是指基金作为一种金融产品，必须以其高水平的收益、高质量的服务赢得投资者的信赖，增强信誉；专业性是指基金是一种投资于有价证券的间接投资工具，不可避免地要求营销人员掌握足够的专业知识，并以服务的方式传递给投资者；规范性是指基金销售机构、营销人员在进行基金营销活动时必须严格遵守监管部门的规定，切实维护投资者的利益；持续性是指基金只有为投资者提供持续的优质服务，才能扩大客户基础，扩大基金规模；适用性体现在将合适的基金产品卖给合适的投资者，根据投资者的切实需求及风险承受能力向其推荐相应的产品，这既坚持了投资人利益优先的原则，又符合监管机构的要求。

小资料7-4

我国首只开放式基金的销售方式

我国第一只开放式基金“华安创新基金”在首次发行时采用的是直接销售和间接销售相结合的方式。一方面通过直销机构，由设在上海浦东陆家嘴的华安基金管理公司客户服务中心销售；另一方面通过代销机构，由交通银行13家分行的200多个营业网点销售。

2）投资管理

投资管理是基金运作中最重要的环节，决定了基金的经营业绩。有效的机构设置是有效管理的基础。图7-1是基金管理公司比较典型的机构设置图。

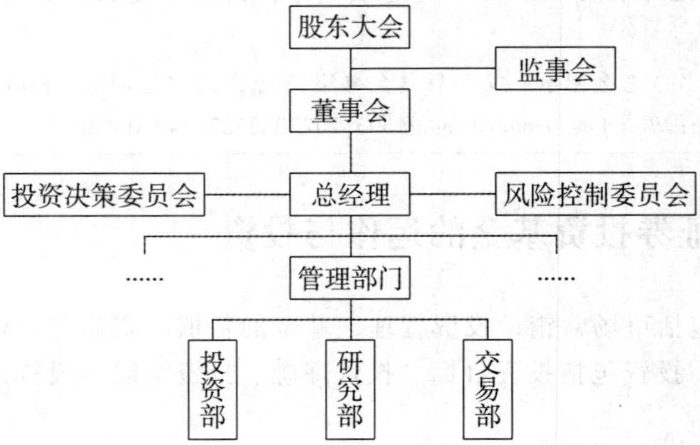

图7-1 基金管理公司机构设置图

（1）投资决策委员会是基金管理公司的最高权力机构，制定整体的投资战略，管理投资决策程序的运行。该委员会一般由公司的总经理、分管投资的副总经理、研究部经理等人员组成，负责制订基金投资计划、投资策略、投资目标等。基金经理会根据投资决策委员会的投资战略，结合研究部的研究报告以及对证券市场投资时机的综合分析，拟订具体的投资计划。

（2）风险控制委员会是非常设议事机构，主要负责制定和监督执行风险控制政策，根据市场变化对基金投资组合进行实时风险评估，提出客观的风险控制建议和警示，保障基金财产的安全。

（3）投资部根据投资决策委员会制订的投资计划和策略进行组合管理，向交易部下达投资指令，还要及时向投资决策委员会反馈市场信息。

（4）研究部根据自身的研究或参考一些机构的研究成果构建股票备选库，对拟投资对象进行持续跟踪调研，对准备投资的个股还需安排基金经理走访上市公司，进行进一步调研，向基金投资决策部门提供宏观经济分析、行业分析、市场分析、基金研究报告和投资计划建议，为投资决策提供依据。

（5）交易部是基金投资运作的具体执行部门，根据投资部门的指令，在合适的时间、合适的价格附近，通过买卖证券进行投资组合的调整，记录并保存每日投资交易情况，安排交易席位，管理交易量。

3）基金的估值、费用与会计核算

（1）基金的估值是指通过对基金所拥有的全部资产及所有负债按照一定的原则和方法进行估算，进而确定其公允价值的过程。

基金资产总值是指基金全部资产的价值总和。基金资产净值是指在某估值时点上，按照公允价值计算的基金资产总值扣除基金负债后的余额，即基金单位持有人的收益。基金份额净值是用基金资产净值除以基金的总份额，是投资者申购基金份额、赎回基金份额的基础。有关计算公式为：

基金资产净值=基金资产总值-基金负债

基金份额净值=基金资产净值÷基金的总份额

基金的估值需要考虑估值频率、交易价格、估值方法的一致性等问题。一般来说，需要按照一个固定的时间间隔对基金资产进行估值。当基金投资于活跃的证券时，估值较为容易；而投资于不活跃的证券时，估值就十分复杂，需要结合多方面的因素慎重处理。

（2）基金的费用是指为了维持基金的运作而产生的费用，主要分为两类：一类是由投资者承担的费用，包括申购费、赎回费及基金转换费等；另一类是基金管理过程中发生的费用，包括基金管理费、基金托管费、销售服务费、基金合同生效后的信息披露费以及会计师和律师费、基金份额持有人大会费用等。第一类费用直接从投资者申购、赎回或转换的金额中扣除，不参与基金的会计核算；第二类费用由基金资产承担，参与基金的会计核算。基金管理人和基金托管人因处理与基金运作无关的事项而产生的费用、因未履行义务而导致的基金财产损失以及基金合同生效前的相关费用，不能列入基金费用。

通常情况下，基金管理费率与基金规模成反比，与风险成正比。基金规模越大，风险越低，基金管理费率就越低。不同国家或地区、不同类型的基金管理费率并不完全相同。在美国等基金业发达的国家，基金管理费率为1%左右；在我国，股票基金管理费率为1.5%，债券基金管理费率为1%；货币市场基金管理费率最低，通常为0.33%。

（3）基金的会计核算是指对基金投资运作的会计信息进行搜集、整理和加工，并准确记录基金资产的变化状况，及时提供财务数据和会计报表的过程。基金管理公司要对每只基金进行单独的会计核算，保证不同基金在账户设置、资金调拨、账簿记录等方面相互独立。

4）信息披露

为了保证投资者按照基金合同约定的时间和方式查阅相关信息，证券投资基金需要对相关信息进行公开披露，并由会计师事务所和律师事务所出具意见。相关信息主要包括招募说明书、基金合同、托管协议、基金净值等内容，同时要公布季度、半年度、年度报告。基金信息披露编报规则包括主要财务指标的计算及披露、基金净值表的编制及披露、会计报表附注的编制及披露、投资组合报告的编制及披露等。基金管理人主要负责办理与基金财产管理业务相关的信息披露事项，包括与基金募集、上市交易、投资运作、资产净值、份额净值以及运用固有资金进行基金投资的事项等有关的信息。基金托管人主要负责办理与基金托管业务相关的信息披露事项，包括与基金合同、托管协议、资产保管、会计核算、净值复核、运作监督等有关的信息。基金份额持有人主要负责与基金份额持有人大会有关的信息披露。

真实、准确、完整的信息披露是基金行业公信力的基石，能增强市场参与者的信心，有利于投资者作出更理性的价值判断，防止欺诈行为的发生，保证市场的透明度，提高效率。各国的法律法规都对借披露基金信息的名义，编制、传播虚假的信息记载，进行恶意的误导性陈述，存在应披露而未披露的信息，对基金收益进行预测并进行承诺，诋毁其他基金管理人、基金托管人或基金销售机构等行为作出了相应的禁止性规定。

5）收益分配

基金的投资收益是指基金经营活动中因买卖股票、债券、衍生金融产品等实现的价差收入、股利收益、债券利息、衍生工具收益等。当符合基金合同约定的收益分配条件时，基金管理人会进行收益分配。基金投资人既享受证券投资成功的收益，也承担证券投资亏损的风险。根据规定，基金分配采取现金方式，开放式基金的基金份额持有人可事先选择红利再投资的分配方式，否则默认为现金分红方式。基金收益分配会导致基金份额净值下降。

小资料7-5

我国证券投资基金的发展

我国证券投资基金发展的开端是资本市场刚刚起步的时候，其发展历史可以概括为三个阶段：

第一阶段：1992—1997年，属于摸索期。20世纪70年代末期，面对日益严峻的经济形势，我国开始针对经济体制的不足进行改革，国民经济发展水平得到一定程度的提升，同时资金匮乏的问题逐渐显现出来。面对资金需求无法满足的不利局面，我国驻外金融机构尝试通过基金来解决募集资金的问题。1987年，中国科技创业投资公司联合汇丰集团、渣打集团正式成立了中国置业基金，通过该基金对珠三角地区的相关企业开展直接投资业务，这也是中资金融机构进行投资基金业务的起点。1991年，在改革开放的推动下，深圳市南山区人民政府与中国人民银行武汉分行积极发挥创新精神，分别成立了“深圳南山风险投资基金”“武汉证券投资基金”，标志着我国进入证券投资基金探索阶段。1992年1月，淄博乡镇企业投资基金成立，是我国首只规范性水平较高的投资基金。

第二阶段：1997—2000年，是封闭式基金高速发展的时期。1997年11月，国务院证券委员会正式出台了《证券投资基金管理暂行办法》，该办法的实施对于我国证券投资基金的规范化运营具有重要的推动作用。1998年3月，在中国证监会的大力推动下，我国开始进行证券投资基金试点工作，到1999年1月，我国的基金管理公司数量已经达到10个。在2001年之前，我国没有开放式基金，所有基金均属于封闭式基金，基金规模为689亿份。至此，我国封闭式投资基金逐步规范化，投资基金业由此走上正规的发展道路，我国在基金监管方面的法律体系也已经初具规模，出现了一大批专业的证券公司。随着基金的规范化进程不断深入，老基金也成功进行了规范转型。

第三阶段：2001年9月至今，是开放式基金高速发展的时期。2000年10月8日，中国证券监督管理委员会正式出台了《开放式证券投资基金试点办法》，明确了开放式基金发展的原则、途径、方法等，为开放式基金的发展指明了前进的道路。次年9月，我国诞生了第一只开放式基金，即“华安创新”，这也是我国开放式证券投资基金发展的起点。当前，我国证券投资基金取得了长足的进步。中国证券投资基金业协会的数据显示，2022年3月底，我国境内共有基金管理公司138家。其中，外商投资基金管理公司45家，内资基金管理公司93家；取得公募基金管理资格的证券公司或证券公司资产管理子公司12家，保险资产管理公司2家。以上机构管理的公募基金资产净值合计25.08万亿元。证券投资基金在稳定市场、倡导理性投资等方面发挥着越来越重要的作用。

资料来源　汤卓雅，石乘齐. 中国证券投资基金发展与状况［J］. 科技资讯，2022，20（1）. 有改动。

7.3.2 证券投资基金的投资

1）投资目标

投资目标是指基金管理人运作基金资产所要达到的目的，一般会在招募说明书上写明。明确的投资目标和独特的投资理念可以帮助证券投资基金树立品牌优势。没有明确的投资目标，基金的投资行为会十分盲目，因此证券管理公司十分重视投资目标和投资理念的设定。

根据基金业绩基准的不同，投资目标主要分为两类：绝对收益目标和相对收益目标。绝对收益目标是指无论证券市场的运行情况如何，基金都要获得正的收益。相对收益目标是指只要超越原先设定的业绩基准即可，投资收益可正可负。

根据范围和内容的不同，投资目标可以分为总体目标和具体目标。总体目标包括分散投资者的投资风险、寻求长期稳定的投资收益以确保基金资产的安全。具体目标更为详细，不同类型的基金有不同的具体目标。收入型基金的具体目标是获得当期最高收入，成长型基金的具体目标是追求资本的长期增值，平衡型基金的具体目标是兼顾收入最大化和长期增值。

根据风险和收益的侧重点不同，投资目标可以分为三类：高风险高收益目标、低风险高收益目标和低风险低收益目标。高风险高收益目标更强调为投资者提供最大的获利机会，一般不进行分散投资，而是选择具有高成长潜力的股票。低风险高收益目标既关注投资的安全性又关注股票的成长潜力，通常投资于记录优良、股息持续增加的股票，这样既保证了经常性收入又可以获得资本利得。低风险低收益目标更重视资产的安全性，不追求资本利得，只追求股息、红利和利息等经常性收入的获取。

2）投资理念

投资理念是指投资者对投资目的和投资方法的理解，既包含进行投资的原因又包含选取什么样的投资方法。基金投资需要考虑收益性、安全性和流动性三个方面，不同的投资基金有不同的投资理念：以价值为核心的投资理念，这类基金主要是作投资价值的发现者，力求通过长期深入的研究分析，发现具有投资价值的上市公司；以成长为核心的投资理念，这类基金认为只有具有核心竞争力的企业才能带来长期稳定的资本增值，因此它主要关注企业的成长质量、综合管理能力以及稳定的盈利增长率，而较少关注经常性收入；以配置为核心的投资理念，这类基金采用定量和定性分析，通过积极的操作来实现资产的优化配置和行业的持久发展；以风险为核心的投资理念，这类基金关注的是风险，认为有风险才有收益，力争通过识别风险、分析风险、把握风险、管理风险来获取相应的投资收益。

3）投资策略

基金的投资策略千变万化，较为常见的是以下两类：

（1）积极的审时度势的投资策略。这是指基金管理人通过对市场行情的深入分析及对时机的准确把握，积极运用组合管理来获取高于市场平均收益率的投资回报。这种投资策略的优势在于通过专业的研究分析，更为主动地获取较高的收益。

审时度势投资策略通常采用以下两种方式构建资产组合：一是自下而上地构建资产组合。这种方式更关心个别股票的动向，对整个宏观经济运行和资本市场的周期性波动并不在意，基金管理人通过对个别股票进行科学分析来预测其未来收益，再根据其所处行业及内在价值来判断该股票是否适合被加入到资产组合中。二是自上而下地构建资产组合。这种方式更关注整个宏观经济的运行环境，基金管理人先要宏观地预测经济前景以及行业的发展状况，再在此基础上决定资金的分配。

（2）消极的指数化投资策略。这是指基金管理人通过复制市场组合，力图获取与市场指数相同的投资回报，他们认为很难长期持续地获取高于市场的回报。这种投资策略最大的好处是可以减少交易次数，大幅度降低基金管理成本。指数化投资策略通常采用以下两种方式构建资产组合：一是资本化方法，是指基金管理人购买指数中市值最高的股票，并平均合理地分配指数中的其余股票。例如，将总资本的70%购买某些市值最高的股票，再将其余30%的资本平均分配给剩余的股票。二是层次化方法，即基金管理人对指数中的公司按照行业因素划分层次，再对每一层次的行业进行随机选择，这样做的好处是可以将资金分散投资于各类行业，从而降低投资风险。

除此之外，基金的投资策略还可根据具体的操作方法分为固定比例投资法、固定金额投资法、杠铃投资法等。固定比例投资法就是将投资者的资产分别针对股票和债券进行投资，并在投资过程中动态地保持股票投资总额和债券投资总额的比例不变。固定金额投资法就是基金经理对自身持有的股票金额设定一个基数，并通过买卖股票来保持固定的投资总额。杠铃投资法就是将投资集中到长期和短期两种证券工具上，通过分析市场利率水平，以此为杠铃来衡量资金的分布情况，预测未来利率走势进而作出投资决策。

小思考7-3

我国证券市场指数有哪些?

我国证券市场指数有上证综合指数、深证成份指数、沪深300指数、中证100指数、上证180指数、上证50指数、行业分类指数、中小板综合指数、创业板综合指数、深证新指数等。

4）投资范围

同股票、债券等直接投资工具不同，证券投资基金属于间接投资工具，可以投资于上市或非上市公司的股票、认股权证、国债、地方债、公司债、可转换公司债券、金融债券等有价证券。同时，为了保持资产的流动性，证券投资基金可以将一部分资金存入银行或购买短期金融工具。

由于证券投资基金的资金量很大，为了保护基金持有人的合法权益，各国的法律法规都对其投资范围加以限制，一般包括以下几方面：禁止从事证券承销业务，禁止进行基金之间的互相投资，禁止以基金资产提供任何形式的担保行为，禁止基金管理公司与有利害关系的基金管理人、基金托管人进行内幕交易，禁止从事承担无限责任的投资等。为了分散投资风险，避免投资过度集中，不同的国家或地区还对某一公司股票、某一种证券的投资比例进行限制。

小资料7-6

我国证券投资基金投资范围的演变

我国最初的证券投资基金大都有投资房地产的经历，尤其是在1992—1994年的房地产热潮中，很多基金高比例投资房地产，结果由于房地产业的“降温”导致大量资产损失。1997年出台的《证券投资基金管理暂行办法》明确规定，证券投资基金不得从事房地产投资，只能投资股票和债券。2004年实施、2015年修订的《中华人民共和国证券投资基金法》第七十二条明确规定基金财产应当用于下列投资：(1）上市交易的股票、债券；(2）国务院证券监督管理机构规定的其他证券及其衍生品种。第七十三条明确规定基金财产不得用于下列投资或者活动：(1）承销证券；(2）违反规定向他人贷款或者提供担保；(3）从事承担无限责任的投资；(4）买卖其他基金份额，但是国务院证券监督管理机构另有规定的除外；(5）向基金管理人、基金托管人出资；(6）从事内幕交易、操纵证券交易价格及其他不正当的证券交易活动；(7）法律、行政法规和国务院证券监督管理机构规定禁止的其他活动。运用基金财产买卖基金管理人、基金托管人及其控股股东、实际控制人或者与其有其他重大利害关系的公司发行的证券或承销期内承销的证券，或者从事其他重大关联交易的，应当遵循基金份额持有人利益优先的原则，防范利益冲突，符合国务院证券监督管理机构的规定，并履行信息披露义务。

5）投资组合管理

投资组合管理侧重于对投资风险的防范以及对预期收益的估计。

（1）投资风险类型及证券投资组合理论基础

任何投资都伴随着一定的风险，证券投资基金也不例外。一般来说，投资基金面临的风险可分为两类：系统性风险和非系统性风险。系统性风险是指整个市场环境的风险，是不可避免的。非系统性风险是指由局部因素造成的个别风险，可以通过合理构建投资组合予以消除。具体来说，证券投资基金面临的风险包括以下四个方面：一是市场风险，指由于国家政策、宏观经济状况的变化引起的基金市场的波动，从而导致投资损失的风险；二是利率风险，指由于市场利率的变化使基金净值和收益受到影响的风险；三是管理风险，指由于公司管理不善导致盈利能力下降给基金投资者带来损失的风险；四是流动性风险，指公司不合理的融资结构所带来的风险。

证券投资基金面临的风险交织在一起，形成一个复杂的系统，风险的防范尤为复杂和重要，通常通过分散化投资来规避风险，即建立证券投资组合。现代证券投资组合管理理论的起点是1952年美国经济学家哈里·马柯维茨发表的论文《资产组合的选择》。马柯维茨提出了均值方差模型，推导出投资者应该分散投资于多种证券而不是一种证券。1963年，威廉·夏普发表了《对于“证券组合”分析的简化模型》一文，提出了单因素模型，大大简化了马柯维茨模型的计算量；1964年，他提出了资本资产定价模型，发展了证券组合理论。1976年，罗斯否定了资本资产定价模型，提出了新的套利定价模型，指出只要所有投资者都不能通过套利获得收益，那么期望收益率就只与风险相关。这些模型丰富和完善了证券投资组合管理理论。

证券投资组合管理的意义在于采用适当的方法，在达到一定预期收益的前提下使得投资风险最小或在控制风险的情况下使得投资收益最大。

（2）证券投资收益度量的基本方法

①单一证券收益的计算方法。任何投资都可以用收益率来衡量其投资结果，收益率

的计算公式为：

$$收益率=\frac{收入-支出}{支出}\times 100\%$$

通常情况下，收益率受许多不确定因素的影响，假定收益率服从某种概率分布，则可求出单一证券投资的期望收益率E（r）。E（r）的计算公式如下：

$$E(r)=\sum_{i=1}^{n} r_i p_i$$

式中，r_i为收益率，p_i为概率。

【例7-1】单一证券投资的期望收益率计算

假定某只证券的收益率分布情况见表7-1。

表7-1 某只证券收益率分布表

收益率（%）	-50	-20	-10	0	30	50	60
概率	0.05	0.15	0.20	0.35	0.15	0.05	0.05

该证券的期望收益率为：

$$E(r)=\sum_{i=1}^{n} r_i p_i$$
$$=[(-0.5\times 0.05)+(-0.2\times 0.15)+(-0.1\times 0.20)+(0\times 0.35)+(0.3\times 0.15)+(0.5\times 0.05)+(0.6\times 0.05)]\times 100\%$$
$$=2.5\%$$

②证券投资组合的收益度量方法。通过期望收益率可以度量单只证券的收益率，若一个证券投资组合由一定数量的单只证券构成，每只证券占一定的比例，该证券投资组合可视为一个整体，其收益率同样可以用期望收益率来度量。

【例7-2】证券投资组合的期望收益率计算

假设有两只证券A和B，某投资者将一笔资金以x_A的比例投资于证券A，以x_B的比例投资于证券B，且$x_A+x_B=1$。证券投资组合P的期望收益率E（r_p）的计算公式为：

$$E(r_p)=x_A E(r_A)+x_B E(r_B)$$

该证券投资组合P中每只证券的期望收益率、投资比重见表7-2。

表7-2 证券证券A和B收益率、投资比重表

证券名称	期望收益率	投资比重
A	20%	60%
B	10%	40%

该证券投资组合P的期望收益率为：

$$E(r_p)=x_A E(r_A)+x_B E(r_B)$$
$$=60\%\times 20\%+40\%\times 10\%=16\%$$

本章小结

证券投资基金是一种集合投资方式，体现的是一种信托关系，以其独特的性质和特征在资本市场中发挥着重要的作用。证券投资基金具有集合理财、专业管理，组合投

资、分散风险，利益共享、风险共担，严格监管、信息透明，独立托管、保障安全的特点。基金的设立与募集是证券投资基金投资运营的第一步，募集包括基金份额的发售、备案和公告。基金的运作包括基金的市场营销，投资管理，基金的估值、费用与会计核算，信息披露、收益分配等；投资包括投资目标、投资理念、投资策略、投资范围、投资组合管理等。

基本训练

一、主要概念

基金　封闭式基金　开放式基金　契约型基金　公司型基金　货币市场基金　混合基金　公募基金　私募基金　基金资产净值

二、重点实务

基金的设立流程和募集程序　基金资产净值和基金份额的计算　基金的运作模式和投资管理

三、案例分析

养老目标基金“乘风而上”

从世界范围看，个人养老金的资产构成中，公募基金，尤其是养老目标基金，占了相当大的比重。我国个人养老金制度落地，将对公募基金行业产生深远影响。

2022年4月，国务院办公厅发布的《关于推动个人养老金发展的意见》中明确指出，个人养老金资金账户内的资金用于购买符合规定的银行理财、储蓄存款、商业养老保险、公募基金等金融产品，由参加人自主选择。

在这一系列金融产品中，公募基金行业率先出现进展。2022年6月，中国证监会发布《个人养老金投资公开募集证券投资基金业务管理暂行规定（征求意见稿）》，成为首个个人养老金制度金融产品的配套细则。其中明确，在试点阶段，个人养老金可投基金产品将以最近连续4个季度末规模不低于5 000万元的养老目标基金为主。这就意味着养老目标基金有机会率先被纳入个人养老金制度的税优产品范围。

2018年我国养老目标基金正式启航，如今养老目标基金产品规模已破千亿元，平均半天增长1亿元，是个税递延型养老保险、养老理财产品、专属商业养老保险等一众第三支柱试点产品中规模最大的一类。截至2022年8月31日，养老目标基金的产品数量已达183只，产品规模突破千亿元，达1 067.73亿元。除了规模之外，还有一个值得关注的指标——开户数。目前养老目标基金的开户数超过300万户，非常可观。个人养老金“风起”，公募基金行业将面对巨大的机遇。

资料来源　佚名. 个人养老金“启航”，收获首份配套细则的养老目标基金如何“乘风而上”?[EB/OL]. [2022-09-15]. https://baijiahao.baidu.com/s?id=1743998233785997239&wfr=spider&for=pc. 有改动。

请结合案例分析，目前我国对养老目标基金大力支持，民众的投资需求也不断增长，养老目标基金“乘风而上”，面对如此巨大的机遇，公募基金公司该做些什么？

四、计算题

某证券投资组合M由A、B、C三只证券组成，其期望收益率、投资比重见表7-3。

表7-3 A、B、C三只证券收益率、投资比重表

证券名称	期望收益率	投资比重
A	—	35%
B	10%	23%
C	15%	—

其中，A证券的收益率分布见表7-4。

表7-4 A证券收益率分布表

收益率（%）	-15	-12	-8	0	10	18	22
概率	0.02	0.03	0.05	0.25	0.20	0.15	0.40

请计算证券投资组合M的期望收益率。

五、模拟操作

以某只上市基金为例，熟悉并掌握基金资产净值和基金份额的计算，运用所学知识对其投资价值进行分析。

六、即测即评

第7章单项选择题　　第7章多项选择题　　第7章判断题

第8章

外汇市场

学习目标

通过本章学习，在知识方面，熟悉外汇市场的概念和功能，了解外汇市场的主要参与者及交易层次，掌握外汇市场各交易方式的概念及区别，掌握汇率的决定及影响因素；在技能方面，熟悉外汇市场的报价方式和计价方式，掌握远期汇率的计算及套汇交易的方法等；在能力方面，能运用外汇市场的相关知识对现实问题进行分析。

导读案例

现代外汇交易的产生与发展

在19世纪50年代的美国，一家名为Alexander Brown & Sons的公司开始进行外汇交易，这家公司被视为领先的市场参与者。美国外汇交易的先驱还包括19世纪80年代获得允许进行外汇交易的J.M.Do Espirito Santo de Silva。1880年，以黄金为标准货币的货币体系形成，很多人认为这一年是现代外汇的起始年。

1902年，伦敦出现了2家外汇经纪商。1913年，全球外汇交易的几乎一半是以英镑进行的。20世纪30年代中期，伦敦成为外汇市场的中心，而英镑成为贸易基准货币和储备货币。第二次世界大战之后，英国经济走向衰落，美国是唯一未受到战争损害的发达国家。布雷顿森林体系确定了美元与黄金挂钩，每盎司黄金35美元，美元也成为世界储备货币。

20世纪70年代末，汇率的自由浮动制正式实施。这成为20世纪金融市场最重要的里程碑事件，促成了当代外汇理念的形成。这意味着，货币可以由任何人交易，其价值是由市场当前供求力量形成的函数所决定的。此后，外汇交易量出现了急剧增长，全球外汇日均交易量快速提高，1989年为5 392亿美元，2007年为3.3万亿美元，2019年为6.59万亿美元，外汇市场日均交易量翻了12倍有余。

资料来源　佚名．外汇市场的起源［EB/OL］．［2022-10-16］．https：//www.earnforex.com/cn/%E6%8C%87%E5%8D%97/%E5%A4%96%E6%B1%87%E5%B8%82%E5%9C%BA%E7%9A%84%E8%B5%B7%E6%BA%90/.

外汇市场是指买卖外币或买卖以外币计价的有价证券的市场，是金融市场的重要组成部分。它的存在有利于国际贸易和投资，有利于国际资金融通，有利于国际债务清偿，有利于外汇风险规避。伴随国际经济一体化的进一步发展，外汇市场的运转变化对世界经济运行的影响日益显著。

8.1 外汇市场概述

在所有金融市场里，外汇市场是规模最大（全球性交易）、营业时间最长（24小时交易）、资格最老（与国际贸易同时产生）的市场。它的存在使人们可以将一种货币转换成另一种货币，满足了人们对买卖外国货币的巨大需求。本节主要介绍外汇市场及汇率的相关概念，以及外汇市场的特点及功能等。

8.1.1 外汇与汇率

1）外汇

（1）外汇的定义及特征

外汇是指外国货币或以外国货币表示的、能用来清算国际收支差额的资产。国际货币基金组织（IMF）对外汇的定义如下：外汇是货币行政当局以银行存款、财政部库券、长短期政府证券等形式所保有的在国际收支逆差时可以使用的债权。它有动态和静态两种含义。

动态意义上的外汇是指人们为了清偿国际债权债务，而将一个国家的货币兑换成另一个国家的货币，它是国际汇兑的简称。

静态意义上的外汇又有狭义和广义之分。从狭义上讲，外汇是指以外国货币表示的、为各国普遍接受的、可用于国际债权债务结算的信用凭证或支付手段。从广义上讲，外汇是指可以清偿对外债务的一切以外国货币表示的资产或债权。各国和地区外汇管理法令中沿用的表述方法是："以外币表示的可以用作国际清偿的支付手段和资产。"2008年8月1日修订通过的《中华人民共和国外汇管理条例》中规定，外汇是指：外币现钞，包括纸币、铸币；外币支付凭证或者支付工具，包括票据、银行存款凭证、银行卡等；外币有价证券，包括债券、股票等；特别提款权；其他外汇资产。可见，这里的外汇指的是广义外汇。

并非所有的外国货币都称为外汇。一种外币称为外汇必须具有以下三个特征：第一，可兑换性，即这种外币必须是可以自由兑换的货币；第二，可接受性，即这种外币在国际经济交往中被各国普遍地接受和使用；第三，可支付性，即这种外币是可以保证得到偿付的。只有具有这三个特征才能称为外汇。

一个国家的外汇供给主要形成于商品和劳务的出口收入、对国外投资的收入、国外赠款与援助以及国际资本流入等，而外汇需求主要来源于商品和劳务的进口、对外投资支出、对外国的赠款与援助以及资本流出等。

（2）外汇的作用

作为国际支付手段，外汇对国际经济一体化的发展起着重要的作用，主要表现在以下三个方面：

一是促进国际经贸发展，实现购买力的国际转移。外汇充当经济贸易的支付手段，节约流通费用，拓宽融资渠道，促进和扩大国际经济交往与合作。

二是加速国际资本流动，调节资金供求的不平衡。世界经济发展的不平衡导致了资金配置的不平衡，外汇作为国际支付手段，通过国际信贷和投资途径，可以调剂资金余缺，促进各国经济均衡发展。

三是清偿国际债权债务，扩大国际信用交往。外汇是一个国家国际储备的重要组成部分，也是清偿国际债权债务的主要支付手段。用外汇清偿国际债权债务，可以降低风险，缩短支付时间，促进国际信用交流。

小思考8-1

被各国用作外汇储备的货币有哪些?

根据外汇的特征和作用，被各国用作外汇储备的货币应具有国际性、价值稳定等特征，其发行国家也应该具有较高的经济发展水平。

2022年第一季度，外汇储备币种占比（不同币种外汇储备占全部外汇诸备的比例）见表8-1。

表8-1　外汇储备币种占比

币种	占比
美元	54.80%
欧元	18.67%
日元	4.98%
英镑	4.63%
人民币	2.68%
加拿大元	2.29%
澳大利亚元	1.80%
瑞士法郎	0.21%
其他	3.01%
未报告储备	6.93%

资料来源　国际货币基金组织（IMF）IFS数据库.

思政小课堂8-1

在全球外汇储备中占比续创新高，人民币国际化稳健前行

近年来，人民币在全球外汇储备资产、外汇交易份额中呈现稳步提升趋势。《2021年人民币国际化报告》称，据不完全统计，目前全球将人民币纳入外汇储备的央行或货币当局有70多个，相比2019年增加10余个。与此同时，IMF公布的数据显示，2022年第一季度，人民币在全球外汇储备中的占比创新高，由去年第四季度的2.79%升至2.88%，位居全球第五。2022年5月，IMF对SDR篮子权重根据2017—2021年期间的贸易和金融市场发展情况作了调整，SDR货币篮子中人民币的权重升至12.28%。2022年6月25日，中国人民银行与国际清算银行（BIS）签署了参加人民币流动性安排（RMBLA）的协议，为人民币国际化增添了新动能。

人民币国际化是一个中长期战略，是中国经济发展、市场选择和历史演进的必然。党的十九届五中全会强调，稳慎推进人民币国际化，坚持市场驱动和企业自主选择，营造以人民币自由使用为基础的新型互利合作关系。从2009年作为一项国家层面的战略安排被提上日程以来，人民币国际化已经走过10余年的历程，取得了不俗的进展。当今世界正逢百年未有之大变局，世界经济政治格局处于不断变化中，主要货币力量对比分化，各国掀起去“美元化”浪潮，国际货币格局进入动荡调整期。在危机中育新机，于变局中开新局。于中国而言，我们要重视人民币在未来双边、多边贸易协定中的作用，同时要警惕国际金融市场的剧烈动荡，坚持“以我为主”，兼顾内外均衡。保持稳健的货币政策以及经济稳中向好的发展态势，稳慎推进人民币国际化，就能将未来发展的主动权牢牢掌握在自己的手中。

资料来源　根据以下文献编写：（1）曾彦彰. 人民币国际化是中国经济发展的必然［EB/OL］.（202-08-30）［2022-10-26］. http：//finance.people.com.cn/GB/n1/2021/0830/c1004-32211569.html.（2）佚名. 美元“武器化”：聪明反被聪明误［EB/OL］.［2022-09-16］. https：//baijiahao.baidu.com/s?id=1744089269126112007&wfr=spider&for=pc.

2）汇率

（1）汇率的定义及标价

汇率亦称外汇行市或汇价，是一国货币折算成另一国货币的比率，是以一种货币表示另一种货币的价格。世界各国使用的货币不同，当两个国家之间进行商品或劳务交换时，就需要将以本币表示的商品或劳务，按照一定的兑换率，以外币的形式表示出来，此时的兑换率即汇率。由于本外币在进行相互表示时存在方向问题，因此汇率具有双向表示的特点，标价法分为两类：直接标价法和间接标价法。

直接标价法又称应付标价法，是用本币对外币进行标价，即以一定单位的外国货币作为标准来计算应付多少单位的本国货币。目前包括中国在内的绝大多数国家和地区都采用直接标价法。例如，2022年8月17日，中国银行公布的人民币对美元汇买价为6.7756，即1美元可兑换6.7756元人民币，这就是直接标价法。在这种标价法下，若一定单位的外币折算成的本币数额多于前期，则说明外币币值上升（或本币币值下跌），称为外汇汇率上升；反之，若少于前期，则说明外币币值下跌（或本币币值上升），称为外汇汇率下跌。由此可见，在直接标价法下，外币的价值与汇率的涨跌成正比。

间接标价法又称应收标价法，是用外币对本币进行标价，即以一定单位的本国货币作为标准来计算应收多少单位的外国货币。在国际外汇市场上，欧元、英镑、澳元等均为间接标价法。例如，在欧洲外汇市场上，2022年12月1日，欧元对人民币汇率为0.1356，即1元人民币可兑换0.1356欧元，这就是间接标价法。在这种标价法下，如果一定单位的本币能兑换的外币数额比前期少，则表明外币币值上升（或本币币值下降）；反之，如果一定数额的本币能兑换的外币数额比前期多，则说明外币币值下降（或本币币值上升）。在间接标价法下，外汇的价值和汇率的涨跌成反比。

间接标价法与直接标价法所表示的汇率涨跌含义刚好相反，在引用某种货币的汇率或说明其汇率高低时，一定要说明采用的是哪种标价方法，以免混淆。

第二次世界大战以后，随着美元国际地位的上升，建立起了以美元为中心的国际货币制度。美国在1978年9月1日制定并执行美元标价法，即用其他货币给美元标价，使美元凌驾于世界其他各国货币之上，成了国际上最主要的国际结算和储备货币。目前美元标价法仍然是国际金融市场上通行的标价法。

小资料8-1

人民币汇率制度改革进程

人民币汇率共有三次大的形成机制改革。在改革开放初期，我国实行的是单一汇率制。从1981年到1984年，实行官方汇率与外汇内部结算价并行的双重汇率制度；1985年到1993年，采取的是官方汇率与外汇调剂的结算价。1994年年初，把过去长期实行的双轨制汇率改成了以市场供求为基础、单一的、有管理的浮动汇率制。2005年7月21日，改变早先的人民币钉住美元制度，实行以市场供求为基础、参考一篮子货币调节、有管理的浮动汇率制度。2015年8月11日，对中间价报价机制进行改革，首先参考上日“收盘汇率”，即人民币对美元汇率中间价报价，要参考上一个交易日的收盘汇率。

（2）汇率的种类

在外汇交易中，汇率表现为各种各样的形式，主要有以下五种分类：

①根据外汇管理制度的不同，分为固定汇率和浮动汇率。

固定汇率是指在金本位体制和布雷顿森林体系下，由外汇管理当局制定和公布，并只能在很小幅度内波动的汇率。在金本位体制下，固定汇率取决于两国金铸币的含金量，汇率波动限定在黄金输出与输入点之间，即汇率波动幅度限定于两国之间运送黄金的费用。目前使用固定汇率的一般都是外汇管制比较严格的国家，包括很多发展中国家。

浮动汇率是指一国货币当局不规定本国货币对其他国家货币的汇率，也不设置任何汇率波动幅度的上下限，汇率高低完全由外汇市场的供求关系决定，其涨落基本自由。在浮动汇率制下，外币供大于求时，外币贬值，本币升值，外汇汇率下跌；反之，外汇汇率上涨。一般来说，一国的货币当局原则上没有维持汇率水平的义务，但必要时可进行干预，西方国家普遍实行浮动汇率制。

小资料8-2

我国外汇管理历史沿革

1978年以来，外汇管理体制改革大致经历四个发展阶段：

第一阶段：1978—1993年，外汇管理体制改革起步。这一阶段以增强企业外汇自主权、实行汇率双轨制为特征。

第二阶段：1994—2000年，社会主义市场经济条件下的外汇管理体制框架初步确定。

第三阶段：2001—2012年，以市场调节为主的外汇管理体制进一步完善。2001

年年底加入世界贸易组织以来，我国加速融入全球经济，国际收支在较长一段时间内呈现持续大额顺差，外汇管理提出国际收支平衡的管理目标和“均衡管理”的监管理念，包括人民币资本项目可兑换等重大改革探索有序推进。

第四阶段：2013年至今，统筹平衡贸易投资自由化便利化和防范跨境资本流动风险，在维护外汇市场稳定，尤其是成功应对2015年年底至2017年年初外汇市场高强度冲击的同时，外汇领域改革开放取得历史性成就。

资料来源　国家外汇管理局．外汇管理历史沿革［EB/OL］．（2018-11-30）［2022-11-03］．http：//www.safe.gov.cn/safe/2018/1109/10674.html．有改动。

②根据汇率制定方法的不同，分为基础汇率和套算汇率。

基础汇率是指一国在制定汇率时必须选择在本国对外经济活动中使用最频繁的货币作为标准，这种货币被称为关键货币，然后制定本国货币与关键货币实际价值的对比，即制定对关键货币的汇率。

套算汇率又称交叉汇率，是指根据基础汇率以及关键货币与其他外国货币之间的汇率，换算出的本币与其他货币之间的汇率。美元是国际支付中使用较多的货币，各国都把美元当作制定汇率的关键货币，将对美元的汇率作为基础汇率，而与美元以外其他货币之间的汇率都需要通过美元汇率套算出来。

③根据银行买卖外汇报价的不同，分为买入汇率、卖出汇率、中间汇率和现钞汇率。

买入汇率也称买入价，即银行向同业或客户买入外汇时所使用的汇率。卖出汇率也称卖出价，即银行向同业或客户卖出外汇时所使用的汇率。银行的卖出汇率一般略高于买入汇率，从而通过低买高卖赚取两者之间的差价，这个差价即是银行买卖外汇的收益。银行同业之间买卖外汇时使用的买入汇率和卖出汇率也称同业买卖汇率，实际上就是外汇市场买卖价。中间汇率是买入价与卖出价的平均数。

现钞汇率是买卖外汇现钞的兑换率。许多国家和地区都规定，不允许外国货币在本国流通，只有将外币兑换成本国货币，才能够购买本国的商品和劳务，因此产生了买卖外汇现钞的兑换率。理论上，现钞汇率与外汇汇率相同，但由于在运送外币现钞的过程中，会产生一定的运费和保险费，因此银行在收兑外币现钞时的汇率通常要低于外汇买入汇率，而银行卖出外币现钞时使用的汇率通常与外汇卖出汇率相同。

④根据外汇交易交割时间不同，分为即期汇率和远期汇率。

外汇交易的交割是指买卖双方根据合同的规定各自履行义务，由买卖双方分别支付货币的行为。即期汇率也称现汇汇率，是指外汇买卖双方达成协议，约定在成交当天或两天以内进行交割时使用的汇率。远期汇率也称期汇汇率，是指外汇买卖双方达成协议，在未来一定时期进行交割时使用的汇率。到了交割日期，由协议双方按约定的汇率、金额进行钱汇两清。

远期外汇的汇率与即期汇率相比是有差额的，这种差额叫远期差价，有升水、贴水、平价三种情况。如果远期汇率比即期汇率高，该差价称为升水；如果远期汇率比即期汇率低，该差价称为贴水；如果远期汇率与即期汇率相等，称作平价。升贴水一般受货币的供求关系、利率差异以及市场预期等因素的影响。

⑤根据汇率与货币实际购买力的不同，分为名义汇率和实际汇率。

名义汇率是指一国货币与另一国货币相交换的比率，即外汇市场上的汇率。实际汇率是指一国的物品和劳务与另一国的物品和劳务交换的比率，它是一国的一篮子商品与另一国的一篮子商品的相对价格。也就是说，名义汇率是用货币单位来度量的；实际汇率是用实物单位来度量的，通过其比率体现两国货币的相对购买力。

8.1.2　外汇市场的含义与特点

1）外汇市场的含义

买卖外汇的活动称为外汇交易，而各种外汇交易的领域便是外汇市场。换言之，外汇市场是指对外币和以外币计价的票据等有价证券进行买卖的市场，是金融市场的主要组成部分。

根据形式不同，外汇市场分为有形外汇市场和无形外汇市场。有形外汇市场是指有固定交易场所和固定交易时间的外汇市场，如巴黎、上海、法兰克福等就属于有形外汇市场。无形外汇市场是指没有具体的交易场所和固定交易时间，买卖双方通过电话、电传、计算机终端等现代化通信手段实现交易的市场，如伦敦、东京、纽约等就属于无形外汇市场。目前绝大部分外汇交易是在无形外汇市场进行的。

根据外汇交易参与者和交易量的不同，外汇市场分为狭义外汇市场和广义外汇市场。狭义外汇市场又称为批发外汇市场，是指银行同业之间的外汇交易市场，包括外汇银行之间、外汇银行与中央银行之间、各国中央银行之间的交易。广义外汇市场是在狭义外汇市场的基础上包含银行同一般客户之间外汇交易的市场。

根据外汇管理程度的不同，外汇市场可以分为官方外汇市场和自由外汇市场。官方外汇市场是指受所在国政府控制，按照中央银行或外汇管理机构规定的汇率进行交易的外汇市场。自由外汇市场是指不受所在国政府控制，汇率完全由外汇市场供求关系决定的外汇市场。在许多国家和地区取消外汇管制之后，自由外汇市场已由过去居于次要地位转变成为占主导地位的外汇市场，伦敦、纽约、苏黎世、法兰克福、东京等地外汇市场已成为世界上主要的自由外汇市场。

2）外汇市场的特点

(1) 规模大，运作时间长

外汇市场遍布世界各地，交易规模大且具有国际影响的主要有伦敦、纽约、巴黎、法兰克福、苏黎世、东京、卢森堡、香港、新加坡、巴林、米兰、蒙特利尔和阿姆斯特丹等。在这些市场上买卖的外汇主要有美元、英镑、欧元、瑞士法郎、日元和加拿大元等几十种货币。这些外汇交易中心的地理位置不同，当一个市场闭市时，另一个市场仍在交易，由此形成了一个24小时连续运作的全球性外汇市场，这是一个具有高效率、公平性及流通性的世界级外汇市场。

小资料8-3

世界主要外汇市场交易时间表

世界上交易量巨大且极具国际影响的外汇市场有伦敦、纽约、巴黎、东京、香港、新加坡等。在这些外汇市场上买卖的外汇主要有美元、英镑、瑞士法郎、日元等十多种货币，其他货币的买卖则极少。从全球外汇市场来看，每天以伦敦为主的欧洲外汇市场最早开始营业（北京时间下午三四点左右），然后是纽约等北美外汇市场开市（北京时间晚上八九点左右）；至纽约等北美外汇市场收市时（北京时间早晨四五点左右），大洋洲、亚洲市场陆续开始交易；每天在东京、香港等亚洲市场即将收盘时（北京时间下午三四点左右），伦敦等欧洲外汇市场又重新开市了。如此周而复始，世界各地的外汇市场都能畅通无阻地进行交易。

世界各地主要外汇市场交易时间（北京时间）为：

悉尼：6：00—14：00；

东京：7：00—15：00；

香港：8：00—17：00；

法兰克福：14：00—22：00；

伦敦：15：00—23：00（冬令时间16：00—0：00）；

纽约：20：00—4：00（冬令时间21：00—5：00）。

（2）外汇市场的汇率趋同

20世纪70年代初，布雷顿森林体系的崩溃使西方国家开始普遍实行浮动汇率制，汇率波动愈加频繁。随着科技进步，电脑、网络等现代化通信手段将分散的各个外汇市场联结成一个统一的网络系统，为不同地区的外汇交易参与者对行情作出迅速反应提供了便利，由此产生了套汇交易。在套汇交易的推动下，一个市场汇率的涨跌会立即引起其他市场汇率的变化，直至各个市场的汇率差异越来越小，趋向一致。

（3）外汇交易方式多样且复杂

随着各个国家和地区普遍实行不同程度的浮动汇率制，汇率的变动愈加剧烈，外汇交易的方式越来越多样化、复杂化。传统的外汇交易包括即期外汇交易、远期外汇交易、外汇期货交易、外汇期权交易。为了进一步降低汇率风险，当前外汇市场上新生的衍生交易产品层出不穷，如利率掉期、货币互换、债券回购交易等。新的外汇交易方式不断涌现，外汇市场上的交易活动也越来越复杂了。

8.1.3 外汇市场的功能

1）实现购买力的国际转移

在国际经济交往中，购买力的国际转移是通过外汇市场来实现的。由于国际贸易和国际资金融通至少涉及两种货币，这就要求将一国货币兑换成外币以实现购买愿望。外汇市场的存在使国际购买力的转移能够顺利进行，并且可以将各种潜在的外汇购买者和外汇出售者的意愿联系起来。当外汇市场汇率变动使外汇供应量正好等于外汇需求量时，所有的购买和出售愿望都得到了满足，外汇市场处于平衡状态。外汇市场通过提供这种购买力的国际转移机制，使货币兑换和资金汇付能够在极短时间内完成，促进了各类国际商务往来，加强了各国政治、军事、文化、体育等领域的交流。

2）为国际交易者提供资金融通便利

外汇的存贷款业务集中了各国的社会闲置资金，能够调剂资本余缺，加快资本周转。外汇市场为国际贸易的顺利进行提供了保证。外汇市场便利的资金融通功能也促进了国际借贷和国际投资活动顺利进行。由于外汇市场的存在，人们能够在一个国家筹借资金，而在另一个国家进行投资，这就使得各种形式的套利活动成为可能，各个国家的利率水平也因此出现趋同现象。

3）提供外汇保值和投机的市场机制

在外汇交易中，交易双方都面临外汇风险，但是由于市场参与者对外汇风险的态度各不相同，有的参与者愿意花费一定的成本来转移风险，而有的参与者则愿意承担风险以获取较大的利润，由此出现了外汇保值行为和外汇投机行为。在金本位和固定汇率制下，外汇汇率基本上是平稳的，也就不存在外汇保值和外汇投机的需要及可能；在浮动汇率制下，外汇市场的功能得到进一步发展，外汇市场的存在既为套期保值者提供了规避外汇风险的场所，又为投机者提供了承担风险、获取利润的机会。

小思考8-2

外汇市场对进出口企业融资的作用

近年来，外汇市场发展迅速，不断与新技术融合，以更好地服务于外汇市场参与者。我国具体是如何做的呢？

国家外汇管理局于2019年3月22日推出跨境金融区块链服务平台（以下简称跨境区块链平台），率先在7个省（直辖市）、14家法人银行试点。11月，该平台扩容至17个省（直辖市、自治区）。截至11月20日，跨境区块链平台累计完成应收账款融资放款金额折合82.14亿美元（其中人民币62.75亿元），服务企业1 590家，其中中小企业占比约为70%。自愿自主加入跨境区块链平台的法人银行达160多家，约占全部办理外汇业务银行的1/3。

通过建立银企间端对端的可信信息交换和有效核验、银行间贸易融资信息实时互动等机制，实现资金收付、质押物凭证、融资申请、放款等在内的多种信息共享，进行融资业务流程优化再造，便利银行快速准确办理企业融资项目审核和信贷授信查证，助力缓解中小企业融资难、银行风控难的问题。

资料来源　张莫．国家外汇管理局：跨境区块链平台再扩容，助中小企业跨境融资［N］．经济参考报，2019-11-25．有改动。

8.2　外汇市场的构成

外汇市场由客体和主体构成。客体是指外汇市场的交易对象，主要是各种可自由交换的外国货币、外币有价证券及支付凭证等；主体是指外汇市场的参与者，主要包括外汇银行、客户、外汇经纪人以及中央银行和管理外汇的政府机构。本节主要介绍的是外汇市场的参与者以及外汇市场的交易层次。

8.2.1　外汇市场的参与者

在外汇市场这个全球性的外汇交易网络中，参与者众多，任何进行交易活动的人和机构都可定义为外汇市场的参与者。为了更好地认识外汇市场的主体活动，把外汇市场的参与者归纳为以下四类：外汇银行、客户、外汇经纪人以及中央银行和管理外汇的政府机构。

1）外汇银行

外汇银行是指由本国中央银行或货币当局指定、授权经营外汇业务的、以商业银行为首的金融机构。外汇市场上大多数的外汇买卖业务是通过外汇银行进行的，因此外汇银行是外汇市场的中心，也是最主要的参与者。

外汇银行在外汇市场上主要进行两种交易活动：一是外汇银行和客户进行外汇交易，充当外汇买卖的中介，从中赚取差额。参加交易的客户主要是个人、企业、非银行金融机构等，其出于办理国际结算、外汇投资、外币存款等动机向外汇银行买卖外汇。二是外汇银行进行同业间的外汇业务。在外汇交易中，常常会出现营业日内的“多头头寸”，即某种外币的买入额大于售出额；或者出现“空头头寸”，即某种外币的售出额大于买入额。一旦多头币种的汇率下跌或者空头币种的汇率上升，银行会承受巨大的损失。为了避免头寸风险，银行通常会及时利用银行间的交易进行头寸抛补（抛出多头补进空头），轧平头寸。

2）客户

客户是指通过银行和外汇经纪人进行外汇交易的个人和机构，他们是外汇的最初供应者也是最终需求者，在外汇市场上的作用和地位仅次于外汇银行。

客户包括的机构和个人中，有一部分是为了实施某项经济交易而买卖外汇，比如从事进出口贸易的企业、进行跨国投资的企业以及个人投资者等；而另一部分是为了调整资产结构或者通过预测汇率走势来赚取价差，这种投机活动是外汇市场上不可缺少的力量，也是完善外汇市场价格形成机制的有效途径。

> 小资料8-4
>
> **合格境内机构投资者和合格境外机构投资者**
>
> 合格境内机构投资者（Qualified Domestic Institutional Investors，QDII），是指允许符合条件的境内机构，经监管部门批准，在一定额度内，通过专用账户投资境外证券市场的一种开放模式。
>
> 合格境外机构投资者（Qualified Foreign Institutional Investors，QFII），是指允许符合条件的境外机构投资者经批准汇入一定额度的外汇资金，并转换为当地货币，通过严格监管的专用账户投资当地证券市场，其本金、资本利得、股息等经批准后可购汇汇出的一种资本市场开放模式。

3）外汇经纪人

外汇经纪人是在外汇市场上为外汇买卖双方介绍交易，并从中赚取手续费或佣金的中介人。他们不需要持有相应的外币存货，也无须承担汇率风险。他们与中央银行、外汇银行和客户都有十分密切的联系，是保证外汇市场流动性的关键角色。

客户与中央银行、外汇银行一般不能实现自由交易，必须通过外汇经纪人间接地与中央银行、外汇银行交易。而银行同业间市场上的外汇交易主要也是通过外汇经纪人完成的。尽管外汇经纪人的佣金比率较低，但是由于银行间外汇交易金额巨大，因此其收益也是很可观的。外汇市场上的买卖双方可以通过外汇经纪人以匿名的形式买卖外汇，而且由于外汇经纪人熟悉外汇行市和外汇供求情况，了解各方面的信用状况，因此可以最大限度地降低交易成本，帮助客户增加收益或减少损失。

4）中央银行和管理外汇的政府机构

各国中央银行和管理外汇的政府机构是外汇市场的特殊参与者，它们进行外汇买卖不是为了谋取利润，而是监督和管理外汇市场，将汇率控制在某一期望的幅度内，使其有利于经济发展。

世界各国的中央银行都持有相当数量的外汇储备并通过购入或抛出某种国际性货币的方式来干预外汇市场，以便维持本国货币金融的稳定。随着经济全球化的发展，任何一个国家单独进行外汇干预都难免力不从心，因此各国中央银行间的合作不断加强，常常会采取联合干预的方式。它们可以通过媒体发表声明，公开和直接地采取行动，也可以不公布消息，通过外汇经纪人秘密操作。

一般而言，当本国货币贬值过度时，央行会在市场上买入本币、抛出外币，从而增加外汇的供给并增强本币的需求；当本国货币升值过度时，央行会在市场上卖出本币、买进外币，从而增强外币的需求并增加本币的供给。

8.2.2 外汇市场交易的层次

根据外汇参与者的类别，外汇市场的交易可以分为三个层次：外汇银行与客户之间的外汇交易、外汇银行同业之间的外汇交易、外汇银行与中央银行之间的外汇交易。

1）外汇银行与客户之间的外汇交易

外汇银行与客户之间的外汇交易构成了零售外汇市场。在零售外汇市场上，客户向银行买卖外汇是通过银行柜台进行的，其交易动机多种多样，主要以国际结算收付货款为主，通常与外汇银行进行的是本币与外汇之间的兑换。在与客户的外汇交易中，银行一方面从客户手中买入外汇，另一方面将外汇卖给其他客户。也就是说，银行充当外汇供给者与需求者中间人的角色，并从中赚取外汇买卖的差价。

2）外汇银行同业间的外汇交易

银行同业间的外汇交易构成了批发外汇市场，是外汇市场的主体，也是银行间轧平外汇头寸的重要场所。银行在为客户提供外汇交易中介服务时，难免会出现营业日内外汇买入额与卖出额不平衡的情况，即出现各种外汇头寸的多头或空头。为了避免汇率变动的风险，银行需要借助同业间的外汇交易来轧平各币种的头寸，即抛出多头补进空头，这种外汇头寸抛补业务又称为外汇头寸调整交易。另一部分银行同业间的外汇交易则出于投机、套利、套汇等目的。由于银行间的外汇交易构成了绝大部分的外汇交易，因此批发外汇市场汇集了外汇市场的主要供求，从而可以决定外汇汇率的高低，而零售外汇市场的价格是在批发外汇市场的价格基础上略有增减。

相关链接8-1

央行：延长银行间外汇市场交易时间，提升投资中国市场便利性

2022年6月8日，在国新办举行的推动外贸保稳提质有关情况发布会上，中国人民银行国际司负责人周宇在谈及为外贸企业发展创造更为有利的宏观政策环境时透露，延长银行间外汇市场的交易时间，不断提升投资中国市场的便利性。

"我们会继续坚定不移地推动中国金融市场开放，进一步简化境外投资者进入中国市场投资的程序，丰富可投资的资产种类，完善数据披露，持续改善营商环境，延长银行间外汇市场的交易时间，不断提升投资中国市场的便利性，为境外投资者和国际机构投资中国市场创造更加有利的环境。”周宇表示。

目前的银行间外汇市场交易时间维持了超过6年。2016年1月4日起，央行将人民币外汇市场运行时间由北京时间9：30—16：30调整至北京时间9：30—23：30（区域交易运行时间暂维持不变），外币对和外币拆借交易系统运行时间由北京时间7：00—19：00调整至北京时间7：00—23：30。连续交易，中间不休市。

2022年5月，国际货币基金组织完成了五年一次的特别提款权篮子的定值审查，人民币的权重从10.92%提升到12.28%。“当前国际形势严峻复杂，这是国际社会对中国持续推进金融开放成果的认可，也是人民币国际化的重要进展。近几年，中国人民银行与各国央行以及IMF、BIS等国际组织保持了密切合作，为中国的经济金融政策和人民币争取到更多的国际社会理解和支持。”周宇表示。

资料来源　陈月石，周頔．央行：延长银行间外汇市场交易时间，提升投资中国市场便利性［EB/OL］．［2022-06-08］．https：//www.thepaper.cn/newsDetail_forward_18476321.

3）外汇银行与中央银行间的外汇交易

国际资金的大量流动会导致外汇供求失衡，有时还会引起汇率的暴涨或暴跌，此时，中央银行会在外汇市场上买卖外汇，通过外汇干预的方式来稳定汇率。当某种外币汇率下跌低于期望值时，中央银行就会从外汇银行购入这种外币，从而增加市场对该种外币的需求，促使其汇率上涨；反之，当某种外币汇率上涨高于期望值时，中央银行则会在外汇银行出售该种外币，从而增加该种外币的供给，促使其汇率下跌。通过该层次的外汇交易，中央银行便可以通过外汇干预的手段来促使汇率稳定在某一期望的水平上。

同步案例8-1

日本央行干预汇市

为了缓解日元跌势，日本当局持续加大干预汇市力度。2022年11月第一周，日本财务省公布的最新数据显示，为了支撑日元汇率，日本当局10月总计耗费6.35万亿日元（约430亿美元）干预汇市，规模创下有史以来之最。这个数值也明显高于日本当局9月干预汇市的200亿美元金额。

一位香港银行外汇交易员向《21世纪经济报道》记者透露，金融市场普遍认为日本当局10月主要采取了两轮大规模干预汇市：一次是10月21日，日本当局或动用5.5万亿日元（约370亿美元）干预汇市；另一次是10月24日，日本当局或动用5 000亿日元“力挺”日元。“此外，日本当局10月还开展多次小规模干预汇市。”该名香港银行外汇交易员指出。

《21世纪经济报道》记者了解到，10月21日，日本当局之所以动用约370亿美元干预汇市，主要原因是当时日元对美元汇率跌至过去32年以来最低点151.94，且外汇市场纷纷押注日元对美元汇率将在短期内跌破160整数关口，迫使日本当局不得不动用巨额资金扭转日元跌势。

目前，日本大手笔干预汇市似乎取得一定成效。通联数据Datayes显示，截至11

月1日18时，日元对美元汇率徘徊在147.68附近，较10月21日回升约2.8%。

Corpay策略分析师Karl Schamotta对此指出，日元汇率回升未必是日本当局大手笔干预汇市的“功劳”，而是得益于10月下旬起美元指数从113.9回落至111.02。但是，投机资本正卷土重来继续沽空日元，因为他们押注美联储会在11月加息75个基点，令日元利差劣势进一步扩大，迫使日元汇率估值下跌。

在Schamott看来，只要日本当局延续极度宽松的国债收益率曲线控制货币政策（YCC），加之日本经济因日元汇率贬值而遭遇波折，就将吸引更多全球投机资本参与沽空日元套利。

资料来源　陈植．日本创纪录干预汇市“成效甚微”，全球资本缘何持续沽空日元［N］．21世纪经济报道，2022-11-02.

8.3　外汇市场的交易方式

外汇市场上的各种交易可按不同的标准划分为不同的种类。根据合同交割期限的不同，可分为即期外汇交易和远期外汇交易。除此之外，外汇交易还可分为套汇交易、掉期交易、互换交易、套期保值交易、投机交易等。本节主要介绍的是即期外汇交易、远期外汇交易和套汇交易的基本原理、计算方法及交易方式。

8.3.1　即期外汇交易

1）即期外汇交易的基本原理

即期外汇交易（Spot Exchange Transaction）又称现汇交易，是指交易双方以当时的外汇市场价格成交后，于两个营业日内办理有关货币收付交割的一种交易行为。在这两个营业日内，外汇交易者将交易款项借记（或贷记）其国内银行账户，贷记（或借记）其国外银行账户。成交是指交易双方就外汇买卖的价格、金额和币种等问题达成协议的行为，成交的这一天称为成交日。交割是指交易后双方履行资金划拨、实际收付相应货币金额的行为，交割的这一天称为交割日，也称为结算日。

按照即期外汇交易付款通知的传递方式不同，可以分为电汇、信汇和票汇，其中电汇方式是速度最快、使用最为频繁的一种方式。即期外汇交易在外汇市场上占有重要地位，是国际外汇市场上最常用、最普遍的交易方式，约占外汇交易量的2/3，也是远期外汇交易的基础。

小资料8-5

即期外汇交易两个营业日的起源

以前在欧美之间的即期外汇交易需要通过电报传递才能划拨资金，而交易时间也是电报公司的业务高峰时间，拍电报的费用非常高，于是大家便约定俗成地将作为付款委托书的电文留到第二天早晨再发出，这样可以避开电报业务繁忙时间，获取电报公司对隔夜业务的优惠价，降低成本。如今全球外汇市场24小时才能运行一周，采用两个营业日进行交割，可以消除各市场因时差问题带来的交割障碍，因此这个制度就沿袭了下来。

2）即期外汇交易相关的计算

即期外汇交易的汇率是即期汇率，又称现汇汇率，是外汇市场最基本的汇率，其他的交易汇率都是在即期汇率的基础上计算出来的。即期汇率通常采用美元标价法，即以某个货币对美元的买进或卖出的形式进行报价，并同时报出买入价和卖出价。

按照即期外汇交易市场的报价惯例，通常用5位数或6位数表示买卖价。例如，纽约市场某日的汇价为：

USD1=CHF1.0240~1.0300

GBP1=USD1.2382~1.2422

报价的最小单位（市场称为基本点）是标价货币的最小价格单位的1%。如英镑对美元价格中的1个基本点为0.0001美元，此时若英镑对美元从1.2382~1.2422上升到1.2412~1.2452，则称该汇率上涨了30个基本点或30个点。

在外汇市场上，由于各国货币的汇率通常以美元标价，因此其他国家货币之间的买卖需要通过美元进行套算，由套算得出的汇率称为交叉汇率。我们通过例题介绍汇率套算的计算方法。

【例8-1】美元作为基准货币

假定外汇市场的汇率为：

USD1=CAD0.9927~0.9956

USD1=JPY79.87~79.94

此时加元对日元的汇率计算方法为交叉相除：

79.87÷0.9956=80.2230（日元）

79.94÷0.9927=80.5279（日元）

CAD1=JPY80.2230~80.5279

【例8-2】美元作为计价货币

假定外汇市场的汇率为：

GBP1=USD1.6147~1.6184

CAD1=USD1.0044~1.0074

此时英镑对加元的汇率计算方法为交叉相除：

1.6147÷1.0074=1.6028（加元）

1.6184÷1.0044=1.6113（加元）

GBP1=CAD1.6028~1.6113

【例8-3】美元既作为基准货币又作为计价货币

假定外汇市场的汇率为：

GBP1=USD1.6147~1.6184

USD1=CAD0.9927~0.9956

此时英镑对加元的汇率计算方法为同边相乘：

1.6147×0.9927=1.6029（加元）

1.6184×0.9956=1.6113（加元）

GBP1=CAD1.6029~1.6113

3）即期外汇交易的方式

即期外汇交易有两种方式：顺汇买卖方式和逆汇买卖方式。

顺汇买卖方式是指汇款人委托银行以某种信用工具，通过其国外分行或代理行将款项付给收款人，受托银行在国内收进本币，在国外付出外汇。顺汇的特点是结算工具传递的方向与资金的流向一致，是从付款（债务）方传递到收款（债权）方的。

逆汇买卖方式也称托收方式，是指由收款人出票，通过银行委托其国外分行或代理行向付款人收取汇票所列款项的一种方式。逆汇的特点是结算工具传递的方向与资金的流向相反。

8.3.2 远期外汇交易

1）远期外汇交易的基本原理

远期外汇交易（Forward Exchange Transaction，FET）又称期汇交易，是指买卖双方先签订合同，规定买卖外汇的货币种类、数量、汇率以及未来交割的时间，到了规定的交割日期，买卖双方再按照合同规定办理货币收付的外汇交易。双方在签订合约时，除交纳10%的保证金外，不发生任何资金的转移。远期外汇交易从成交日到交割日间隔期限通常为30天、60天、90天、180天等，也有长达1年的，其中以90天最为普遍。远期外汇交易很少超过1年，期限越长，交易的不确定性越大。

远期外汇交易的目的是多种多样的，主要动机有两个：套期保值和外汇投机。套期保值是指预计将来某一时间要支付或收入一笔外汇时，买入或卖出同等金额的远期外汇，以避免或减少因汇率波动而造成经济损失的交易行为。通过在远期外汇市场上买进外汇以避免外汇风险的行为称为多头套期保值，而为了避免外汇风险在远期外汇市场上卖出外汇的行为称为空头套期保值。外汇投机是指外汇市场参与者根据对汇率变动的预期，预先买进或卖出某种货币的期汇，如预期正确，则按照现实汇率卖出或买进该种货币的现汇来交割期汇，从而赚取利润的行为。当然，若预测失误也会给投资者带来损失。

2）远期外汇交易相关的计算

买卖远期外汇的汇率也称为远期汇率，标价方法有两种：一种是直接标出远期汇率的实际价格；另一种是标出远期汇率与即期汇率的价差，即远期价差，也称远期汇水。如果一种货币的远期汇率比即期汇率高，称该货币升水，其汇率差称为该货币的远期升水；如果一种货币的远期汇率低于即期汇率，称该货币贴水，其汇率差称为该货币的远期贴水；如果一种货币的远期汇率与其即期汇率相等，称该货币远期平价。就两种货币而言，一种货币的升水必然带来另一种货币的贴水。在不同的标价方式下，远期汇率的计算方法也不同。在直接标价法下，远期汇率=即期汇率+升水（-贴水）；在间接标价法下，远期汇率=即期汇率-升水（+贴水）。

若标价中将买卖价格全部列出，并且远期汇水有两个数值时，可用如下计算方法：

（1）远期汇水点数前小后大，表示远期汇率升水，计算远期汇率时应用即期汇率加上远期汇水点数。

【例8-4】即期汇率加点数

假定外汇市场即期汇率为：

GBP1=USD1.6147~1.6184

1个月后远期汇水点数为33/50，则1个月后的远期汇率为：

1.6147+0.0033=1.6180

1.6184+0.0050=1.6234

GBP1=USD1.6180~1.6234

（2）若远期汇水点数前大后小，表示远期汇率贴水，计算远期汇率时应用即期汇率减去远期汇水点数。

【例 8-5】即期汇率减点数

假定外汇市场即期汇率为：

USD1=CAD0.9927~0.9956

1个月后的远期汇水为36/21，则1个月后的远期汇率为：

USD1=CAD0.9891~0.9935

3）远期外汇交易的方式

远期外汇交易主要有两种方式：固定交割日的远期交易和选择交割日的远期交易。

固定交割日的远期交易，是指进行远期外汇交易的买卖双方事先约定在未来某个确定的日期办理货币收付的交易，交割日一旦确定，不能推迟也不能提前。这是在实务中常用的远期外汇交易方式，但它缺乏灵活性和机动性。在现实中外汇买卖者往往事先并不知道外汇收入和支出的确切时间，很难确定一个固定的交割日。这时就需要采用选择交割日的外汇交易方式。

选择交割日的远期交易，是指主动请求交易的一方可在成交日的第三天起至约定的期限内的任何一个营业日，要求交易的另一方按照双方事先约定的远期汇率办理货币收付的远期外汇交易，可以将交割日固定在两个具体的日期之间，也可以将其固定在不同的月份之间。选择交割日的远期交易在交割日上对顾客有利，银行通常将选择从择期开始到结束期间最不利于顾客的汇率作为远期交易的汇率。

8.3.3 套汇交易

1）套汇交易的基本原理

套汇交易（Arbitrage Transaction）是套利交易在外汇市场上的表现形式之一，是指套汇者利用同一货币在不同交割期或不同地点的汇率差异，为了套取价差利润而进行贱买贵卖的一种外汇交易。利用同一货币在不同交割期上的汇率差异进行的套汇称为时间套汇，利用同一货币在不同外汇中心的汇率差异进行的套汇称为地点套汇。这里重点说明地点套汇。之所以会出现地点套汇，是由于空间的分割使得不同的外汇市场对影响汇率的各种因素呈现出不同的反应速度和反应程度，同一货币就会出现一定的汇率差异。

小思考 8-3

套汇交易对市场价格的作用

同一货币在不同外汇市场的汇率差异导致了套汇交易，套汇交易也影响了这些外汇市场的供求关系，进而影响汇率。也就是说，套汇交易一方面会扩大一个市场的需求，使其原本过低的汇率上涨；另一方面会增加另一个市场的供应，使其原本过高的汇率下跌，从而促使不同市场的汇率差异缩小，纠正各市场存在的价格偏差，使汇率在国际范围内趋同并呈现其真实价值。

2）套汇交易方式

套汇交易方式主要有两种：直接套汇和间接套汇。

（1）直接套汇

利用某种货币在两个外汇市场之间的汇率差异进行的套汇，即在某一外汇市场低价买入某种货币，在另一外汇市场高价卖出该种货币，这种外汇交易方式称为直接套汇，又称两角套汇，是最简单的套汇方式。

【例8-6】直接套汇

假设在同一时间，伦敦外汇市场的汇率为GBP1=USD1.6102~1.6139，纽约外汇市场的汇率为GBP1=USD1.6147~1.6184。英镑在纽约市场的汇率高于在伦敦市场的汇率，套汇者就可在伦敦市场以GBP1=USD1.6139的汇率卖出美元买进英镑，同时在纽约市场以GBP1=USD1.6147的汇率卖出英镑买进美元。如果不考虑交易费用，在两个市场进行套汇交易后，每套汇1英镑可以净赚0.0008美元。若在伦敦市场以161.39万美元买入100万英镑，同时在纽约市场卖出100万英镑得到161.47万美元，就可以获得800美元的收益。

（2）间接套汇

利用三个或多个不同外汇市场上的交叉汇率差异进行的套汇，即在同一时点在三个或多个外汇市场上以贱买贵卖的方式赚取汇率差额，这种外汇交易方式称为间接套汇，又称三角套汇。

【例8-7】间接套汇

假设在同一时间，纽约、巴黎、伦敦三个外汇市场的汇率如下：

在纽约市场上：USD1=CAD0.9927~0.9956

在巴黎市场上：GBP1=CAD1.5979~1.6009

在伦敦市场上：GBP1=USD1.6147~1.6184

根据这三个外汇市场的外汇行市，套汇者在纽约市场以1美元对0.9927加拿大元的行市卖出10万美元，买进99 270加拿大元；同时他在巴黎市场以1英镑对1.6009加拿大元的行市卖出99 270加拿大元，买进62 009英镑；在伦敦市场以1英镑对1.6147美元的行市卖出62 009英镑，买进100 126美元。通过上述套汇交易，原来投入的10万美元最后收回100 126美元，获得了126美元的利润。若不考虑交易费用，只要正确选择交易路线，就可以获得套汇收益。

两个市场的套汇机会很容易判断，对于三个市场是否存在套汇机会，可以通过如下方法进行判断：先将三个市场的汇率均以同一标价法表示，并且被表示货币的单位均统一为1，再将得到的各个汇率相乘。如果乘积等于1，说明没有套汇机会；如果乘积不等于1，说明有套汇机会。以【例8-7】说明，假设套汇者要套取美元，可以在纽约市场或伦敦市场投入美元，以巴黎市场作为中介市场。假设套汇者在纽约市场投入美元，由于$0.9927\times(1\div1.6009)\times1.6147=1.00126>1$，说明存在套汇机会。套汇路线为：纽约—巴黎—伦敦。若乘积小于1，说明存在套汇机会，套汇路线相反；若乘积等于1，说明不存在套汇机会。

8.4 汇率的决定与变动

汇率的形成是一个错综复杂的过程，由外汇市场的供求状况决定。而外汇市场供求变动的背后隐藏着更深层的决定因素，既包括国际收支、国民经济发展状况、相对通货膨胀率、相对利率等经济因素，也包含财政货币政策、汇率政策等政策因素，还包含政治和心理预期等因素，这些因素相互联系、相互制约。从1861年英国学者戈逊提出国际借贷说开始，西方学者从不同视角对汇率决定问题进行了深入研究，影响较大的是购买力平价理论和利率平价理论。前者考查长期中的汇率决定，后者主要考查短期中的汇率决定。

8.4.1 长期中的汇率决定

购买力平价（PPP）理论是汇率决定理论中最具影响和争议的理论之一，是揭示长期中汇率决定的重要理论。1922年，该理论由瑞典经济学家卡塞尔正式提出，基本思想是：汇率由价格水平决定，归根结底是不同货币购买力的相对比值。

购买力平价的成立与一价定律有密切联系。假设在开放经济中，在自由竞争的市场上，价格具有充分弹性，不存在贸易壁垒和运输成本，以同一货币衡量不同国家的同种可贸易商品的价格应该是一致的，这就是开放经济下的一价定律。用公式表示为：

$$P_i=EP_i^*$$

式中，E为直接标价法下的汇率，P_i为商品i的本国价格，P_i^*为商品i的外国价格。

将一价定律推而广之，假设对任何一种可贸易商品，一价定律都成立，同时各国编制物价指数的商品权重相等，那么各国物价水平折成同一种货币后也相等。绝对购买力平价表示为：

$$E=\frac{\sum P_i W_i}{\sum P_i^* W_i^*}=\frac{P}{P^*}$$

式中，E为直接标价法下的汇率，P为本国的一般价格水平，P^*为外国的一般价格水平。从上式可见，购买力平价理论是一价定律这一微观经济学原理在一般物价水平中的体现。绝对购买力平价并不严格依赖一价定律而成立，即使用同一货币衡量某一商品的价格不相等，只要一般价格水平相等，绝对购买力平价依然成立。

绝对购买力平价是购买力平价最典型的形式，它说明了某一时点上的汇率决定，即某一时点上的汇率等于两国一般物价水平之比，是对汇率的静态分析。但绝对购买力平价显然缺乏应用价值，诸多假设条件过于严格，一旦假设条件无法满足，绝对购买力平价就难以成立。卡塞尔对绝对购买力平价进行了修正，形成了相对购买力平价。其一般形式为：

$$\frac{E_t-E_{t-1}}{E_{t-1}}=\pi t-\pi_t^*$$

式中，$\frac{E_t-E_{t-1}}{E_{t-1}}$为汇率变动率，$\pi_t$为本国价格水平变动率，$\pi_t^*$为外国价格水平变动率。该公式表明，汇率的变动是由两国价格水平变动率之差决定的。与绝对购买力平价相比，相对购买力平价是动态的，用于解释某一时段汇率变动的原因。它强调两国间相对价格水平变化（表现为通货膨胀率）对汇率变动率的影响，而不再追究汇率与物价间的直接关系，增强了对汇率变动的预测性。

小资料 8-6

巨无霸指数

巨无霸指数是由《经济学人》于1986年9月推出的，是一个非正式的指标，用来比较不同国家汇率的指数。巨无霸指数用巨无霸汉堡测定购买力平价，用简单的方法表明货币汇率的变化情况。观察截至2022年7月的巨无霸指数不难发现，在日本巨无霸汉堡售价390日元的同时，美国售卖的巨无霸汉堡价格为5.15美元，两者间的隐含汇率为75.73。根据《经济学人》2022年7月公布的数据，瑞士法郎对美元汇价偏高30.3%，换言之，在瑞士吃一个巨无霸较在美国贵了三成！其余六大主要货币又如何？加拿大与美国接壤，两国又是最大双边贸易伙伴，加元汇率仅比美元轻微偏高2%。其余主要货币相对于美元都是偏低的。虽然巨无霸指数并不是一个精确计算汇率的工具，但它可以测量两种货币的汇率在理论上是否合理。

资料来源　(1) 佚名. 涨价！日本麦当劳对日元贬值忍无可忍，巨无霸指数“揭秘真相”[EB/OL]. [2022-09-27]. https://baijiahao.baidu.com/s?id=1745051359383316276&wfr=spider&for=pc. (2) 佚名. 巨无霸你可能吃过，但有否听过巨无霸指数？[EB/OL]. [2022-09-07]. http://column.etnetchina.com.cn/column-list-EtnetcolB375/101230.htm.

8.4.2 短期中的汇率决定

利率平价理论是短期中汇率决定的重要理论，它突破了传统的国际收支和物价水平的研究范畴，从资本流动的角度探讨汇率的变化，奠定了现代汇率决定理论的基础。

利率平价理论的基本假设包括：各国间资本能够完全流动，不存在任何资本控制；金融市场比较发达，外汇市场是有效的；不考虑交易成本；本国和外国的金融资产可以根据到期的时间和风险完全替代；套利资金无限制，可满足任何资金需求。

利率平价理论的基本思想是：在开放经济下，两国货币的汇率是由金融市场上两国货币资产的收益率来决定的。投资者通过比较本国和外国资产的投资收益率，决定投资策略，从而影响对本外币资产的相对供求，进而决定汇率水平。

根据对不同投资者风险偏好的假设，利率平价理论可分为抛补利率平价（CIP）和非抛补利率平价（UIP）。

除了上述基本假设，抛补利率平价还假定投资者为风险规避者，其一般计算公式为：

$$\frac{F-E}{E} \approx i - i^*$$

式中，F为远期汇率；$\frac{F-E}{E}$为远期汇率的升（贴）水率；i为本币资产的收益率，即本国的利率；i^*为外币资产的收益率，即外国的利率。抛补利率平价表明，远期汇率的升（贴）水率等于两国货币利率之差。如果本国利率高于外国利率，外币远期升水，本币在未来将贬值；反之，如果本国利率低于外国利率，本币在未来将升值。抛补利率平价揭示了即期汇率、远期汇率与利率之间的动态决定过程，远期利率与利率平价（即两国的利差）是相互作用的。

与抛补利率平价不同的是，非抛补利率平价假定投资者是理性预期和风险中立的，即投资者不进行套期保值，而根据自己对未来汇率变动的预期来计算预期收益，在承担一定汇率风险下进行投资活动。非抛补利率平价的一般表示形式为：

$$\frac{E^e - E}{E} \approx i - i^*$$

式中，$\frac{E^e - E}{E}$为预期的未来汇率的变动率。非抛补利率平价表明，预期的未来汇率变动率等于两国货币利率之差。如果本国利率高于外国利率，市场预期本币在未来将贬值；反之，如果外国利率高于本国利率，市场预期本币在未来将升值。如果抛补利率平价和非抛补利率平价同时成立，就意味着对未来即期汇率的预期等于同一期限的远期汇率。

由利率平价和相对购买力平价可知，汇率变动率等于两国通货膨胀率之差。根据费雪效应，为保持一定的实际利率，一国的名义利率会根据预期通货膨胀率进行调整。两国实际利率相等时，名义利率之差等于通货膨胀率之差，进而等于预期汇率变动率。从长期看，利率平价理论和购买力平价理论是一致的。

8.4.3 汇率的影响因素

汇率作为一国货币对外价格的表示形式，受到多种因素的影响，主要有：

1）国际收支状况

国际收支就是商品、劳务的进出口以及资本的输出和输入，它直接反映了一个国家外汇供求的基本情况。当一国的国际收入大于支出，即国际收支顺差时，外汇的供应大于需求，本国货币升值而外国货币贬值；与此相反，如果为逆差，该国货币将会贬值。当然，国际收支状况不一定会影响汇率水平，还要看国际收支顺（逆）差的性质。如果是临时性的、小规模的国际收支差额，可以通过国际资金的流动、外汇干预等手段来消除；而长期的、巨额的国际收支差额，一般会导致汇率的变动。

2）经济增长

一国经济增长态势好，意味着投资利润高，会吸引国外资金流入本国，进行直接投资，导致对本国货币的需求上升，从而使本币升值，外汇贬值；反之，一国经济衰退，投资利润下降，会使本国资金流出，形成对外汇的需求，本币贬值，外汇升值。可见，一国经济持续稳定增长将有利于本币汇率的稳定，乃至升值。

3）相对通货膨胀率（相对物价水平）

货币购买力即两国物价水平的比价，是表示名义汇率的一种方法。在分析本国通货膨胀率对汇率的影响时，要同时比较他国通货膨胀率对汇率的影响，即分析相对通货膨胀率。如果一国相对通货膨胀率持续较高，本币下跌；反之，本币上涨。

4）利率水平

在完全开放的经济中，利率作为接受和提供资本的成本和收益，通过影响金融资产的供求对汇率产生直接的影响。如果一国利率升高，本币持有者不愿意将本币兑换为外币，而外币持有者愿意将外币兑换为本币，就会导致外汇市场上本国货币供应相应减少而需求相应增加，进而使本币升值，反之亦然。

5）财政、货币政策

一般而言，紧缩性的财政、货币政策会导致财政盈余和通货紧缩，从而使本国货币升值；而扩张性的财政、货币政策则会导致财政赤字和通货膨胀，从而导致本国货币贬值。

相关链接 8-2

美联储或将宣布加息，上轮加息缩表令新兴经济体损失惨重

2022年6月14日，美联储开启为期两天的货币政策会议，于15日公布会议决议。当前美国面临40年来最严重通胀局面，市场对美联诸激进加息的预期升温。摩根大通和富国银行等多家主要银行和投行普遍预计，美联储或将宣布加息75个基点，以遏制通胀再度飙升。这可能是美联储自1994年以来最大加息幅度。

2022年3月，美联储将联邦基金利率目标区间从接近零的水平上调了25个基点，开启了遏制通胀的紧缩周期。5月初，美联储又宣布加息50个基点，并暗示可能在今年6月、7月、9月每次加息50个基点。

越来越多的经济学家认为，美联储采取更激进的措施应对通胀，美国经济陷入衰退的风险在上升。

为了美国自身利益考虑，为了抑制通胀，美联储自2015年12月启动了新一轮加息周期，2018年更是加息四次，美元指数涨势凌厉。2017年10月，美联储正式启动缩表计划，缩减其超大规模的资产负债表，市场货币流通量减少。加息和缩表双重作用，让外部融资需求较高的新兴市场国家遭遇重创。

2018年，阿根廷本国货币比索对美元汇率下跌50.56%，通货膨胀率高达47.6%，是27年来的最高值。为了抑制比索贬值趋势，阿根廷政府不得不向国际货币基金组织寻求资金援助，2018年6月最终达成500亿美元的贷款协议，以弥补财政赤字并稳定汇率。

巴西货币雷亚尔在2018年也持续贬值，尽管巴西央行出手干预，促成汇率迅速回落，但依然无法扭转雷亚尔对美元贬值幅度达20%的现实。

由于资本大量外流、国际收支状况恶化，汇率贬值预期持续强化，2018年8月，土耳其出现货币危机，里拉汇率暴跌超30%，引发投资和消费放缓，日常消费品和能源价格大涨。

市场分析人士指出，在美国实行量化宽松货币政策时，大量资金流向新兴市场国家，不同程度地培育了当地的货币和资产泡沫。美联储加息使得大量资金回流美国，全球货币紧缩，新兴市场国家资金大量外流，引发汇率动荡，甚至导致货币危机或金融危机。美国采取“缩表”政策，是从金融市场的“蓄水池”中“抽水”，在美国金融体系的高杠杆环境下，杀伤力更大，导致投资者信心丧失和金融资产泡沫破裂。通过这些操作，美国吸纳新兴经济体的优质资产、转嫁本国危机，轻松“剪羊毛”。

资料来源　佚名. 美联储或将宣布加息，上轮加息缩表令新兴经济体损失惨重［EB/OL］.（2022-06-15）［2022-10-28］. https://news.cctv.com/2022/06/15/ARTInblxF49uZqWfdzPrLtkA220615.shtml.

6）中央银行对外汇市场的干预

各国货币当局为保持汇率稳定，会采取一定的政策对外汇市场进行干预。在浮动汇率制下，各国央行都尽力协调各国间的货币政策和汇率政策，力图通过影响外汇市场中的供求关系来达到维持本国货币稳定的目的。中央银行影响外汇市场的手段主要包括：调整本国的货币政策，通过利率变动影响汇率；直接干预外汇市场；对资本流动实行外汇管制。

中央银行对外汇市场的干预，虽无法从根本上改变汇率的长期变化趋势，但短期内有利于汇率的稳定。例如，1987年年底，美元持续贬值，为了维持美元汇率的基本稳定，西方七国财长和中央银行总裁发表联合声明，于1988年1月4日开始在外汇市场实施大规模的联合干预行动，大量抛售日元和德国马克，购进美元，从而使美元汇率回升，维持了美元汇率的基本稳定。

7）市场预期和投机因素

在国际金融市场上，短期性资金（即游资）的数额十分庞大。这些巨额资金对世界各国的经济、政治、军事具有高度敏感性，一旦出现风吹草动，就会因为保值或攫取高额利润而到处流窜，给外汇市场带来巨大的冲击，造成各国汇率的频繁动荡。当市场上形成了某种货币将会贬值的预期时，交易者就会立即大量抛售该种货币，造成该货币贬值的事实；反之，当人们预期某种货币趋于坚挺时，交易者又会大量买进该种货币，造成其升值的事实。公众预期具有投机性和分散性的特点，加剧了汇率的短期波动。

另外，投机者往往拥有雄厚的实力，可以在外汇市场上推波助澜，使汇率的波动远远偏离其均衡水平。投机者常常利用市场趋势对某一货币发动强势攻击，过度的投机活动加剧了外汇市场的动荡，阻碍了正常的外汇交易，歪曲了外汇供求关系，如国际金融投机大鳄索罗斯诱发并加剧的东南亚金融危机。1997年6月下旬，索罗斯发现泰国经济泡沫及短期债务很重，他预言泰铢可能贬值20%甚至更多。全世界的投机家认为，这是索罗斯向他们发出“卖掉泰铢，卖掉泰国股票”的号召。1997年7月2日，泰国政府在无能为力的情况下，只得放开泰铢同美元挂钩的汇率，由1美元兑换25泰铢一下子贬值到1美元兑换40泰铢。

8）政治和突发因素

政治和突发因素包括政治冲突、军事冲突、选举和政权更迭、经济制裁和自然灾害等。如果全球形势趋于紧张，就会导致外汇市场的不稳定，汇率可能大幅波动。通常，一国的政治形势越稳定，该国的货币就越稳定。例如，在美国总统里根当政时，里根突然遭到刺杀，生死未卜，投机客听到这个消息后，立即大量抛售美元，买入瑞士法郎和德国马克，令美元汇率大幅下跌；美国和伊拉克战争前夕，美元受到巨大压力，这使避险货币瑞士法郎的汇率节节上升。

同步案例8-2

卢布从暴跌85%到暴涨23%，俄石油出口翻3倍

2022年5月26日，俄罗斯中央银行宣布，将基准利率从14%下调至11%，超出此前市场预期的11.50%。

据报道，这是俄罗斯央行2022年4月以来的第三次降息，基本逆转了俄乌冲突爆发后实施的经济货币紧缩政策。2022年2月底，俄央行大幅提高基准利率至20%，4月8日下调基准利率至17%，4月29日下调基准利率至14%。

有分析称，俄央行的降息决定彰显出其阻止卢布汇率过快上涨的决心，并已启动解除俄乌冲突以来建立的金融防御体系。

资料来源　徐缓．卢布从暴跌85%到暴涨23%，俄石油出口翻3倍［EB/OL］．（2022-05-26）［2022-10-28］https：//baijiahao.baidu.com/s?id=1733898023534158035&wfr=spider&for=pc.

小思考8-4

影响国际外汇市场汇率的主要经济指标

对外汇市场影响最大的首先是美国公布的月度（或季度）经济统计资料，其次为欧元区国家、日本、英国等国家公布的经济数据。按各经济指标的作用大小排序，依次为：利率的调整、就业人数、国内生产总值、工业生产、对外贸易、通货膨胀率、生产价格（物价）指数、消费价格指数、批发物价指数、零售物价指数、平均工资等。

本章小结

本章主要介绍外汇、汇率与外汇市场交易。作为国家间的支付手段，外汇的存在能实现购买力的国际转移、调节资金供求的不平衡、扩大国际信用交往。影响汇率的主要因素包括国际收支状况、经济增长、相对通货膨胀率、利率水平、财政政策和货币政策、中央银行外汇市场干预、市场预期和投机因素，以及政治和突发因素。外汇市场的存在实现了购买力的国际转移、为国际交易者提供了资金融通便利、提供了外汇保值和投机的市场机制。外汇市场的交易层次包括外汇银行与客户之间的外汇交易、外汇银行同业间的外汇交易、外汇银行与中央银行间的外汇交易。外汇交易方式包括即期外汇交易、远期外汇交易、套汇交易等。

基本训练

一、主要概念

外汇　汇率　直接标价法　间接标价法　固定汇率　浮动汇率　即期外汇交易　远期外汇交易　套汇交易　直接套汇　间接套汇

二、重点实务

汇率的标价方法　套汇原理及套汇收益计算　汇率的分类　外汇市场的特点　外汇市场的交易层次　远期外汇交易的两种方式　影响汇率的经济因素

三、案例分析

双双升破6.35关口！人民币对美元汇率创近3年半新高

2021年12月8日，美元对在岸人民币最低报6.3451，相应地，人民币创下近3年半以来的新高。在离岸市场上，美元对人民币当日最低报6.3444，也创近年新高。截至2021年12月9日18时许，两者依然位于升破6.35关口区间。人民币CFETS指数最新水平为102.6600，接近历史最高水平。值得关注的是，2021年5月以来，美元指数在一路波动中整体走高，近期最高报96.8430。在美元指数一路走高的过程中，人民币对美元创近年新高，凸显了中国经济的相对良好势头。

交通银行金融研究中心高级研究员邓宇在接受《每日经济新闻》记者采访时分析，人民币对美元汇率小幅走高，可以从三个方面来看。第一，当前中国经济整体趋势较好。统揽美元对人民币走势，自2020年5月以来，整体上一路下行，从本质上反映了美国物价持续相对中国物价不断走高。美国2021年10月CPI同比上涨6.2%，年初CPI增速才1.4%。另外，中国10月份CPI同比上涨仅1.5%，涨幅比上月扩大0.8个百分点。第二，中国出口形势超越预期地保持高景气度，贸易顺差持续维持高位，对汇率的支撑作用明显。第三，从国际市场来看，受部分经济体货币政策调整影响，全球金融市场波动较大，在避险情绪下，人民币资产的安全性日益凸显，市场对其趋势较为看好，人民币资产是海外投资者继续增持的一个重要标的物。

资料来源　张寿林．双双升破6.35关口！人民币对美元汇率创近3年半新高［N］．每日经济新闻，2021-12-10（4）．

请结合上述材料分析影响人民币币值的因素，并分析除此之外还有哪些因素会影响汇率。

四、计算题

1.假定目前即期汇率为：GBP1=USD1.5993~1.6032，3个月后远期汇水为33/37；USD1=CHF1.6310~1.6320，3个月后远期汇水为39/36。请计算3个月后英镑与瑞士法郎的汇率。

2.假设在同一时间，纽约、巴黎、伦敦三个外汇市场的汇率如下：在纽约市场上：USD1=HKD7.3046~7.3052；在巴黎市场上：GBP1=HKD11.7512~11.7531；在伦敦市场上：GBP1=USD1.6320~1.6335。根据这三个外汇市场的外汇行市，套汇者是否有套汇空间？如果有，套汇者以20万美元进行套汇，应该如何操作？收益如何？

五、模拟操作

熟悉实盘交易的基本流程、分析方法及相关术语，利用分析软件对外汇走势作出合理判断，在恰当时机平仓以获得盈利，顺利实现外汇买卖与委托交易的模拟操作。

六、社会调查

2014年，人民币结束了10年的升值，首次出现贬值趋势，特别是“8·11”汇改后，人民币持续走低。请分析2016年以来的人民币汇率走势，研究人民币贬值对我国经济的影响。

七、即测即评

第8章单项选择题　　第8章多项选择题　　第8章判断题

第9章

金融衍生品市场

学习目标

通过本章学习，在知识方面，掌握金融衍生品市场上几种重要衍生品的概念、分类和功能，熟悉其交易特征，了解各衍生品的区别；在技能方面，了解FRA的交易术语，掌握期权的交易策略以及FRA结算金额的计算等；在能力方面，能运用衍生品的基础知识对现实问题进行分析。

导读案例

海升果汁与摩根士丹利的外汇衍生品纠纷

海升果汁公司的产品出口销售以美元为主要结算货币，为了对冲汇率风险，该公司于2008年7月及8月与摩根士丹利签订外汇掉期合约，而摩根士丹利亚洲有限公司担任了海升果汁在编制及订立这一合约时的评级顾问，这两家公司同系摩根士丹利的附属公司，这为双方日后的纠纷埋下了隐患。

海升果汁于2008年9月至2013年8月分三期按订下的合约固定汇率，将美元兑换为人民币。按合约规定，海升果汁有权选择终止该合约，向对方支付的终止付款上限为3 800万美元，选择终止合约的权利在2009年4月10日届满。

从对冲合约表面来看，海升果汁看中的应该是和对手做一笔3个月美元对人民币掉期外汇交易：即期卖出100万美元，买入相应的人民币；3个月远期买入100万美元，卖出相应的人民币。这样就可以消除3个月内人民币升值的风险。按道理说，这对海升果汁在汇率上的风险是有一定对冲保护作用的，但外汇变动产生的巨大风险，海升果汁显然并未预料到。

合约订立不久，2008年9月19日，评级顾问通知海升果汁须以现金形式支付保证金，保证金的标准是：按评级顾问计算的合约市值减去给海升果汁的信用额度，当时的信用额度为1 000万美元，上述外汇合约的市值及评级顾问所要求的保证金取决于即期及远期的外汇汇率，而外汇汇率将根据当时的市况不时出现变动。因此，截至2009年4月10日，该外汇掉期合约的市值约为1.38亿元，保证金约为7 000万元。海升果汁认为，在上述外汇合约编制及订立时，评级顾问就应当了解公司的财务状况，若支付相关保证金将对公司构成不利影响。海升果汁指出，摩根士丹利及评级顾问均未向其知会或披露该保证金条款及与亏损有关的风险。因此，海升果汁拒绝支付保证金，并表示寻求法律顾问意见。

与此同时，摩根士丹利在英格兰商事法院对海升果汁提起诉讼，向其追讨2 600万美元保证金，称海升果汁没有交出与上述套期保值合约相当的抵押品。由于身陷对冲合约的巨大风险，海升果汁在2009年年初的业绩报告中透露，2008年年底，全年业绩盈转亏5 914万元人民币，每股亏损4.84分。而2007年公司同期的纯利为1.62亿元。

2010年1月4日晚，海升果汁在港交所发布公告称，已经与其交易对手和评级顾问就外汇掉期合约诉讼案件达成和解协议，将向对手支付700万美元，同时撤销在中国的诉讼；而其交易对手会撤销在英格兰商事法院的法律诉讼。

资料来源　伍静妍. 外汇衍生品亏损过亿，海升果汁起诉大摩［N］. 南方都市报，2009-10-30. 有改动。

衍生品交易具有悠久的历史，早在中世纪，农产品交易商便已开发出一种合约，旨在事先确定于未来某日才进行交割的农产品价格。金融衍生品产生于20世纪70年代，其快速崛起成为全球金融市场备受瞩目的焦点之一。金融衍生品按合约类型，主要包括金融远期、金融期货、金融期权、金融互换等类别。本章重点对远期利率协议市场、金融期货市场、金融期权市场以及金融互换市场进行重点阐述。

9.1 远期利率协议市场

远期利率协议是金融远期交易的一种类型，金融远期合约是最基础、最古老的金融衍生品。金融远期合约（Forward Contracts）是指双方按约定的价格，买卖在未来某一确定时间交付的一定数量某种金融资产的合约。按标的资产划分，金融远期合约可分为远期利率协议、远期外汇合约和远期股票合约。远期外汇交易在第7章已介绍，而远期股票合约在实际中运用较少，本节主要介绍具有重要经济意义的远期利率协议。

9.1.1 远期利率协议的概念与功能

1）远期利率协议的概念

远期利率协议（Forward Rate Agreements，FRA）是买卖双方同意从未来某一商定的时间开始，在某一特定时期内按协议利率借贷一笔数额确定、以具体货币表示的名义本金的协议。远期利率协议于1983年在瑞士问世，流行于英国。伦敦市场是远期利率协议的主要交易中心。我国于2007年推出了远期利率协议，参考利率为SHIBOR。

从本质上看，FRA是以固定利率授予的一笔远期对远期的贷款，但没有实际贷款义务。换言之，在远期利率协议下，双方都只是名义上的借贷者，本金只是一种用于计算的名义本金。FRA的买方目的在于保护自己免受未来利率上升的影响，而卖方则是保护自己免受利率下跌的影响。

FRA的交易币种主要有美元、英镑、瑞士法郎和日元等，美元合约的交易占据整个市场交易量的90%以上。FRA的期限有3个月对6个月、6个月对9个月、6个月对12个月等，近年来更是扩大到了1~2年，不是整数的期限也可以通过交易双方的协商达成交易。表9-1为中国工商银行的远期利率协议报价表。

表9-1　　中国工商银行的FRA报价表

Term	3M SHIBOR	
	Bid	Ask
1M×4M	1.2000	1.4000
2M×5M	1.3000	1.5000
3M×6M	1.3500	1.5500
4M×7M	—	—
5M×8M	—	—
6M×9M	1.4000	1.6000
9M×12M	1.5000	1.7000

同步案例9-1

首笔人民币远期利率协议

中信银行于2007年11月初与香港汇丰银行以3个月上海银行间同业拆放利率为参考利率，首次在中国内地达成一笔人民币远期利率协议，这是中国人民银行公布《远期利率协议业务管理规定》后发生的首笔远期利率协议，标志着继人民币利率互换之后一种新的利率衍生工具登陆我国金融市场。

根据交易条款，香港汇丰银行以4.25%的固定利率支付名义值2亿元人民币的利率，以期在6个月内得到其他金融机构的3月期浮动借贷利率。在此后的第二项交易中，以同样的资金量，香港汇丰银行将支付3月期的浮动利率从而在4个月内换取4.2%的固定利率。

2）远期利率协议的功能

与金融期货、金融期权等场内交易相比，远期利率协议没有固定的交割日期、无标准化金额，仅凭信用即可交易，具有简便、灵活、不需支付保证金等优点。远期利率协议最重要的功能在于交易者能够利用FRA对未来的利率风险进行套期保值，提前锁定未来某一时间借入或者借出资金的实际利率。签订FRA后，无论市场利率如何波动，协议双方将来收付资金的成本或收益总是固定在合同利率水平上；加之远期利率协议是按利率差额结算的，不用实际支付本金，所以资金流量较小，为金融机构和企业提供了一种管理利率风险而无须改变其资产负债结构的有效工具，银行能够在不改变资产负债流动性水平的情况下调整其利率风险，对提高金融机构和企业的收益发挥了重要作用。

小资料9-1

远期利率协议的参考利率

伦敦同业拆借利率是在欧洲货币市场上银行与银行之间一年期以下的短期资金借贷利率，是国际金融市场中大多数浮动利率的基础利率，是银行从市场上筹集资金进行转贷的融资成本，目前大量使用的是3个月和6个月的LIBOR。除了作为远期利率的参考利率之外，LIBOR还广泛用作其他金融衍生产品的参考利率。

上海银行间同业拆放利率从2007年1月4日开始正式运行，是由信用等级较高的银行组成报价团自主报出的人民币同业拆出利率计算确定的算术平均利率，是单利、无担保、批发性利率。我国首笔人民币远期利率协议的参照利率就是3个月的SHIBOR。

9.1.2 远期利率协议的交易术语

远期利率协议的交易流程如图9-1所示。

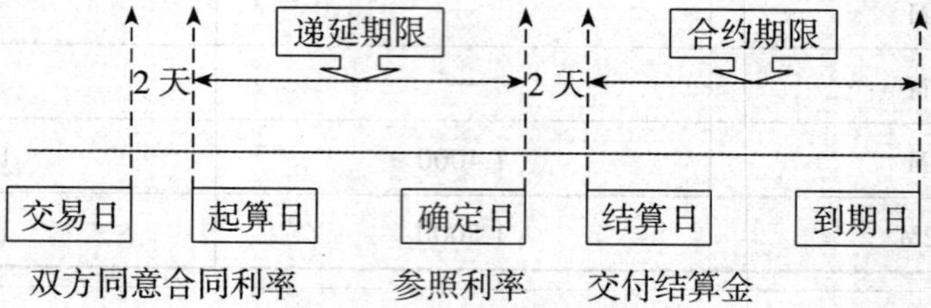

图9-1 远期利率协议的交易流程图

图9-1中相关专业术语解析如下：

交易日，FRA签订的日期。

起算日，交易开始日，一般在交易日后两天。

确定日，参考利率确定的日期，一般在结算日前两天。

结算日，名义贷款开始的日期，也是协议期限的起息日。

到期日，名义借贷到期日。

合约期限，结算日至到期日的天数。

下面举例说明FRA的交易术语。

【例9-1】FRA交易术语

A公司需要在6个月后借入短期资金200万美元，为期3个月。A公司预计未来银行利率有可能上调，为了规避利率上调所带来的损失，A公司于2022年2月11日购买了一份名义本金为200万美元、合同利率为6%的6×9远期利率协议（6×9是指起算日至结算日之间的时间为6个月，起算日至到期日之间的时间为9个月）。交易日（签订FRA的日期）为2022年2月11日；起算日与交易日一般时隔2日，即起算日为2022年2月13日；结算日为2022年8月13日；2022年8月11日为确定日（一般以伦敦同业拆借利率为参照利率，假设为7%）；到期日为2022年11月13日；合约期限为92天（以上日期若遇到法定节假日，则依次顺延）。

一般来说，远期利率协议中的结算金是在结算日支付的，而实际借款利息则是在贷款到期时支付的。在【例9-1】中，由于参照利率LIBOR为7%，高于合约利率6%，在结算日2022年8月13日时，A公司可获得结算金。

9.1.3 远期利率协议结算金的计算

上文列出了一份FRA的各个相关日期，接下来的问题涉及双方的结算。根据【例9-1】，由于利率上调，A公司按市场新利率贷款需要多支出5 111美元（（7%-6%）×2 000 000×92/360）的利息，此为A公司的损失。在FRA下，当参照利率高于合约利率时，卖方有义务补偿买方，这就意味着卖方应该补偿A公司5 111美元的损失，远期利率协议可以规避利率风险的功能得以实现。需要说明的是 5 111美元并不是卖方需要实际支付给A公司的结算金，因为A公司的利息损失发生于合同期满时，而结算金是在结算日就已经支付的，所以，在FRA市场上，需要对FRA的结算金加以贴现计算，即结算金为S=5 111÷［1+（7%×92/360）］=5 021（美元）。结算金的计算公式为：

$$S=\frac{(r-r_k)\times Q\times \frac{D}{B}}{1+(r\times \frac{D}{B})}$$

式中，S表示结算金，r表示参照利率，r_k表示合约利率，Q表示合同金额，D表示合约天数，B表示天数计算惯例（如美元为360天，英镑为365天）。

当S>0时，卖方支付买方；S<0时，买方支付卖方。计算原理如图9-2所示。综上，远期利率协议可以使交易者在波动不定的货币市场上有效管理其利率风险。

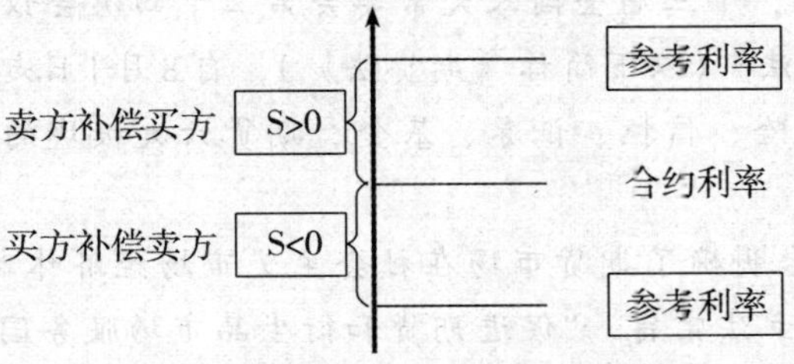

图9-2　远期利率协议结算金计算原理

【例9-2】FRA交易

某公司将在3个月后有一笔1 000万美元的资金到位，届时打算将这笔资金进行为期3个月的投资。该公司预计市场利率可能下跌，为避免投资利率变动导致损失，可以通过FRA交易来防范收益率下降的风险。交易的具体内容和相关市场信息如下：

买方：银行	交易日：3月3日
卖方：公司	结算日：6月5日
交易品种：3×6	到期日：9月5日
合约利率：5.00%	合约期：92天
参考利率：4.50%	合约金额：1 000万美元

计算该公司FRA的结算金额。

$$S=\frac{(4.50\%-5.00\%)\times 1\,000\times \frac{92}{360}}{1+(4.50\%\times \frac{92}{360})}=-1.2633\text{（万美元）}$$

买方银行需要支付该公司1.2633万美元的结算金额。

小思考9-1

FRA的灵活运用

某公司有一笔长达7年的美元浮动利率债务，该公司预测2年内美元利率有上升的风险。如果你是该公司的财务主管，如何运用FRA尽可能减少公司的损失？

该公司可以通过3笔远期利率协议（6×12，12×18，18×24）把未来2年的利率固定在较为理想的水平上。

9.2 金融期货市场

期货交易历史悠久，然而在很长时间内，期货交易主要集中在商品期货上。20世纪70年代初，西方经济进入滞胀阶段。同时，布雷顿森林体系崩溃，固定汇率制度也被浮动汇率制度所取代。金融市场上，利率、汇率和证券价格波动剧烈。为了规避价格风险，同时丰富交易品种，1972年5月16日，美国芝加哥商品交易所（CME）下属的国际货币市场（IMM）推出了世界上第一份金融期货合约。此后，金融期货市场蓬勃发展起来。

小资料9-2

中国期货业协会：开启期货市场高质量发展新征程

2022年4月20日，十三届全国人大常委会第三十四次会议表决通过《中华人民共和国期货和衍生品法》（以下简称《期货法》），自8月1日起正式施行。对于金融法律体系中银行、保险、信托、证券、基金、期货六大板块的最后一块，《期货法》的出台有重大意义。

《期货法》的出台明确了期货市场在社会主义市场经济体制中的战略定位。《期货法》第一条就列明立法宗旨，"促进期货和衍生品市场服务国民经济，防范化解金融风险，维护国家经济安全"，充分展现了国家对期货立法的重视和支持期货行业发展的鲜明立场。《期货法》总则第四条明确规定，"国家支持期货市场健康发展，发挥发现价格、管理风险、配置资源的功能"。国家层面大力认可和支持期货市场发展，与期货及衍生品的基本金融属性、30多年来我国期货市场取得的发展成就、当前我国面临的复杂国情世情都有关系。

资料来源　中国期货业协会. 开启期货市场高质量发展新征程［J］. 中国金融，2022（17）：44-47.

相关链接9-1

东证期货：通过金融科技手段打造核心竞争力

东证期货成立于2008年，是东方证券股份有限公司的全资子公司。金融科技领域的持续创新是东证期货的一大特色。"期货市场交易策略的多样性，依赖期货公司对交易系统、投研平台等金融科技方向的大力投入。通过金融科技创新提高期货公司的投研能力和技术水平，是期货行业的大势所趋。"东证期货总经理唐雷强调。

经过多年精心筹备，东证期货推出了自主开发的"繁微"智能投研平台。"繁微"囊括了数据整合、量化分析两大功能，汇集基于多年经验所积累的分析方法与分析模型，在业内具备独特优势。

东证期货还设立了东证创新技术研究院与东证数量金融创新实验室，前者致力于提高公司的投研能力，后者聚焦提高公司的技术水平。此外，东证期货还与数行科技深入合作，通过大数据、云计算、人工智能、区块链等金融科技手段，不断打造研究和技术两大核心竞争力。

“近年来，公司不断发挥自身金融科技特长，深挖金融大数据领域，利用公司自主研发的‘繁微’系统与数行科技的非标数据相结合，为广大产业和金融机构客户提供管理期货期权价格风险的有力工具，将服务实体经济落到实处。”唐雷表示。

资料来源　费天元. 东证期货：通过金融科技手段打造核心竞争力［EB/OL］.（2022-09-15）［2022-10-28］. https：//news.cnstock.com/industry,rdjj-202209-4957082.htm.

9.2.1　金融期货交易的概念与特点

1）金融期货交易的概念

金融期货交易是指协议双方同意在约定的未来某个日期按约定的条件（包括价格、交割地点、交割方式等）买卖一定标准数量某种金融工具的标准化协议。金融期货交易合约是以金融工具（如外汇、股票）或金融变量（如股价指数）等为基础的金融交易产品。

2）金融期货交易的特点

金融期货交易在高度组织化的、有严格规则的期货交易所进行，具有如下特点：

（1）金融期货交易通过买卖期货合约进行，而期货合约的合约金额、交割日期、交割地点等都是标准化的，只有成交价格是变动的。交易双方只需选择适合自己的期货合约，通过交易所竞价确定成交价格。期货合约标准化简化了交易手续，降低了交易成本。

（2）金融期货交易双方不直接交易，均在交易所进行，期货交易所是买卖双方汇集并进行期货交易的场所，是非营利性组织。双方各自与交易所的清算部或者专设的清算公司结算，清算公司充当所有期货买者的卖者和所有卖者的买者，协议双方无须担心对方违约。

（3）由于期货交易进行实物交割较为麻烦而且成本偏高，所以大多数金融期货交易无须进行最后的实物交割，期货合约的双方可以在交割日之前采取对冲交易以结束其期货头寸。据统计，最终进行实物交割的期货合约不到2%。

（4）金融期货交易最重要的特点是保证金制度和每日结算制度，这是金融期货市场交易安全的重要保证。不同于远期交易，金融期货交易结算每天进行，买卖双方在交易之前都在经纪公司开立专门的保证金账户，并存入一定数量的保证金，在每天交易结束之后，结算公司根据当日的结算价格对投资者尚未结清的合约进行重新评估，保证金账户也将根据期货结算价格的涨跌进行调整，以此反映交易者的浮动盈亏，这就是期货交易中所谓的逐日盯市制度。

小资料9-3

中国金融期货交易所沪深300指数期货合约表

中国金融期货交易所于2006年9月8日在上海成立，成为继上海期货交易所、大连商品交易所、郑州商品交易所之后的中国内地第四家期货交易所，也是中国内地首家金融衍生品交易所。表9-2为中金所推出的沪深300指数期货合约表。

表9-2 沪深300指数期货合约表

合约标的	沪深300指数
合约乘数	每点300元
报价单位	指数点
最小变动价位	0.2点
合约月份	当月、下月及随后两个季月
交易时间	上午：9：15—11：30，下午：13：00—15：15
最后交易日交易时间	上午：9：15—11：30，下午：13：00—15：00
每日价格最大波动限制	上一个交易日结算价的±10%
最低交易保证金	合约价值的12%
最后交易日	合约到期月份的第三个星期五，遇国家法定假日顺延
交割日期	同最后交易日
交割方式	现金交割
交易代码	IF
上市交易所	中国金融期货交易所

9.2.2 金融期货交易的主要类别

金融期货交易按照不同的标准有多种分类方法。按标的物不同，金融期货交易分为利率期货交易、外汇期货交易和股指期货交易。

1）利率期货交易

（1）利率期货交易的诞生

为了便于管理利率风险、消除未来投融资过程中的不确定性，利率期货交易于1975年诞生于美国芝加哥期货交易所（CBOT），第一份利率期货合约为“政府国民抵押协会抵押凭证期货合约”。1976年，国际货币市场推出3个月期美国短期国库券期货合约，短期利率期货迅速发展起来，此后各种利率期货合约层出不穷。利率期货合约是指标的资产价格依赖利率水平的期货合约。

（2）利率期货交易的分类

目前全球期货市场上的利率期货种类繁多，根据合约标的期限长短，可以把利率期货分为短期利率期货和长期利率期货两大类。短期利率期货是以期限不超过1年的货币市场金融工具作为交易标的物的利率期货交易，又称为货币市场类期货合约，如短期国库券期货合约、欧洲美元期货合约、大额可转让存单期货合约等；长期利率期货合约是以期限超过1年的资本市场金融工具作为交易标的物的利率期货交易，又称为资本市场类期货合约，如各种中期国债期货合约、长期国债期货合约等。

(3) 利率期货交易的作用

投资者通过买卖利率期货合约，能达到套期保值或投机的目的。我们以短期国库券期货为例加以说明。

【例9-3】利用利率期货合约（短期国库券合约）进行套期保值

6月10日，某公司计划在9月10日借入期限为3个月、金额为100万美元的借款，6月10日的利率为9.75%。由于担心到9月10日利率会升高，该公司利用芝加哥商品交易所3个月国库券期货合约进行套期保值，具体操作过程见表9-3。

表9-3 **利率期货套期保值**

日期	现货市场	期货市场
6月10日	利率为9.75%	卖出1张9月期的3个月国库券期货合约，价格为90.25美元
9月10日	利率为12%	买入1张9月期的3个月国库券期货合约，价格为88.00美元
盈亏	亏损5 625美元 $1\,000\,000\times(9.75\%-12\%)\times\frac{90}{360}$	盈利5 625美元 （90.25-88.00）×100=225个基点，每个基点为25美元，金额为5 625美元（225×25）

通过上述操作，该公司在现货市场上借款的利息损失5 625美元被期货市场上的盈利所弥补，达到了套期保值的目的。

同步案例9-2

两年期国债期货合约正式挂牌

国债期货原来只有5年期和10年期，期限偏长。2018年8月3日，中国证监会批准中国金融期货交易所开展2年期国债期货交易。根据中国金融期货交易所的安排，2年期国债期货合约正式挂牌时间是2018年8月17日。此次2年期国债期货合约标的为面值200万元人民币、票面利率3%的名义中短期国债，而早已上市的5年期国债期货和10年期国债期货的合约标的面值均为100万元人民币。

有分析认为，从欧美市场2年期国债期货的经验来看，2年期国债期货在国内上市有多重积极意义。它有助于完善当前国债期货品种的各期限覆盖，可以健全国债收益率曲线建设。目前我国信用债久期一般为2~3年，近年来信用债违约的情况时有发生，2年期国债期货的上市有助于管理信用债的利率风险，提升投资者买入并持有信用债的意愿和信心，有利于实体企业通过发行债券获得融资。同时，随着未来2年期国债期货交易活跃度的提升、期货价格的上涨，有助于降低财政部发行2年期国债的成本。

2）外汇期货交易

(1) 外汇期货交易的概念

外汇期货是交易双方约定在未来某一时间，依据现在约定的汇率，以一种货币交换另一种货币的标准化合约的交易。外汇期货诞生于1972年5月，是最早出现的一种期货交易品种。自推出以来，由于国际金融形势动荡和西方主要货币汇率大幅度波动，外汇期货交易获得了迅速的发展。目前，外汇期货交易主要在芝加哥商品交易所下属的国际货币市场进行。表9-4为国际市场上比较常见的外汇期货合约。

表9-4 **比较常见的外汇期货合约**

市场	期货合约项下的基础资产	合约规模或合约面值	最小价格变动单位（Tick）	Tick的美元值
芝加哥商品交易所	欧元（€）	€125 000	\$0.0001	\$12.50
	日元（J¥）	J¥12 500 000	\$0.000001	\$12.50
	加拿大元（C\$）	C\$100 000	\$0.0001	\$10.00
	英镑（£）	£62 500	\$0.0002	\$12.50
纽约期货交易所	美元加权指数（U.S.\$ Index）	\$1 000指数	0.01个指数点	\$10.00
	欧元对英镑交叉汇率（€/£ Cross）	€100 000	0.0001	£10.00
	欧元对日元交叉汇率（€/J¥ Cross）	€100 000	0.01	J¥1 000
东京国际金融期货交易所	美元对日元	U.S.\$50 000	J¥0.05	J¥2 500

资料来源 陈信华．金融衍生工具［M］．上海：上海财经大学出版社，2009.

（2）外汇期货交易的作用

① 套期保值。外汇期货交易的套期保值功能有多头套期保值和空头套期保值。多头套期保值即在期货市场上先买入某种外汇期货合约，然后卖出合约轧平头寸。通过期货市场先买后卖的汇率变动与现货市场相关交易的汇率变动损益相抵，可以避免汇率波动风险。空头套期保值即为在期货市场上先卖后买来抵消汇率波动的风险。

② 投机功能。外汇期货交易的投机操作分为多头投机和空头投机。多头投机是投机者预测外汇期货价格将要上涨，从而先买后卖，希望低价买入、高价卖出对冲；而空头投机是投机者预测外汇期货价格将要下跌，从而先卖后买，希望高价卖出、低价买入对冲。

【例9-4】外汇期货交易多头投机的运用

某投机者预期3月期日元期货价格呈上涨趋势，于是1月10日在IMM买进20份3月期日元期货合约（每份日元期货合约面额12 500 000日元），当天的期货价格为\$0.008333/¥（即¥120.00/\$）。到3月1日，上述日元期货的价格果然上涨，价格为\$0.008475/¥（即¥118.00/\$），该投机者悉数卖出手中日元期货合约获利了结。计算该投机者的投机损益情况（不考虑投机成本）。

1月10日购入时20份合约的总价值为：

0.008333×12 500 000×20=2 083 250（美元）

3月1日售出时20份合约的总价值为：

0.008475×12 500 000×20=2 118 750（美元）

该投机者可获取的投机利润为：

2 118 750−2 083 250=35 500（美元）

3）股指期货交易

通过前文的介绍可知，投资者可以通过多样化投资分散单只股票价格涨落的风险，但对于整个市场的总体价格波动就无能为力，而股指期货合同的出现帮助投资者解决了这个问题。

（1）股指期货的概念

股指期货的全称是股票价格指数期货，也可称为股价指数期货或期指，是指以股价指数为标的物的标准化期货合约，双方约定在未来某个特定日期，可以按照事先确定的股价指数的大小，进行标的指数的买卖。作为期货交易的一种类型，股指期货交易与其他期货交易有基本相同的特征和流程。

（2）股指期货的发展历程

20世纪70年代，西方各国经济陷入了前所未有的经济和金融双混乱时期。股票市场在双重压力下危机频现，接二连三的暴跌给股民带来巨大的损失，股市系统性风险加剧，即使机构投资者也难以幸免，因为没有相应的、可以利用的避险工具，面对齐涨共跌的系统性风险束手无策。面对汇率和利率风险，期货交易所开发出外汇期货和利率期货这两个专用避险工具供投资者使用，如何创造一种适合股市的避险工具自然而然地被提上了议事日程。看到市场的需要，美国堪萨斯交易所经过深入研究、分析后，于1977年1月向美国商品交易委员会提交了开展股指期货交易的报告。经过几年的反复论证和修改，世界上第一份股指期货合约于1982年2月4日诞生于美国的堪萨斯市。

主要发达国家和地区在20世纪八九十年代陆续推出了股指期货：英国在1984年5月、中国香港在1986年5月、新加坡在1986年9月、日本在1988年9月、法国在1988年11月、德国在1990年9月推出了各自的股指期货品种。20世纪90年代中后期以来，新兴市场国家和地区也加快了股指期货市场建设的步伐：韩国在1996年5月、中国台湾在1998年7月、印度在2000年6月也推出了各自的股指期货品种。截至目前，全球有37个国家和地区推出了股指期货，包括主要发达国家（地区）和部分发展中国家（地区），涵盖了GDP排名前20的所有国家（地区）。

同步案例9-3

巴林银行的破产

1994年下半年，巴林银行驻新加坡巴林期货公司首席交易员尼克·李森认为，日本经济已开始走出衰退，股市将会有大涨趋势。于是，他大量买进日经225指数期货合约和看涨期权，然而让人意想不到的是，1995年1月16日，日本关西大地震，股市暴跌，李森所持多头头寸遭受重创，损失高达2.1亿英镑。

这时的情况虽然糟糕，但还不至于能撼动巴林银行，而李森为了反败为胜，再次大量补仓日经225期货合约和利率期货合约，头寸总量已达10多万手。最终事与愿违，1995年2月24日，当日经指数再次加速暴跌后，李森所在的巴林期货公司的头寸损失已接近整个巴林银行集团资本和储备之和。融资已无渠道，亏损无法挽回，李森畏罪潜逃。最终巴林银行走向了倒闭。

资料来源　佚名．期权可以怎么玩？3个传奇案例，带你领略期权用于投机的魅力［EB/OL］．(2021-06-21)［2022-11-06］．http：//finance.sina.com.cn/option/2021-06-21/doc-ikqcfnca2340812.shtml.

（3）世界主要期货市场的股指期货品种

世界主要股指期货交易所和股指期货品种见表9-5。

表9-5　　　　世界主要股指期货交易所和股指期货品种

国家或地区	开设交易所	代码	合约品种
美国	芝加哥商品交易所	CME	E-mini S&P 500（USD），S&P 500 E-mini S&P 500（EURO），NASDAQ-100 E-mini NASDAQ-100，Dow（$10） E-mini Dow（$5），Big Dow DJIA（$25） E-mini NASDAQ Composite E-mini S&P MidCap 400 S&P MidCap 400，S&P SmallCap 600 E-mini S&P SmallCap 600 S&P 500/Citigroup Growth S&P 500/Citigroup Value S&P 500/Citigroup Value Technology SPCTR E-mini NASDAQ Biotechnology DJ US Real Estate Index S&P 500 Depositary Receipts PowerShares QQQ，iShares Russell 2000 Nikkei 225（USD），Nikkei 225（YEN） E-mini MSCI EAFE，E-mini S&P Asia 50 E-mini MSCI Emerging Markets E-mini FTSE/Xinhua China 25
	堪萨斯商品交易所	KCBT	Value Line Stock Index Futures
欧洲地区	泛欧交易所	EURONEXT	CAC40 Dividend Index Future CAC 40 Index Future FTSE 100 Index Futures FTSE 250 Index Futures
		EURONEXT	FTSE 100 Eurotop Futures FTSEurofirst 80 Index Futures FTSEurofirst 100 Index Futures（Paris） FTSE EPRA/NAREIT Europe Index Future FTSE EPRA/NAREIT Euro Zone Index Future BEL 20 Index Future MSCI Euro Index and MSCI Pan-Euro Index Futures（No.301） PSI 20 Index Futures FTSE 100 Dividend Index Futures
		Eurex	DAX，SMI SLI Swiss Leader Index，OMXH25 Dow Jones，STOXX Indexes MSCI Index

续表

国家或地区	开设交易所	代码	合约品种
日本	东京证券交易所	TSE	TOPIX Futures，mini-TOPIX Futures TOPIX Core30 Futures TSE REIT Index Futures
	大阪证券交易所	OSE	Nikkei 225 Futures，Nikke225 mini Nikkei 300 Futures RN Prime Index Futures
新加坡	新加坡交易所	SGX	Nikkei 225 Index，MSCI Taiwan IndexSM MSCI Asia APEX 50 IndexSM MSCI Hong Kong+ IndexSM MSCI Singapore IndexSM Straits Times Index，CNX Nifty Index FTSE Xinhua China A50 Index
韩国	韩国证券交易所	KSE	KOSPI 200 Index，KOSDAQ STAR Index
中国香港	香港交易所	HKEX	Hang Seng Index，Mini-Hang Seng Index Hang Seng China Enterprises Index（HSCEI） Mini H-shares Index Futures
中国台湾	台湾期货交易所	TAIFEX	TAIEX Futures，Electronic Sector Index Futures，Finance Sector Index Futures，MiNi-TAIEX Futures，Taiwan 50 Futures，TAIFEX MSCI Taiwan Index Futures，Non-Finance-Non-Electronics-Sub-Index Futures，GreTai Securities Market Stock Index Futures
中国大陆	中国金融期货交易所	CFFE	沪深300指数
印度	印度国家证券交易所	NSE	S&P CNX Nifty Index

同步案例 9-4

中证1000股指期货和期权交易获批，进一步满足投资者避险需求

A股金融衍生品迎来新品种。2022年7月18日，中国证监会宣布，批准中国金融期货交易所开展中证1000股指期货和期权交易，相关合约正式挂牌交易时间为2022年7月22日。同日，中金所公布了中证1000股指期货和股指期权合约以及相关业务规则。

股指期货和期权是资本市场的风险管理工具，是多层次资本市场的重要组成部分。分析人士认为，中证1000股指期货与期权上市可满足投资者避险需求，健全和完善股票市场稳定机制，将提供小盘股指数衍生工具，有助于丰富对冲交易策略。

资料来源　杨毅. 中证1000股指期货和期权交易获批，进一步满足投资者避险需求 [N]. 金融时报，2022-07-21（7）.

（4）几种主要股指期货合约的内容

股指期货和前文谈到的外汇期货等期货交易品种有基本相同的交易规则和功能，差别在于标的物不同。表9-6列举了常见的股指期货合约的主要内容。

表9-6 **常见的股指期货合约的主要内容**

合约名称	SP 500	Dow Jones Industrial Average	NASDAQ 100	FTSE-100
标的名称	标准普尔500指数期货	道琼斯平均工业指数期货	纳斯达克100指数期货	英国金融时报指数期货
交易所	CME	CBOT	CME	LIFFE*
商品代码	SP	DJ	ND	FTSE-100
最小变动价位	0.1点（$25）	1点（$10）	0.5点（$50）	0.5（￡5）
契约价值	$250×SP	$10×DJ	$100×ND	￡10×FTSE-1 000=x
交易月份	3，6，9，12	3，6，9，12	3，6，9，12	3，6，9，12
最后交易日	合约月份第三个星期四	合约月份第三个星期四	合约月份第三个星期四	合约月份第三个星期四

注：*伦敦国际金融期货及选择权交易所。

> 小思考 9-2
>
> **你知道科学合理地设计一份股指期货合约需要考虑哪些方面的因素吗？**
>
> 9月，某投资者以92.30点的价格买入两张12月份到期的3个月欧洲美元期货合约；12月，该投资者以94.10点的价格卖出平仓。每张欧洲美元期货合约价值100万美元，每1点为2 500美元。请问该投资者此笔交易的收益如何？
>
> 该投资者的净收益=（94.10-92.30）×2 500×2=9 000（美元）

9.2.3 金融期货交易的功能及与远期交易的不同

1）金融期货交易的经济功能

金融期货有多个功能，最基本的经济功能是转移价格风险以及价格发现。

（1）转移价格风险。转移价格风险是期货市场产生的最根本的原因，该功能亦是期货市场最主要的功能。转移价格风险是指市场主体常常面临利率、汇率和证券价格波动等风险，金融期货交易能将市场上变化的价格风险从不愿意承担风险的人身上（套期保值者）转移到愿意承担风险的人身上（投机者）。

金融期货交易的转移价格风险功能是如何实现的呢？一般来说，交易者通过购买相关的金融期货合约，在金融期货市场上建立与其现货市场上相反的头寸，并根据市场的不同情况采取在期货合约到期前对冲平仓或是到期履约交割的方式，实现其转移价格风险的功能。需要注意的是，对单个主体而言，利用金融期货交易可以达到转移价格风险的目的，但对整个社会而言，金融期货交易并不能消除价格风险，只是价格风险的再分配，即价格风险的转移。

思政小课堂9-1

合理利用金融衍生品工具，防范化解金融风险

防范金融风险是金融业永恒的主题。2018年习近平总书记在中央财经委员会第一次会议上指出，防范化解金融风险，事关国家安全、发展全局、人民财产安全，是实现高质量发展必须跨越的重大关口。

2022年以来，人民币汇率双向波动日益常态化。如何规避汇率风险、锁定经营成本成为外贸企业面临的主要难题。国家外汇管理局公布的数据显示，2022年第一季度，企业利用远期、期权等外汇衍生产品管理汇率风险的规模合计超过3 700亿美元，同比增长29%；企业套保比率为26%，较2021年上升4.2个百分点。企业的汇率风险中性经营理念进一步增强，对人民币汇率波动的适应能力不断提升。越来越多的外贸企业正计划进一步增加外汇套保比重，以此降低外汇风险敞口，达到规避潜在汇兑风险的目标。为此，我国出台了多轮稳外贸政策和配套措施。2022年5月26日，商务部、中国人民银行、国家外汇管理局发布《关于支持外经贸企业提升汇率风险管理能力的通知》，鼓励银行持续提升基层机构人民币对外汇衍生品服务能力，创新产品和服务渠道，支持中小银行合作办理人民币对外汇衍生品服务，满足企业多元化汇率避险需求。2022年8月24日，国务院召开常务会议部署稳经济一揽子政策的接续措施，其中提到了增强外贸企业汇率风险管理能力。值得注意的是，各项稳外贸政策措施效果显现。商务部部长助理李飞在2022年9月5日举行的国务院政策例行吹风会上表示，在各方共同努力下，我国外贸展现出较强的韧性。2022年1月至7月，进出口总额达23.6万亿元，同比增长10.4%。

“图之于未萌，虑之于未有。”我们必须把防范金融风险摆在突出位置，坚持底线思维和风险意识，合理利用金融衍生品工具，应对市场挑战，着力防范化解重大风险，保持经济持续健康发展和社会大局稳定。

资料来源　彭妍．多方合力助外贸企业规避汇率风险，专家提示防止过度参与衍生品交易[N]．证券日报，2022-09-13（A02）．

（2）价格发现。在金融期货市场上，期货价格是所有参与期货交易的人对未来某一特定时间的现货价格的期望或预期。交易所集中了大量的买者和卖者，通过电脑撮合公开竞价出来的价格就是此瞬间市场对未来某一特定时间现货价格的综合看法，该价格具有预期性、连续性和权威性的特征，这就是期货市场的价格发现功能。

与现货市场价格相比，期货市场价格的形成方式不同。现货市场上的交易价格是由交易双方通过一对一磋商确定的，成交价格仅反映了交易双方对市场现状的看法。期货市场上的成交价格是交易者共同竞价的结果，综合了所有交易者对市场的看法。

小资料9-4

期货竞价方式

期货竞价方式主要有公开喊价方式（传统竞价方式）和计算机撮合成交方式。

（1）公开喊价方式分为连续竞价制和一节一价制。

连续竞价制，是指在交易所交易池内由交易者面对面地公开喊价，表达各自买进或卖出合约的要求。

一节一价制，是指把每个交易日分为若干节，每节交易由主持人最先叫价，所有场内经纪人根据其叫价申报买卖数量，直至在某一价格上买卖双方的交易数量相等时为止。

（2）计算机撮合成交方式。

计算机撮合成交方式是根据公开喊价的原理设计而成的一种计算机自动化交易方式，是指期货交易所的计算机交易系统对交易双方的交易指令进行配对的过程。我国期货交易所均采用计算机撮合成交方式，分为集合竞价与连续竞价两种。

集合竞价采用最大成交量原则，即以此价格成交能够得到最大成交量。

连续竞价遵循价格优先、时间优先原则。

2）金融期货交易与远期交易的不同

金融期货交易是在远期交易的基础上发展起来的，金融期货合约是标准化的金融远期合约，但是，金融期货交易与远期交易还是存在很多不同：

（1）交易场所不同。远期交易没有固定的交易场所，买卖双方进行场外交易，市场组织较为松散；期货交易在指定的交易所公开交易，一般不允许场外交易，期货市场是一个有组织的、有秩序的、统一的市场。

（2）标准化程度不同。远期交易遵循“契约自由”原则，这使得交易合约具有很强的灵活性；期货交易要符合交易所规定的标准化合约，对于交易的金融商品的数量、到期日、交易时间等都有严格而详尽的规定。

（3）合约双方关系不同。远期合约是交易双方直接签订的，双方具有合同责任关系，合约签订前需要对交易对手的信誉和实力等方面有充分了解；对于期货合约，合约双方不直接接触，分别与期货交易所指定的清算公司签订合约，确立买卖关系，交易所是所有买者的卖者和所有卖者的买者。

（4）价格决定方式不同。远期交易的价格是双方协商的，价格的代表性、连续性和权威性低；期货交易通过公开竞价确定成交价格，价格较有代表性。

（5）违约风险不同。远期交易取决于签订双方的信用，一旦一方无力或不愿履约，另一方就会蒙受损失；期货交易则不同，必须在交易前交纳保证金，并由清算公司逐日结算，期货合约的履行由交易所或清算公司提供担保，即使一方违约，另一方也几乎不受影响。

（6）履约方式不同。绝大多数远期合约是到期通过实物交割来履约的；期货合约则可以通过到期交割结算、平仓和期货转现货三种方式结算。在实践中，绝大多数期货合约通过平仓了结。

9.3 金融期权市场

期权是人类在金融领域最伟大的发明之一，早在几百年前就有了期权的萌芽，但是较早交易的期权都是现货期权，直到1973年，芝加哥期权交易所首次把期权引入有组织的交易所交易，全球金融期权市场才得到迅猛发展。

小资料 9-5

"郁金香球茎热"事件

近代期权以郁金香事件为代表。17世纪，郁金香被引入荷兰后，因量少价高，成为贵族社会身份与财富的象征。投机商看到其中的商机，开始囤积郁金香球茎，并推动价格上涨。在炒作愈演愈烈的背景下，郁金香球茎的"认购期权"应运而生。批发商为了规避价格变动的风险，向种植者购买"认购期权"，即双方签订合约，批发商向种植者付出一部分费用（权利金），得到未来一种权利，使批发商可以在一个特定的时期内，按照约定的价格，从种植者那里购买郁金香。这样批发商就锁定了未来的进货成本。收购季到来时，即使郁金香市场价格大幅上涨，超过了约定的价格，批发商仍可以约定的价格从种植者手中购买郁金香；如果郁金香的市场价格比约定的价格低，那么批发商可以放弃执行权利，选择以更低的市场价购买郁金香。

资料来源　佚名．从零学期权：期权的历史［EB/OL］．(2022-06-30)［2022-11-06］．http：//www.guodu.com/main/a/20220630/54322.shtml.

9.3.1　金融期权交易的概念与特点

1）金融期权交易的概念

金融期权（Financial Option）实际上是一种金融契约．当期权购买者向期权出售者支付一定的期权费用后，购买者有权在规定的期限内按双方约定的价格购买或出售一定数量某种金融资产的合约。

2）金融期权交易的特点

（1）期权交易的实质是权利的买卖。期权交易同任何金融交易一样，都有买方和卖方，但是这种买和卖的划分不是建立在商品和现金流向的基础上，而是以权利的获得和履行为依据。期权的购买者通过支付期权费获得这种权利，权利一旦由卖方转移至买方，那么不论买方是否执行期权，期权费都不再退回。期权出售者获得了出售期权的收入，也承担在将来可能的交易中受到损失的风险。

（2）期权的买卖双方在享有的权利或承担的义务上存在明显的不对称性。期权的买方在支付期权费后，即获得了能以确定的时间、价格、数量和品种买卖标的物的权利。买方可根据自己的意愿，选择执行该权利或放弃该权利，甚至可将权利出售给他人直接获利。期权的卖方在收取一定费用后，就必须按规定随时准备履约，无法要求弃权。显然，期权交易的双方在权利与义务上呈现出不对称性，这一特点贯穿交易全过程。

（3）期权交易具有合约标准化以及交易规范化的特点。交易所期权交易的最大特征和成功的原因在于期权合约的标准化和期权交易的规范化。每份期权合约具有统一、标准的规格，诸如交易单位、执行价格、到期日、执行日、头寸限额和执行限额等都是固定的。期权交易集中进行，有专门的固定期权交易场所，现代期权交易所采用计算机技术对日常交易业务进行规范化处理。

（4）期权交易双方所承担的风险以及可能的盈亏不对称。期权买方的风险是既定的，具体来说，期权买方在市场行情对其不利的情况下，有放弃执行合约的权利，所以其承担的最大损失就是所支付的期权费；如果市场行情对其有利，所获得的收益则不受期权费的限制，可能大幅度超过所支付的期权费。期权卖方的风险是巨大的，具体来说，卖方的最大收益仅限于由于买方放弃执行合约而收到的期权费，其所承担的风险则可能大幅度超过所收到的期权费。

9.3.2 金融期权交易的分类

1）按期权购买方的权利划分，期权可以分为看涨期权和看跌期权

期权的持有者有权按约定的价格购买标的资产的合约为看涨期权，又称买权或“敲进”；期权的持有者有权按约定的价格出售标的资产的合约为看跌期权，又称卖权或“敲出”。

2）按期权购买方执行期权的时限划分，期权可以分为欧式期权和美式期权

欧式期权的购买者只能在期权到期日宣布执行或放弃期权，而美式期权允许购买者在期权到期前的任何时间宣布执行或放弃期权。

3）按期权交易场所的不同划分，期权可以分为交易所交易期权和柜台式期权

交易所交易期权是一种标准化期权，有规定的数量，在交易所以正规的方式进行交易；柜台式期权交易不在交易所进行，也被称为场外交易期权。

4）按期权合约标的资产划分，期权可以分为现货期权和期货期权

现货期权是指以各种金融工具本身作为期权合约标的物的期权，包括利率期权、外汇期权、股票期权和股价指数期权等；期货期权是指以各种金融期货合约作为期权合约标的物的期权，包括利率期货期权、外汇期货期权和股价指数期货期权等。

9.3.3 金融期权交易策略

期权交易是一种复杂的技术，金融期权的交易策略也非常多，其精妙之处在于，它可以通过不同的期权品种组合构成具有不同盈亏分布特征的交易工具。在实际交易中，无论多么复杂的组合，都离不开金融期权的四种基本交易策略：买进看涨期权，卖出看涨期权，买进看跌期权和卖出看跌期权。

1）买进看涨期权

如果投资者预期某项金融资产的市场价格将上涨，他可以买进该标的资产的看涨期权。如果未来标的资产的价格真的上涨，且在期权协议价格之上，那么他可以执行期权从而获利，获利的程度取决于标的资产价格的上涨幅度。从理论上说，基础金融工具的市场价格上涨的幅度是无限的，所以投资者的收益也是无限的。如果未来标的资产的价格下跌，且跌至协议价格之下，那么投资者可以放弃执行期权，他的损失即为购买期权所支付的期权费，该损失是有限的并且是已知的。

【例 9-5】买进看涨期权

某投资者在4月1日预期甲公司股票价格将在未来3个月内上涨，于是以每份1元的期权费向乙购买了100份7月到期、协议价格为30元的甲公司股票看涨期权。

到期日可能出现以下几种情况：

（1）在到期日那天，若甲公司股票价格等于或者低于30元，该投资者将放弃行权而损失100元期权费。

（2）在到期日那天，若甲公司股票价格上升至31元，投资者执行期权，可获得100

元，扣除期权费后，投资者刚好盈亏平衡。

（3）在到期日那天，若甲公司股票超过31元（假设为50元），投资者通过执行期权可获得（50−30）×100=2 000（元），扣除期权费100元，净盈利为1 900元。

由【例9-5】可知，在买进看涨期权时，投资者的最大损失是有限的，而最大收益是无限的，如图9-3所示。

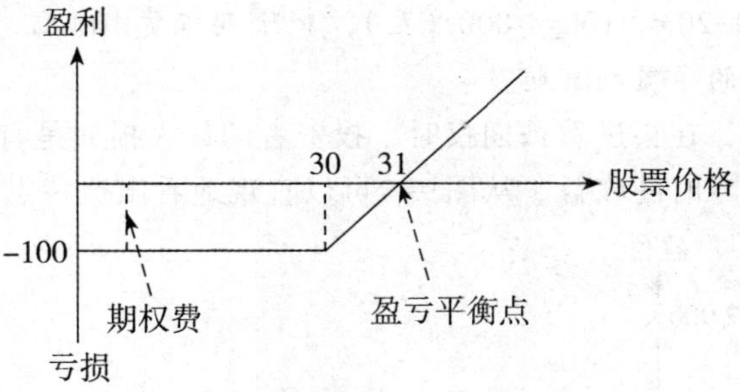

图9-3　卖进看涨期权盈亏图（单位：元）

2）卖出看涨期权

与买进看涨期权相对应的是卖出看涨期权。卖出看涨期权的交易者认为未来某项金融资产的价格将下跌，他的最大收益是出售期权所得到的期权费，而最大损失取决于标的资产的价格上涨幅度。从理论上来说，这种损失是无限的，但是一般卖出看涨期权的交易者所面临巨额损失的概率通常是很小的。沿用【例9-5】中的数据，卖出看涨期权的交易者盈亏如图9-4所示。

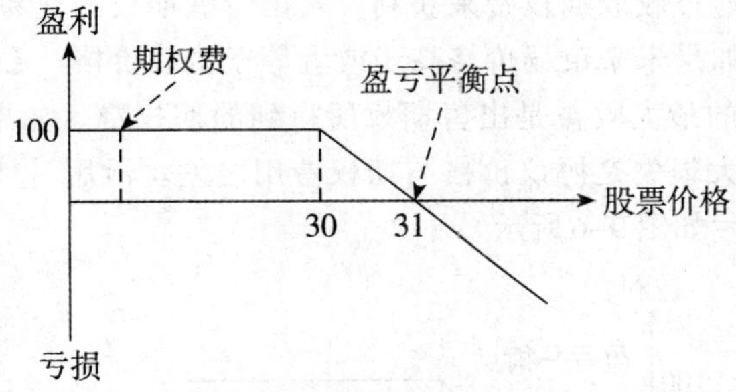

图9-4　卖出看涨期权盈亏图（单位：元）

3）买进看跌期权

投资者预期某项金融资产的价格将要下跌时，不仅可以卖出看涨期权，还可以买进看跌期权来获得收益。看跌期权是指期权购买者有权在未来某个特定的时间以协定价格向期权出售者卖出一定数量的某种金融资产的权利。如果未来标的资产的价格果真下跌，且跌至协议价格之下，看跌期权买进者将执行期权从而获利，获利的程度取决于价格下跌的幅度；如果标的资产的价格不仅不下跌反而上涨，购买者可以放弃行权而损失确定的期权费用。

【例9-6】买进看跌期权

某投资者在4月1日预期甲公司股票价格将在未来3个月内下跌，于是以1元的期权费向乙购买了100份7月到期、协议价格为30元的甲公司股票看跌期权。到期日可能出现以下几种情况：

（1）在到期日那天，若甲公司股票价格等于或者高于30元，则看跌期权就无价值，该投资者将放弃行权而损失100元期权费。

（2）在到期日那天，若甲公司股票价格下跌至29元，投资者通过执行期权可获得100元，扣除期权费后，投资者刚好盈亏平衡。

（3）在到期日那天，若甲公司股票价格跌至29元之下（假设为20元），投资者通过执行期权可获得（30–20）×100=1 000（元），扣除期权费100元，净盈利为900元。股票价格越低，购买者的净盈利就越多。

由上述分析可知，在买进看跌期权时，投资者的最大损失是有限的，而最大收益为标的资产价格下降到零时的收益。从图9–5可以直观地看出这一点。

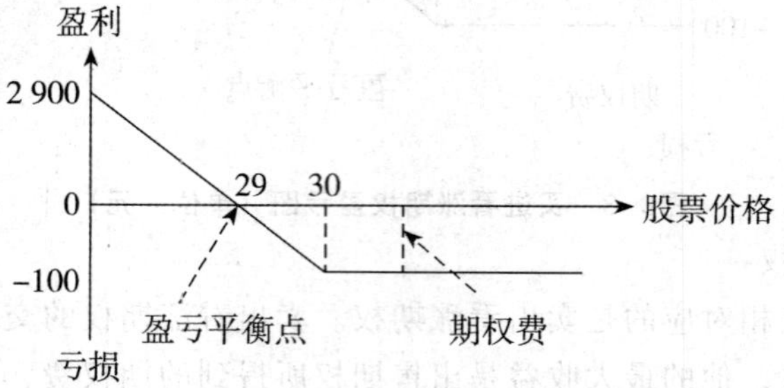

图9–5　买进看跌期权盈亏图（单位：元）

4）卖出看跌期权

卖出看跌期权与卖出看涨期权的投资者对未来市场价格的预期虽然是相反的，但是目的是相同的，都是通过收取期权费来获利。卖出看跌期权的交易者认为未来某项金融资产的价格将上涨，如果未来市场价格高于或者等于协议价格，看跌期权的买方将不会执行期权，从而卖方的最大收益是出售期权所得到的期权费。如果未来市场价格下跌，卖方将面临损失，最大损失是协议价格与期权费用之差。沿用【例9–6】的数据，卖出看跌期权的交易者盈亏如图9–6所示。

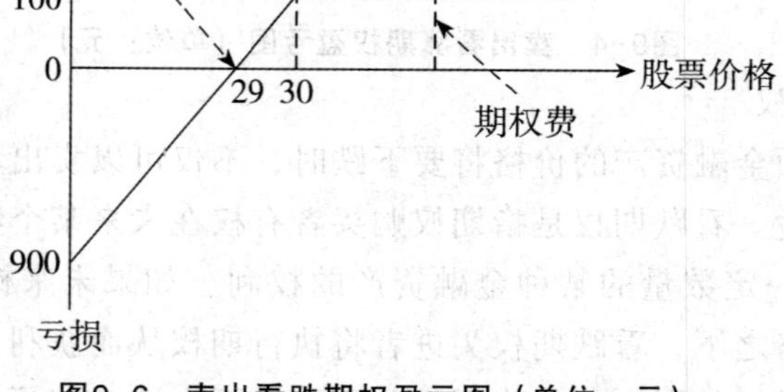

图9–6　卖出看跌期权盈亏图（单位：元）

小资料9–6

奇异期权

到目前为止，我们所谈及的主要是传统期权，比这些传统期权（标准的欧式或美式期权）更复杂的衍生证券叫作奇异期权。奇异期权通常是在传统期权的基础上改头换面，或通过各种组合而形成的。其执行价格不是一个确定的数，而是一段时间内的平均资产价格的期权，如亚式期权；或是在期权有效期内资产价格超过一定界限，期权就作废，如障碍期权。中信泰富累计外汇期权合约亏损以及索罗斯做空日元就与敲出障碍期权有关。

9.4 金融互换市场

20世纪70年代，为了逃避外汇管制，英国产生了金融互换的雏形——平行贷款。世界上第一笔金融互换业务是世界银行与IBM公司于1981年所进行的货币互换。自此之后，金融互换市场发展迅速，在西方发达国家，金融互换已成为广大投资者和生产经营者所普遍使用的一种金融技术。

9.4.1 金融互换的概念与原理

1）金融互换的概念

金融互换是一种金融工具，同时也是一种金融技术。金融互换（Financial Swaps）是指两个或者两个以上当事人按照商定的条件，在约定的时间内，交换一系列现金流的合约。与其他金融衍生工具的一次性交易不同，金融互换会持续一段时间，是一系列现金流的交换。用来交换的金融工具可以是货币、利率、收益或者指数等，互换的场所有货币市场、资本市场和外汇市场，具体的交易可能在一个市场或者几个市场进行。

2）金融互换的原理

金融互换产生的理论基础是比较优势原理，它是比较优势原理在金融领域最生动的运用。源于国际贸易理论的比较优势原理是由英国经济学家大卫·李嘉图提出的。他认为，在两国都能生产两种产品，且一国在这两种产品的生产上均处于有利地位，而另一国均处于不利地位的条件下，如果前者专门生产优势较大的产品，后者专门生产优势较小（即具有比较优势）的产品，那么通过专业化分工和国际贸易，双方仍能从中获益。

根据比较优势原理，满足以下两个条件就可以进行互换：其一，双方对对方的资产或负债均有需求；其二，双方在这两种资产或负债上存在比较优势。

同步案例9-5

1981年世界银行与IBM公司之间的首次互换交易

1981年，由于美元对瑞士法郎、联邦德国马克急剧升值，货币之间出现了汇兑差额，所罗门兄弟公司利用外汇市场的汇差以及世界银行与IBM公司的不同需求，通过协商达成互换协议。这是一项在固定利率下进行的货币互换，在交易开始时没有本金交换。

世界银行将其2.9亿美元的固定利率债务与IBM公司已有的瑞士法郎和联邦德国马克的债务互换。世界银行希望筹集固定利率的联邦德国马克和低利率的瑞士法郎资金，但它无法通过直接发行债券来筹集；而世界银行具有AAA级信誉，能够从市场上得到最优惠的美元借款利率，世界银行希望通过筹集美元资金换取IBM公司的联邦德国马克和瑞士法郎债务。IBM公司需要筹集一笔美元资金，由于数额较大，集中于任何一个资本市场都不妥，于是采用多种货币筹资的方法，运用本身的优势筹集了联邦德国马克和瑞士法郎，然后通过互换，从世界银行换得优惠利率的美元。

资料来源　佚名. 投资外汇须知的5个重要名词［EB/OL］.（2013-04-23）［2022-11-07］. http：//finance.sina.com.cn/money/forex/20130423/105315247974.shtml.

9.4.2　金融互换的类别

金融互换市场发展迅速，虽然历史较短，但品种创新日新月异。除了传统的货币互换和利率互换外，一大批新的互换品种不断涌现，如股票互换和商品互换等。下面我们介绍两种传统的互换。

1）货币互换

（1）货币互换的概念

货币互换是指交易双方约定在一定期限内互相交换约定的不同货币的本金及相同或不同性质的利息。降低筹资成本并规避汇率变动带来的损失是进行货币互换交易的根本目的。

（2）货币互换的运用

【例9-7】货币互换

假定美元和德国马克的汇率为1∶1.6。甲公司需要借入1 000万美元，乙公司需要借入1 600万德国马克。由于甲公司的信用等级高于乙公司，市场向甲、乙两家公司提供的固定利率不同，见表9-7。

表9-7　　甲、乙两公司的借款利率

公司	美元	德国马克
甲公司	8%	11%
乙公司	9%	12.6%

从表9-7可以看出，甲公司的借款成本均比乙公司低，甲公司在美元市场上借款的绝对优势为1%，在德国马克市场上则有1.6%的绝对优势。也就是说，甲公司在德国马克市场上有比较优势，而乙公司在美元市场上有比较优势。双方可以利用各自的比较优势借款，然后通过互换得到自己想要借入的资金，最后通过分享互换收益降低筹资成本。两公司的具体交易过程如下：

①甲公司以11%的利率借入1 600万德国马克，乙公司以9%的利率借入1 000万美元。

②甲、乙两公司进行本金互换，甲公司将借来的1 600万德国马克与乙公司借来的1 000万美元进行互换，双方分别得到各自所需的货币资金。

③甲、乙两公司互相为对方支付贷款利息，即甲公司支付美元利率9%，乙公司支付德国马克利率11%。此时，乙公司支付的德国马克利率比12.6%降低了1.6%，而甲公司支付的美元利率却比8%高出了1%。因此，乙公司必须再向甲公司支付1%的弥补利率。最终，甲、乙双方共同节约成本0.6%。

④假定甲、乙两公司商定双方平分互换收益0.6%，两公司都将使筹资成本降低

0.3%。双方最终实际筹资成本为：甲公司支付7.7%的美元利率，乙公司支付12.3%的德国马克利率。

双方根据借款成本与实际筹资成本的差异计算各自向对方支付的现金流，进行利息互换。甲公司向乙公司支付7.7%的美元借款利率，乙公司的最终实际筹资成本变为11%的德国马克借款利率加上1.3%的美元借款利率。在汇率水平不变的情况下，乙公司的最终实际筹资成本为12.3%德国马克借款利率。上述两公司货币互换中的利息互换流程如图9-7所示。

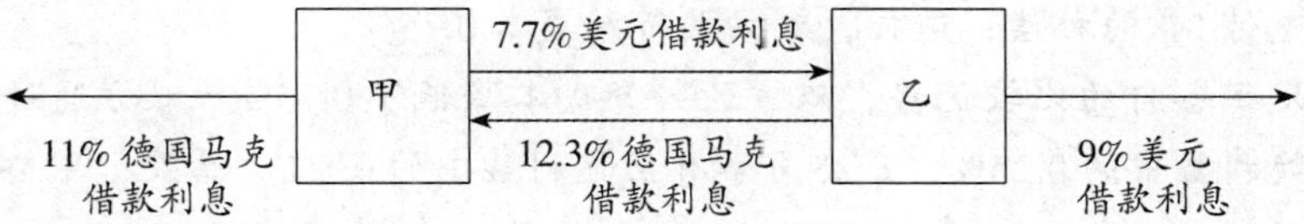

图9-7 甲、乙公司货币互换流程图

⑤在互换结束的时候，双方再次交换本金，甲公司支付给乙公司1 000万美元，乙公司支付给甲公司1 600万德国马克。

相关链接9-2

中俄超50%贸易绕开美元

在全球去美元化的大背景下，人民币的"存在感"越来越强。目前，中俄贸易继续推进本币结算，有超50%的贸易已经绕开了美元。此外，全球至少28个国家可以使用人民币结算，近40个国家已同中国签署货币互换协定。

资料来源 佚名. 中俄超50%贸易绕开美元！人民币国际支付创新高！近40国实现货币互换！[EB/OL].（2020-11-17）[2022-11-06]. http://www.dg.gov.cn/dgsmch/gkmlpt/content/3/3397/mpost_3397583.html#1540.有改动。

2）利率互换

（1）利率互换的概念

利率互换是指交易双方约定在未来的一定期限内，根据约定数量的同种货币的名义本金额交换利息额的金融合约。最常见的利率互换是在浮动利率与固定利率之间进行转换，交易双方通过利率互换交易可以将浮动利率的资产或负债转换成固定利率的资产或负债，从而达到规避利率风险、降低融资成本、进行资产负债管理的目的。

（2）利率互换的运用

【例9-8】利率互换

甲公司需要借入5年期5 000万美元借款，倾向于使用固定利率贷款；乙公司需要借入5年期5 000万美元的借款，但倾向于使用浮动利率贷款。表9-8为甲、乙公司的筹资成本。

表9-8 甲、乙公司的筹资成本

公司	固定利率	浮动利率	需要的方式
甲公司	10%	LIBOR+1%	固定
乙公司	8.25%	LIBOR	浮动

从表9-8可以看出，甲公司需要固定利率资金，乙公司需要浮动利率资金，它们所

需要资金的币种、金额和期限都是相同的。双方可以利用各自的比较优势为对方借款，然后互换，以实现降低融资成本的目的。由于本金相同，双方无须交换本金，只需要交换利息的现金流。利率互换的具体步骤如下：

①甲公司以LIBOR+1%的浮动利率获得借款，而乙公司以8.25%的固定利率获得借款。

②双方进行利率互换，即甲公司支付8.25%的固定利率，成本节约10%-8.25%=1.75%；乙公司支付LIBOR+1%的浮动利率，成本增加LIBOR+1%-LIBOR=1%。甲公司再向乙公司支付1%的补偿，这样，双方共节约成本0.75%。

③通过发挥各自的比较优势，双方的筹资成本降低了0.75%。双方通过谈判决定甲公司享有互换利益中的0.25%，乙公司享有互换利益中的0.5%。结果，甲公司的实际筹资成本为9.75%（8.25%+1%+0.5%），而乙公司的实际筹资成本为LIBOR-0.5%（LIBOR+1%-1%-0.5%）。双方可以根据借款成本与实际筹资成本的差异计算各自向对方支付的现金流，即甲公司向乙公司支付9.75%的固定利率利息，乙公司向甲公司支付LIBOR+1%的浮动利率利息。上述利率互换的双方收益见表9-9。

表9-9　**甲公司和乙公司利率互换支付和收益对比**

项目	甲公司	乙公司
支出利率（原始借款）	LIBOR+1%	8.25%
支出利率（向交易对手支付）	9.75%	LIBOR+1%
收入（交易对手向其支付）	LIBOR+1%	9.75%
净支付	9.75%	LIBOR-0.5%
无互换时的成本	10%	LIBOR
节省	0.25%	0.50%

④商定利息的支付方式。甲、乙公司应确定利息的各自支付时间和方式。现实中更普遍的方法是，双方不交换本金，只对各自应支付利息计算净差额，然后向对方进行单方面支付。

同步案例9-6

香港与内地“互换通”启动，金融市场开放再升级

2022年7月4日，在“债券通”五周年论坛暨“互换通”发布仪式上，中国人民银行副行长、国家外汇管理局局长潘功胜公布了一项新的金融对外开放政策，即为促进内地与香港金融衍生品市场共同发展，启动香港与内地的“互换通”。中国人民银行、香港证券及期货事务监察委员会、香港金融管理局决定同意中国外汇交易中心（全国银行间同业拆借中心）、银行间市场清算所股份有限公司和香港场外结算有限公司开展“互换通”。这是继沪港通、深港通、债券通、基金互认、跨境理财通后，内地与香港再度携手开展香港与内地利率互换市场互联互通合作，“互换通”6个月后正式启动。

“继续坚定不移地扩大中国金融市场高水平对外开放、支持香港国际金融中心的繁荣发展，是中央既定的大政方针，也是中国人民银行的一项重要工作任务。”潘功

胜表示。

资料来源　赵爱玲. 香港与内地“互换通”启动，金融市场开放再升级［J］. 中国对外贸易，2022（8）：17-18.

小资料 9-7

其他互换

除了以上两种传统的互换之外，互换还有其他几种：两种互换的结合，如交叉货币利率互换；以其他产品为对象交换现金流的互换，如商品互换、股票互换；在互换期间内名义本金变化的互换，如增长型互换、减弱型互换和滑道型互换；生效日在未来某一特定时间的远期互换；可以延长合约期限的可延长互换、合约一方可以提前中止的可赎回互换等。

9.4.3　金融互换的功能

1）降低融资成本

通过互换，筹资者可以各自发挥自身的比较优势，分享互换收益，从而降低筹资成本。

2）优化资产负债管理

互换技术出现后，企业应对市场汇率和利率变化的能力更强了，可以更有效地管理资产负债，降低风险。此外，金融互换为表外业务，不需要真实的资金运动就可以对资产负债进行重组，降低了负债比率；互换技术使用起来非常灵活，可以根据企业的需要调整合同条款，实现资产负债的匹配，成本也较低。

3）逃避监管的双刃剑

金融互换为表外业务，可以逃避外汇管理、利率管制及税收限制，但是，正是因为互换是表外业务，其风险没有在资产负债表上体现出来，无法反映企业的真实情况。

4）规避利率和汇率风险

金融互换满足了人们规避风险和保值的需求。通过金融互换，投资者可以将难以管理或不愿意承担的风险转移给愿意承担风险并以此获取高额利润的人，这对投资者尤其重要。

本章小结

本章主要介绍了远期利率协议市场、金融期货市场、金融期权市场以及金融互换市场。远期利率协议是买卖双方同意从未来某一商定的时间开始，在某一特定时期内按协议利率借贷一笔数额确定，以具体货币表示的名义本金的协议。金融期货交易是指协议双方同意在约定的未来某个日期按约定的条件（包括价格、交割地点、交割方式等）买卖一定标准数量某种金融工具的标准化协议。金融期权实际上是一种金融契约，当期权购买者向期权出售者支付一定的期权费用后，购买者有权在规定的期限内按双方约定的价格购买或出售一定数量某种金融资产的合约。金融互换是指两个或者两个以上当事人按照商定的条件，在约定的时间内，交换一系列现金流的合约。这些金融衍生品的基本功能都是规避风险、降低成本或投机获利。

基本训练

一、主要概念

衍生品市场　远期利率协议　利率期货　外汇期货　股指期货　金融期权　看涨期权　看跌期权　金融互换

二、重点实务

远期利率协议结算金的计算　各类金融期货交易的操作步骤　金融期权交易的交易策略以及金融互换交易中货币互换与利率互换的运用

三、案例分析

LTCM波动率套利造成巨额亏损

1997年7月，亚洲金融危机爆发，全球金融市场充满了恐慌气息。美国长期资本管理公司（LTCM）看准这个机会，准备利用期权做空股票波动率。

亚洲金融危机将VIX指数（恐慌指数）一夜之间推高至35以上，在随后几个月内，又回归到25以下。LTCM认为，期权隐含波动率回归到20左右仍然是不对的，因为在此之前的大部分时间，这一指标的历史数据都保持在15的低位水平。于是，LTCM开始抛售股票期权，而且是有效期长达5年的期权。LTCM认为在长达5年的时间中，期权隐含波动率一定会回归到历史水平。

这种有效期长达5年的股票期权并不在交易所进行交易，而是LTCM与大的商业银行及投资银行签订场外合约。LTCM认为，由于场外期权的市场流动性相对较差，当市场恐慌时，作为市场上为数不多的期权卖出方，他们就能以更高的波动率溢价出售期权，于是LTCM以22%左右的隐含波动率抛售了大量的期权。为了对冲股价波动的风险，他们不但卖出了看跌期权，还卖出了看涨期权，构建跨式组合。这样无论股票是上涨还是下跌，只要上涨和下跌的幅度比较小，LTCM都可以获得稳定的利润。

可是，意想不到的事情发生了。1998年8月17日，俄罗斯政府宣布卢布贬值和延期偿付到期债务，投资者的信心受到严重打击，大幅推高标普500的隐含波动率。VIX指数创下44.28的新高。根据期权的定价公式，市场的价格波动幅度每增加一个百分点，LTCM在美国和欧洲市场上的损失就会各增加4亿美元！LTCM再也撑不下去了。大量的头寸被强行平仓，最终亏损高达13.14亿美元！

资料来源　安宁宁．期权交易经典案例解析［EB/OL］．（2021-08-01）［2022-11-06］．https：//m.mindcherish.com/expert/ng?!#/article/content?id=5401967.

请结合案例谈谈导致LTCM亏损的原因是什么。从该案例中，你得到了怎样的启示？

四、计算题

1.假定英镑和美元汇率为1英镑=1.5美元。A想借入5年期1 000万英镑借款，B想借入5年期1 500万美元借款。由于A的信用等级高于B，金融市场对A、B两公司的熟悉状况不同，因此市场向它们提供的固定利率也不同，见表9-10。请计算双方进行货币互换的成本并画图说明互换流程。

表9-10　　市场向A、B公司提供的借款利率

公司	美元	英镑
A公司	8.0%	11.6%
B公司	10%	12.0%

2.美国某公司从英国进口机器设备，需要在3个月后向英国出口商支付1.25万英镑。为了避免3个月后实际支付时汇率变动可能造成的损失，需要将进口成本固定下来。为此，美国某公司提前购入一份英镑期权，期权费为每英镑0.01美元，这份英镑期权需要支付125美元期权费（一份合同期权交易单位为12 500英镑）。协议汇率为1英镑=1.7美元。这样，美国某公司以125美元购得一项权利，允许该公司在今后3个月内随时按协定汇率购买1.25万英镑。假设3个月后出现以下三种情况中的任意一种：（1）英镑升值，如1英镑=1.75美元；（2）英镑贬值，如1英镑=1.65美元；（3）汇率不变。请分别计算这三种情况下该公司保值的结果。

五、模拟操作

互联网上有许多金融公司提供的期货、期权模拟交易操作系统，这些操作系统一般都是免费的，旨在为希望投资期货、期权的投资者提供一个类似实战练习的平台。如果你感兴趣，请在互联网上进行模拟操作，更深入地了解期权和期货衍生品工具。

六、即测即评

第9章单项选择题　　第9章多项选择题　　第9章判断题

第10章

金融市场理论

学习目标

通过本章学习，在知识方面，掌握效率市场理论、证券投资组合理论、资本资产定价模型与套利定价理论的前提假设和基本内容；在技能方面，熟悉资本资产定价模型和套利定价理论的运用；在能力方面，掌握效率市场理论和证券投资组合理论对投资实践活动的指导意义。

导读案例

金融市场是否有效?

一个金融学教授和一个商人正在马路上走着，突然看见前面有一张百元钞票，商人立刻上前捡起钞票。教授对商人说："你不用捡，这张钞票肯定是假钞。"商人问："为什么?"教授回答："如果是真的，早就被人捡走了。"

金融学教授"路上的钞票肯定是假的"的观点初步体现了效率市场理论的内容。20世纪60年代，生活在象牙塔里的学院派教授公然批判股票市场分析，他们认同效率市场理论和随机游走模型，认为积极的货币管理、主动的证券分析都是没有用的，因为市场是有效的，选股、选时机就是浪费时间，有效的市场会为投资者作出正确的选择。

但是，反对市场有效的人会说，股神巴菲特可以战胜市场，他通过主动分析、积极选股，使自己的财富保值增值。如果市场是有效的，就不会存在投资大师巴菲特。

不同的人对此有不同的观点，金融市场是否有效？这是金融学中历史最悠久、最激烈且无结果的争论。

在20世纪50年代前，现代金融市场理论的研究仅限于对金融实践的描述。直至1952年，马柯维茨发表了一篇划时代的论文，这不仅是现代资产组合理论的奠基之作，还标志着现代金融市场理论的诞生。自此，以数学为基本分析工具、论证严格的现代金融市场理论迅猛发展。

10.1 效率市场理论

效率市场假说也称为有效市场假说，最早可以追溯到1900年法国数学家路易斯·巴舍利耶的博士论文《投机理论》，此后考勒斯、沃金、萨缪尔森等经济学家对其进行了研究，最终经法马、马基尔的进一步发展，成为一个系统性理论。实际上，现代金融市场理论都是以效率市场假说的成立为前提的，这一理论是现代金融市场理论的重要基石。

10.1.1 效率市场假说的提出

早期的有效市场理论等同于随机游走理论，学者们以随机游走模型为基础对市场有效性进行描述。有效市场理论的起源同样可以追溯到1900年路易斯·巴舍利耶的博士论文《投机理论》，他尝试将概率论和随机过程理论应用到对股票价格波动的分析上，发现其波动的数学期望值总是为零，证明了股票价格随机性的存在。1933年，考勒斯通过对预测者的收益分布与随机挑选的股票组合的收益分布进行比较，发现没有显著统计证据表明前者强于后者，因此他提出了与后来的有效市场假说类似的观点。1949年，沃金成为第一个正式提出“随机游走”概念的经济学家，他通过研究认为，市场中投资者的逐利行为会最终消除股票价格任何预测性的波动，这一行为导致股票价格最终会遵循随机游走理论。此后，他又进一步提出股票即期价格是其未来价格的最优预测。1965年，萨缪尔森通过数学推导证明了股票市场中的投机行为与随机游走理论的关系，为投机行为和随机游走理论之间搭建了一个严密的理论框架。萨缪尔森从“鞅”的角度定义了有效市场，即依赖于任何信息集Φ上的任一证券下一期的期望价格等于即期价格的一个固定倍数，即$E(P_{t+1}|\Phi)=kP_t$。萨缪尔森的研究为后来法马的效率市场假说奠定了基础。

1965年，法马发表了《股票市场价格行为》一文，对随机游走理论进行了深入讨论，提出随机游走这一现象是市场向均衡状态回归的自然结果。如果股票价格不遵循随机游走模型，投资者就可以利用市场上的差价赚取超额利润，同时投资者赚取差价过程中的买卖行为也可以促使股票价格回归随机游走模型。法马指出，随机游走理论的存在与市场有效性相符合，效率市场是指在给定的信息下，任何时点的证券价格均很好地估计了其内在价值。

法马正式提出效率市场假说是在其1970年发表的《有效资本市场：理论与经验研究综述》一文中。效率市场假说认为，有效市场就是价格完全反映市场所有信息的市场。在一个充满信息交流和信息竞争的社会里，一个特定的信息能够在股票市场上迅速地被投资者知晓。随后，股票市场的竞争将会驱使股票价格充分且及时地反映该信息，从而使投资者根据该信息所进行的交易不存在超额收益，而只能赚取风险调整的平均市场报酬率。

10.1.2 效率市场假说的分类

法马定义了与证券价格相关的三种类型的信息集：一是历史信息，即基于证券市场交易的有关历史资料，如历史股价、成交量、公司背景等；二是公开信息，即一切可公开获得的有关公司财务及发展前景等方面的信息，如公司的生产状况、财务状况、重大事件公告、盈利公告等；三是内部信息，即只有公司内部人员才能获得的有关信息。在此基础上，法马根据证券价格对信息反映程度的不同，把效率市场假说分为三类：

1）弱式效率市场

在弱式效率市场中，证券当前价格完全反映了价格历史序列所包含的一切信息，是对历史信息的最佳反映，价格的任何变动都是对新信息的反映，而不是对历史信息的反映。因此，掌握了历史信息并不能预测未来的价格变化，从而投资者不可能通过对以往价格的分析获得超额利润。今天的价格就是明天价格的最佳预测值：

$$E_t[P_{t+1}]=P_t$$

这意味着，如果证券市场是弱式效率的，预期的价格变化为零，股票价格的技术分析将失去作用，使用技术分析当前及历史价格对未来作出预测是毫无用处的。但是，基本分析可能帮助投资者获得超额利润，要想获得超额回报，就必须寻求历史价格以外的信息。

2）半强式效率市场

在半强式效率市场中，证券当前价格不仅反映历史价格信息，而且反映所有公开信息；不仅包括证券价格序列信息，还包括有关公司价值的信息、有关宏观经济形势和政策方面的信息。在半强式效率市场中，根据公开信息作出的分析不能帮助投资者获得超额利润，因为对于当前已公开的资料，当前价格是合适的，未来的价格变化依赖新的公开信息，因此，只有利用内部信息才能获得非正常的超额回报。在半强式效率市场中，已公布的基本面信息无助于投资者挑选价格被高估或者低估的证券，基于公开资料的基本分析失去了作用。

3）强式效率市场

在强式效率市场中，证券价格总是及时、充分地反映所有相关信息。所有相关信息包括历史信息、公开信息和内部信息。任何信息，包括内部信息都无助于投资者获得超额利润。这是因为，如果市场强式有效，有关证券信息的产生、公开、处理和反馈几乎是同时的，而且有关信息的公开是真实的，处理是正确的，反馈也是准确的。每一位投资者都掌握了有关证券的所有信息，每一位投资者所占有的信息都是一样的，每一位投资者对证券产品的价值判断都是一致的，证券的价格反映了所有的即时信息。在这种市场中，任何企图寻找内部信息来打击市场的做法都是不明智的。

上述三种市场所包含的信息量是递增的，因此三种效率市场假说也是由弱到强逐渐严格的，如图10-1所示。后一种总是以前一种为基础，并加以强化，即强式效率成立时，半强式效率必须成立；半强式效率成立时，弱式效率也必须成立。

10.1.3　效率市场假说的理论基础

1）效率市场假说的假定基础

效率市场假说建立在三个强度逐渐减弱的假定之上。

第一，理性投资者假定。这是最强的假定，即投资者是理性的，他们可以对证券价值作出合理的评估。一旦投资者获得信息，就会迅速作出反应，买进或者卖出股票，股

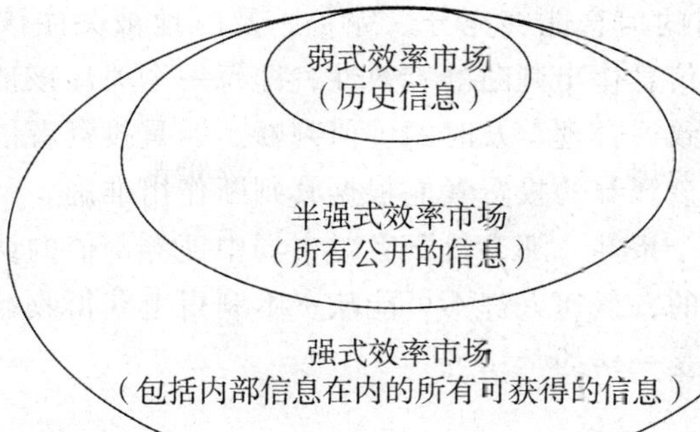

图10-1　效率市场假说三种信息集关系图

价相应调整。这样，信息的变化会在价格上及时得到反映，证券价格随着新的信息调整到相应的水平。投资者的理性意味着不可能赚取经过风险调整的超额收益，因此，由完全理性的投资者构成的竞争性市场必然是效率市场。

第二，随机交易假定。这是较弱的假定。虽然市场上存在一些非理性的投资者，但由于他们的交易策略相互独立，表现出随机性，这些交易可以彼此相互抵消，因此不会对资产价格产生任何影响。

第三，有效套利者假定。这是最弱的假定。即使某些非理性投资者行为趋同，交易策略相关，交易不能抵消，理性投资者也可以通过套利来消除非理性投资者对价格的影响。套利是在不同市场、按不同的价格同时买卖相同或本质上相似的证券。假设某一证券由于非理性投资者的交易而被高估，价格超出了真实的价值，套利者就会卖出这种证券，同时买进本质相同的另一证券规避风险，这样就使被高估的证券价格回落；反之亦然。即便存在非理性投资者，他们的交易行为又是相关联的，套利行为还是可以保证证券价格与其价值相一致。

小资料10-1

套利的分类

从广义上来讲，套利有以下几种形式：

(1) 货币套利（套汇）。由于在不同的外汇市场上存在同种或者不同种货币的汇率差异，投资者可以在汇率较低的外汇市场买入，在汇率较高的外汇市场卖出，从而获取利益。

(2) 利率套利（套利）。这是指由于不同市场上存在利率的差异而套取利益的行为。

(3) 商品套利（套购）。这是指由于不同市场上存在同种商品价格不同而进行低买高卖获取利益的行为。

(4) 证券套利。这是指由于不同市场上存在同种证券的价格不同而进行低买高卖获取利益的行为。

(5) 风险套利，又称为收购套利。

2）效率市场假说的前提条件

效率市场假说在现实中得以建立需要四个前提条件：一是信息披露的有效性，即每种证券的全部信息都能够充分、真实、及时地在市场上得到公开。二是信息从披露到被接受的有效性，即被披露的信息能够充分、完备、及时地被关注该证券的投资者所获得。三是投资者对所获得信息作出判断的有效性，即每一个关注该证券的投资者都能够根据所得到的信息作出一致、合理、及时的价值判断。四是投资者依照其判断进行投资的有效性，即每一个关注该证券的投资者能根据其判断作出准确、及时的行动。

如果市场具备上述四个条件，那么投资者对市场中证券价值的认识都是一样的，市场价格是买卖双方都认可的，任何人都不可能从资本利得上获得收益，投资者不论投资哪种证券，投资回报率都是一样的。

3）效率市场的特征

首先，效率市场中的证券价格能够迅速、准确地反映搜集到的未来关于定价的新资料和信息。现实生活中充斥着大量信息，大多数信息会对证券市场的价格产生影响，如果市场是有效率的，证券价格就会在收到信息时作出“迅速、准确”的反应。图10-2描述的是效率市场和无效市场中证券价格对新信息的反应。

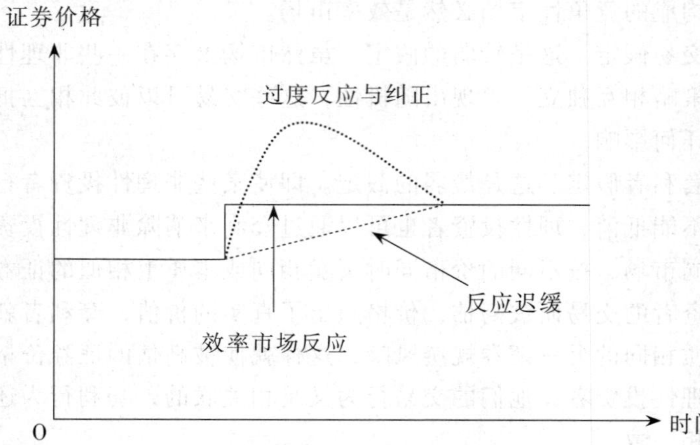

图10-2 在效率市场和无效市场中证券价格对新信息的反应

图10-2反映了证券价格在收到信息时的三种反应形式。实线代表在效率市场中，证券价格准确、迅速地对新信息作出了反应。虚线代表在无效市场中，证券价格对新信息的一种反应路径——反应迟缓，原因在于信息刚出现时由于知道的人少，证券价格只上涨一点；当越来越多的人知道该信息时，证券市场的价格逐步上涨。点线则代表在无效市场中证券价格对新信息的另一种反应路径——过度反应，在这种情况下，对该信息比较乐观的人率先得到信息，他们把股票价格推到高于新价值的最优估计后，正确的估计占了上风，最终股票价格受市场抛售影响回到合理位置。

其次，任何投资策略都无法取得超额利润。如果市场是有效的，那么任何交易或投资策略都无法取得超额利润，其预期收益率无法超过恰当的基准。检验市场效率的一种常用方法就是检验某种特定的交易或投资策略在过去是否赚取了超额利润。

最后，专业投资者与个人投资者的投资业绩是无差异的。如果市场是无效的，获得充分信息的投资者就可以利用市场定价的失误，建立能给其带来超额利润的投资组合；反之，如果市场是有效的，由于市场价格已经充分反映了所有的信息，因此获得充分信息的投资者与一般投资者一样，只能获得正常的收益。我们可以通过衡量专业投资者与一般投资者的投资表现来检验市场的效率。

小思考 10-1

实际生活中，投资者为什么存在不理性的行为？

20世纪最成功的股票基金经理之一彼得·林奇（Peter Lynch）说，从历史上看，人们买股票时，把它视为投资；卖股票时，通常认为股票就是赌博。这种行为循环往复，而且经常发生在错误的时候。股票在其最不谨慎的时候，最有可能被认为是谨慎的。

为什么会出现这种不理性的行为呢？主要原因是，虽然效率市场假说建立在投资者是理性的基础上，但在实际生活中，由于大多数人不太擅长长期思考，因此，他们就会过度追求短期利润，而忽视长期利润，从而作出一些非理性的行为。

资料来源　齐特尔曼．为什么大多数投资者都不理性？[EB/OL]．(2022-03-03)[2022-11-09]．https：//www.sohu.com/a/526930303_100032554．有改动。

10.2 现代资产组合理论

现代资产组合理论也称为现代证券投资组合理论、证券组合理论或投资分散理论，被认为是现代金融市场理论的起点。1952年马柯维茨发表了《资产组合的选择》一文，将概率论和线性代数方法应用于证券投资组合的研究，探讨了不同类别、运动方向各异的证券之间的内在相关性。1959年，他出版了《证券组合选择》一书，详细论述了证券组合的基本原理，从而为现代西方证券投资理论奠定了基础。

10.2.1 金融市场风险的特征与类型

金融市场风险有广义和狭义之分。广义的金融市场风险是指金融变量的各种可能值偏离其期望值的可能性及幅度。金融变量的可能值可能低于也可能高于期望值，风险既包括对市场主体不利的一面，也包括对市场主体有利的一面。狭义的金融市场风险仅指金融变量的可能值可能低于期望值，只包括对市场主体不利的一面。这里从广义来理解金融市场风险的概念。

1）金融市场风险的特征

金融市场风险具有普遍性、不确定性、突发性以及扩散性等特征。由于信息的不对称性，金融市场的参与者不可能完全掌握市场的运动和变化，因此金融市场的风险是普遍存在的，难以完全消除，只能进行防范和管理。金融市场风险的不确定性是指投资者预期收益的不确定性，这种不确定性可以通过尽可能地搜集信息，并以此为基础进行科学分析和预测来降低。这种不确定性会不断积累，通常会以突发的形式表现出来。此外，由于金融活动不是完全独立的，而是相互交织、相互联动的网络，因此，任何一个节点出现的风险都会产生连锁反应，进而扩散为金融市场局部甚至整体的动荡。

2）金融市场风险的类型

为了有效预防、监测、控制金融市场风险，有必要对金融市场风险进行分类。

第一，根据风险能否分散，可以将金融市场风险分为系统性风险和非系统性风险。系统性风险即市场风险，是由整体政治、经济、社会等环境因素对金融资产价格所造成的影响。由于系统性风险建立在无法控制的外在不确定性基础上，一般不能通过多样化投资进行分散，因此又称为不可分散风险。非系统性风险又称为可分散风险，是指与特定的公司或行业相关的风险，它与政治、经济和其他影响所有金融变量的因素无关。这种风险往往来源于企业内部的微观因素，如某行业因产品更新换代而逐渐衰退，一次技术突破可能使一种现有产品消亡，某公司因经营不善而发生严重的亏损等。非系统性风险可以通过多样化投资来分散，如果分散是充分有效的，这种风险还能被消除。

第二，根据风险的成因，可以将金融市场风险分为信用风险、市场风险、流动性风险和操作风险。

信用风险也称违约风险，是指债务人或交易对手不能正确履行事先作出的承诺而使金融资产受损的风险。自从信用关系出现后，信用风险就存在，它是金融业的传统风险，也是最主要的风险之一。

市场风险是指市场价格，如利率、汇率、证券价格波动等原因引起的实际收益率偏离预期收益率的可能性。市场风险是金融投资中最普遍、最常见的风险，几乎所有市场参与者都必须面对和承受这种风险。市场风险具体包括：第一，利率风险，即市场利率水平的变动引起资产价格变化所产生的风险。市场利率的变化会引起证券价格的变动，进而影响证券收益的确定性。一般来说，利率上升会导致证券价格下降，利率下降会导致证券价格上升。在利率变动幅度相同的情况下，长期证券受到的影响比短期证券更大。第二，汇率风险，即由于汇率变动而使投资于以外币标价的有价证券的投资者面临的收益的不确定性。第三，证券价格风险，即金融市场有价证券价格剧烈波动进而引起证券投资者收益的不确定性和本金的安全性。第四，购买力风险，也称为通货膨胀风险，是指由于可能发生的通货膨胀等因素导致实际收益水平不确定的风险。

流动性风险是指金融资产的变现风险，证券的流动性主要取决于二级市场的发达程度和期限的长短。

操作风险是指日常操作和工作流程失误所产生的风险。近年来，防范操作风险已经成为全球金融风险管理活动中日趋重要的内容之一，随着证券交易对电子技术的依赖程度不断加深，操作风险也越来越复杂。

同步案例 10-1

加密银行系统如何降低系统性风险

流动性是资产价格的关键驱动因素之一，评判一个系统是否有序的重要因素也在于这个市场是否具有充足的流动性。理查德·布克斯塔伯（Richard Bookstaber）的《理论的终结：金融危机、经济学的失败和人类互动的横扫》一书中提出："对流动性的需求不仅影响价格，流动性的崩溃也是股市崩盘的主要驱动因素之一。"那么，如何提高一个系统的流动性呢？我们倡导多元化和自动再平衡的投资组合。

加密银行系统降低系统性风险的具体操作是在流动性池（LP）中拥有50%的USDC/50%ETH投资组合，这样的话，每小时可以获得50%的超额成果（不考虑成本），而非达到50%的均衡。Uniswap（一种机密交易平台）提供的流动性类似于通过卖出期权（溢价）实现再平衡，而非通过市场订单实现再平衡。此外，通过将流动性池的基础资产存储在Aave和Compound等货币市场，可以再次提高效率和性能。如果我们可以从基础资产的波动性和相关性推断LP的盈利能力，将是一个巨大的贡献。

总的来讲，流动性池作为DeFi的基本结构，可以通过改善资产流动性，同时改善被动投资者的表现，从而创造一个更加稳健的金融体系。

资料来源　佚名．加密银行系统如何降低系统性风险［EB/OL］．［2022-09-14］．https：//www.cngold.com.cn/20220914l144491393.html.

思政小课堂10-1

金融稳定保障基金

2022年3月5日《政府工作报告》提出，设立金融稳定保障基金，运用市场化、法治化方式化解风险隐患，牢牢守住不发生系统性风险的底线。这是我国政府工作报告中首次提出“设立金融稳定保障基金”。3月25日，国务院要求“9月底前完成金融稳定保障基金筹集相关工作，年内持续推进”；3月25日，中国银保监会指出，“相关工作正在研究推进，初步考虑，金融稳定保障基金用于具有系统性隐患的重大风险处置”；我国央行9月27日发文称“2022年，人民银行会同有关部门加快推动建立金融稳定保障基金”，“目前，金融稳定保障基金基础框架初步建立，已有一定资金积累”。

金融稳定保障基金由政府等多方出资设立，目的是有效防范、化解、处置重大金融风险，稳定金融体系，具有公共产品性质，是我国在推出“金融机构内部控制以及金融子行业细分保障基金”之后的又一道“防火墙”。金融稳定保障基金的推出将有效促进我国对金融风险进行快速有效的防范、化解和处置，以降低综合成本、维护国家金融市场安全。

10.2.2　证券投资组合中收益与风险测定

证券投资的核心是收益与风险的权衡问题。人们从事证券投资的目的是获得投资收益，但在获得收益的过程中又时刻伴随着风险，收益和风险是并存的。一般来说，收益越高，风险越高；反之，收益越低，风险越低。投资者在两种风险相同的证券中，总是选择收益较高的；在两种收益相同的证券中，总是选择风险较低的。我们应了解证券投资组合中收益与风险的测定方法。

1）证券组合收益率的测定

证券投资收益有两个来源：一个是股利收入（或是利息收入）；另一个是资本利得（或是资本损失）。

（1）单一证券收益率的测定

证券投资收益率是指证券投资者在某段时间为投资某种证券带来的证券红利和资本利得的和除以初始证券价格的数值。证券投资者在一定时间内投资某一证券的收益率测定公式为：

$$R=\frac{D_t+(P_t-P_{t-1})}{P_{t-1}}\times 100\%$$

式中，D_t为该段时间内取得的证券红利，P_{t-1}为初始证券价格，P_t为期末证券价格，(P_t-P_{t-1})为投资证券的资本利得。

由于证券收益是不确定的，投资者只能估计各种可能发生的结果（事件）及每一种结果发生的可能性（概率），因而通常使用预期收益率指标，即持有证券可能得到的预期收益。如果收益率R_i为离散型随机变量，其概率为P_i，则单一证券预期收益率的计算公式为：

$$\bar{R} = \sum R_i P_i$$

式中，$\bar{R}$为预期收益率，R_i为第i种可能的收益率，P_i为收益率R_i的概率。

（2）证券组合收益率的测定

假设投资者不是投资单一证券，而是投资证券组合，那么证券组合的预期收益率就是组成该组合的各种证券的预期收益率的加权平均数，权数是投资于各种证券的资金占总投资额的比例，用公式表示为：

$$\bar{R}_p = \sum_{i=1}^{n} W_i \bar{R}_i$$

式中，$\bar{R}_p$为证券组合的预期收益率，W_i为投资于证券i的资金占总投资额的权数，$\bar{R}_i$为证券i的预期收益率，n为证券组合中证券的种数。

2）证券组合风险的测定

风险是指投资者投资于某种证券的不确定性。实际发生的收益率与预期收益率的偏差越大，投资该证券的风险也越大。

（1）单个证券风险的测定

单个证券的风险是由预期收益率的方差或者标准差来表示的。单个证券风险的标准差公式为：

$$\sigma = \sqrt{\sum_{i=1}^{n}(R_i - \bar{R})^2 P_i}$$

式中，σ为风险，R_i为所观察到的收益率，$\bar{R}$为预期收益率，P_i为收益率R_i的概率。

（2）两种证券组合风险的测定

由于两种证券组合风险存在相互抵消的可能，因此，组合的风险不能简单地等于单个证券风险以各自的投资比重为权数的加权平均数。这就需要引入协方差和相关系数的概念。我们用σ^2表示该组合收益率的方差，用公式表示为：

$$\sigma_p^2=W_A^2\sigma_A^2+W_B^2\sigma_B^2+2W_AW_B\sigma_{AB}$$

式中，σ_{AB}为证券A和证券B的实际收益率与预期收益率离差之积的期望值，在统计学中称为协方差。协方差可以用来衡量两种证券收益之间的相关性，计算公式为：

$$\sigma_{AB}=\sum_i (R_{Ai}-\bar{R}_A)(R_{Bi}-\bar{R}_B)\ P_i$$

除了协方差外，还可以用相关系数ρ_{AB}来表示两种证券收益变动之间的相关关系。协方差与相关系数的关系为：

$$\rho_{AB}=\sigma_{AB}\div\sigma_A\sigma_B$$

相关系数的取值范围介于-1到+1。当取值为-1时，表示证券A、B收益变动完全负相关；当取值为+1时，表示证券A、B收益变动完全正相关；当取值为0时，表示证券

A、B收益变动完全不相关；当$0<\rho_{AB}<1$时，表示证券A、3收益变动正相关；当$-1<\rho_{AB}<0$时，表示证券A、B收益变动负相关。

结合上述公式，两种证券组合的风险为：

$$\sigma_p^2=W_A^2\sigma_A^2+W_B^2\sigma_B^2+2W_AW_B\rho_{AB}\sigma_A\sigma_B$$

当 $\rho_{AB}=1$ 时，$\sigma_P=W_A\sigma_A+W_B\sigma_B$；当 $\rho_{AB}<1$ 时，$\sigma_P<W_A\sigma_A+W_B\sigma_B$；当 $\rho_{AB}=-1$ 时，$\sigma_P=|W_A\sigma_A-W_B\sigma_B|$。根据以上分析，两种证券组合的风险不仅取决于每种证券自身的风险，还取决于两种证券之间的相关性。

（3）多种证券组合风险的测定

多种证券组合风险的计算原理与两种证券组合异曲同工，可用公式表示为：

$$\sigma_p^2=\sum_{i=1}^{n}\sum_{j=1}^{n}W_iW_j\sigma_{ij}$$

式中，W_iW_j为第i种、第j种证券在证券组合中所占的比重，n为该组合中证券的数量，σ_{ij}为第i种证券和第j种证券的协方差，σ_p^2为多种证券组合的方差。

【例10-1】证券投资组合收益和风险测定

假设投资者投资100元，对证券A、B的投资收益率概率分布见表10-1。证券A、B的收益都是随机变量，且证券A和证券B不相关。

表10-1　　证券A和证券B相关数据表

证券A		证券B	
收益（元）	概率	收益（元）	概率
−30	1/3	−10	1/2
+30	2/3	+30	1/2

要求：（1）求分别投资于证券A、B的预期收益率与风险的值；（2）当投资者选择50元投资证券A、50元投资证券B时，求投资于由证券A和证券B组成的投资组合的收益率与风险的值。

证券A的预期收益率与风险为：

$\bar{R}_A=-30\times1/3+30\times2/3=10$

$\sigma_A^2=(-30-10)^2\times1/3+(30-10)^2\times2/3=800$

证券B的预期收益率与风险为：

$\bar{R}_B=-10\times1/2+30\times1/2=10$

$\sigma_B^2=(-10-10)^2\times1/2+(30-10)^2\times1/2=400$

证券组合的收益率与风险为：

$\bar{R}_P=1/2\bar{R}_A+1/2\bar{R}_B=1/2\times10+1/2\times10=10$

$\sigma_P^2=1/4\sigma_A^2+1/4\sigma_B^2=1/4\times(800+400)=300$

10.2.3　证券投资组合理论

对于任何一项投资而言，风险和收益都是并存的。根据马柯维茨的证券组合理论，投资者必须根据自己的风险-收益偏好与各种证券及证券组合的风险、收益特性来选择最优的投资组合。

1）风险偏好和无差异曲线

（1）风险偏好

现代投资组合理论对投资者对于收益和风险的态度给出了两个基本假设：一个是不满足性；另一个是厌恶风险。不满足性是指投资者在其余条件都相同的两个投资组合中进行选择时，总是选择预期收益率较高的那个。换言之，不满足性意味着在给定两个相同标准差的组合中，投资者将选择具有较高预期收益率的组合。这是因为高回报率意味着期末得到的财富多，可以满足投资者提高消费水平的愿望。厌恶风险是指在其他条件相同的情况下，投资者将选择标准差较小的组合。厌恶风险意味着风险带给投资者的是负效用，因此如果没有收益来补偿，投资者是不会冒无谓的风险的。与厌恶风险的投资者相对应，还有风险中性和爱好风险的投资者。前者对风险的高低漠不关心，只关心预期收益率的高低。对后者而言，风险给他带来的是正效用，因此在其他条件不变时，他将选择标准差大的组合。在正常情况下，理性投资者是厌恶风险的；在某些极端情况下，理性投资者也可能是风险爱好者。

（2）无差异曲线

如果从投资效用的角度看前面提到的投资者在进行投资时一般会遵循的两个假定——不满足性和厌恶风险，那么投资者的投资目标就是追求投资效用最大化。投资者对风险总是厌恶的，风险越大，投资效用越小。

投资者的效用函数取决于证券组合的预期收益率和风险，衡量效用的单位为U，所以效用函数为$U=U（\bar{R}_p，\sigma_p）$。从理论上讲，存在无数种证券组合方案，因此，有可能找到一些证券组合，在投资者的效用函数一定的条件下，这些组合有相等的投资效用值。如果将能够产生相同效用值的各种证券组合对应的预期收益率$\bar{R}_p$和标准差σ_p一并列出，在以横轴表示证券组合的标准差（风险）、以纵轴表示证券组合的预期收益率的坐标系中描出它们对应的点，然后用平滑的曲线将这些点连接起来，就会得到一条投资效用无差异曲线，也称为风险收益无差异曲线，如图10-3所示。

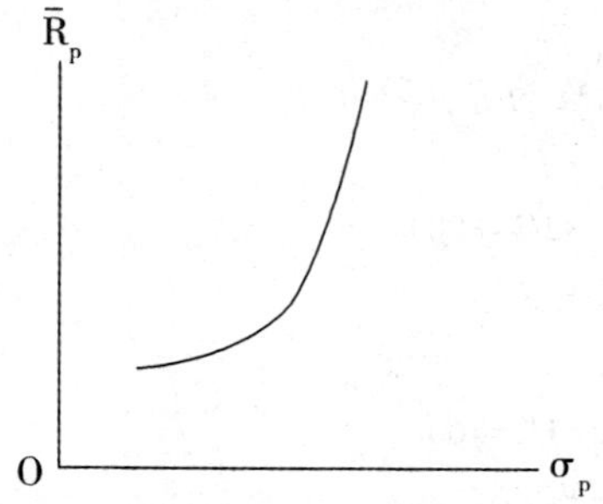

图10-3　风险收益无差异曲线

这条无差异曲线具有以下几个特征：

第一，无差异曲线的斜率总是正的。如图10-3所示，无差异曲线的斜率是正的。这是因为收益带给投资者的是正效用，风险带给投资者的是负效用，为了使投资者的满足程度相同，高风险的投资必须有高的预期收益率，所以无差异曲线总是向右上方倾斜的。

第二，无差异曲线总是向下凸的。无差异曲线向下凸是由预期收益率的边际效用递减规律所决定的，也就是说，当投资者冒同等程度的风险时，对他的补偿越来越少。要获得同等补偿，投资者就要冒增量的风险。

第三，同一投资者在同一时点的任何两条无差异曲线都不相交。关于无差异曲线的这个特征，可以用反证法来证明，如图10-4所示。假设投资者的两条无差异曲线Ⅰ和Ⅱ相交于某一点A，因点A和点B都在无差异曲线Ⅰ上，所以点A和点B给投资者带来的满足程度是相同的。同理，点A和点C给投资考带来的满足程度也是相同的。这就意味着点B和点C给投资者带来的满足程度一定也相同。然而，从图10-4中可以看出，点B对应的预期收益率高于点C对应的预期收益率，点B对应的风险小于点C对应的风险，点B给投资者带来的满足程度应该大于点C，这与之前推出的点B和点C给投资者带来的满足程度相等产生了矛盾。所以，同一投资者在同一时点的任何两条无差异曲线都不可能相交。

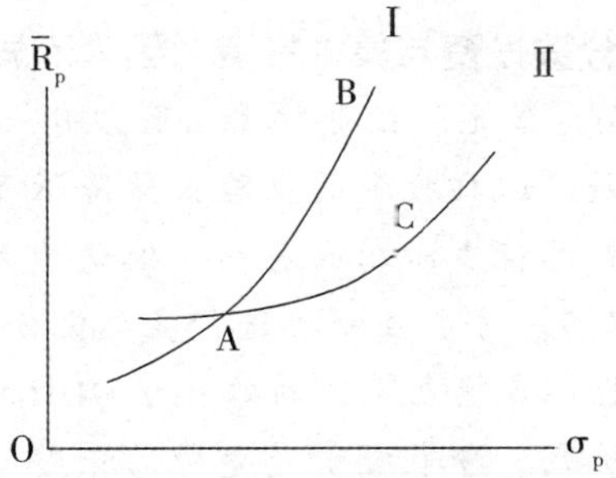

图10-4　无差异曲线相交

第四，同一投资者有无数条无差异曲线。既然某些证券组合能够产生相同的某一效用值，形成一条效用无差异曲线，那么也会有另一些证券组合能够产生相同的另一效用值，形成另一条效用无差异曲线。效用值不同，无差异由线也随之不同。对于任何一个风险-收益组合，投资者对它的偏好程度都能与其他组合相比。

由于投资者对收益的不满足性和厌恶风险，因此，在无差异曲线图中，越靠左上方的无差异曲线代表的满足程度越高。如图10-5所示，在三条无差异曲线中，Ⅰ代表的满足程度最高，Ⅱ代表的满足程度次之，Ⅲ代表的满足程度最低。投资者的目标就是尽量选择位于左上方的无差异曲线上的投资组合。

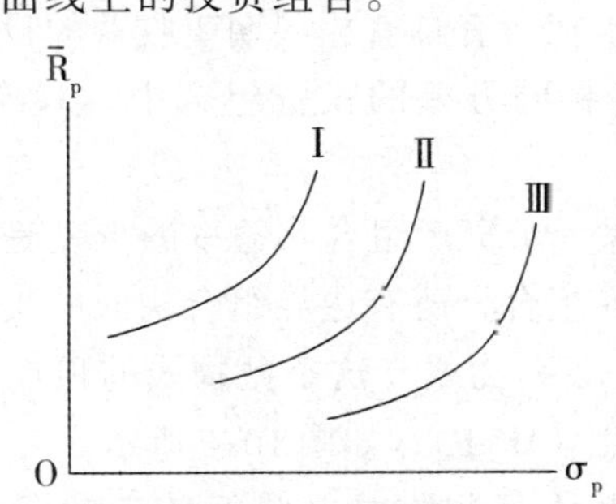

图10-5　不同效用值的无差异曲线

第五，无差异曲线越陡峭，投资者越厌恶风险。无差异曲线的斜率代表风险和收益之间的替代率。斜率越大，相同风险对应的收益率就越高。对风险厌恶者而言，为了让他们承受同样的风险，提供的收益必须逐步提高。如图10-6所示，投资者1对风险的厌恶程度大于投资者2。

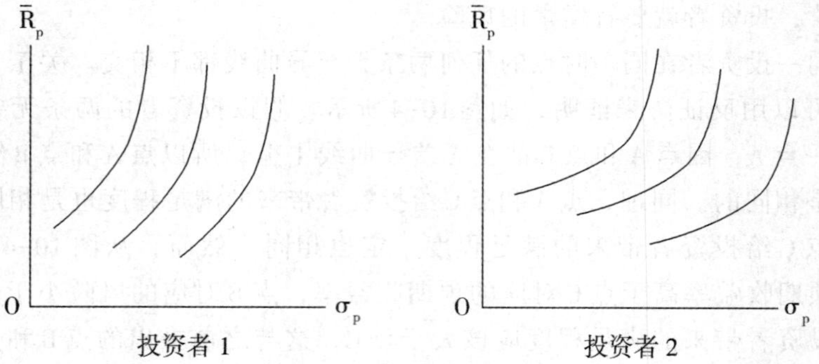

图10-6 投资者的风险厌恶程度

同步案例10-2

分散投资与集中投资，因人而异

股神巴菲特曾多次强调，多元化投资就像诺亚方舟一般，每种动物带两只上船，结果最后变成了一个动物园。这样投资的风险虽然降低了，但收益率也降低了，不是最佳的投资策略。他一直奉行少而精的原则，他认为大多数投资者对所投资企业的了解不透彻，自然不敢只投一家企业而要进行多元化分散投资。

富通基金全球投资总监杜威德表示，新的基于QDII的海外投资法规框架为中国投资者带来了新的机遇和挑战。分散投资是免费的午餐，由于不同资产类别不完全相关，可以减少给定的敞口风险；同时，通过增加有较高预期收益率的资产，整个组合的收益率将会提高。

2）均值-方差分析和有效边界

马柯维茨将概率论和线性代数的方法应用于资产组合的研究，其理论包含两个重要内容：均值-方差分析方法和资产组合有效边界模型。

投资者进行投资的本质就是在不确定的收益和风险中进行选择。马柯维茨资产组合理论假设所有投资者都具有风险厌恶和追求效用最大化的特性，投资者具有二次效用函数，呈均值-方差形式，即投资者的效用高低只依赖个体所持有投资组合的期望收益和方差。这样的效用函数决定了在所有具有相同期望收益的投资组合中，投资者会选取方差最小的组合；在所有具有相同方差的投资组合中，投资者会选取期望收益最高的组合。

给定期望收益率μ，如果一个资产组合收益率的方差是所有期望收益率为μ的组合中最小的，那它就是一个边界组合，所有边界组合构成的集合即为组合边界。组合边界方程在方差-均值平面上是一条抛物线。这条抛物线的顶点对应一个在所有组合中方差最小的组合，即最小方差组合（MVP），如图10-7所示。

投资者不会选择组合边界上期望收益率低于MVP的资产组合，因为持有这些组合所得的收益率低于MVP的收益率，而承担的风险高于MVP，因此组合边界在MVP以上的部分成为资产组合的有效边界。有效边界是一条向右上方倾斜的曲线，它体现了高收益、高风险原则，并且有效边界是凸集。

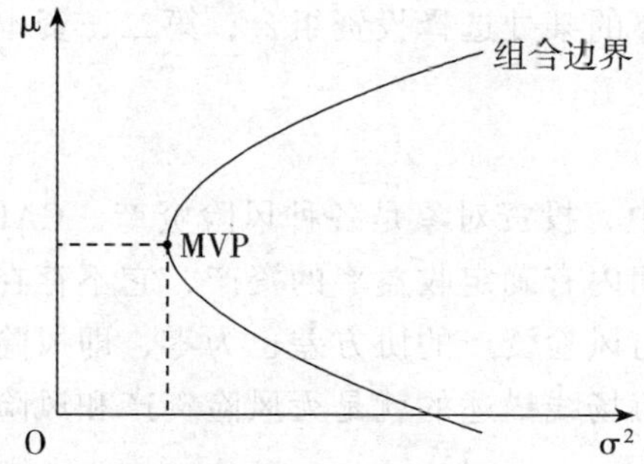

图10-7　方差-均值平面上的组合边界

3）最优资产组合

能够给投资者带来相同满足程度的收益与风险的不同组合构成了投资者的无差异曲线。托宾证明了风险规避型投资者在方差-均值空间中的无差异曲线必定是下凸的。在不存在无风险资产的条件下，马柯维茨的有效边界是一条上凸的曲线，因此它和无差异曲线有且仅有一个切点，即最优资产组合。正是有效边界的上凸性和无差异曲线的下凸性决定了最优资产组合的唯一性。

10.3　资本资产定价模型与套利定价理论

夏普于1964年发表了《资本资产价格：在风险条件下的市场均衡理论》一文，第一次提出了资本资产定价模型（CAPM）。罗斯于1976年发表了《资本资产定价的套利理论》一文，提出了与CAPM竞争的新资产均衡定价模型——套利定价理论（APT）。

10.3.1　资本资产定价模型

资本资产定价模型揭示了在市场出清状态下，所有投资者都将选择无风险资产和市场组合的线性组合，这样所有资产的均衡价格都可以写成无风险资产价格和市场组合价格的线性形式。CAPM是金融市场理论中第一个可以用计量方法检验的理论模型，其逻辑线索为：假设证券市场完全有效和存在无风险证券，首先推导出表示证券组合的预期收益与总体风险之间关系的资本市场线，再推导出反映某种证券的预期收益与其系统性风险之间关系的证券市场线，最后推导出证券的均衡市场价格。

1）资本资产定价模型的假设条件

除了马柯维茨资产组合理论的假设外，CAPM还包括以下假设：第一，投资者为风险规避型，在给定两个风险相同的资产组合中，投资者会选择收益较高的；在给定两个收益相同的资产组合中，投资者会选择风险较低的。第二，投资者可以无风险利率无限制地借入或贷出资金。第三，所有投资者对预期收益率概率分布的看法一致，市场上只有一条有效边界。第四，所有投资者具有相同的投资期限，而且只有一期。第五，单一资产可以无限细分。第六，不考虑税负、交易成本，不存在通货膨胀，所有投资者可以及时、免费获得充分的市场信息。第七，投资者具有相同预期，即他们对预期收益率、标准差和证券之间的协方差具有相同的预期值。

上述假设表明：第一，投资者是理性的，而且严格按照马柯维茨资产组合理论进行多样化投资，将从有效边界的某处选择投资组合；第二，资本市场是完全有效的，没有任何摩擦阻碍投资。

2）资本市场线（CML）

在证券组合投资研究中，投资对象是各种风险资产。CAPM引入了无风险资产，无风险资产是一种在一定时期内有确定收益率的资产，它不存在预期收益的变动，标准差为零，因此，无风险资产与风险资产的协方差也为零，即风险资产的收益同无风险资产的收益完全不相关。资本市场线描述的就是无风险资产和风险资产有效组合的方法。

（1）分离定理

由以上假定条件可以推出，尽管每个投资者的最佳资产组合会有差异，但是，他们的最佳资产组合都由无风险资产和风险资产构成，其中风险资产组合的构成必然是一样的。每个投资者都选择由相同风险资产组合和无风险资产组合构成的最佳资产组合，差别在于不同最佳组合中的资金分配不同。这就是分离定理，即最佳资产组合的确定与投资者的风险偏好无关，投资者只需要根据风险偏好确定最佳组合中的无风险资产和风险资产各自的投资比例。

分离定理可以用图10-8描述。投资者1的风险厌恶程度高于投资者2，其最佳资产组合是A点，在该点，投资者将部分资金投资于无风险资产，将剩余部分投资于风险资产组合。投资者2的最佳资产组合是B点，在该点，投资者将借入部分无风险资产投资于风险资产组合。虽然A点和B点的位置不同，但是它们处于同一条直线上，都是由无风险资产组合F和风险资产组合P构成，因此其风险资产组合的构成成分、比例是相同的。

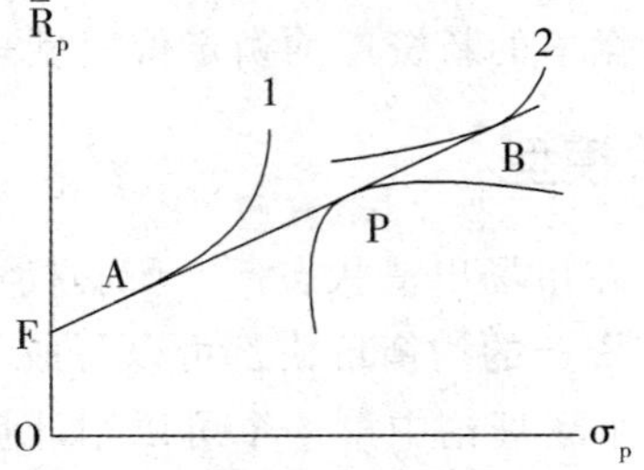

图10-8　分离定理

（2）市场组合

市场组合是指由市场上所有证券构成的组合。在该组合中，每一证券的比例等于该证券的相对市值，该证券的相对市值等于该证券总市值与所有证券的市值总和之比。通常用M代表市场组合。

市场组合是由分离定理推导出来的。根据分离定理，每个投资者都将持有相同的风险资产组合P，如果某证券在P中的比例为零，该证券的价格会因无人购买而下降，预期收益率就会上升，直到该证券在组合P中的比例为非零为止。同理，如果对某证券的需求量大于对其供给量，该证券的价格将上升并导致预期收益率下降，对投资者的吸引力就降低了，直到该证券在组合P中的比例降到供需平衡为止。因此，在均衡状态下，市场上每一种证券的价格都处于供需平衡的水平，无风险利率水平也正好处于借贷资金总量相等的水平。此时，切点P处组合中各证券比例正好等于市场组合中各证券的构成比例。

（3）资本市场线

由上述分析可知，投资者在选择最佳组合时，只需要在无风险资产F与市场组合M之间分配资金就可以了，连接F和M的直线表示任意一个投资者的最佳组合，这条直线就是资本市场线，如图10-9所示。

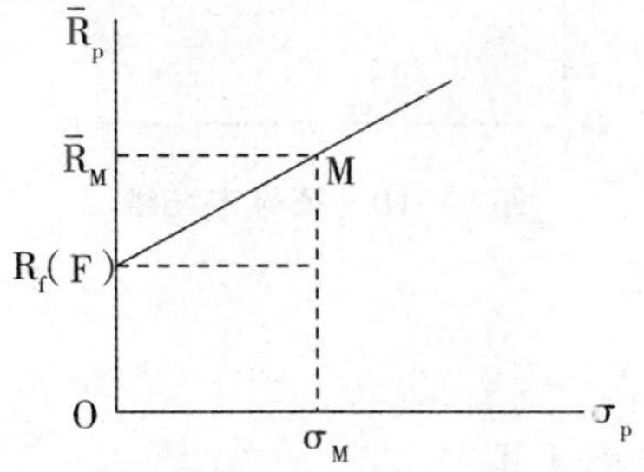

图10-9　资本市场线

从图10-9中可以看出，资本市场线的截距为R_f，斜率为（$\bar{R}_M-R_f$）/σ_M，所以，资本市场线的表达式为：

$$\bar{R}_P=R_f+\frac{\bar{R}_M-R_f}{\sigma_M}\sigma_P$$

式中，$\bar{R}_P$和σ_P分别为最优投资组合的预期收益率和标准差。

3）证券市场线（SML）

资本市场线揭示了有效组合的收益和风险的关系，但没有说明任意证券或组合的收益与风险之间的关系，证券市场线和β系数提供了准确计算某一证券风险并确定该证券价格的方法。

单个证券所面临的风险可以分为系统性风险和非系统性风险。相应地，它的收益可以分为三部分：第一部分是无风险收益率，用R_f表示。第二部分是系统性风险溢价，是指单个证券受到系统性风险因素的影响产生的收益变动。系统性风险因素对每种证券都产生影响，但影响的程度不同。由于市场组合M只受系统性风险的影响，它的收益就由无风险收益和系统性风险溢价$\bar{R}_M-R_f$组成，假设市场组合受系统性风险影响的收益变动为一个标准单位，那么所有单个证券受系统性风险影响的收益变动都是这一个标准单位的倍数，用β系数表示。β系数反映了在系统性风险影响下，单个证券收益率对市场组合收益率变动的敏感性。第三部分是由个别因素对单个证券收益产生的影响，用ε表示，是一个随机变量，期望值为0。单个证券i的预期收益公式（即证券市场线的表达式）为：

$$\bar{R}_i=R_f+(\bar{R}_M-R_f)\beta_{iM}$$

证券市场线反映了证券i的收益与β系数的关系，如图10-10所示。任何证券的预期收益率仅取决于其系统性风险的大小，即β系数的取值。只要β系数相同，无论非系统性风险如何，都可由证券市场线上的同一个点表示，因而具有相同的预期收益率。

在证券市场线的公式中，$\beta=\beta_{iM}=\frac{\sigma_{iM}}{\sigma_M^2}$，β系数反映在系统性风险影响下单个证券收益的变动同市场组合收益变动的关系。β系数的一个重要特征是，一个证券组合的β值等于该组合中各个证券β值的加权平均数，权重为各个证券在该组合中所占的比例，计算式为：

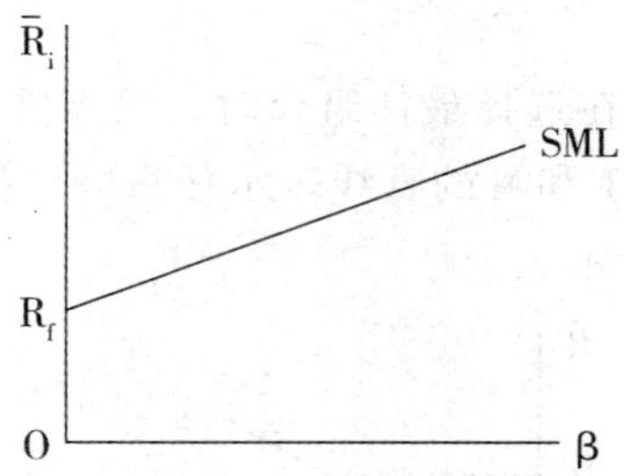

图10-10 证券市场线

$$\beta_{pM} = \sum_{i=1}^{n} X_i \beta_{iM}$$

式中，β_{pM}为组合P的β值。

【例10-2】股票必要报酬率计算

A公司股票的预期收益率同整个股票市场的平均收益率之间的协方差为24%，整个股票市场的平均收益率为18%，标准差为40%，无风险资产的收益率为7%。A公司股票的必要报酬率是多少？

根据CAPM模型，有：

$$\beta_{iM}=\frac{\sigma_{iM}}{\sigma_M^2}=0.24/0.4^2=1.5$$

$$\bar{R}_i=R_f+（\bar{R}_M-R_f）\beta_{iM}=7\%+1.5\times（18\%-7\%）=23.5\%$$

4）资本市场线和证券市场线的关系

第一，资本市场线表示无风险证券和有风险证券组合后的有效证券组合的预期收益率与总风险之间的关系，因此在资本市场线上的点就是有效组合；证券市场线表明任何一个证券或证券组合的预期收益率与系统性风险之间的关系，因此在证券市场上的点不一定在资本市场线上。

第二，既然证券市场线表明单个证券或证券组合的预期收益率与其系统性风险之间的关系，因此在均衡情况下，所有证券都将落在证券市场线上。

第三，资本市场线实际上是证券市场线的一个特例，当一个证券或证券组合是有效的时候，该证券或证券组合的相关系数等于1，此时证券市场线与资本市场线是相同的。

资本资产定价模型揭示了投资收益与风险的函数关系，是描述如何在市场上对证券进行定价的经济模型。证券市场上资产的定价是通过投资者对持有证券的数量调整并引起证券价格的变化来进行的。给定一组证券，投资者愿意持有某一证券的数量如果不等于已持有的数量，他就会买入或者卖出，证券价格就会上涨或下跌，在达到一组新的价格水平后，投资者将重新估计对各种证券的需求，这一过程将持续到投资者对每一种证券愿意持有的数量等于已持有的数量为止，此时证券市场达到均衡。

小资料10-2

1990年诺贝尔经济学奖获得者——威廉·夏普

威廉·夏普，1934年6月16日出生于美国。他于1952年从加州大学伯克利分校转入加州大学洛杉矶分校主修经济学，于1955年获文学学士学位、1956年获文学硕士学位、1961年获哲学博士学位。1973年，他在斯坦福大学担任铁木根金融学教授；1980年，被推选为美国金融学会主席，获美国商学院协会商业教育优异贡献奖；

1989年，担任斯坦福大学铁木根金融学荣誉教授，获得金融分析家协会尼古拉·摩洛道夫斯基金融专业优异贡献奖；1990年，获诺贝尔经济学奖。

威廉·夏普的主要贡献是资本资产定价模型。资本资产定价模型是第一个关于金融资产定价的均衡模型，也是第一个可以进行计量检验的金融资产定价模型。该模型的重要意义之一是建立了资本风险与收益的关系，明确指明证券的期望收益率就是无风险收益率与风险补偿两者之和，揭示了证券报酬的内部结构。威廉·夏普的资本资产定价模型被视为金融市场现代价格理论的“脊梁骨”，被广泛应用于经验分析，使丰富的金融统计数据可以得到系统而有效的利用。

资料来源　佚名. 资本资产定价模型的奠基者威廉·夏普［EB/OL］.（2021-06-28）［2022-11-08］. https：//www.guayunfan.com/baike/229481.html.

10.3.2　因子模型

1976年，美国经济学家罗斯提出了套利定价理论，该理论认为资产的收益率不仅受单一风险因素的影响，而且受若干相互独立的风险因子的影响。因此，在介绍套利定价理论前，先要了解因子模型。建立因子模型的目的是找出影响证券收益的因子并确定证券收益率对这些因子变动的敏感度。

因子模型假设证券收益的变动是由一种或多种因子的变动造成的，并试图找到促使所有证券的价格系统性变动的共同因子。因子模型包含一个假设：证券之间的收益是相关的。证券收益中不能被因子模型解释的部分被认为是由该证券的个别因子造成的。因子模型分为单因子模型和多因子模型。

1）单因子模型

单因子模型也称单因素模型，其基本思想是：每一个证券的收益率都与一种共同的因子F有关。对于任意证券i，其在t时期的单因子模型表达式为：

$$r_{it}=a_i+b_iF_t+\varepsilon_{it}$$

式中，r_{it}为证券i在t时期的收益率；a_i为常数，表示要素值为0时证券i的预期收益率；b_i为证券i对因子F的敏感程度；F_t为该因子在t时期的值；ε_{it}为证券i的收益率在t时期的随机扰动项，它的均值为0，标准差为$\sigma_{\varepsilon i}$。

根据这一模型，证券i的预期收益率又可以写成：$\bar{r}_i=a_i+b_i\bar{F}$，其方差为：

$$\sigma_i^2=\sigma_{ij}=b_{i1}b_{j1}\sigma_{F1}^2+b_{i2}b_{j2}\sigma_{F2}^2+(b_{i1}b_{j2}+b_{i2}b_{j1})\mathrm{cov}(F_1,\ F_2)$$

式中，σ_F^2为F因子的方差，$\sigma_{\varepsilon i}^2$为非因子ε_i的方差。在单因子模型中，风险可以分为因子风险和非因子风险。证券之间的相关性是受到因子风险的共同影响产生的，证券i和证券j的收益率协方差σ_{ij}为：

$$\sigma_{ij}=b_ib_j\sigma_F^2$$

2）两因子模型

两因子模型认为，证券收益率取决于两个因子。其表达式为：

$$r_{it}=a_i+b_{i1}F_{1t}+b_{i2}F_{2t}+\varepsilon_{it}$$

式中，F_{1t}和F_{2t}为影响证券收益率的两个因子在t时期的值，b_{i1}和b_{i2}为证券i对这两个因子的敏感系数。

根据两因子模型，证券i的预期收益率可以写成：

$\bar{r}_i=a_i+b_{i1}\bar{F}_1+b_{i2}\bar{F}_2$

证券i收益率的方差为：

$\sigma_i^2=b_{i1}{}^2\sigma_{F1}^2+b_{i2}{}^2\sigma_{F2}^2+2b_{i1}b_{i2}\text{cov}(F_1, F_2)+\sigma_{\varepsilon i}^2$

证券i和证券j的协方差为：

$\sigma_{ij}=b_{i1}b_{j1}\sigma_{F1}^2+b_{i2}b_{j2}\sigma_{F2}^2+(b_{i1}b_{j2}+b_{i2}b_{j1})\text{cov}(F_1, F_2)$

3）多因子模型

单因子模型将系统性风险限制在一个因子上，是很不科学的。在现实中，影响资产收益的风险因子往往不止一个，用多因子模型取代单因子模型研究证券收益率更有现实意义。根据单因子模型可以推导出多因子模型，其公式为：

$r_{it}=a_i+b_{i1}F_{1t}+b_{i2}F_{2t}+\cdots+b_{ik}F_{kt}+\varepsilon_{it}$

式中，F_1，F_2，…，F_n为影响证券收益的因子；b_1，b_2，…，b_n为证券i对这些因子的敏感系数；ε_{it}为剩余收益部分，是一个随机变量，它与其他部分互不相关，与各个因子也不相关。

小资料10-3

多因子模型的发展历程

学者们发现，资本资产定价模型对1969年以前的数据具有有效性，但对1969年之后的数据缺乏说服力。为了研究股票价格与报酬之间的变化，1992年，法马和弗伦奇在研究美国股票市场1963—1990年间的数据后发现，市值、账面价值比、财务杠杆系数以及市盈率这四个因子都对股票平均收益率有很强的解释能力，多变量回归中市值和账面价值比包含了财务杠杆系数与市盈率对股票平均收益率的影响。同时他们发现，β虽然解释能力很弱，但将它加入市值和账面价值比的联合回归中，模型的拟合优度得到了提升。他们初步得出结论，对于股票平均收益率横截面数据而言，β解释能力很弱，而市值和账面价值比的解释能力很强。此时的研究对象仅是股票，并未包括债券。

法马和弗伦奇在1993年发表的文章中改进了研究方法，采用时间序列回归方法，并扩大了研究范围，采用规模、市值和账面市值比这三个股票风险因子研究股票市场；采用到期时间和违约风险这两个债券风险因子研究债券市场。实证研究表明，规模、市值和账面市值比三个因子一起可以很好地解释股票收益。这篇文章标志着三因子模型的建立。

由于三因子模型的“适用性”有限，存在一些无法解释的问题。Carhart于1997年在三因子模型的基础上加入截面动量因子，提出了Carhart四因子模型。

Novy-Marx在2013年提出了Novy-Marx四因子模型。与上面两个模型不同的是，Novy-Marx在构建因子的时候，进行了行业中性处理，即在做多一只股票的同时按同等权重做空该股票所属的行业指数，从而得到行业中性的投资组合。

2015年，法马和弗伦奇又在三因子模型的基础上引入两个新的因子——盈利和投资，进而提出了一个新的模型——Fama-French五因子模型。

在这之后，又逐渐衍生出Hou-Xue-Zhang四因子模型、Stambaugh-Yuan四因子模型以及Daniel-Hirshleifer-Sun三因子模型等。

资料来源　佚名．Fama-French三因子模型在A股市场的实证研究［EB/OL］．（2022-06-04）［2022-11-06］．https：//dandelioncloud.cn/article/details/1532963611383459841/.

同步案例10-3

科创板量化评价模型

对于因子模型在实际中的应用，我们可以科创板量化评价模型为例，进行进一步解读。

科创数据研究中心首席研究员魏中原指出，科创板量化评价模型由成长因子、盈利因子、创新因子、规模因子和其他加分指标组成。其中，成长因子由营业收入、经营活动现金流的增速、归母净利润等指标构成；盈利因子由ROE、净利率、毛利率等指标构成；创新因子由研发费用、研发人员占总员工人数比重、研发占营收比重、专利数量等指标构成；规模因子由自由流通市值、总市值等指标构成。

利用因子模型对科创板数据进行分析，可以得到客观、真实、中立的指标；依据这些指标，可以对科创板研究体系作出更加详细的解读与分析。

资料来源　科创数据研究中心．SMDC多因子量化评分［EB/OL］．［2021-09-16］．http://t.10jqka.com.cn/pid_176311521.shtml．有改动。

10.3.3　套利定价理论

罗斯试图提出一个比资本资产定价模型更好地解释资产定价的理论模型——套利定价模型。套利定价模型以多因子模型为基础，同单因子模型相同，套利定价模型的成立依赖一个基本的假设，即某项资产的收益是由一系列因子所决定的。

1）套利定价模型的基本假设

套利定价模型的经济原理很简单，即在均衡状态下，不可能存在无风险套利机会。也就是说，两种风险-收益性质相同的资产不能按不同的价格出售。在套利定价模型中，资产的收益取决于一系列影响资产收益的因素，而套利活动能确保资产市场实现均衡。相较于资本资产定价模型，套利定价模型放松了假设条件，因此，它更符合现实情况。

与资本资产定价模型一样，套利定价模型同样假设：第一，所有投资者对预期收益率概率分布的看法一致；第二，资本市场是完全的，即完全竞争市场；第三，不存在交易费用。

与资本资产定价模型不同的是，套利定价模型放松了以下假设：第一，单一投资周期；第二，没有税收；第三，投资者能以无风险利率自由借贷；第四，投资者以收益率的均值和方差为基础选择投资组合。

此外，套利定价模型还假设：第一，资本市场上任意资产i的收益与一系列影响因素线性相关，有以下计算公式：

$$r_i = a_i + \sum_{k=1}^{K} b_{ik} f_k + \varepsilon_i$$

式中，a_i为所有风险因素均为0时资产i的期望收益；f_k为影响资产i收益的随机变量，其相应的系数b_{ik}为资产i对因素k的敏感度，被称为因素负荷系数；ε_i为残差，被称为资产i的特质风险，即只有资产i才有的风险；残差项的期望值为0，即E（ε_i）=0；任意两种资产间的残差项相互独立，即Cov（ε_i，ε_j）=0；残差项与各风险因素相互独立，即Cov（ε_i，f_k）=0。

第二，投资者为逐利者。

第三，资本市场处于均衡状态，即无套利机会。

第四，经济中存在的风险资产数量比影响资产收益的因素数量大得多。

2）套利组合

套利组合是指满足一定条件的证券组合，套利组合的特征有三个：

第一，该组合中各种证券的权数满足$\omega_1+\omega_2+\omega_3+\cdots+\omega_n=0$。这意味着套利组合不需要投资者追加任何额外投资。

第二，该组合因子敏感度系数为0，即$b_1\omega_1+b_2\omega_2+\cdots+b_n\omega_n=0$。该组合的风险为0，既没有系统性风险，也没有非系统性风险。

第三，该组合具有正的预期收益率，即$\omega_1\bar{r}_1+\omega_2\bar{r}_2+\cdots+\omega_n\bar{r}_n>0$。其中，$\bar{r}_i$为证券i的预期收益率。

当一个组合的投资权数同时满足上述三个特征时，该组合就是一个套利组合。套利组合对任何一个渴望高收益且不关心非因素风险的投资者都是具有吸引力的，因为它不需要任何额外资金，没有任何因素风险，却可以带来正的预期收益率。

【例10-3】套利组合计算

市场上有三种股票，每个投资者都认为它们满足因子模型，且具有表10-2的期望回报率和敏感度。假设某投资者投资在每种股票上的财富为5 000元，总投资额为15 000元，求该投资者应该如何调整其投资组合，在不增加风险的情况下提高预期收益率。

表10-2　**相关数据表**

i	$\bar{r}_i$	b_i
股票1	15%	0.9
股票2	21%	3.0
股票3	12%	1.8

假设一个套利证券组合（ω_1，ω_2，ω_3）是下面3个方程的解：

初始成本为零：$\omega_1+\omega_2+\omega_3=0$

对因子的敏感度为零：$0.9\omega_1+3.0\omega_2+1.8\omega_3=0$

期望回报率为正：$0.15\omega_1+0.21\omega_2+0.12\omega_3>0$

满足这三个条件的解有无穷多。令$\omega_1=0.1$，套利组合为（0.1，0.075，−0.175）。其期望回报率为：（0.1×0.15+0.075×0.21−0.175×0.12）×100%=0.975%。由于期望回报率大于零，所以这个套利组合成立。该投资者应该卖出2 625元（−0.175×15 000）股票3，买入1 125元（0.075×15 000）股票2以及1 500元（0.1×15 000）股票1。

3）套利定价模型

（1）假设市场上所有证券仅受一个共同因子的影响，此时套利定价模型可以表示为：

$$\bar{r}_i=\lambda_0+\lambda_1 b_i$$

式中，$\bar{r}_i$为证券i的期望收益率，λ_0、λ_1为常数。该公式表示在均衡状态下期望收益和风险因子敏感系数的线性关系。该公式可以用图10-11中的直线来表示，这条直线就是套利定价线，又称为APT资产定价线。

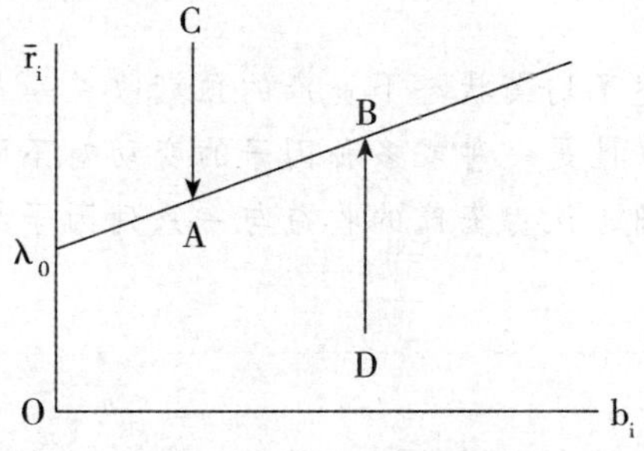

图10-11　APT资产定价线

根据套利定价理论，任何偏离APT资产定价线的证券，其定价都是错误的，投资者就有构造套利证券组合的机会。在图10-11中，资产C表示资产价格被低估，期望收益率高于资产A，这时投资者可以购买资产C、出售资产A构造一个套利证券组合。同理，资产D的价值被高估，投资者可以出售资产D、购买资产B构造一个套利组合。由于套利不增加风险，投资者也不需要追加资金。同时，套利证券组合有正的期望收益率，因为投资者买压使得资产C的价格上升，预期收益率下降；卖压则使得资产D的价格下跌，最后分别达到A点和B点的价位，套利机会消失。

（2）假设市场上有多种因子共同影响所有证券，此时，套利定价模型可以表示为：

$$\bar{r}_i=\lambda_0+\lambda_1 b_{i1}+\lambda_2 b_{i2}+\cdots+\lambda_k b_{ik}$$

与单因子模型相似，它表明均衡状态下期望收益与风险因子敏感系数间的数量关系。利用该模型，投资者同样有构造证券组合进行套利的机会。

小资料10-4

行为金融学对现代金融市场理论的挑战

效率市场假说、资产组合理论、资本资产定价模型以及套利定价理论等共同构成现代金融市场理论的核心，对投资者行为的模型化和定量化研究使人们进行投资分析有了标准理论和工具。随着研究的深入，经济学家发现，现代金融市场理论模型与投资者在证券市场上的实际投资决策行为不相符。现代金融市场理论以效率市场假说和理性人假设为前提，认为（或假定）投资者是理性的，市场是有效的。而实际的投资过程往往受投资者认知、感情、态度等心理特征的影响，有时投资者会作出非理性的投资决策，导致市场的非有效性。以研究人们心理特征为出发点的行为金融学能更好地解释投资者的投资行为，更符合金融市场的实际情况。20世纪90年代后，行为金融学得到迅猛发展。

本章小结

效率市场假说是关于市场信息处理有效性的理论，即如果证券价格总是可以充分体现可获信息变化的影响，每一种证券价格都永远等于其投资价值，该金融市场是有效的。它可以分为三类：弱式效率市场、半强式效率市场和强式效率市场。

证券投资组合理论根据预期收益率和收益率的方差来衡量资产组合的预期收益和风险。投资者可以根据自己的风险-收益偏好与各种证券及证券组合的风险、收益特性来选择最优的投资组合。

资本资产定价模型描述了均衡状态下资产的预期收益率与风险之间的线性关系。因子模型认为证券之间的关联性是一种或多种因子的变动对不同证券产生的影响。套利定价理论以多因子模型为基础，认为资产的收益与一系列因子线性相关。

基本训练

一、主要概念

效率市场假说　金融风险　无差异曲线　资本资产定价模型　分离定理　资本市场线　证券市场线　套利定价理论　因子模型

二、重点实务

效率市场的分类　效率市场的特征　证券组合收益率的测定　证券组合风险的测定　最优资产组合的确定　资产市场线和证券市场线　套利组合

三、案例分析

资本资产定价模型的运用

在众多计算风险和报酬关系的模型中，求预期收益率的最重要的模型就是资本资产定价模型。资本资产定价模型的关键在于β系数的计算。在证券市场上，β系数是揭示上市公司股票系统性风险的重要指标，确定了β系数，也就基本掌握了资本资产定价模型。

我们选择一只在上海证券交易所交易的股票——国泰君安，以2022年8月为计算周期，用上证综合指数和所选取股票的日收盘价为考查基准，来介绍对资本资产定价模型的运用，见表10-3。

表10-3　国泰君安和上证综合指数2022年8月部分日收盘价

日期	国泰君安	上证综合指数	日期	国泰君安	上证综合指数	日期	国泰君安	上证综合指数
2022.8.1	14.37	3 259.96	2022.8.10	14.25	3 230.02	2022.8.19	14.56	3 258.08
2022.8.2	14.08	3 186.27	2022.8.11	14.68	3 281.67	2022.8.22	14.60	3 277.79
2022.8.3	13.95	3 163.67	2022.8.12	14.60	3 276.89	2022.8.23	14.66	3 276.22
2022.8.4	14.05	3 189.04	2022.8.15	14.61	3 276.09	2022.8.24	14.48	3 215.20
2022.8.5	14.27	3 227.03	2022.8.16	14.56	3 277.88	2022.8.25	14.73	3 246.25
2022.8.8	14.29	3 236.93	2022.8.17	14.71	3 292.53	2022.8.26	14.72	3 236.22
2022.8.9	14.26	3 247.43	2022.8.18	14.58	3 277.54	2022.8.29	14.68	3 240.73

请结合上述案例，回答以下问题：

1. 利用资本资产定价模型，计算所选取股票和上证综合指数的β系数。

2. 根据此案例，谈谈β系数的现实意义。

四、计算题

1. 某投资者的资产组合由三种证券构成，都能用单因子模型描述各自的收益率。三种证券对某经济因子的敏感度分别为1.2、0.8、2.4，预期收益率分别为10%、12%、16%，试构造该投资者进行套利组合需要满足的条件。

2. 现有A、B两只股票组成的股票投资组合，市场组合的期望报酬率为17.5%，无风险报酬率为2.5%。股票A的期望报酬率是22%，股票B的期望报酬率是16%。

要求：（1）根据资本资产定价模型，计算两种股票的β系数；

（2）已知股票组合的标准差为0.1，分别计算两种股票的协方差。

五、社会调查

通过学习效率市场假说、证券组合理论、资本资产定价模型等现代金融市场理论，大家掌握了一些证券投资的理论和方法。随着金融市场的进一步发展，可投资的金融产品越来越多。面对各种各样的金融产品，广大投资者如何选择产品进行投资呢？他们倾向于分散投资还是集中投资？他们倾向于追求收益还是规避风险？请设计一份调查问卷，了解投资者的真实情况。

六、即测即评

第10章单项选择题

第10章多项选择题

第10章判断题

第11章

金融市场定价机制

学习目标

通过本章学习，在知识方面，掌握利率的决定及影响因素、资本市场工具及金融衍生品价格的影响因素；在技能方面，了解资本市场产品及金融衍生品市场的定价机制，能够对股票及债券定价原理有所理解并进行简单的计算；在能力方面，理解金融市场的定价机制并能进行实际运用。

导读案例

世界第八大奇迹——复利

爱因斯坦曾经说过：宇宙间最大的能量是复利，世界第八大奇迹是复利。

1926年，荷属美洲新尼德兰省总督Peter Minuit花了大约24美元从印第安人手中买下了曼哈顿岛。2000年1月1日，曼哈顿岛的价值约2.5万亿美元。如果当时印第安人拿这24美元去投资，按照11%（美国70多年股市的平均投资收益率）的投资收益计算，到2000年，这24美元将变成238万亿美元，远高于曼哈顿岛的价值2.5万亿美元。如此看来，Peter Minuit也没占到便宜。

是什么神奇的力量让资产实现了如此巨大的倍增？是复利。长期投资的复利效应将实现资产的翻倍增值。一个不大的基数，以一个即使很微小的量增长，假以时日，也将膨胀为一个庞大的天文数字。

如果有人在1914年以2 700美元买了100股IBM的股票，并一直持有到1977年，100股将增为72 798股，市值增加到2 000万美元以上，63年间投资增值了7 407倍。按复利计算，IBM 63年间的年均增长率仅为15.2%。这个看上去平淡无奇的增长率，由于保持了63年之久，在时间的帮助下，最终为投资者带来了巨额财富。

资料来源　普娜. 24美元，你也能买下曼哈顿岛 [N]. 上海证券报，2008-07-14.

金融市场的参与者通过设计、出售、转让金融资产在资金供求双方之间融通资金。金融市场中买卖双方的交易决定了金融资产的价格，即金融市场的定价机制。

11.1 利率的决定与结构

利率是指一定借贷期间所形成的利息额与本金的比率，也是债务工具的收益率。在日常生活中，利率是决定投资决策和融资成本的重要变量。

11.1.1 利率的含义与分类

1）利率的含义

由于货币有时间价值，投资者选择或比较债务工具必然要考虑货币的时间价值，我们首先要理解现值和未来值的概念。

（1）现值和未来值

现值和未来值是计算各种债务工具利率水平的基础。简言之，现值就是货币资金现在的价值；未来值也称终值，是现在的一定金额（现值）投资于一定收益率的债务工具，经过一定期限的复利所得到的价值。

未来值的计算公式为：

$$FV=PV(1+i)^n$$

式中，FV为未来值，PV为现值，i为收益率。

相应地，现值的计算公式为：

$$PV=\frac{FV}{(1+i)^n}$$

> 小资料11-1
>
> **复利72法则**
>
> “72法则”是一种估算方法，可用于筹资、投资的粗略匡算。“72法则”的含义是，如果年复利利率为1%，72年可使本金增加一倍。简单地说，“72法则”就是用72去除复利收益率，就能获得本钱翻一番的时间。此法可推算：若年复利利率为6%，则72÷6=12，即12年可使本金翻番。若某人有50万元资金，希望8年就达到资产翻倍的目标，需要选择年化收益率为多少的投资品？资产翻倍的年化收益率＝72÷投资年数＝72÷8＝9（%）。

【例11-1】未来值和现值的计算

（1）如果现在将10万元投资于收益率为16%的股票型基金，每年复利1次，5年后基金净值为多少？

5年后基金净值（FV）$=100\,000\times(1+16\%)^5=210\,034$（元）

（2）某贴现债券，5年后按面值偿还1万元，贴现率为3%，该债券的现值是多少？

该债券的现值（PV）$=\frac{10\,000}{(1+3\%)^5}=8\,626.09$（元）

（2）到期收益率

在各种计算利率的方法中，到期收益率是最重要的一种，经济学家将其作为衡量利率水平的最精准指标。到期收益率也称最终收益率，是可以使投资于某一债务工具所获得的未来现金流量的现值等于其当前价值的贴现率水平。

金融市场中交易的各种债务工具大致可以分为四种类型：简易贷款、分期付款贷款、附息债券和贴现债券。下面分别介绍这四种债务工具到期收益率的计算方法。

第一，简易贷款。简易贷款是借款人从贷款人那里获得贷款，并在贷款到期日按事先商定的利率水平一次性偿还本金和利息的贷款方式。工商企业信贷通常采取这种方式。简易贷款的到期收益率计算公式为：

$$L=\frac{L+I}{(1+i)^n}$$

式中，L为贷款额（本金），I为利息，i为到期收益率。

第二，分期付款贷款。分期付款贷款是借款人获得贷款后，以等额分期方式偿还贷款，每期偿还的金额中都包括一部分本金和当期应付利息。抵押贷款通常采取这种方式。分期付款贷款的到期收益率计算公式为：

$$L=\frac{R}{1+i}+\frac{R}{(1+i)^2}+\frac{R}{(1+i)^3}+\cdots+\frac{R}{(1+i)^n}$$

式中，L为贷款额，R为每期偿还额，n为贷款期限，i为到期收益率。

第三，附息债券。附息债券的发行人定期（每年或每半年）向债券持有人支付固定数额的利息，在债券到期日按债券面值偿还本金。中长期政府债券和公司债券等中长期债务工具通常采用这种形式。附息债券的到期收益率计算公式为：

$$P=\frac{C}{1+i}+\frac{C}{(1+i)^2}+\frac{C}{(1+i)^3}+\cdots+\frac{C}{(1+i)^n}+\frac{F}{(1+i)^n}$$

式中，P为债券面值，C为每期支付的息票利息，n为债券期限，i为到期收益率。

第四，贴现债券。贴现债券的发行人以低于债券面值的价格出售债券，在到期日按面值向债券持有人进行偿还。短期政府债券和零息债券通常采用这种形式。贴现债券的到期收益率计算公式为：

$$i=\frac{F-P}{P}\times\frac{365}{n}$$

式中，F为贴现债券面值，P为购买价格，n为未到期天数，一年天数为365天或360天。

2）名义利率和实际利率

由于物价水平的变动，通货膨胀因素对投资收益会产生影响。没有扣除通货膨胀因素的利率是名义利率，从名义利率中扣除了通货膨胀因素的利率是实际利率。美国经济学家费雪最早揭示了预期通货膨胀率与利率之间的关系，当通货膨胀率预期上升时，利率也将上升。名义利率、实际利率和预期通货膨胀率之间的关系可以表示为：

$$i=r+\pi^e$$

式中，i为名义利率，r为实际利率，π^e为预期通货膨胀率。

实际利率反映了投资的实际收益或融资的实际成本，在人们的投资和筹资决策中主要考查实际利率。

3）即期利率和远期利率

即期利率是指债券票面所标明的利率或购买债券时所获得的折价收益与债券当前价格的比率。它是某一给定时点上无息证券的到期收益率，计算公式为：

$$P=\frac{M}{(1+r_n)^n}$$

式中，P为购买价格，M为到期偿还金额，r为即期利率。

远期利率是指未来两个时点之间的利率水平，也就是从现在起将来某一时点开始使用的一定期限的利率水平。即期利率和远期利率的区别在于计息日起点不同，即期利率的起点在当前时刻，远期利率的起点在未来某一时刻。

11.1.2 利率的决定与变动

由于受多种因素的影响，利率水平是不断变动的，通过分析决定和影响利率变动的因素，投资者可以预先调整其投资组合，从而实现预期的投资收益水平。

1）流动性偏好理论

1929—1933年的大危机使人们越来越关注货币因素对经济的影响，凯恩斯的货币经济理论应运而生。凯恩斯比他同时代的经济学家更深刻地认识到货币对经济的巨大作用，他认为利率属于货币经济范畴，是由货币供给与货币需求这两个因素共同决定的。

凯恩斯指出，货币是最富有流动性的资产，在任何时候都能转化为任何资产，而不会遭受损失。人们普遍具有对货币的流动性偏好，真正决定利率的因素就是货币的数量和流动性偏好。

由于货币供给是由一国货币管理当局直接控制的外生变量，由货币管理当局的货币政策决定，不受经济中其他变量变化的影响，因此可以将其看作一个既定的量。货币需求是一个内生变量，由人们的流动性偏好决定。利率越高，人们的流动性偏好就越弱，货币需求就越少，反之越多，因此货币需求是利率的减函数。均衡利率决定于货币需求与货币供应的交互作用。如果人们的流动性偏好强，货币需求量大于货币供给量，利率便上升；相反，若人们的流动性偏好弱，货币需求量小于货币供给量，利率便下降。当由人们的流动性偏好所决定的货币需求量与货币管理当局所决定的货币供给量相等时，利率达到均衡水平。货币供求与利率之间的关系如图11-1所示。

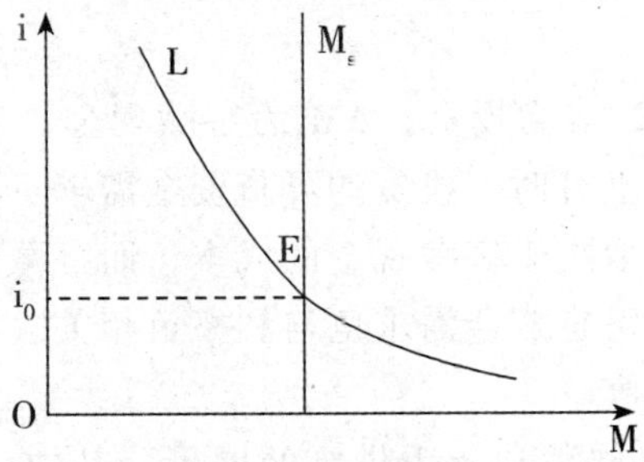

图11-1　货币供求与利率之间的关系

在图11-1中，横轴表示货币供求，纵轴表示利率；M_s为货币供给曲线；L为货币需求曲线，即流动性偏好曲线；i_0为货币供求相等时的均衡利率。

均衡利率是由货币供给和货币需求决定的，货币供给或货币需求发生变动，必然导致利率的变动。

收入增加或物价水平上升时，人们就要持有更多的名义货币，这样货币需求曲线就要右移。如果货币管理当局不调整货币供应量，货币供给曲线保持不变，由于货币需求大于货币供给，均衡利率就会上升。在其他经济变量不变的前提下，收入水平的提高或物价水平的上升，都会导致利率上升。

如果公众对流动性的偏好没有发生变动，而货币管理当局增加货币供应量，货币市场就会出现货币供给大于货币需求，从而使均衡利率下降。在其他经济变量不变的前提下，货币供应量增加，将会导致利率下降。

如果货币供给和货币需求同时发生变动，利率的变动取决于这两方面因素的变动对利率的净作用，也就是货币供给曲线和货币需求曲线相对位置的变动。如果货币供给曲线的移动距离大于货币需求曲线，利率下降；如果货币供给曲线的移动距离小于货币需求曲线，利率上升。

小资料 11-2

流动性陷阱

流动性陷阱（Liquidity Trap）是凯恩斯提出的一种假说，指当一定时期的利率水平降低到不能再低时，货币需求弹性就会变得无限大，即无论增加多少货币，都会被人们储存起来。发生流动性陷阱时，再宽松的货币政策也无法改变市场利率，货币政策失效。

2）可贷资金理论

可贷资金理论由新剑桥学派经济学家罗伯森首先提出，经过瑞典学派经济学家俄林的补充，最后经英国经济学家勒纳进行综合并将其公式化。该理论认为利率的决定既有货币市场的因素，也有实物市场的因素，是由可贷资金供求决定的；研究利率理论必须突破货币市场与实物市场的界限，将货币存量和储蓄、投资流量综合起来进行考查。

可贷资金的总需求来自实物市场和货币市场两方面。当前投资和固定资产的重置与更新形成了实物市场上对可贷资金的需求，窖藏现金构成了货币市场上对可贷资金的需求，计算公式为：

$$D_A=I+\Delta M_d$$

式中，D_A为可贷资金总需求，I为投资，ΔM_d为窖藏现金。由投资形成的可贷资金需求与利率呈负相关关系。利率上升时，投资的可贷资金需求下降，反之则上升。由窖藏现金形成的可贷资金需求主要取决于窖藏现金的成本，而窖藏现金的成本就是丧失利息的机会成本，因此窖藏现金的可贷资金需求也与利率负相关。利率越高，窖藏现金的可贷资金需求就越低，反之则越高。

可贷资金的总供给来自储蓄和货币供给的增量。其中，储蓄是实物市场上的可贷资金供给来源，货币供给的增量则是货币市场上的可贷资金供给来源。其计算公式为：

$$S_A=S+\Delta M_s$$

式中，S_A为可贷资金总供给，S为储蓄，ΔM_s为货币供给的增量。利率越高，就可以吸引越多的储蓄，由此增加可贷资金的供给，可贷资金的供给与利率呈正相关关系。

当可贷资金供给等于可贷资金需求时的利率就是均衡利率。可贷资金供求与利率之间的关系如图 11-2 所示。

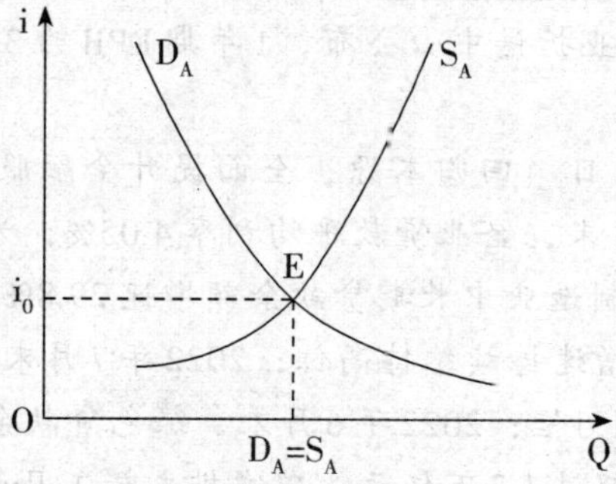

图11-2 可贷资金供求与利率之间的关系

在图11-2中，横轴表示可贷资金供求，纵轴表示利率，S_A是可贷资金供给曲线，D_A是可贷资金需求曲线，i_0表示可贷资金供求相等时的均衡利率。

能够引起可贷资金供给或需求发生变动的因素，即能够引起可贷资金供求曲线发生移动的因素，都会引起均衡利率的变动。这些因素主要包括经济周期、预期通货膨胀水平、货币供应量、财政赤字等。

当经济处于繁荣阶段时，产出增加，收入上涨。一方面，这会刺激居民消费和企业投资，刺激可贷资金需求，使可贷资金需求曲线向右移动；另一方面，由于收入上涨，储蓄也会相应增加，可贷资金供给也增加，可贷资金供给曲线也向右移动。此时利率的变动取决于可贷资金供求曲线的移动幅度。

预期通货膨胀率的变动会影响可贷资金供求。当预期通货膨胀率上升时，实际利率会下降，这使得可贷资金需求上升，可贷资金供给下降，利率上升；反之，利率下降。

货币供应量的变动主要影响可贷资金供给。若一国中央银行采用扩张性货币政策，增加货币供应量，可贷资金供给因此增加，在可贷资金需求不变的前提下，利率下降；反之，利率上升。财政赤字的变动主要影响可贷资金需求。若财政赤字增加，政府为了弥补赤字，对可贷资金的需求增加，此时利率上升；反之，利率下降。

思政小课堂11-1

深化利率市场化改革，促进金融资源优化配置

利率市场化改革是金融领域最重要的改革之一，也是金融市场一直关注的焦点。中国的利率市场化改革从20世纪90年代中期起步。1993年，党的十四届三中全会提出利率市场化改革的基本设想，中央银行按照资金供求状况及时调整基准利率，允许商业银行存贷款利率在规定幅度内自由浮动。2022年9月20日、21日，央行连续两天发文谈及继续进行利率市场化改革。

2022年，经济处于修复初期，货币政策着力引导银行加大信贷投放，让利实体经济。在适宜的货币金融环境下，银行贷款增量扩面，企业实际贷款成本也在降低，政策传导效果正在显现。9月20日，央行在《深入推进利率市场化改革》中指出，2019年8月，中国人民银行推动改革完善LPR报价形成机制。LPR银行报价形成，可更为充分地反映市场供求变化，市场化程度更高，在市场利率整体下行的背景下，有利于促进降低实际贷款利率。2022年以来，1年期LPR、5年期以上LPR分别累计下降15个基点和35个基点，带动信贷市场利率持续走低；2022年8月20日，中国人

民银行授权全国银行间同业拆借中心公布，1年期LPR为3.65%，5年期以上LPR为4.30%，均与上期持平。

央行在2022年9月21日《回归本源，全面提升金融服务实体经济效率和水平》一文中表示："2022年8月末，企业贷款平均利率4.05%，为有统计以来最低值。"数据显示，2022年7月末，制造业中长期贷款余额增速29.8%，其中高技术制造业中长期贷款余额增速30.4%，增速持续维持高位；2022年7月末，金融机构涉农贷款余额47.2万亿元，是5年前的1.6倍；2022年6月末，绿色贷款余额19.55万亿元，同比增长40.4%；绿色债券余额超过1.3万亿元；碳减排支持工具带动减少碳排放量超8 000万吨。

利率是资金的价格，是重要的宏观经济变量，决定着资金的流向，对宏观经济均衡和资源配置有重要导向意义。央行强调，将继续深化金融供给侧结构性改革，发挥货币政策总量和结构双重功能，强化信贷政策引导作用，持续完善金融有效支持实体经济的体制机制。

资料来源　杜川. 央行连发两文谈利率市场化改革，企业贷款利率创最低水平［N］. 第一财经日报，2022-09-22（A07）.

11.1.3　利率的结构

在现实中，有各种不同的利率，它们之间存在一定的内在联系。利率的结构主要研究不同利率之间的关系及影响因素，包括利率的风险结构和期限结构。

1）利率的风险结构

在现实中，具有相同期限的债券的利率通常并不相同，它们的利率差也不是固定不变的。利率的风险结构可以解释期限相同的债券利率出现差异的原因，利率之间出现差异主要是由违约（信用）风险、流动性风险和所得税等因素造成的。

（1）违约（信用）风险

根据债券契约，债券的发行人要向投资者定期支付利息并在到期日偿还本金，但是债务人有可能违约，无法按期支付利息或偿付本金。这种债务人无法按时支付利息和本金的风险就是违约风险。违约风险的存在影响了债券的利率。

违约风险较高债券的持有人需要获得较多的利息补偿，因此有违约风险的债券利率应高于无违约风险的债券利率。这种由违约风险差异造成的利率差异称为违约风险升水，即人们因持有有违约风险的债券所要获得的额外利息。

债券的违约风险与债券的利率同向变动，债券的违约风险越高，违约风险升水越大，债券的利率越高。不同的违约风险形成利率的风险结构。债券投资者要充分了解债券发行企业的经营状况，以判断其违约风险的高低。

（2）流动性风险

债券的流动性是指在不使持有人遭受损失的前提下，债券迅速转换成现金的能力。在其他条件相同的前提下，债券的流动性越强，越容易变现，变现的成本越低。流动性风险就是债券在必要时由于难以迅速转换为现金而使债券持有人遭受损失的可能。不同债券的流动性风险有很大差异，这种差异是造成不同债券出现不同利率的重要原因之一。这种由流动性风险而产生的利率差被称为流动性升水。不同债券的利率差异不仅反映了它们在违约风险上的差异，还反映了它们在流动性风险上的差异。

（3）所得税因素

除了违约（信用）风险、流动性风险的影响外，所得税因素也是导致相同期限的债券出现不同利率的原因之一。债券投资者关注的是投资债券的税后收益率，税率的高低直接决定债券的税后收益率水平。不同债券利息收入的所得税税率不同，这种差异反映在税前收益率上，税率越高的债券，其税前收益率也越高。

2）利率的期限结构

影响债券利率水平差异的另一重要因素是期限，研究不同期限债券利率之间关系的理论称为利率的期限结构理论。利率的期限结构比利率的风险结构更复杂也更重要。我们通常使用收益率曲线作为研究利率期限结构的工具，以此来说明不同期限的利率之间的相互关系和变动趋势。收益率曲线就是描绘期限不同但其他条件都相同的债券的收益率之间关系的曲线。收益率曲线的形态主要有向上倾斜、水平和向下倾斜三种。收益率曲线的形态反映了三个经验事实：第一，债券的期限不同，短期利率和长期利率随着时间一起波动。第二，短期利率越低，收益率曲线越倾向于向上倾斜；短期利率越高，收益率曲线越倾向于向下倾斜。第三，收益率曲线几乎总是向上倾斜。为了解释这些经验事实，经济学家提出了不同的理论。

（1）纯粹预期理论

纯粹预期理论认为，预期是决定利率期限结构的唯一因素，长期利率是在长期债券到期前，公众对短期利率预期值的平均数。

纯粹预期理论的假设条件包括：一是所有的债券投资者都是利润最大化的追求者；二是债券投资者不偏好某种期限的债券；三是进行债券交易时不受税收和交易成本的影响，投资者一旦发觉收益率出现差异就可以立即改变投资期限；四是投资者可以正确、合理地预期未来的短期利率水平，并以此为指导进行投资。

在这些假设条件中，最关键的是第二个假设，因为这一假设意味着当某一期限的债券预期收益率低于另一期限的债券时，投资者将放弃持有这种债券，转而持有另一种期限的债券，即不同期限的债券是完全替代品，这些债券的预期收益率必须相等。

现在我们假设，用1元进行期限为2年的投资，有两种投资选择：一是先投资于1年期的债券，到期后再投资一种1年期的债券，并持有至到期；二是直接投资于2年期的债券并持有至到期。

第一种投资选择的预期收益率=$(1+i_1)(1+{}_1i_1^e)-1$

第二种投资选择的预期收益率=$(1+i_2)^2-1$

式中，i_1为当前的1年期债券的年利率，${}_1i_1^e$为预期的1年后的1年期债券的年利率，i_2为当前的2年期债券的年利率。

根据纯粹预期理论的假设条件，只有当这两种投资选择的预期收益率相等时，公众才会同时持有两种债券，因此：

$$(1+i_1)(1+{}_1i_1^e)=(1+i_2)^2$$

上式展开为：

$$1+i_1+{}_1i_1^e+i_1\times{}_1i_1^e=1+2i_2+i_2^2$$

由于$i_1 \times {}_1i_1^e$和i_2^2都非常小，可以忽略不计，上式可化简为：

$$i_1 + {}_1i_1^e \approx 2i_2$$

求解1年期债券的年利率i_2，可得：

$$i_2 \approx \frac{i_1 + {}_1i_1^e}{2}$$

可见，2年期债券的利率等于1年期债券利率的平均值。我们将这一思路推广至n年期，可以得出n年期债券的利率为：

$$i_n \approx \frac{i_1 + {}_1i_1^e + {}_2i_1^e + \cdots + {}_{n-1}i_1^e}{n}$$

上式表明，n年期债券的年利率等于债券到期前公众对1年期债券利率预期的平均值。

从上述结论可以看出，纯粹预期理论可以很好地解释前文中提到的第一个经验事实，即不同期限债券的利率随时间一起波动。当短期利率上升时，公众预期未来短期利率将进一步上升，由于长期利率等于未来短期利率预期的平均值，因此，短期利率的上升也会带动长期利率一起上升，从而使不同期限债券的利率同时波动。

纯粹预期理论同样可以解释前文提到的第二个经验事实：短期利率越低，收益率曲线越倾向于向上倾斜；短期利率越高，收益率曲线越倾向于向下倾斜。如果当前的短期利率很低，公众会预期未来短期利率将上升，这样未来短期利率预期的平均值将会高于当前的短期利率，即长期利率高于当前的短期利率，使收益率曲线呈现向上倾斜的形态；反之，则相反。

尽管纯粹预期理论可以很好地解释前两个经验事实，但是它无法解释第三个经验事实：收益率曲线几乎总是向上倾斜。当收益率曲线向上倾斜时，表明预期未来的短期利率将上升，使未来短期利率预期的平均值高于当前的短期利率；当收益率曲线向下倾斜时，表明预期未来的短期利率将下降，使未来短期利率预期的平均值低于当前的短期利率；当未来短期利率预期的平均值不变时，收益率曲线就会呈现水平的形态。事实上，预期未来短期利率既可能上升，也可能下降或不变。

（2）市场分割理论

市场分割理论认为，不同期限的资金市场是彼此分割、相互独立的，长短期债券的利率是由其相应期限债券的资金市场的供求决定的，与对未来利率水平的预期无关。市场分割理论的假设条件是：第一，债券市场参与者都具有期限偏好，他们只偏好某一期限的债券，对其他期限的债券完全没有兴趣，投资者对某一期限债券的强烈偏好使得不同期限的债券之间没有替代性。第二，由于债券市场参与者具有期限偏好，每一种期限的债券就有一个独立的市场，不同期限的债券市场彼此分割、相互独立。不同期限债券的利率完全由该期限债券的资金市场的供求决定，某一期限债券预期利率的变动对其他期限债券的利率没有任何影响。

市场分割理论认为长期和短期债券的收益率实际上由相应期限的分割的市场供求所决定，彼此之间并不交叉影响。收益率曲线的形态及变动是由不同期限债券的供求差异决定的。

在现实中，投资者通常偏好期限短、流动性高的债券，这样投资者对长期债券的需求就小于短期债券，因此长期债券的利率就要高于短期债券以吸引投资者。长期债券的利率高于短期债券的利率使得收益率曲线向上倾斜，由此市场分割理论很好地解释了为什么收益率曲线几乎总是向上倾斜，即第三个经验事实。但是这一理论将不同期限的债券市场看作完全分割、彼此独立的市场，某一期限债券的利率变动不会对其他期限债券的利率造成影响，也就无法解释第一个和第二个经验事实，因为这两个经验事实都体现了长期和短期利率的相互作用和影响。

（3）期限选择理论

期限选择理论假设不同期限的债券可以互相替代，但是投资者对不同期限的债券有偏好，这就意味着不同期限的债券是替代品，但不是完全替代品，一种期限债券的预期收益率的变动能够影响其他期限债券的预期收益率。当投资者偏好某种期限的债券时，他就会投资这种期限的债券，此时只有当其他期限债券的预期收益率大于其所偏好期限的债券的预期收益率时，他才会放弃偏好期限的债券，转而投资非偏好期限的债券。通常情况下，投资者偏好短期债券，只有当长期债券支付一个正值的期限升水时，投资者才会购买长期债券。这样，期限选择理论的结论就是长期利率等于长期债券到期前，公众对短期利率预期值的平均数加上一个为正值的期限升水，计算公式为：

$$i_n \approx \frac{i_1 + {}_1i_1^e + {}_2i_1^e + \cdots + {}_{n-1}i_1^e}{n} + LP$$

期限选择理论很好地解释了利率期限结构的三个经验事实，由此成为被普遍接受的利率期限结构理论。

【例 11-2】对未来利率的预测

如果已知1~3年期债券的年利率分别为4.2%、4.8%、5.2%，根据纯粹预期理论，预测1年以后的2年期债券的利率。

根据纯粹预期理论的观点，债券投资者不偏好任何期限的债券，只有当短期投资和长期投资的预期收益率相等时，公众才会同时持有两种债券。

$(1+i_1)(1+{}_1i_2^e)^2=(1+i_3)^3 \Rightarrow (1+4.2\%)(1+{}_1i_2^e)^2=(1+5.2\%)^3$

1年后的2年期债券的利率为5.7%。

11.2 债券定价机制

资本市场金融工具主要是债券和股票，以及以债券和股票为投资对象的证券投资基金。本节主要分析债券定价。

11.2.1 债券的内在价值

债券的内在价值是债券的理论价格，等于债券未来各期利息支付额的现值与到期偿还本金的现值之和。根据债券的内在价值与其市场价格是否一致，可以判断债券是否被高估或低估，从而有助于投资者的投资决策。

附息债券的内在价值公式为：

$$V_0=\sum_{t=1}^{n}\frac{C_t}{(1+r)^t}+\frac{F}{(1+r)^n}$$

式中，V_0为附息债券的内在价值，C_t为每年支付的利息，F为债券的面值，n为到期期限，r为年贴现率。

贴现债券的内在价值公式为：

$$V_0=\frac{F}{(1+r)^n}$$

式中，V_0为贴现债券的内在价值，F为债券的面值，n为到期期限，r为年贴现率。

根据上述公式计算出债券的内在价值，即可判断债券的市场价格是否被高估或低估。比较的方法有两种：

一是比较债券的内在价值和债券的市场价格。债券的内在价值与市场价格之差被定义为债券投资者的净现值，即$NPV=V_0-P_0$。如果$NPV>0$，债券的内在价值大于市场价格，该债券被低估；相反，如果$NPV<0$，债券的内在价值低于市场价格，该债券被高估。

二是比较两种债券的到期收益率。我们可以根据前面学习过的到期收益率的计算方法计算出当市场价格为P_0时的债券到期收益率i，将其与市场利率水平r进行比较。如果$i>r$，到期收益率高于市场利率，债券价格被低估；相反，如果$i<r$，到期收益率低于市场利率，债券价格被高估。

【例 11-3】债券内在价值的应用

假设某债券的面值为1 000元，息票利率为8%，每年付息一次，期限为3年，该债券当前的市场价格为936元。如果当前的市场利率为10%，投资者是否应购买该债券？

用第一种方法进行判断：根据附息债券内在价值的计算公式计算出该债券的内在价值：

$$V_0=\sum_{t=1}^{10}\frac{80}{(1+10)^t}+\frac{1\,000}{(1+10)^{10}}=950.26\text{（元）}$$

$$NPV=950.26-936=14.26\text{（元）}$$

该债券的净现值为14.26元，大于0，说明该债券被低估，投资者应买入该债券。

用第二种方法进行判断：根据到期收益率计算公式计算出该债券的到期收益率：

$$936=\frac{80}{1+i}+\frac{80}{(1+i)^2}+\frac{80}{(1+i)^3}+\frac{1\,000}{(1+i)^3}$$

$$i=14.2\%$$

该债券的到期收益率大于当前的市场利率，该债券被低估，应该买入该债券。

11.2.2 债券的属性

债券的内在价值和债券的属性密切相关，债券的属性主要包括息票率、债券期限、违约风险、流动性、税收待遇和可赎回条款等。

1）息票率

息票率是指债券发行的票面利率，债务人按息票率定期支付债权人利息。在其他条件一定的前提下，息票率越高，债券的内在价值就越高；息票率越低，债券的内在价值就越低。

2）债券期限

债券期限是指从债券发行到债券到期的时间。在其他条件一定的前提下，债券的期限越长，债券价格波动幅度越大；随着到期期限的变化，边际价格波动率递减。

3）违约风险

债券的违约风险是指债务人不能按期偿还债券本息给债权人带来的风险。一般来说，债券的违约风险越高，债券的内在价值越低。违约风险和债券的内在价值成反比。

4）流动性

债券的流动性是指债权人把持有的债券在二级市场上变现的能力。债券变现越快，损失越小，债券的流动性越强。一般来说，流动性越强的债券内在价值越高，债券的内在价值和债券的流动性成正比。

5）税收待遇

不同类型的债券享有的税收优惠不同，债券投资者更关心税后收益。相对于无税收优惠的债券，有税收优惠的债券内在价值更高。

小资料 11-3

美国的地方政府债券

美国的地方政府债券一般在该发债政府的辖区内发行，由本辖区的各类机构或个人购买，募集的资金用于该地方政府的财政开支和有关项目的需要。美国的地方政府债券的利率一般低于公司债券和国债，因为地方政府债券通常具有联邦所得税的免税权，该免税优惠增加了地方政府债券的内在价值。

6）可赎回条款

可赎回条款是指债券发行时，发行人和债权人约定，在一定时间之后发行人有权按约定价格赎回债券。当市场利率下降时，发行人不愿承担高于市场利率的债券利息，这时就会选择赎回债券。附有可赎回条款的债券在一定程度上损害了债权人的利益，这会降低债券的内在价值。

11.2.3 债券定价原理

1962年，麦尔齐在对债券价格、债券利率、到期期限以及到期收益率之间进行研究后，提出了债券定价的五个定理。这五个定理至今仍被视为债券定价理论的经典。

定理1：债券的市场价格与债券的到期收益率成反比。债券的价格上升，债券的到期收益率下降；反之，债券的价格下降，债券的到期收益率上升。

定理2：当债券的收益率不变，即债券的息票率与收益率之间的差额固定不变时，债券的到期时间与债券价格的波动幅度之间成正比。到期时间越长，价格波动幅度越大；反之，到期时间越短，价格波动幅度越小。

定理3：随着债券到期时间的临近，债券价格的波动幅度减小，并且是以递增的速度减小；反之，到期时间越长，债券价格波动幅度增加，并且是以递减的速度增加。

定理4：对于期限既定的债券，由收益率下降导致的债券价格上升的幅度大于同等幅度的收益率上升导致的债券价格下降的幅度。对于同等幅度的收益率变动，收益率下降给投资者带来的利润大于收益率上升给投资者带来的损失。

定理5：对于给定的收益率变动幅度，债券的息票率与债券价格的波动幅度之间成反比。息票利率越高，债券价格的波动幅度越小。

11.3 股票定价机制

资本市场工具除债券外还有股票，本节我们分析股票定价机制，主要包括股息贴现模型和市盈率模型。

11.3.1 股息贴现模型

较为常见的对普通股进行估值的方法是股息贴现模型，该模型通过对股票的内在价值和股票的市场价格进行比较，从而确定股票是否被正确估值。

1）股票的内在价值

对股票所能带来的未来现金流进行贴现所得的现值便是股票的内在价值。股息贴现模型用公式表示为：

$$V_0=\sum_{t=1}^{\infty}\frac{D_t}{(1+k)^t}$$

式中，V_0为股票的内在价值；D_t为在t时点股票所能带来的预期现金流（即股息和红利）；k为特定风险下的贴现率，也称资本化率。

股票的净现值为：

$$NPV=V_0-P_0=\sum_{t=1}^{\infty}\frac{D_t}{(1+k)^t}-P_0$$

式中，P_0为0时点购买股票的成本。如果NPV>0，股票的内在价值大于其投资成本，股票被低估，投资者应该买入股票；反之，如果NPV<0，股票的内在价值小于其投资成本，股票被高估，投资者不应该买入股票。当NPV=0时，$P_0=\sum_{t=1}^{\infty}\frac{D_t}{(1+k^*)^t}$，使得此式成立的$k^*$被称为内部收益率，即使投资净现值为0的贴现率。

2）零增长模型

运用股息贴现模型存在一个重要的问题：投资者需要预测所有未来时期支付的股息，但是普通股未来时期支付的股息是不确定的。如果用g_t表示第t期的股息增长率，其表达式为：

$$g_t=\frac{D_t-D_{t-1}}{D_{t-1}}$$

为简单起见，我们对股息的预期增长率作出一些假设，根据这些假设可以得出不同的股息贴现模型。

首先，假设股息增长率为零，即g=0，未来的股利按照不变的数量支付。我们可以用D_0替换D_t，股票的内在价值为：

$$V_0=\sum_{t=1}^{\infty}\frac{D_0}{(1+k)^t}=D_0\sum_{t=1}^{\infty}\frac{1}{(1+k)^t}$$

由于k>0，根据无穷级数的性质可知$\sum_{t=1}^{\infty}\frac{1}{(1+k)^t}=\frac{1}{k}$，因此零增长股息贴现模型公式为：

$$V_0=\frac{D_0}{k}$$

【例11-4】零增长股息贴现模型的应用

某股票市场价格为120元，未来的股息支付固定为12元，这只股票的投资者将资本化率定为9%，可否投资该股票？

该股票的内在价值为：$V_0=\frac{D_0}{k}=\frac{12}{9\%}=133.331$（元），该股票被低估，投资者应该购买。

还可以令净现值等于0，即$P_0=\frac{D_0}{k^*}$，$k^*=\frac{12}{120}=10\%$，k^*为内部收益率，10%>9%，说明股票被低估，投资者应该购买。

3）不变增长模型

现在假设股息以固定不变的增长率g增长，即$D_t=D_{t-1}(1+g)=D_0(1+g)^t$，将$D_t$代入股利贴现模型，股票的内在价值为：

$$V_0=\sum_{t=1}^{\infty}\frac{D_0(1+g)^t}{(1+k)^t}=D_0\sum_{t=1}^{\infty}\frac{(1+g)^t}{(1+k)^t}$$

若k>g，上式可以简化为：

$$V_0=D_0\frac{1+g}{k-g}=\frac{D_1}{k-g}$$

如果令净现值为0：

$$P_0=\frac{D_1}{k^*-g}$$

$$k^*=\frac{D_1}{P_0}+g$$

令g=0，可得到零增长模型，所以零增长模型是不变增长模型的特例。

4）多元增长模型

在现实生活中，很多公司会有一个高速成长时期，之后进入一个稳定增长时期，因此，我们引入了多元增长模型。这里着重介绍二元增长模型，即股息在t时点之前是变动的，在t时点之后保持不变增长。

在t时点之前的预期股息现值为：

$$V_{T-}=\sum_{t=1}^{T}\frac{D_t}{(1+k)^t}$$

t时点股票的内在价值为：

$$V_T=\frac{D_{T+1}}{k-g}$$

将V_T折现到0时点的现值为：

$$V_T=\frac{D_{T+1}}{(k-g)(1+k)^T}$$

因此，在0时点股票全部预期未来股息现值为：

$$V_0=V_{T-}+V_T=\sum_{t=1}^{T}\frac{D_t}{(1+k)^t}+\frac{D_{t+1}}{(k-g)(1+k)^T}$$

令净现值为0，则：

$$P_0=\sum_{t=1}^{T}\frac{D_t}{(1+k^*)^t}+\frac{D_{t+1}}{(k^*-g)(1+k^*)^T}$$

式中，k^*为内部收益率。我们可以通过比较V_0和P_0或k和k^*来判断股价是否被高估或低估。

> **小资料11-4**
>
> **影响公司股价的内部因素**
>
> 股票的价格受内外部因素影响，内部因素主要有公司的盈利能力、成长能力和资本结构。
>
> （1）盈利能力是公司经营、销售及财务管理等方面的综合体现，能够充分体现公司的内在价值，盈利能力的提高将促使股票价格上升。
>
> （2）成长能力是公司应对内部和外部竞争压力的整体能力。成长能力强，说明公司的规模在扩大，发展前景很好。因此，成长能力强能够提高公司的竞争力，从而提高公司的股价。
>
> （3）资本结构揭示了资本和负债的比例关系，上市公司的资本结构能够充分反映公司的融资成本，影响公司的经营绩效，进而影响股票的价格。

11.3.2 市盈率模型

市盈率是股票的每股市价和每股收益的比率，即P/E（Price Earning Ratio）。市盈率把股价和股票收益联系起来，是最常用的评估股票价格是否合理的指标之一。市盈率的计算公式为：

市盈率=每股市场价格÷每股收益

根据市盈率模型，一只股票应该有一个正常的市盈率，若该股票的实际市盈率高于正常市盈率，股票就被高估；若实际市盈率低于正常市盈率，股票就被低估。若市盈率过高，市场可能存在泡沫。我们可以根据市盈率模型分析股价是否合理。与股息贴现模型一样，市盈率模型也有不变增长、零增长和多元增长模型。

1）不变增长模型

在不变增长股息贴现模型中，我们推导出$V_0=\frac{D_1}{k-g}$，尽管股票市场的价格P可能高于或低于其内在价值V_0，但是当市场达到均衡时，股票价格应该和股票的内在价值相等，所以我们得到：

$$P_0=V_0=\frac{D_1}{k-g}$$

每期的股息等于每股收益E乘以派息比率b，即D=E×b，所以我们得到：

$$P_0=\frac{D_1}{k-g}=\frac{E_1\times b_1}{k-g}$$

经过推导，我们可以得出不变增长市盈率模型的公式：

$$\frac{P_0}{E_1}=\frac{b_1}{k-g}$$

从不变增长市盈率模型中可以看出，市盈率取决于三个变量：派息比率、贴现率和股息增长率。

【例11-5】不变增长市盈率模型的应用

某股票的价格是100元，股息增长率g恒为5%，贴现率k为8%，初始支付的股息D_0为2元/股，派息比率b为50%且不变。计算该股票的实际市盈率和正常市盈率，分析该股票被低估还是高估。

该股票的正常市盈率为：

$$\frac{b_1}{k-g}=\frac{50\%}{3\%}=16.67$$

该股票的实际市盈率为：

$$\frac{P_0}{E_1}=\frac{100}{4.2}=23.81\text{（}D_1=D_0\times(1+g)=2.1，E_1=\frac{D_1}{b_1}=\frac{2.1}{50\%}=4.2\text{）}$$

从计算结果来看，实际市盈率高于正常市盈率，该股票价格被高估。

2）零增长模型

使不变增长模型中的g=0，就得到了零增长市盈率模型的公式：

$$\frac{P}{E}=\frac{b}{k}$$

从公式中可以看出，影响零增长市盈率模型的因素有两个：派息比率和贴现率。

3）多元增长模型

这里主要介绍二元增长模型。根据前文推导，二元增长股息贴现模型模型如下：

$$V_0=V_{T-}+V_T=\sum_{t=1}^{T}\frac{D_t}{(1+k)^t}+\frac{D_{t+1}}{(k-g)(1+k)^T}$$

$$E_t=E_0(1+g_1)(1+g_2)\cdots(1+g_t)=E_0\prod_{i=1}^{t}(1+g_i)$$

$$D_t=b_tE_t=b_tE_0(1+g_1)(1+g_2)\cdots(1+g_t)=b_tE_0\prod_{i=1}^{t}(1+g_i)$$

式中，E_t、b_t分别为第t期的每股收益和派息比率，g_i为第i期的股息增长率。在t期之前，股息增长率一直在变动，但t期之后股息增长率为g，派息比率为b。

从上式可以得出：

$$V_0=\frac{b_1E_0(1+g_1)}{(1+k)}+\frac{b_2E_0(1+g_1)(1+g_2)}{(1+k)^2}+\cdots+\frac{b_TE_0(1+g_1)(1+g_2)\cdots(1+g_T)}{(1+k)^T}+\frac{b_TE_0(1+g_1)(1+g_2)\cdots(1+g_T)(1+g)}{(k-g)(1+k)^T}$$

令P = V，我们就得到了二元增长市盈率模型：

$$\frac{P}{E_0}=\frac{b_1(1+g_1)}{(1+k)}+\frac{b_2(1+g_1)(1+g_2)}{(1+k)^2}+\cdots+\frac{b_T(1+g_1)(1+g_2)\cdots(1+g_T)}{(1+k)^T}+\frac{b_T(1+g_1)(1+g_2)\cdots(1+g_T)(1+g)}{(k-g)(1+k)^T}$$

$$=\sum_{j=1}^{T}\frac{b_j}{(1+k)^j}\prod_{i=1}^{j}(1+g_i)+\frac{b_T(1+g)}{(k-g)(1+k)^T}\prod_{i=1}^{T}(1+g_i)$$

【例11-6】多元增长市盈率模型的应用

某股票的市场价格为100元，期初股息D_0为2元/股，期初每股收益E_0为4元/股；第一年股息增长率g_1为5%，派息比率b_1为50%；从第二年年初开始股息增长率和派息比率恒定不变，分别为10%和60%，贴现率为12%。计算该股票实际和正常市盈率，判断股票是被高估还是低估。

该股票的正常市盈率为：

$$\frac{b_1(1+g_1)}{1+k}+\frac{b_1(1+g_1)(1+g)}{(k-g)(1+k)}=\frac{50\%(1+5\%)}{1+12\%}+\frac{50\%(1+5\%)(1+10\%)}{2\%(1+12\%)}=26.25$$

该股票的实际市盈率为：

$$\frac{P}{E_0}=\frac{100}{4}=25$$

可以看出，该股票的实际市盈率小于正常市盈率，所以该股票被低估。

小资料11-5

动态市盈率和滚动市盈率

传统的市盈率指标是一个静态指标，反映现时股价与过去业绩之间的倍数关系。在投资分析中，除传统的市盈率外，还存在动态市盈率和滚动市盈率。

动态市盈率（PE）是指还没有真正实现的下一年度的预测利润的市盈率。它等于股票现价和未来每股收益的预测值的比值，比如明年的动态市盈率就是股票现价除以明年每股收益预测值，后年的动态市盈率就是现价除以后年每股收益预测值。动态市盈率的计算公式是以静态市盈率为基数，乘以动态系数，该系数为$1/(1+i)^n$，i为企业每股收益的增长比率，n为企业可持续发展的存续期。

滚动市盈率（TTM）是指在一定的考察期内（一般是连续12个月或四个财季）的市盈率。其计算方法是：滚动市盈率=每股市场价格/每年每股盈利。每股盈利的计算方法是该企业在过去12个月的净利润除以总发行已售出股数。

11.4 金融衍生品定价机制

金融衍生品定价就是确定金融衍生品的理论价格。它既是市场参与者进行套期保值、投机与套利的依据，又是参与场外交易的金融机构的报价基础。金融衍生品可以分为远期、期货、期权和互换四大类。由于期货是标准化的远期，因此期货和远期的定价大多遵循相同规律。本节着重对远期和期货、期权及互换的定价原理进行阐述。

11.4.1 远期和期货定价原理

关于远期定价，首先需要甄别两个概念：远期价值和远期价格。远期价值指的是远期合约本身具有的价值，即签订这份合约能够为投资者带来的实际收益。远期价格指的是使得一份远期合约价值为零的交割价格，是理论上的交割价格。

这里所讨论的远期和期货的定价是确定理论远期价值、远期价格和期货价格。事实上，远期价格和期货价格极为相似，都是理论上的交割价格，二者的区别在于交易机制不同：远期合约在签订之后便不再变化直至到期清算交割，期货合约则采用逐日盯市制度结清浮动盈亏。当无风险利率相同时，到期日相同、交割日相同的远期价格与期货价格应相同。当利率变化无法预测时，远期价格与期货价格会出现偏差。二者的高低取决于标的资产价格与利率的关系。当标的资产价格与利率正相关时，期货价格高于远期价格；当标的资产价格与利率负相关时，远期价格高于期货价格。远期价格与期货价格的差异还取决于合约有效期的长短及违约风险、流动性因素等。总体来看，远期价格与期货价格的定价原理本质上是相同的，对远期合约的定价方法同样适用于对期货的定价方法。

对远期合约定价要建立如下假设：无交易费用及税收；市场参与者能以相同的无风险利率借入和贷出资金；远期及期货合约无违约风险；现货可以卖空；套利机会不存在；期货合约保证金账户支付同样的无风险利率。

1）无收益资产远期合约价值

无收益资产是指在到期日前不产生现金流的资产，如贴现债券。对于远期合约定价，我们采取无套利定价法，通过在市场上买低卖高从而获利的套利行为会使现值较低的资产价格上升，使现值较高的资产价格下降，直至套利机会消失。也就是说，构建两个投资组合，若其终值相同，现值必然也相同。为了给远期合约定价，构建如下两个投资组合：

（1）1份远期合约多头加一笔数额为$Ke^{-r(T-t)}$的现金。该合约规定多头可以在到期日按照交割价格K购买1单位标的资产，r为无风险利率。

（2）1单位标的资产S。在远期合约到期时，该笔现金刚好可以用来交易1单位的标的资产，这样在T时刻两个投资组合都等于1单位标的资产。根据无套利定价法，t时点这两个组合价值也应该相等，即：

$$f+Ke^{-r(T-t)}=S$$

将上式改写为：

$$f=S-Ke^{-r(T-t)}$$

其含义为无收益资产远期合约多头价值等于标的资产现货价格与交割价格现值的差额。

由于远期价格F是使得远期合约价值f为零的交割价格K，即当f=0时，K=F，此时，$F=Se^{r(T-t)}$，该式即无风险资产的现货-远期平价定理。

【例11-7】无收益资产远期合约价值

假设1份标的资产为1年期贴现债券的远期合约，剩余期限为6个月，交割价格为970元；6个月期的无风险年利率为6%，该债券现货价格为960元。求这份远期合约的多头和空头远期价值。

对于多头来说，远期合约价值为$f=S-Ke^{-r(T-t)}$，S=960，K=970，r=6%，T−t=0.5。代入公式中，得$f=S-Ke^{-r(T-t)}=960-970e^{-6\%\times0.5}=18.81$（元）。对于空头来说，远期合约价值为−f=−18.81元。

对于支付已知现金收益资产及支付已知收益率资产远期合约的价格问题，我们应在无套利原则下对现金收益支付及收益率因素进行排除，从而确定合理的现货-远期平价定理。由于其原理与无收益资产远期合约价值相同，在此不再赘述。

2）远期价格与标的资产现货价格的关系

远期价格与标的资产现货价格的关系包括两个层面：

一是同一时刻远期价格与标的资产现货价格的关系。当标的资产在远期存续期内没有收益、已知现金收益较少或已知收益率小于无风险利率时，当前远期价格应该高于现货价格；而标的资产在远期存续期内现金收益较多或已知收益率高于无风险利率时，当前远期价格会低于现货价格。在远期到期日时，远期价格收敛于标的资产现货价格。标的资产现货价格对远期价格形成制约，决定了远期合约不可以用来炒作，然而很重要的前提是现货市场要有足够的规模来制约远期价格。

就理论而言，远期合约作为现货的衍生产品，其价格应该取决于标的资产价格，然而由于远期市场具有低成本、高杠杆、高流动性等优势，在面临市场冲击时，投资者更愿意在远期市场上投资，远期价格反过来会引领现货价格变化。期货是标准化的远期，具有标准化集中交易及违约风险低等优势，远期和期货的价格发现功能具有重要意义。

同步案例11-1

Fenchurch公司操纵美国国债票据期货

1993年6月，Fenchurch公司承诺对在CBOT交易的10年期美国国债票据期货的多头进行交割。在交割期的最后4天内及6月合约的最后一天，Fenchurch公司有意收集并持有大量6月合约的最便宜国债票据。6月合约的条款允许以一定量最便宜国债票据进行交割，但是期货合约的价格必须集中于最便宜国债票据交易到期前的现货市场价值。在票据供不应求的这段时期，Fenchurch公司通过在回购市场上的一系列交易活动，增加它对最便宜国债票据的持仓。Fenchurch公司通过增加持仓及从市场里撤出票据，使最便宜国债票据的供应更加紧张，期货合约的空方不能拿出足够的票据，只能用贵的有价证券进行交割。

1996年7月10日，因其操纵市场及逼仓行为，CFTC（美国商品期货交易委员会）宣布已经通过一项对Fenchurch公司提起行政性起诉的裁定。同时，CFTC接受Fenchurch公司提出的支付600 000美元作为民事罚款及采取补救性措施的调解请求。

资料来源　佚名. 1996年Fenchurch公司操纵美国国债票据事件［N］. 东方早报，2013-09-04.

二是当前远期价格与标的资产预期的未来现货价格的关系。对于无收益资产，我们从资本市场收益与风险平衡的角度来阐述当前远期价格与预期的未来现货价格之间的关系。根据预期收益率的概念，有：

$$E(S_T)=Se^{y(T-t)}$$

式中，$E(S_T)$ 为现在市场上预期该资产在T时点的市价，y为该资产的连续复利收益率，t为现在时点。

远期价格的公式为：

$$F=Se^{r(T-t)}$$

根据上述两式，可知y与r的大小决定 $E(S_T)$ 与F的大小。y取决于标的资产的系统性风险，通常不为0。当标的资产系统性风险大于0时，$y>r$，$F<E(S_T)$；当系统性风险小于0时，$y<r$，$F>E(S_T)$；当系统性风险等于0时，$y=r$，$F=E(S_T)$。在现实中，系统性风险在大多数情况下大于零，因此有：$F<E(S_T)$。对于有收益资产，该结论同样适用。

11.4.2 期权定价原理

1）期权的价值分析

期权合约的价值等于其内在价值与时间价值之和，表达式为：PV=IV+TV。式中，内在价值指的是履行期权合约时可以获得的利润总和。当利润总和小于零时，期权的内在价值为零。内在价值反映期权执行价格与标的资产市场价格之间的关系。期权内在价值的计算公式为：

$$IV\begin{cases}S-X(\text{看涨期权})\\X-S(\text{看跌期权})\end{cases}$$

式中，IV为期权的内在价值，S为标的资产的市场价格，X为期权的执行价格。

根据期权是否有内在价值，期权分为三种状态：实值期权、虚值期权和平价期权。对于看涨期权来说，实值期权指的是标的资产的市场价格高于执行价格的期权，虚值期权指的是标的资产的市场价格低于执行价格的期权，平价期权指的是二者相等的期权。对于看跌期权来说，实值期权指的是标的资产的市场价格低于执行价格的期权，虚值期权指的是标的资产的市场价格高于执行价格的期权，平价期权指的是二者相等的期权。

期权的时间价值是指由于期权尚未到期，期权存续的时间及相关商品价格的变动使期权具有增值的可能性，期权的买者愿意为购买这一期权所付出的权利金额。站在期权买方的角度，期权有效期越长，市场发生对其有利状况的可能性越大，获利机会越多，其愿意支付的期权时间价值越高；站在期权卖方的角度，其承担亏损的风险增高。随着期权到期日的临近，买方获利的机会在减少，卖方承担的风险也在降低，期权的时间价值变化逐渐衰减。期权的时间价值还取决于标的资产市场价格及执行价格之差的绝对值。二者差额为零时，期权的时间价值最大；绝对值增大时，期权的时间价值逐渐降低。看涨期权的时间价值与内在价值的关系如图 11-3 所示。

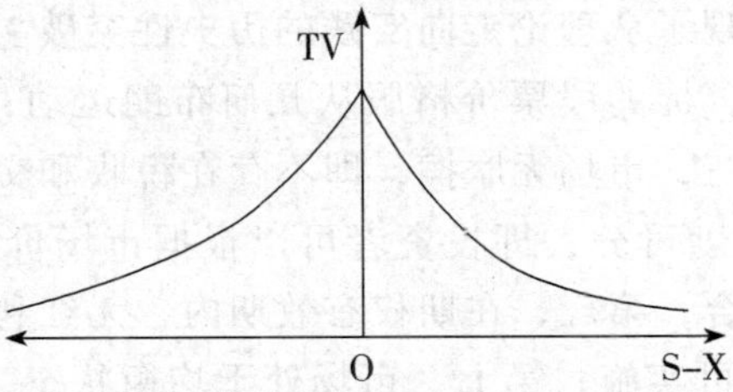

图11-3　看涨期权的时间价值与内在价值的关系

期权合约的价值由其内在价值和时间价值决定，三者之间的关系如图 11-4 所示。

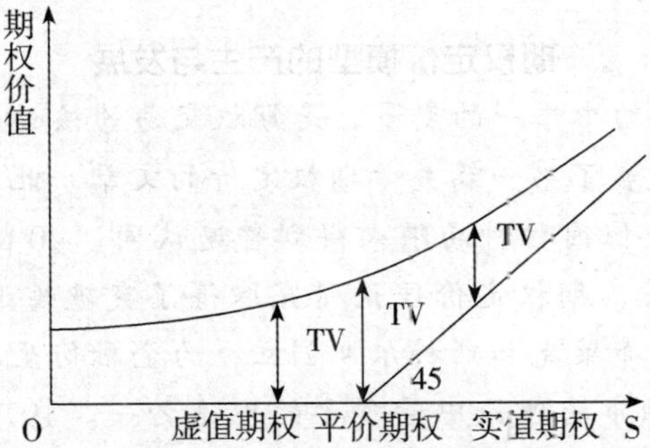

图11-4　期权价值与其内在价值、时间价值之间的关系

2）影响期权价格的因素

除了上述期权理论价值构成之外，实际中期权定价还需要考虑如下因素：

第一，标的资产市场价格与期权协议价格。对于看涨期权而言，其执行收益等于标的资产市价与协议价格之差，所以标的资产价格越高，协议价格越低，期权价格越高；对于看跌期权而言，其执行价格等于协议价格与标的资产市价之差，所以标的资产价格越低，协议价格越高，期权价格越高。

第二，期权有效期。对于美式期权而言，可以在有效期内任意时间执行，所以有效期越长，期权多头获利机会越大，期权价格越高；对于欧式期权而言，由于其只能在到期日执行，所以有效期的长度与期权价格没有确定的直接关系，情形更为复杂，通常情况下是有效期越长，期权价格越高。

第三，标的资产价格波动。多头双方权利不对等，对于期权多头而言，其最大亏损局限于期权价格，最大盈利取决于标的资产市场价格与执行价格之差，因此标的资产价格波动越大，对期权多头越有利，期权价格越高。

第四，无风险利率。无风险利率是购买期权的机会成本。在看涨期权中，无风险利率越高，购买期权的机会成本越大，要求期权的收益率越高，无风险利率与期权价格正向相关；在看跌期权中，无风险利率越高，执行时的收入越低，无风险利率与期权价格反向相关。

第五，标的资产收益。标的资产分红付息将降低标的资产价格，而协议价格固定不变，所以在期权有效期内，标的资产所产生的收益将使看涨期权价格下降而使看跌期权价格上升。

3）布莱克–斯科尔斯（B–S）期权定价模型

布莱克和斯科尔斯于1973年发表《期权定价和公司债务》一文，提出著名的B–S公式，使期权定价理论实现了从理论走向实践的历史性突破。

B–S公式假设：第一，标的股票价格服从几何布朗运动；第二，在期权有效期内，无风险利率恒定不变；第三，市场无摩擦，即不存在税收和交易成本，也不存在卖空机制；第四，所有的证券高度可分，即投资者可以根据市场价格的变动改变套期组合比率，以改变无风险投资组合；第五，在期权有效期内，无红利及其他所得；第六，期权为欧式期权，在到期前不可实施；第七，市场处于均衡状态，不存在无风险套利机会；第八，证券价格变化是连续的。

小资料11-6

期权定价模型的产生与发展

期权价格是期权合约中唯一的变量，是期权交易的核心。1900年，法国金融专家劳雷斯·巴舍利耶发表了第一篇关于期权定价的文章。此后，各种经验公式或计量定价模型纷纷面世，但因种种局限未得到普遍认同。20世纪70年代以来，伴随着期权市场的迅速发展，期权定价理论研究取得了突破性进展。1973年，第一个完整的期权定价模型由布莱克和斯科尔斯创立，为金融衍生品的合理定价奠定了理论基础，成为现代金融市场理论中最重要的理论之一。1979年，科克斯、罗斯和卢宾斯坦提出二项式模型，这是期权定价数值法的基础，解决了美式期权的定价问题。

在以上所有条件均能满足的情况下，布莱克和斯科尔斯推导出的欧式无股利支付股票看涨期权的定价公式为：

$$C=S\varphi\left(\frac{\ln(S/X)+\left(r+\frac{1}{2}\sigma^2\right)\tau}{\sigma\sqrt{\tau}}\right)-e^{-R\tau}X\varphi\left(\frac{\ln(S/X)+\left(r-\frac{1}{2}\sigma^2\right)\tau}{\sigma\sqrt{\tau}}\right)$$

式中，S为标的股票的当前价格；X为期权执行价格；$\tau=T-t$，为期权距离到期的时间；σ为股票价格变动率（标准差）；$\varphi(\cdot)$为标准正态分布函数；r为无风险利率。B–S公式与伯尼斯公式在$\alpha=r$时完全相同，与萨缪尔森公式在$\alpha=\beta=r$时完全相同。

从B–S公式可以看出，欧式看涨期权的价格C是股票当前价格S、期权执行价格X、期权距离到期时间τ、股票价格变动率σ和无风险利率r的函数。期权价格与除了执行价格以外的四个因素正相关。B–S公式是一个可观测变量的函数，因为五个影响因素中除了股票价格变动率外，其他的都很容易得到，只需确定股票价格变动率即可得到期权的价格。

4）二项式期权定价模型

B–S公式虽然有许多优点，但是它的推导过程极其复杂。1979年，约翰·科克斯、斯蒂芬·罗斯、马克·卢宾斯坦发表了论文《期权定价：一种简单的方法》，提出了一种相对简单的对离散时间的期权定价方法。在该方法中，股票价格变动服从二项分布，因此称为二项式期权定价模型，也称为二叉树期权定价模型。二项式期权定价模型的推导较为简单，更适合说明期权定价的基本概念。

二项式期权定价模型建立在一个基本假设的基础上：在给定的时间间隔内，股票的价格运动有两个可能的方向：上涨至uS或者下跌至dS。假设u和d在t=0后的所有期内恒定不变，投资者就可以利用一致的u和d以及期间个数T来预测未来股票价格和期权价格的变动情况。

假设时间离散变化，并且只有一期的简单情况。一份欧式看涨期权的标的股票现在的市场价格为S，未来价格有两个可能值：上涨至uS或者下跌至dS（u>d>0）。假设无风险收益率R居于d和u之间，即d<R<u，否则就会出现套利机会。可以推导出以该股票为标的资产、执行价格为X的欧式看涨期权的当前价格为：

$$C=\frac{1}{R}\left[\frac{R-d}{u-d}C_u+\frac{u-R}{u-d}C_d\right]$$

式中，令$\pi=\frac{R-d}{u-d}$，将其看作股票价格上涨的概率；令$1-\pi=\frac{u-R}{u-d}$，将其看作股票价格下跌的概率。注意，π和$1-\pi$并不代表股票价格上涨或下跌的概率，它们是由一个无风险利率和股价变动幅度共同确定的参数，是自然状态的风险中立概率。期权的价格可以被看作期权在一个投资期间内的期望价值按无风险利率贴现的结果。

将上述公式推广至T期，则可以得到期权在t=0时的定价公式：

$$C=\frac{1}{R^T}\sum_{n=0}^{N}\frac{T!}{n!(T-n)!}\pi_u\pi_d\ (u^nd^{T-n}S-X)$$

式中，$\frac{T!}{n!(T-n)!}$为在T期内某一特定股票价格的出现次数，$\pi_u\pi_d$为某一特定股票价格出现的概率，$(u^nd^{T-n}S-X)$为在某一特定股票价格出现的情况下相应期权的价值。

上式中，n=1，…，n^*-1时期权价值为0，$n=n^*$，…，T时期权价值为实值。n^*为保证期权在到期时为实值股票价格至少需要上涨的次数，上式可改写为：

$$C=\frac{1}{R^T}\sum_{n=n^*}^{N}\frac{T!}{n!(T-n)!}\pi_u\pi_d\ (u^nd^{T-n}S-X)$$

可以把给定的时间段细分为更小的时间单位，二项式期权定价模型适用于处理更为复杂的期权。与B–S公式相比，二项式期权定价模型的优点在于简化了期权定价的计算并增加了直观性。

小资料 11-7

蝶式期权

蝶式期权也称为蝶式套利，是一种期权策略，它利用不同交割月份的价差进行套期获利。蝶式期权由一系列看涨期权或者看跌期权组成，是套利交易中的一种合成形式。整个套利过程涉及3个合约，分别是近期合约、远期合约以及更远期合约，一般称为近端、中间和远端。

这些不同交割时间的合约要品种相同、数量相等，差别仅是价格。蝶式套利在头寸设置上采取1份近端合约、2份中间合约和1份远端合约的方式，其中近端和远端合约的方向一致，中间合约的方向与它们相反，可以组成2种组合，如下所示：

（1）买近端合约、卖中间合约、买远端合约。

（2）卖近端合约、买中间合约、卖远端合约。

两组交易跨3种不同的交割期，存在价格水平差异。此外，随着市场供求关系的变动，中间交割月份的合约与两旁交割月份的合约价格可能出现更大的价差，这就造成了套利者对蝶式套利的高度兴趣，即通过操作蝶式套利，利用不同交割月份期货合约价差的变动对冲了结，平仓获利。

11.4.3 互换定价原理

1）利率互换定价

利率互换是指两笔货币相同、债务额相同（本金相同）、期限相同的资金，作固定利率与浮动利率的调换。利率互换有两种情形：协议签订后的利率互换定价及协议签订时的利率互换定价。前者是根据协议内容及市场利率水平确定利率互换合约的价值，后者是选择一个使得互换初始价值为零的固定利率。

（1）协议签订后的利率互换定价

利率互换可以分解为债券的组合，也可以分解为一系列远期协议的组合，我们按照这一思路对利率互换进行定价。

运用债券组合为利率互换定价，对于利率互换的多头，即固定利率的支付者而言，利率互换的价值为：

$$V_{互换}=B_{fl}-B_{fix}$$

式中，B_{fl}与B_{fix}分别为互换合约中分解出来的浮动利率及固定利率债券的价值。

对于利率互换的空头，即浮动利率的支付者而言，利率互换的价值为：

$$V_{互换}=B_{fix}-B_{fl}$$

此时固定利率债券的定价公式为：

$$B_{fix}=\sum_{t=1}^{n}ke^{-r_i t_i}+Ae^{-r_n t_n}$$

式中，A为利率互换中的名义本金额，k为现金流交换日交换的固定利息额，n为交换次数，t_i为距离第i次现金流交换的时间长度（$1<i<n$），r_i为到期日为t_i的LIBOR连续复利即期利率。固定利率债券的价值为未来现金流的贴现和。

浮动利率债券的定价公式为：

$B_{fl}=(A+k^{*})e^{-r_1t_1}$

式中，k^{*}为下一交换日应交换的浮动利息额（已知），t_1为距离下一次利息支付日的时间。

运用远期利率协议对利率互换定价，对于利率互换的空头来说，t时点远期利率协议的价值等于约定利率r_k与$T^{*}-T$期间远期利率r_f之差导致的利息差的现值。用公式表示为：

$[Ae^{r_k(T^{*}-T)}-Ae^{r_f(T^{*}-T)}]e^{-r^{*}(T^{*}-t)}$

只要知道利率期限结构，从中估计出远期利率协议对应的远期利率与息差现值，就可得到每笔远期利率协议的价值，加总即可得出利率互换的价值。

（2）协议签订时的利率互换定价

协议签订时的定价问题，就是确定利率互换协议中的固定利率问题。

【例11-8】利率互换中固定利率的确定

假设有一笔1年期的利率互换协议。A金融机构支付3个月期的LIBOR，同时每3个月收取固定利率（3个月计一次复利），名义本金为100元。目前3个月、6个月、9个月、12个月的连续复利贴现率分别为4.8%、5.0%、5.2%、5.4%。第一次支付的浮动利率为当前3个月期利率4.8%，确定该利率互换中合理的固定利率。

根据利率互换中固定利率应使利率互换价值为0，即$B_{fix}=B_{fl}$，有：

$B_{fl}=100\times e^{0.048\times0.25}\times e^{-0.048\times0.25}=100$

$B_{fix}=\sum_{i=1}^{n}ke^{-r_it_i}+Ae^{-r_nt_n}=ke^{-0.048\times0.25}+ke^{-0.05\times0.5}+ke^{-0.052\times0.75}+(100+k)e^{-0.054\times1}=100$

k=1.3575（元）

4k=5.4298（元）

名义本金为100元，年固定利率为5.4298%。

从【例11-8】可以看出，在利率互换协议中，合理的固定利率须使利率互换的价值为零。债券组合法与利率远期协议组合法实质相同，故上例只以债权组合法为例。

2）货币互换定价

对于货币互换定价，可以沿用对于利率互换定价的方法，即通过债券组合或远期协议组合的方法来定价。与利率互换不同的是，这里的债券组合不是浮动利率与固定利率债券的组合，而是外币债券与本币债券的组合。同理，远期协议也不是远期利率协议，而是远期外汇协议。

按照债券组合与远期外汇协议组合这两种思路，我们分别对货币互换进行定价。

运用债券组合对货币互换定价，对于收入本币、付出外币的一方，货币互换的价值为：

$V_{互换}=B_d-S_0B_f$

式中，B_d为从货币互换中分解出的本币债券价值，B_f为其中外币债券的价值，S_0为直接标价法下的即期汇率。

同理，对于付出本币、收入外币的一方，货币互换的价值为：

$V_{互换}=S_0B_f-B_d$

运用外汇远期协议组合对货币互换进行定价，可以将货币互换的每次支付用远期外汇协议的现金流来表示，然后将这些现金流加总，就可以得到对应的货币互换的价值。

同步案例 11-2

花旗集团操纵利率丑闻

金融市场上利率的确定在互换等金融产品定价中具有重要地位。2016年5月25日，美国商品期货交易委员会宣布，花旗集团同意支付4.25亿美元罚金，了结针对花旗集团试图操纵全球重要基准利率的指控。经调查发现，花旗集团及其附属机构曾于2010年试图操纵日元伦敦同业拆借利率和欧洲日元东京银行间同业拆借利率（TIBOR）；2007—2012年曾试图操纵全球美元基准掉期利率（ISDAFIX），以便在相关衍生品交易中牟利。为此，美国商品期货交易委员会要求花旗集团停止此类违法行为，支付罚金，并采取特别措施加强内部监控。

资料来源　屈丽丽．花旗银行被罚：美国对毒资产及机制痛下杀手［N］．中国经营报，2016-06-06.

本章小结

本章主要对利率的决定与结构、股票和债券定价机制与金融衍生品定价机制进行阐述。在对利率进行界定的基础上，重点分析了利率决定与变动中的流动性偏好理论和可贷资金理论。利率的结构主要研究不同利率之间的相互关系及影响因素，主要包括利率的风险结构和期限结构。

债券的内在价值是债券的理论价格，等于债券未来各期利息支付额的现值与到期偿还本金的现值之和。根据债券的内在价值与其市场价格是否一致，可以判断债券是否被高估或低估。分析债券价值的方法同样适用于普通股价值分析，股息贴现模型通过对股票内在价值和市场价格进行比较来确定股票是否被正确估值。对股息贴现模型进行变形，可得到市盈率模型，即通过比较正常市盈率和实际市盈率的大小，判断股票价格是否合理。

金融衍生品定价就是确定金融衍生品的理论价格，本章介绍了远期和期货、期权与互换四种金融衍生品的定价原理。

基本训练

一、主要概念

现值　未来值　到期收益率　即期利率　远期利率　利率结构　债券的内在价值　股息贴现模型　市盈率模型　远期价格　远期价值　期权的内在价值　B-S模型　利率互换价值

二、重点实务

现值和未来值的计算　到期收益率的计算　流动性偏好理论和可贷资金理论　利率

风险结构和期限结构　债券内在价值的计算　债券价值属性　债券定价原理　股息贴现模型的应用　市盈率模型的应用　远期合约价值计算　影响期权价格的因素

三、案例分析

我国利率市场化后利率的影响因素

我国利率市场化改革开始于1996年，经历了三个阶段：第一阶段为货币市场和债券市场的利率市场化，第二阶段为外币存贷款利率市场化，第三阶段为人民币存贷款利率市场化。2015年，央行取消了存款利率浮动上限，标志着我国利率市场化的改革基本完成。

为深化利率市场化改革，提高利率传导效率，推动降低实体经济融资成本，2019年8月17日，中国人民银行发布《改革完善贷款市场报价利率（LPR）形成机制公告》，在报价原则、形成方式、期限品种、报价行、报价频率和运用要求等六个方面对LPR进行改革。2022年以来，LPR利率经历了多次下调。1月20日，中国人民银行授权全国银行间同业拆借中心公布1年期LPR为3.7%，5年期以上LPR为4.6%，分别下调10个基点、5个基点；5月20日，1年期LPR与此前报价持平，为3.7%，5年期以上LPR为4.45%，下调15个基点；8月22日，1年期LPR为3.65%，5年期以上LPR为4.3%，分别较上一期下调5个基点、15个基点。10月20日、11月21日也进行了调整。2022年8月15日，中国人民银行开展的4 000亿元1年期中期借贷便利（MLF）操作和20亿元7天期公开市场逆回购操作，中标利率分别为2.75%、2.00%，均较前次操作下降10个基点。此时，我国经济已由高速增长阶段转向高质量发展阶段，处在转变发展方式、优化经济结构、转换增长动力的攻关期。2022年以来，受国际环境更趋复杂严峻和不确定的超预期影响，经济新的下行压力进一步加大，内需不足成为国内经济的主要矛盾，国内通胀数据低于预期，通胀形势较为温和，通货膨胀担忧有所消退。中短期政策利率同步下降是对经济金融形势新变化的及时回应，体现了我国坚持货币政策“以我为主”、加大稳健货币政策实施力度，这有助于进一步引导降低实体经济融资成本，保持适当流动性，扩大国内需求，巩固经济回升向好趋势。

资料来源　彭扬，赵白执南．中短期政策利率均下降10个基点［N］．中国证券报，2022-08-16（A01）．

请结合上述案例，分析影响利率变动的因素有哪些。

四、计算题

1.A公司股票价格为50元/股，贴现率为10%，期初收益为5元/股，派息比率固定为60%，其股利增长率为0，根据市盈率模型判断A公司股票是否被高估或低估？

2.B公司拟于20×7年1月31日发行面额为1 000元的债券，票面利率为8%，半年支付一次利息。该债券将于20×9年1月31日到期，同时期同等风险投资的必要报酬率为10%，求该债券的价值。

五、社会调查

通过本章学习，我们知道了金融产品是如何定价的。在现实生活中，有多少投资者了解这些理论知识？又有多少人利用这些定价方法作出投资决策呢？请设计一份调查问卷，了解投资者常用的定价方法以及他们认为的影响价格的因素。

六、即测即评

第11章单项选择题　　第11章多项选择题　　第11章判断题

第12章

金融市场监管

学习目标

通过本章学习，在知识方面，掌握金融市场监管的概念、要素、内容以及原则，了解证券市场、衍生品市场监管的法律法规体系；在技能方面，发掘金融市场监管的国际经验对我国的启示以及借鉴意义；在能力方面，能灵活运用所学知识分析我国金融市场监管的发展趋势。

导读案例

次贷危机

21世纪初，美国的房地产市场分为三个层次：第一，住房抵押贷款市场，这是正常的房地产，大家贷款买房并按照还款要求还款。第二，资产证券化市场，即将购房抵押贷款的债务进行证券化并拿到市场上去交易。第三，信用衍生市场，美国中介机构将购房者的低级信用包装成高级信用，举债购房。如果有风险，那就是被放大信用之后的泡沫，一旦刺破，损失具有放大效应。

由于美国的法律监管只到商业银行、投资银行、财务机构、律师机构，对于中介经纪机构的监管还没有限制其金融中介服务。美国属于普通法系，在非禁即可为的环境下，经纪商操纵贷款，贷款公司向不合格的借款人提供贷款，投资银行打包高风险抵押贷款，评级机构为这些证券化产品成为投资级产品盖章放行，所有这些行为构建的服务链条加在一起引发了“完美风暴”。

次贷危机发生前夕，货币政策由宽松转变为紧缩，房地产市场不景气。对居民而言，房价涨幅下降，利率重置，还款压力急剧上升；对次贷发放机构（商业银行）而言，违约率上升，次贷机构陷入危机；对发行承销MBS的投资银行而言，衍生品价值下跌，对冲基金巨额亏损。商行、投行、保险机构受损，对冲基金受牵连，引起市场恐慌，产生了流动性危机、信用危机。

2008年9月15日，美国第四大投行雷曼兄弟公司宣告破产，标志着美国次贷危机最终演变为全面金融危机。不久后，金融危机迅速从局部发展到全球，从发达国家传导到发展中国家，从金融领域扩散到实体经济领域，又演化成全球性的实体经济危机。这场危机发展之快、规模之大、影响之巨，令人始料不及。

此次金融危机的爆发源于金融监管的缺失。在监管缺失的背景下，受华尔街金融家的贪婪所驱使，在高杠杆率的作用下，衍生产品变成了一个个逐级放大的风险。人们在同金融危机的影响做斗争的同时，必须重新认识新形势下金融监管的方式和方法。

资料来源 张陆洋，孔玥．美国次贷危机大系统因素分析——对中国防范金融风险的启示［J］．金融论坛，2020，25（2）：3-7.

金融市场的高效、健康运行关系到一国的经济效率和安全，20世纪90年代相继发生的拉美金融危机、东南亚金融风暴以及21世纪初美国的次贷危机，都对相关国家和地区甚至世界经济产生了极大的消极影响，这也迫使人们重新认识新形势下金融监管的方式和方法。金融监管问题再次被提上了各国政府的议事日程。

12.1 金融监管概述

监管就是监管主体为了实现监管目标而利用各种监管手段对监管对象所采取的一种有意识的和主动的干预和控制活动，包括监督和管理两个部分。金融市场监管是监管主体采取相应的手段对金融业的运行进行监督和管理，具有保护投资者权益、维护金融市场正常秩序和提高金融市场效率等现实意义。

12.1.1 金融监管的概念与要素

1）金融监管的概念

金融监管是金融监督和管理的复合称谓，是经济监管的重要组成部分。根据监管主体的不同，金融监管有狭义和广义之分。狭义的金融监管是指中央银行或者其他金融监管当局依据国家法律的授权对整个金融业（包括金融机构以及金融机构在金融市场上所有的业务活动）实施的监督管理。广义的金融监管是在上述内容的基础上，涵盖金融机构的内部控制和稽核、同业自律性组织的监管以及社会中介组织的监管等。

2）金融监管的要素

金融监管是针对金融市场机制失灵以及金融风险急剧增加的情况而发展和强化起来的，从金融监管的概念中可以看出，有效的金融监管体制必须具有以下三个基本要素：监管主体（监管当局）、监管客体（监管对象）和监管手段（各种方式、工具等）。

（1）金融监管主体。金融监管主体是“由谁监管”的问题，从理论上讲，金融监管是一种政府行为，应由政府实施；从实践来看，绝大多数金融监管活动是以政府为主体进行的，但也有一些监管活动是由非政府机构，如金融行业组织等来完成的。概括而言，监管可以由两类主体完成：第一类主体是相关政府机构，它们的权力由政府授予，负责制定金融市场监管方面的各种规章制度以及监督这些规章制度的实施。第二类主体是各种非官方性质的民间组织或私人机构，它们的权力来自其成员对机构决策的普遍认可，金融机构出现违规现象并不会造成法律后果，但可能受到监管机构的纪律处罚。

（2）金融监管客体。金融监管的客体即“谁来接受监管”的问题，金融监管的客体包括从事金融业务的所有金融机构以及参与市场交易的非金融机构和个人。金融机构本身就是金融市场活动的主体，自然是接受监管的客体；非金融机构和个人只有在金融市场上进行交易时才是监管的客体。具体来说，金融监管的客体主要包括银行、证券公司、保险公司、信托投资公司、财务公司、金融租赁公司、信用合作社、基金管理公司和从事金融市场业务的会计师事务所、律师事务所、资产评估机构等。

（3）金融监管手段。金融监管手段即“如何实施监管”的问题，金融市场监管手段是监管主体得以行使其职责、实现其监管目标的工具。金融市场的监管手段主要包括法律手段、行政手段、经济手段以及自律管理四种。

① 法律手段。法律手段是指运用经济立法和司法来管理金融市场，即通过法律规范来约束金融市场参与主体的行为，以法律形式维护金融市场良好的运行秩序。法律手段约束力强，是金融市场监管的基础手段。各国对金融市场监管所制定的法律法规范围很广，主要分为两类：一类是金融市场监管的直接法律，如证券法、商业银行法、保险法等；另一类涉及金融市场管理，与金融市场密切相关，如公司法、税法、反托拉斯法等。

② 行政手段。行政手段是指依靠国家行政机关系统，通过命令、指令、规定、条例等对金融市场进行直接干预和管理。行政手段由来已久，几乎存在于任何国家和地区金融市场的监管历史中。在市场发育早期，行政手段用得较多，而在成熟阶段则用得较少。这是因为金融市场发展的初期往往法律手段不健全而且经济手段效率低下，造成了监管不足的局面，故而需要行政手段作为补充。

③ 经济手段。经济手段是指政府以管理和调控金融市场为主要目的，采用利率政策、公开市场业务政策、税收政策等经济手段间接调控金融市场运行和参与主体的行为。经济手段的特点是较为灵活，但调节过程可能较慢，存在时滞。在金融市场的监管中，经常使用的是以下两种经济调控手段：一是财政手段，政府根据不同的经济状况采用不同的财政政策，调节经济运行，影响金融机构决策，达到间接监管、调控金融运行的目的；二是金融货币手段，政府通过调节再贴现率、银行存款准备金率和实施公开市场业务来调节市场货币供应量，从而平复金融市场波动，达到监管调控金融市场的目的。

④ 自律管理。自律管理即自我约束、自我管理，通过自愿方式，以行业协会的形式组成管理机构，制定共同遵守的行为规则和管理规章，约束会员的经营行为。自律管理手段是对政府监管的有效补充。

12.1.2　金融监管的内容与原则

1）金融监管的内容

金融监管的内容包括市场准入监管、日常业务营运监管以及市场退出监管三个部分。

（1）市场准入监管。金融机构市场准入监管几乎是所有国家和地区进行金融监管的第一步。市场准入是指金融监管当局对具备资格的机构进入金融市场、经营金融产品、提供金融服务的审查批准过程。市场准入监管是一个关系到金融业能否健康发展，金融业结构和规模是否适度，金融机构是否具备设立资格、是否会给社会经济带来消极影响的重要环节。市场准入监管包括三个方面：机构的准入、业务的准入和高级管理人员的准入。

（2）日常业务营运监管。日常业务营运监管是指金融机构达到市场准入条件之后，监管当局对其各项经营行为以及经营过程的监管。虽然各国金融监管部门的监管操作不完全相同，但在监管内容上都体现了保证金融机构经营的安全性、流动性、营利性三个方面。对金融机构日常业务营运监管一般需要针对以下几个方面进行：业务经营的合法性，资本的充足性，资产质量的可靠性、流动性、营利性，内部管理水平和内部制度的健全性。

（3）市场退出监管。市场退出监管是指金融监管当局对金融机构退出金融业、破产倒闭或合（兼）并、变更等实施监督管理。金融业的特殊性决定了金融机构不能擅自变更、停业、关闭或者合（兼）并，而必须经过监管当局的审查批准。具体来说，市场退出监管包括三种情况：对金融机构破产倒闭的监管，对金融机构变更、合（兼）并的监管以及对违规者的终止经营监管。

2）金融监管的原则

为了保证金融市场的高效稳定运转，金融监管应该遵循以下六个原则：

（1）"三公"原则，即公开、公平、公正。公开原则要求向市场参与者及时、完整、真实、准确地披露各种金融市场信息，任何工作人员不得利用内幕信息进行金融活动；公平原则要求各个市场参与者具有平等的法律地位，拥有均等的交易机会，具有接触、获取信息的平等机会，遵循相同的交易规则，各自的合法权益都能得到公平的保障；公正原则要求监管当局在公开、公平的基础之上，对一切被监管对象给予公正待遇，做到立法公正、执法公正、仲裁公正。公开是实现公平、公正的前提，公平是实现公开、公正的基础，公正是实现公开、公平的保障。

（2）依法监管与严格执法原则。依法监管与严格执法是各国金融监管当局共同遵守的一项原则。金融监管必须依据现行的金融法规，保持监管的严肃性、权威性、强制性和一贯性，不能随心所欲、凭个人好恶，甚至知法犯法、执法犯法、有法不依。坚持这一原则就要做到：金融监管当局及其工作人员在进行监管时，应坚持依法办事、严肃执法；金融监管工作者自身要遵守各种法规，学法、知法、懂法，坚持执法的连续性和一贯性。

（3）政府监督与自律相结合的原则。政府对金融市场的监管是一种外在监管行为，金融从业者的自我约束是金融机构的内部管理，只有把政府监督与金融机构内部自律管理相结合才能更好地发挥金融监管的作用，实现金融监管的目标。

（4）系统风险控制原则。金融业是高风险行业，其面临的风险主要有单个金融机构所特有的个体风险和所有金融机构都面临的系统风险。系统风险控制原则要求监管者负责控制金融体系的系统风险，采取适当的措施防范和减少金融体系系统风险的产生和积累，以保证整个金融体系的稳定。

（5）综合性和系统性监督原则。综合性与系统性监督原则包括：各种金融监管手段，即经济手段、行政手段、法律手段等要综合运用，以实现有效监管；金融监管的方式、方法或工具要综合运用，即监管工具要现代化、系统化，日常监管与重点监管、事前督导与事后监察要同时运用；金融监管机制和方案要科学化、系统化、最优化，确保金融监管的优质高效。

（6）适度监管与适度竞争原则。金融监管的根本宗旨是通过适度的金融监管形成和保持金融业适度竞争的环境和格局。适度监管与适度竞争原则强调监管要适当。监管过严，会导致金融系统失去活力和效率，抑制金融业的创新和发展；监管过松，又会导致金融系统不注意控制风险，引发不良后果。

12.1.3 金融监管体制

金融监管体制是指金融监管当局及其相应的机构运用一系列法规制度和办法措施，对金融市场主体行为进行宏观监督和管理所形成的一整套管理系统。各国由于金融市场发育程度不同、管理理念不同、法律及文化传统不同，在长期的金融市场监管实践中形成了各种不同的体制模式。根据是否对不同金融行业分别监管，金融监管体制可分为混业监管体制、分业监管体制和混合监管体制。

1）混业监管体制

随着金融业竞争的深化和金融信息化的发展，银行、证券、保险业务品种的相互交叉正在扩大，国际上出现了混业经营的趋势，为顺应这一趋势，又形成了混业监管模式。这种监管体制或是建立统一的监管机构，或是由不同机构合并成一个监管当局，对金融市场进行统一监管，其典型代表有日本、英国、韩国等国家。

混业监管体制的优点在于，金融机构数量的减少和监管机构监管范围的扩大使得一些稀缺资源可以共享，带来一定程度的规模经济，降低了成本，也有利于在统一的监管组织体制下，确定各个监管部门的监管责任。混业监管也有一些缺点，最明显的是金融业中的不同子行业具有不同的风险和特点，而混业监管很难对其进行细致区分，监管效果往往受到影响。此外，混业监管缺乏监管竞争和监督，容易产生官僚主义。

2）分业监管体制

分业经营是银行业、证券业、保险业、信托业等分别设立机构独立经营业务的经营方式。与之相对应的监管模式为分业监管体制，其典型代表有中国、荷兰和意大利等国家。

分业监管体制的优点有两个：首先，分业监管有一定的竞争优势，各个专业机构尽管监管对象不同，但彼此之间存在竞争压力，有利于提高监管效率；其次，由专业监管机构负责不同的监管领域，不仅能明确职责，使得分工更细致，也有利于提高效率。分业监管也有缺点，如分别设立多个监管机构花费的成本较高，而且各个监管主体之间协调的难度也随之增大；同时，分业监管很难综合评估混业经营的金融机构，尤其是金融集团的风险状况。

3）混合监管体制

混合监管体制是介于混业监管体制与分业监管体制之间的一种中间制度。该种体制吸收了上述两种体制的优点：首先，监管规则统一，监管步调和力度也容易统一；其次，体制分工明确，具有专业化优势；再次，监管成本较分业监管的成本低；最后，混合监管体制最大的优势是通过牵头监管机构的定期磋商协调，相互交换信息、密切配合，提高了监管效率。

小资料 12-1

美国金融行业的监管史

美国对金融行业的监管经历了混业—分业—混业—混业下严监管四个阶段。

1929年大萧条以前，美国对金融机构经营的限制较少，处于监管缺失状态，政府并未立法限制银行等金融机构的经营范围。1929—1933年的大萧条使美国政府意识到，金融混业经营存在巨大风险。1933年出台的《格拉斯-斯蒂格尔法案》确立了分业经营制度。

20世纪70年代，随着高通胀以及利率管制，"金融脱媒"现象严重，大量非银行金融机构通过各种金融创新工具，为居民和企业提供综合金融服务，对银行存款、贷款等传统经营业务产生负面冲击，挤压了银行的生存发展空间。在此背景下，政府开始放松金融管制，鼓励金融创新，不同金融机构的业务范围进一步相互渗透。1999年美国颁布《金融服务现代化法案》，废止了《格拉斯-斯蒂格尔法案》，允许商业银行、证券、保险跨界经营，银行等金融机构可以设立金融控股公司，从事全方位的综合金融业务，这标志着金融混业经营在美国正式确立。

2008年金融危机后，美国重新审视混业经营、分业监管下巨大的金融风险，随后颁布了《金融监管改革方案》和《多德-弗兰克法案》，实施"沃尔克法则"，主要内容包括：一是成立金融稳定监管委员会，扩大监管机构的权力，允许分拆陷入困境的所谓"大到不能倒"的金融机构，禁止使用纳税人资金救市，限制金融高管的薪酬；二是设立消费者金融保护局，保护消费者合法权益；三是加强对金融衍生品的监管，限制大金融机构的投机性交易，禁止银行从事自营性质的投资业务。相关规则对美国金融混业经营施加了严格的限制，抑制了系统性风险发生的可能性，但也降低了美国金融行业的效率。2016年后，美国总统签署多个行政令和备忘录放松金融监管，修正《多德-弗兰克法案》对美国金融行业的严格限制，就整体而言，美国金融体系处于混业经营的状态。

资料来源　徐海宁，李志骞. 混业与分业：金融开放背景下中国金融市场格局初探［EB/OL］.［2020-09-19］. http：//news.caijingmobile.com.

小思考12-1

我国现行分业监管体制会向混业监管转变吗?

2020年9月13日，国务院印发《关于实施金融控股公司准入管理的决定》，随后央行发布了《金融控股公司监督管理试行办法》，旨在规范金融综合经营和产融结合，加强金融控股公司统筹监管，有效防控金融风险，推动金融控股公司健康持续发展。随着金融开放的加速，在坚持分业经营、分业监管的原则下，中国金融机构或将在金融控股公司的大框架下探索混业经营模式。

在金融控股公司迅速扩张的过程中，以金融自由化、影子银行、资管繁荣为特征的金融扩张周期导致分业监管难以应付新时代的监管要求，出现资金脱实向虚、监管套利、金融风险集聚等问题。2017年召开的第五次全国金融工作会议提出成立"国务院金融稳定发展委员会"，统筹协调金融监管政策、监管部门之间及其他相关政策的配合。2018年，中国银监会与中国保监会合并为中国银保监会，"一行三会"变为"一行两会"。通过近几年对金融监管体制的改革，消除了过去"铁路警察、各管一段"的监管弊端，分业监管向综合监管方向转变，为金融机构有序混业经营建立了监管基础。

金融混业经营是世界金融发展的大趋势，混业经营带来的规模效应、运营效率与服务深度提升将提高金融机构的综合竞争力，重塑中国金融市场竞争形态，促进行业优胜劣汰，适应中国金融市场开放的挑战。除了商业银行与证券公司之间直接控股与混业经营的限制外，我国目前已经打破了银行、保险、信托、基金、租赁等金融机构之间持股与混业经营的法律障碍。

资料来源　徐海宁，李志骞. 混业与分业：金融开放背景下中国金融市场格局初探［EB/OL］.［2020-09-19］.http：//news.caijingmobile.com.

12.2 证券市场监管

证券市场监管是指证券管理机关运用法律的、经济的以及必要的行政手段，对证券的发行、交易等行为以及证券投资中介机构的行为进行监督与管理。证券市场监管是一个国家或地区宏观经济监督体系中不可缺少的组成部分，对证券市场的健康发展意义重大。

12.2.1 证券市场监管体制与机构

1）证券市场监管体制

一个国家或地区的证券监管体制选择主要基于两个基本因素：一是证券市场的发展阶段、发育程度与自由度；二是政府对经济运行的调控模型。由于各国的具体情况不同，监管体制也不尽相同。综合来看，监管体制一般包括三种：集中型监管体制、自律型监管体制和中间型监管体制。

（1）集中型监管体制又称集中立法型监管体制，是指政府通过制定专门的证券法规、设立全国性的证券监督管理机构来统一管理全国证券市场的一种体制。美国是集中型监管体制的典型代表。美国证券交易委员会是根据《1934年证券交易法》成立的，由总统任命、参议院批准的5名委员组成，对全国的证券发行、证券交易所交易、证券商和投资公司的行为等实施全面监督管理。

集中型监管体制具有监管体系更加集中、监管机构更加专业化、监管方法更加有效等优势，能够协调全国的金融市场、统一执法尺度、提高金融市场监管的权威性，更好地保护了投资者的合法利益。然而它也有不足之处：一是集中监管容易产生对证券市场的过多干预；二是监管者独立于金融市场，可能使得监管脱离实际，缺乏效率，当市场发生意外时，可能反应较慢，处理不及时。

（2）自律型监管体制是指政府除了制定一些必要的立法之外，很少干预证券市场，对证券市场的监管主要由证券交易所、证券商协会等自律性组织负责。此种体制强调证券从业者自我约束、自我管理，一般不设专门的证券监管机构。英国是自律型监管体制的代表，伦敦证券交易所制定的规章制度具有重要的地位。

自律型监管体制能够充分发挥市场和自由竞争的作用，更贴近金融市场的实际运行，有利于活跃市场，且监管灵活，效率较高；自律性组织对违规行为能作出迅速而有效的反应。然而其缺陷在于：一是没有统一的监管机构，难以协调各方机构. 容易造成市场混乱；二是监管偏重维护市场的有效运作和保护会员利益，但投资者利益往往不能得到充分保障；三是缺乏强有力的立法作后盾，监管手段较软弱。

（3）中间型监管体制是指政府监管和行业自律相结合的监管体制。它既设有专门的立法和政府监管机构进行集中监管，也强调自律性组织的自律监管。这种监管体制又称为分级监管体制，包括二级管理和三级管理两种模式。二级管理指的是中央政府监管机构与自律性组织互相结合的管理；三级管理指的是中央政府、地方政府和自律性组织三者相结合的管理。中间型管理体制的典型代表有泰国、德国等。

2）证券市场的监管机构

证券市场监管机构的设置取决于证券监管模式，各个国家和地区的证券管理机构千差万别，大体可分为政府监管机构和自律性监管机构两大类。

（1）政府监管机构。政府监管机构又分为独立机构管理和政府机构兼管。独立机构管理指的是中央一级的独立监管机构对证券市场进行管理，典型代表为美国联邦证券管理委员会、法国证券交易所管理委员会以及意大利全国公司与证券交易所管理委员会等；政府机构兼管主要包括财政部兼管、中央银行兼管、财政部和中央银行共管等多种情况。

（2）自律性监管机构。自律性监管是政府监管证券市场的有效补充，通过自愿方式，以证券行业协会的形式组成管理机构，制定共同遵守的行为规则和管理规章，以约束证券市场上各会员的经营行为。自律性监管机构的有效运作是建立在证券交易所、证券经营机构以及证券行业协会等机构建立的一套自律性规章制度基础之上的。英国证券市场是以自律管理为主的市场，居于主导地位的是英国证券业理事会和证券交易所协会。在美国，自律性监管机构包括证券交易所、证券商协会、清算机构、市证券立法委员会等。

12.2.2 证券市场监管的内容

根据证券交易的流程和证券市场监管对象，证券市场监管的内容可以分为证券发行监管、证券交易监管、交易市场监管、经营机构监管、从业人员监管和投资者监管六个方面。

1）证券发行监管

证券发行监管是指证券监管部门对新证券发行的审查、控制和监督，这是保证整个证券市场健康发展的第一道屏障。对发行市场进行监管对维护证券市场的秩序、建立与发展流通市场都具有重要意义。

（1）证券发行审核制度。证券发行监管的首要任务是对证券发行资格的审核，只有具备证券发行条件，才能进入市场发行证券。证券发行审核制度是一国证券监管机构对证券发行活动进行监管的法律法规及相关制度的总称。目前世界上主要的证券发行审核制度有注册制和核准制，本书第5章已经做了说明，不再赘述。

（2）证券发行信息披露制度。信息披露制度是指公开发行证券的公司按相关规定以一定的方式及时、准确、完整地向社会公众公布有关信息的行为惯例和活动准则。证券发行信息披露制度的建立，有利于投资者对证券价值的判断和对发行者的监督管理，有利于提高证券发行市场的资本配置效率。证券发行和交易中应公开的信息包括招股说明书、上市公告书、定期报告和临时报告等。

2）证券交易监管

证券交易监管包括对上市公司信息持续披露的监管和对证券交易行为的监管，而对交易行为监管的核心是反对证券交易活动中的内幕交易、市场操纵以及欺诈客户等行为，从而达到规范证券交易行为、维护证券市场秩序、保护投资者合法权益和社会公共利益的目的。

（1）对内幕交易的监管。内幕交易又称知情交易，是指在证券发行和交易过程中，与证券交易有关的人员直接或间接地利用掌握的内幕信息进行证券买卖以获取不正当经济利益或避免损失，或泄露内幕信息使他人非法获利或避免损失的行为。内幕交易在世界各国都受到法律的明令禁止。对内幕交易的有效监管要依靠证券监管机构的监管能力和监管效率，这又取决于证券市场法律法规的完善程度、监管提示的健全程度和证券市场监管技术的发达程度以及证券监管人员的专业素质和道德素质。发达国家对内幕交易的监管大都有一套完备的法律法规体系以及相应的、先进的市场监管技术。

（2）对市场操纵的监管。证券市场操纵行为是指某一组织或个人以获取利益或者减少损失为目的，利用资金、信息优势，或者滥用职权制造市场假象，诱导或者导致投资者在不了解事实真相的情况下作出投资决定。市场操纵行为有很多种，如利用巨额资金优势集中于某种证券的买卖，诱使投资者跟进；故意散布足以影响市场行情的消息或不实资料，影响证券的发行、交易；通过合谋买卖，与他人串通，进行不转移证券所有权的虚买虚卖，制造证券的虚假价格等。一般来说，监管市场操纵行为的规定与反垄断法的立法原理相吻合。以美国为例，《1934年证券交易法》第九条和第十条规定了反操纵的一般条款，如第九条（a）款禁止合谋与对倒交易，禁止连续交易和恶意传播信息，禁止传播虚假误导资料等。部分国家和地区还规定对操纵行为受害人的赔偿救济条款。

小资料12-2

我国对操纵证券市场行为的认定与处罚

2019年12月28日，第十三届全国人民代表大会常务委员会第十五次会议通过了新修订的《中华人民共和国证券法》（以下简称《证券法》），自2020年3月1日起正式实施。《证券法》对操纵市场有新的规定，禁止任何人以下列手段操纵证券市场，影响或者意图影响证券交易价格或者证券交易量：

（1）单独或者通过合谋，集中资金优势、持股优势或者利用信息优势联合或者连续买卖；

（2）与他人串通，以事先约定的时间、价格和方式相互进行证券交易；

（3）在自己实际控制的账户之间进行证券交易；

（4）不以成交为目的，频繁或者大量申报并撤销申报；

（5）利用虚假或者不确定的重大信息，诱导投资者进行证券交易；

（6）对证券、发行人公开作出评价、预测或者投资建议，并进行反向证券交易；

（7）利用在其他相关市场的活动操纵证券市场；

（8）操纵证券市场的其他手段。

操纵证券市场行为给投资者造成损失的，应当依法承担赔偿责任。

违反《证券法》的规定操纵证券市场的，责令依法处理其非法持有的证券，没收违法所得，并处以违法所得1倍以上10倍以下的罚款；没有违法所得或者违法所得不足100万元的，处以100万元以上1 000万元以下的罚款。单位操纵证券市场的，还应当对直接负责的主管人员和其他直接责任人员给予警告，并处以50万元以上500万元以下的罚款。

（3）对欺诈客户行为的监管。欺诈客户行为是指以获取非法利益为目的，违反证券管理法规，在证券发行、交易及相关活动中从事欺诈、虚假陈述等行为。以我国为例，国务院于1993年9月2日发布了《禁止证券欺诈行为暂行办法》，禁止任何单位或个人在证券发行、交易及相关活动中欺诈客户。证券经营机构、证券登记或清算机构以及其他各类从事证券业的机构有欺诈客户行为的，将根据不同情况，限制或者暂停证券业务以及进行其他处罚。因欺诈客户行为给投资者造成损失的，应当依法承担赔偿责任。

同步案例12-1

乐视网财务造假及欺诈

2021年4月12日晚间，已从A股退市的乐视网在全国股转系统发布公告表示，当日收到北京证监局送到的行政处罚决定书，因财务造假、欺诈发行等违法行为，乐视网被处以2.406亿元罚款，乐视网实控人贾跃亭被罚款2.412亿元，合计4.818亿元。

中国证监会行政处罚决定书（乐视网、贾跃亭等15名责任主体）（〔2021〕16号）显示，2010年乐视网上市后，除利用自有资金循环和串通"走账"虚构业务收入外，还通过伪造合同、以未实际执行框架合同或单边确认互换合同方式继续虚增业绩。依据2005年修订的《证券法》的有关规定，中国证监会对乐视网信息披露违法、欺诈发行行为进行了立案调查、审理，经查明，乐视网、贾跃亭（时任乐视网董事长）等存在以下违法事实：

1.乐视网于2007—2016年财务造假，其报送、披露的申请首次公开发行股票并上市相关文件及2010—2016年年报存在虚假记载。

2.乐视网未按规定披露关联交易。

3.乐视网未披露为乐视控股等公司提供担保事项。

4.乐视网未如实披露贾跃亭向上市公司履行借款承诺的情况。

5.乐视网2016年非公开发行股票行为构成欺诈发行。

以上事实，中国证监会有相关临时报告和定期报告、发行申请文件、记账凭证、客户往来核算资料、情况说明、当事人笔录、证人证言、银行账户流水、证券账户交易记录、企业工商登记资料等证据证明，足以认定。

3）证券交易市场监管

证券交易市场是进行证券交易的场所，可以分为交易所市场和场外交易市场。由于场外交易市场是一个非组织化、非制度化的市场，不像证券交易所那样对进场有严格的规定和限制，因此，对证券交易市场的监管重点就是对证券交易所的监管。

证券交易所是集中进行证券买卖的公开场所，各国政府都对证券交易所实行严格的监督管理。证券交易所的组织形式有会员制和公司制，两者都受到证券交易主管机关和证券交易自律性组织的双重监管。对证券交易所的管理一般有三种模式：一是登记制，即只要交易所的规章符合有关法规，即可登记成立，美国主要采用登记制；二是特许制，即证券交易所的设立须经主管机构的特许方可设立，世界上大部分国家和地区采取特许制；三是承认制，即政府没有专门审批交易所的机构，只要得到证券交易所协会的承认即可，但必须提供遵守证券交易制度的保证及交易所本身的规则，英国采用的是承认制。

4）证券经营机构监管

证券经营机构是证券发行和交易的中介，是证券市场不可缺少的重要角色。对证券经营机构的监管主要是对机构设立和机构行为的监管。

（1）对机构设立的监管。各国根据立法，对证券经营机构设立分别采取注册制、承认制和特许制。美国、新加坡等实行的是注册制，证券经营机构必须同时取得主管机关的注册批准和证券交易所的会员资格后才能从事证券经营活动；承认制主要实行于英国，但1986年《金融服务法案》颁布后，英国的承认制发生了实质性变化，也具有了一些注册制的特点；采用特许制的国家和地区较为普遍，如德、意、日、法等，对证券经营机构的资格审查较为严格。

我国实行的是特许制。《证券法》规定，设立证券公司应当具备下列条件，并经国务院证券监督管理机构批准：

①有符合法律、行政法规规定的公司章程；

②主要股东及公司的实际控制人具有良好的财务状况和诚信记录，最近3年无重大违法违规记录；

③有符合《证券法》规定的公司注册资本；

④董事、监事、高级管理人员、从业人员符合《证券法》规定的条件；

⑤有完善的风险管理与内部控制制度；

⑥有合格的经营场所、业务设施和信息技术系统；

⑦法律、行政法规和国务院证券监督管理机构规定的其他条件。

未经国务院证券监督管理机构批准，任何单位和个人不得以证券公司名义开展证券业务活动。

（2）对机构行为的监管。证券经营机构在开展业务过程中应该遵循一定的行为规范。通常情况下，对证券经营机构的行为监管在内容、性质上跨越法律、行政及道德等多个范畴，包括对证券承销商、经纪商、自营商的资格确认和监督检查，对承销商、经纪商和自营商的行为规范与禁止，以及证券经营机构的定期报告制度和财务保证制度等。

5）证券从业人员和投资者监管

证券从业人员是指证券中介机构（包括证券公司、证券清算登记机构、证券投资咨询机构及其他可经营证券相关业务的机构）中一些特定岗位的人员，分为管理人员和专业人员两类。根据国际通行的做法，对证券从业人员进行资格考试和注册认证，是提高从业人员素质和加强管理的一项十分重要的制度。美国、日本、英国、新加坡、加拿大等有代表性的市场经济国家一直实行这一制度，并取得了良好的效果。我国《证券业从业人员资格管理暂行规定》要求，从业人员必须取得资格证书方可从事相关证券业务。

证券市场投资者包括个人投资者和机构投资者两类，其投资行为直接影响证券市场的稳定，对投资者的监管主要是监督投资者依照法规和市场规则公平地进行投资活动，主要包括对投资者的资格审查和对其交易行为的监管等，目的在于维护市场的正常交易秩序，形成一个公平、合理、有序的投资环境。

小思考 12-2

你认为证券市场监管宽严尺度应如何把握?

证券市场监管的根本目的在于规范市场行为，维护市场稳定，保护投资者利益。基于这一点，监管不宜太宽松，但过度严格的监管又会降低金融创新的积极性，阻碍证券市场的发展。宽严是相对的，要结合市场发展的阶段、社会环境以及经济发展的需要来综合确定。我们应该坚持政府对证券市场的适度监管，在不阻碍金融创新的前提下，推动证券行业的健康发展。

12.2.3 证券市场监管的法规体系

规范化的证券市场必须具备严明完善的法制环境，而完善的证券法律法规体系可以保证证券市场的健康发展，有效预防证券市场欺诈、内幕交易、不良投机和人为操纵等不当行为的发生，使证券市场发挥最大效能，达到促进经济健康发展的目的。综合西方国家证券法规的特点，可以将各国证券市场监管法规划分为三种体系，即美国证券法体系、英国证券法体系和欧陆证券法体系。

1）证券法规体系的范畴

从广义上说，证券市场监管法规体系是指国家立法机关和国家授权机关制定的，规范和调整证券发行与证券交易关系的法律规范的总和，即与证券相关的法律规范的总和；从狭义上说，证券市场监管法规体系是指关于有价证券的发行、交易的立法，是调整证券发行人和证券持有人以及其他利益相关人在证券发行、交易活动中所产生的社会关系的法律规范的总和。

2）美国证券法体系

美国证券市场监管法律体系最大的特点是对证券机构、市场和交易行为制定专门法律，并注重公开透明原则。参照美国证券市场监管法律体系的国家和地区有日本、韩国、印度尼西亚、菲律宾、加拿大以及中国台湾等。

在证券市场上，美国的联邦与各州分而治之，其证券法律管理采用以联邦政府颁布的证券法律和州政府颁布的法律并行，联邦法律为主、州政府法律为辅，多部证券法律共同发挥作用的模式。美国证券市场监管法律体系形成了由联邦政府、州政府和自律性组织共同构成的既统一又相对独立的三级立法监管体系。美国证券市场监管法律体系的主要立法有：

（1）联邦政府立法。联邦政府立法主要包括《1933年证券法》《1934年证券交易法》《1935年公用事业控股公司法》《1939年信托契约法》《1940年投资公司法》《1940年投资咨询法》《1976年证券投资者保护法》等。

（2）州政府立法。美国各州证券法规的重点不完全一致，统称为“蓝天法”，大致可以分为四种类型：一是防止欺诈型，主要以行政手段乃至刑事诉讼手段防止证券发行与交易中的不正当行为；二是登记证券商型，规定任何证券商在本州境内营业，必须向州政府主管机关注册登记并领取执照，如有违规行为，可吊销执照，禁止营业；三是注重公开型，如纽约州规定，所有证券商在开始营业时必须发出公告，在销售新证券时也必须发出公告，州检察官有权随时对各种证券行为进行调查，发现违法者立即处罚；四是注重实质监管型，管理当局不过多介入证券的发行与交易，主要以监督和裁定证券市场中的争议为主。

（3）自律性组织制定的规章。各种自律性组织（如各大交易所和行业协会）制定的规章对证券市场的监管起着配套和完善的作用，对从业者有相当于政府立法的约束力。

3）英国证券法体系

英国证券市场监管法律体系最大的特点是强调市场参与者以“自律”监管为主，政府干预很少，没有专门的证券监管机构，也不制定独立的法律。参照英国证券市场监管法律体系的国家和地区有英联邦成员国、中国香港等。

英国法律制度源于普通法，体现在证券立法中，最主要的是没有专门的证券法规，而是由公司法中有关公开说明书的规定、有关证券商的登记、防止欺诈条例和有关资本发行的管理法规等组成，对证券交易所及其会员采取自由放任的态度，证券交易所完全是自治的，不受政府的干预。主要法律法规包括：

（1）金融服务法。1986年，为适应金融业改革的需要，英国政府制定了《金融服务法》。该法取代了过去相关法律中一些过时的规定，以保护投资者为目的，对证券业新的管理体制、证券从业者资格的授予等作出了详细的规定，有效地规范了英国的金融服务业。

（2）证券交易所规则。自律、自治和以自身规则来规范市场是伦敦证券交易所的一贯特色，其各种规章制度非常详尽严格，对内部组织机构、会员惩处及有关证券上市等有一套独具特色、行之有效的方法和规定。

（3）规范证券市场的有关法规。英国虽然没有专门规范证券市场的法律法规，但是许多法规中包含了与证券市场监管有关的条文，如1958年《反欺诈法》、1967年《公司法》和1973年《公平交易法》等。

同步案例12-2

中国香港的证券法体系

汉能薄膜发电于2010年5月20日开始购入前身铂阳太阳能股票，并最终于2013年2月27日实现控股，成功在港借壳。2011—2014年期间，汉能薄膜发电净利润实现了从7.3亿港元到33.1亿港元的高速增长。在耀眼业绩支撑下，其股价开始起飞，从1.8港元/股一度飙涨到9.07港元/股，李河君（汉能集团董事局主席兼首席执行官）一度成为2015年中国内地新首富。2015年5月20日，因被质疑存在大量关联交易、涉嫌操纵股价被香港证监会调查，当天汉能薄膜发电股价暴跌47%，随后便开始了长达4年的停牌之路。根据香港上市规则，若汉能薄膜发电在2019年7月31日之前未能复牌，香港证监会将取消其上市地位。汉能薄膜发电面临2019年7月底‘摘牌大限”，为了避免摘牌的尴尬和风险，不得不以私有化回A股的理由主动申请退市。2019年6月11日，汉能薄膜发电正式从港交所退市。

在1987年10月股灾的影响下，香港政府决定对证券行业采取严格的管制，先后重组了交易所，成立了证监会，使香港证券市场的监管架构呈现出鲜明的三级监管特色。

证监会是香港金融市场的主要监管机构，对于证券市场和期货市场都有管辖权，其目标主要是维持和促进证券期货业的公平性、效率、竞争力、透明度和秩序；提高公众对证券期货业运作及功能的了解；为投资或持有金融产品的公众提供保障。

汉能薄膜发电退市属于执行与上市公司有关的证券法律条例，因为证监会有职责在发现持牌券商不遵守适用法律及规例时，要求该持牌券商采取迅速有效的补救行动，有违规情况发生时，要作出进一步调查，包括谴责、撤销或暂时吊销牌照及罚款。

除了证监会，在香港的三级监管体系中，还有一个组成部分，就是香港交易所。港交所并不具备法定调查权力，其权力是通过与上市发行人所签订的上市协议获得的，因此属于三级监管体系的第三层，被称为一线规管机构。

三级监管体系中的香港政府的存在感是比较弱的，但是其地位在证券市场中十分重要。总的来说，证监会主要是对违法行为进行监管，港交所是对违规行为进行监管，香港政府发挥的作用是宏观的，多为对前两者的监管。

资料来源　佚名. 从港股退市看香港证券监管体系［EB/OL］.（2021-02-08）［2022-11-12］. http：//k.sina.com.cn/article_3072796872_b72728c802000sjzc.html.

4）欧陆证券法体系

欧洲大陆证券市场监管体系以德国、法国、意大利等国家为代表，属于欧洲大陆证券市场监管体系的还有拉美和亚洲的一些国家和地区。

实行欧洲大陆法律体系的国家和地区对证券监管大多采用严格的实质性监管，在新公司成立过程中，往往对发起人的特殊利益有所限制，要求公司股东出资一律平等，但是，在公开原则的施行方面做得不够，发行人通常只在认股书中对公司章程、证券内容稍加披露，而没有“招股说明书”之类的说明材料，缺乏充分公开。此外，该体系的部分国家和地区还缺乏对证券领域进行全面监管的专门机构。

12.3 金融衍生品市场监管

金融衍生品兴起于20世纪70年代，从其产生伊始，高杠杆比率就决定了金融衍生品市场存在巨大的风险，近几十年来，金融衍生品市场更是得到了迅猛发展，金融衍生品在国际金融市场中的作用也逐步加大。20世纪90年代以来，全球每一场金融风暴几乎都与金融衍生品交易有着直接或者间接的联系，因此，对金融衍生品的监管已经得到越来越多国家的重视。

12.3.1 金融衍生品市场监管原则

金融衍生品市场监管原则是指在金融衍生品市场监管活动中必须遵循的准则，是实施监管的依据，是贯穿监管工作始终的指导方针。世界各国根据自身经济发展水平、经济开放程度，结合自身金融衍生品市场的发展阶段、目标，制定了与之相适应的金融衍生生品监管原则。综合来看，可以归纳为以下几点：

1）成效原则

监管是有成本的，不仅耗费社会资源，还会降低市场效率。虽然金融衍生品市场监管有利于维护金融市场的稳定，保障投资者的合法权益，然而监管本身依然存在成本与收益的关系。在监管过程中，主管机关不得不考虑监管的边际收益随着监管力度的增加而逐渐减少，而花费的边际成本却在不断增加。理论上，我们需要寻找一个均衡点，在这个点上，监管的边际收益等于边际成本。目前，国际金融衍生品市场监管的最新趋势是降低监管成本，提高监管效率。

2）稳定性与灵活性相结合的原则

稳定性原则是指金融衍生品市场监管政策自身的稳定性、一致性。金融衍生品市场的监管规则就是指导市场运作的规则，在不同的规则下，市场参与者的行为方式也不尽相同；政策的经常性更新变动也会加大市场的风险，这就要求监管规则保持相应的稳定性。监管的稳定性取决于法律法规是否完善稳定，稳定有效的监管既能体现监管的要求，又能维护监管的严肃性。

在遵循稳定性原则的同时，也要保证监管适应环境的变化，即监管制度、措施必须具备一定的灵活性。灵活性在金融衍生品市场的监管中尤为重要，因为衍生品市场是一个十分活跃的创新市场，其规模日益增大，品种层出不穷，新技术、互联网的广泛应用等对监管不断提出新的挑战，市场的发展和变化可能使一些原来行之有效的监管方法和措施不再有效，这就要求监管机构时刻关注市场发展的趋势，以保持监管体系能够适应监管环境的变化。

3）竞争性原则

金融衍生品市场的特性使其可能发生垄断或者操纵市场的行为，而这些行为会破坏市场的竞争性，造成价格扭曲，影响市场功能的正常发挥。对衍生品市场的监管必须防止和制止垄断以及操纵市场的行为，确保市场的竞争性。只有充分竞争的市场，才能有效地配置资源，保护投资者及大众的利益。对衍生品市场的欺诈、操纵、垄断等不正当行为，主管机关必须做到及时发现、及时处罚。

4）安全性原则

虚拟性、高杠杆性以及风险集中性使金融衍生品市场的安全性受到广泛的关注。安全性主要包括：衍生品应用者的安全性，如交易规模是否超过实际需要和承受能力，投资组合是否合理；代理商的安全性，如其资信情况如何，对客户的风险控制能力及自身的风险缓冲能力如何，代理量是否超过自身实力允许的范围；市场的安全性，如价格波动是否异常，交易规模是否与基础市场规模相匹配。此外，交易者及经纪人的道德操守是否正确，是否自律、有责任心等也是这一原则的体现。

5）系统性原则

金融衍生品市场监管是一个复杂的系统，需要多方面共同努力，多种因素综合作用才能实现监管目的。一个完整的金融衍生品市场监管系统包括宏观、中观、微观三个层次，即政府监管、行业自律与交易所的监管以及市场参与者内部控制三个层面。这三个层面虽然在监管的内容、措施及侧重点上有所不同，但共同构成一个完整的监管体系，忽视任何一个层面的作用都可能导致监管的低效甚至失效。系统性原则还要求，对金融衍生品市场的监管既要包括场内市场的监管，又要包括场外市场的监管；既要注重日常监管，又要注重突发事件的监管。

12.3.2 场内衍生品市场监管

从交易场所来划分，金融衍生品市场的监管分为对场内衍生品市场的监管和对场外衍生品市场的监管。场内衍生品市场是指在有组织的交易所内进行金融衍生品交易的市场。目前，世界各国和地区专门从事金融衍生品交易的场内市场有很多，其交易项目、交易方式也不尽相同，法律规范也有所区别，因此存在各种不同的监管体制。总体来说，现有的监管体制有政府监管、行业自律、交易所管理的三级监管体制和政府监管、交易所管理的两级监管体制。

由于在金融衍生品交易中，交易所处于首要的监管地位，其本身既是监管者又是被监管者，因此，我们重点阐述场内衍生品市场中交易所监管的内容。

1）交易所的自我管理

交易所是进行金融衍生品交易活动的主要场所之一，在整个金融衍生品市场监管体系中，加强交易所的一线监管对于保护竞争性、高效性、流动性有极其重要的作用。交易所的自我管理是指交易所通过依法制定各种规则来规范金融衍生品交易活动，管理内容主要包括提供交易场所及交易所需设备、制定交易规则、维护交易公平及市场秩序、搜集和披露市场信息、监管场内业务活动等。

2）主要国家和地区衍生品交易所的自我监管

美国金融衍生品交易监管中最重要的一环就是交易所的自我监管。交易所内成交过程的公开性、公正性、公平性和金融衍生品交易财务上的健全性，都要依靠交易所的自律管理。在美国，大多数交易所具有非营利性、服务性、民主性特征，交易所一般实行会员制，最高权力机构是董事会或理事会。其自律活动主要表现在：检查会员资格，监督会员的业务活动；监督交易场内的一切交易活动，防止垄断，保证交易在公平竞争的条件下进行；制定交易所交易规则，经有关部门批准后成为监督管理交易所交易活动的行为准则；检查经纪人或会员的资本金是否充足，是否有违规交易行为；对违法交易会员进行相应的行政处罚及提起行政诉讼，通过仲裁方式解决交易纠纷等。

日本衍生品交易所的自律内容与美国大致相同，但由于日本政府对交易所的管理比较严格，交易所的规章制度往往被政府法令所取代，所以交易所的自我管理相对于美国而言较为被动。日本没有专门的金融衍生品交易结算所，只是在交易所内部设会计室，处理结算业务，对结算的控制不如美国有效、严密；美国设有专门的清算所，清算所采用会员制，负责金融衍生品的交易结算。

英国衍生品交易所也实行会员制。交易所对市场交易的管理由市场监管部负责，每月通过对市场监督、交易监督、财务监督来进行管理，但对交易纠纷的解决，交易所内部缺乏像美国一样的仲裁系统。

中国香港联合交易所、中国香港期货交易所在证监会领导下，具有行业自律的职能，其组织大纲及章程均有对市场、会员及内部事宜进行监管的条款，具有特色的是通过分级结算系统进行风险分担。交易所之间的清算、业务清算由不同公司承担，交易所会员间的结算也设计为分层次框架。这样各级自负其责，形成了相互制约的机制，各层次加强了结算中的监督，层层分担市场风险，降低了市场风险程度。

3）交易所对金融衍生品的监管职能

虽然各国交易所对金融衍生品的监管有所差异，但是也有共同之处，交易所的基本职能大致相同：第一，审核批准进行金融衍生品交易的会员资格；第二，监督交易法律法规的执行情况；第三，监督管理各种金融衍生品合约；第四，维护交易的公开性和平等竞争；第五，解决交易中的纠纷；第六，处理交易会员的违法行为；第七，为交易提供资金保障；第八，公开金融衍生品市场的信息。

同步案例12-3

"原油宝"事件

2020年4月底，中国银行的产品"原油宝"由于到期以负值结算，导致大量多头客户不仅本金全部亏完，还"倒欠"银行巨款，引发市场和舆论的广泛关注。"原油宝"是中国银行的"纸原油"产品，投资的不是石油，而是原油期货。原油期货的投资门槛较高，普通投资者很难参与。"原油宝"的特点是交易起点低，其交易起点为1桶，交易最小递增单位为0.1桶。投资者认为原油将上涨的，可以选择做多；不看好未来原油价格的，可以选择做空。此次发生巨额亏损的，就是多头投资者。

"原油宝"事件的发酵很快引起监管部门的注意。中国银保监会相关部门负责人2020年4月30日表示，中国银保监会对此风险事件高度关注，第一时间要求中国银行依法依规解决问题，与客户平等协商，及时回应关切，切实维护投资者的合法权益。同时，要求中国银行尽快梳理查清问题，严格产品管理，加强风险管控，提升市场异常波动下的应急管理能力。在后续的整改中，中国银行主动承担"穿仓"部分的损失，制定出1 000万元以下的小户有机会拿到20%的保证金、1 000万元以上的大户需要承担全部保证金损失的差异化处理方案。在"原油宝""倒贴"事件发生两周后，国务院金融稳定发展委员会召开第二十八次会议，指出当前国际商品市场价格波动所带来的部分金融产品风险问题应高度重视，提高风险意识，强化风险管控。要控制外溢性，把握适度性，提高专业性，尊重契约，理清责任，保护投资者合法利益。在这样的政策指引下，国内银行几乎都下架了类似产品并进行整改。这是大型国有银行发扬契约精神、主动承担社会责任的表现。

2020年12月，中国银保监会对中国银行及其分支机构合计罚款5 050万元；对中国银行全球市场部两任总经理均给予警告并处罚款50万元，对中国银行全球市场部相关副总经理及资深交易员等两人均给予警告并处罚款40万元。"原油宝"看似一种金融产品创新，但在现行的监管体制下，监管的边界和权责归属却是模糊的。事实上，"原油宝"属于类期货合约产品，但其推出的机构是中国银行。如果从监管机构的角度来划分监管归属的话，这款产品到底是归中国银保监会监管，还是归中国证监会监管？或是由中国期货市场监控中心来监管？监管的归属无法确认、监管边界无法界定，对于这种"类期货产品"的监管存在盲区，有安全性隐患，进一步完善金融监管体系势在必行。

资料来源　林江，姜松，刘发跃，等. 原油宝"倒贴"风波后，如何强化风险管控？[J]. 财政监督，2020（11）：28-38.

12.3.3 场外衍生品市场监管

衍生品的场外交易是指在交易所以外进行的交易，它没有固定的场所。近年来，全球场外金融衍生品交易的快速发展及次贷危机的爆发暴露出场外金融衍生品市场监管的缺陷和风险管理的不足，场外衍生品种类的复杂性和交易本身缺乏足够的透明度，使得监管当局很难对场外交易进行有效监控。目前，各国对场外金融衍生品市场的监管体系不尽相同，但通常都涵盖了政府监管、自律管理以及市场参与者的内部控制三个层次。

1）场外金融衍生品市场的政府监管

政府监管在整个场外衍生品市场监管体系中处于宏观地位。目前，机构监管是场外衍生品市场监管的主要形式，不仅直接监管市场行为，也负责监管中介机构等行业自律性组织的行为。

（1）从政府对场外衍生品市场监管的客体角度出发，可分为功能性监管和机构性监管。功能性监管是指按照场外衍生品的经济功能进行监管，如对进行风险转移的场外衍生品进行监管等。功能性监管的优点是能够实现对场外衍生品市场的全方位协调，不会受限于不同产品、市场以及机构的差异，其监管也更具连续性和一般性。机构性监管是指按照金融机构的类型实行监管。在机构性监管模式下，随着金融混业经营趋势的发展和场外衍生品跨行业交易，监管难度越来越大；但机构性监管能够在不同的监管机构之间引发竞争，不容易导致监管机构的僵化。通常情况下，综合功能性监管和机构性监管的优点，实行混合型监管。

（2）从政府作为监管主体的角度出发，分为分业监管模式和统一监管模式。分业监管模式指的是不同的场外衍生品、不同的机构分别由不同的监管机构监管。统一监管模式是指由一个监管机构对不同的金融行业、不同的场外衍生品实行统一监管。与分业监管模式相比，统一监管模式更能适应金融行业混业经营的发展趋势，对场外金融衍生品的全面监督也更为到位。

在我国，中国人民银行承担了场外衍生品市场建设和监管的主要职能，同时主导着市场的产品创新。根据《中华人民共和国中国人民银行法》授予的金融市场监管权力，场外金融衍生品中最基础的外汇和利率衍生品及其现货市场一直是由中国人民银行监管的。

2）场外金融衍生品市场的自律监管

自律监管的作用主要体现为行业协会和市场中介所订立的规则对市场参与者的约束。它在场外衍生品市场中起主导作用。场外衍生品市场的自律监管主要包括行业协会的自律监管和市场中介的自律监管。

（1）行业协会的自律监管具有自治性和广泛性的特点。以美国为例，美国场外金融衍生品市场的自律性组织主要有全国证券交易商协会和全国期货行业协会。全国证券交易商协会是场外证券类衍生品交易的主要管理机构，监管内容包括对机构的监管和对交易的监管。该协会在审查投资银行交易活动合规性的同时，也对其从业人员进行教育培训和资格审查。全国期货行业协会主要对从事衍生品业务的机构和个人进行监管，市场参与者只有在全国期货行业协会注册后，才能开展相关衍生品业务。

此外，国际互换和衍生品协会作为全球最大的金融交易协会，代表场外衍生品市场参与者的利益，是国际化的行业自律性组织，致力于消除场外衍生品市场的风险来源，完善风险管理；制定标准化的场外衍生品交易协议，完善相关信用支持制度，出台净额结算方面的法律意见书。这些措施对降低场外衍生品市场参与者的交易成本和信用风险发挥了重要作用。

（2）市场中介的自律监管主要包括信用评级机构和中央对手方的自律监管。引入市场中介的自律监管，降低了市场的信用风险和流动性风险，节省了大量资本，提高了资本收益率。

3）市场参与者的内部控制

政府监管和自律监管很难做到面面俱到，在微观层面上还需要发挥市场参与者的专业知识优势，建立内部控制机制。内部控制机制的现行做法是在公司的前台交易人员和后台管理控制人员之间作出区分，将他们的职能相分离，以免产生利益冲突。由于机构投资者的前台交易人员和后台管理控制人员之间还是一个组织系统内部人员，他们具有共同的利益取向，如果公司内部人员贪婪地追求最大利益，内部控制就可能陷于瘫痪，可见完善的内部控制机制还需要良好的外部监管制度才能充分发挥作用。

小资料 12-3

监管沙盒：金融科技创新与监管匹配的新探索

监管沙盒是金融监管当局为金融科技创新提供的一个时间和范围有限的模拟测试机制。英国是支持金融科技创新最显著的经济体，是监管沙盒的最早实践者。在2014年英国金融市场行为监管局的政策咨询中，金融科技创新就成为核心的政策议题。英国金融市场行为管理局创新改革的主要目标是鼓励金融体系创新，为金融服务提供新的业务模式，为企业和消费者提供更加便捷和高效的服务，同时使英国在全球金融体系竞争中保持持续的竞争力。监管沙盒就是在英国政府上述考量下提出的。现已引入该机制的各金融监管当局对监管沙盒的解释与实践虽有所不同，但大多是对英国监管沙盒机制的借鉴、发展与创新。

监管沙盒对于追踪金融科技业务发展和风险演进的路径、填补金融监管缺位是非常有益的，监管沙盒具有传统金融监管体系所没有的、与金融科技创新相匹配的重要特质。首先，小范围监管沙盒试验就能激发监管敏捷性。比如，基于第三方支付的金融业务拓展、数据集聚、客户归集等可能引发的风险，对于特定金融科技业务相关的流动性缓释要求、资本充足率要求和内在关联性考查等，都可以在监管沙盒试验中直接触发监管者的敏捷反应。其次，监管沙盒机制为创新者和监管者提供了金融创新潜在风险的一种“可视化”机制。金融科技创新者和监管者可以在监管沙盒试验中考查金融机构、科技企业甚至其他类型参与方的创新机制、业务跨界、内在关联、风险传导和监管短板等，观察金融科技创新如何构建有别于传统金融机构的跨界业务架构、去中介化机制以及去中心化体系等。再次，监管沙盒机制为隐私保护和数据安全提供了一种可控的测试空间。监管沙盒为金融监管部门的规制适用性，尤其是金融科技生态体系下的消费者保护和数据保护要求提供了一种可控但又接近市场运行现状的模拟环境。最后，监管沙盒机制为金融科技的跨部门监管协调提供了一种验证条件。强化对金融科技实体的数据隐私、消费者保护和数据共享的监管是需要跨部门协同合作的，各个部门的职责和合作要点需要在金融科技业务尚未全面展开时就充分考证或测试，监管沙盒机制为此提供了一种可行性。此外，监管沙盒机制为提升金融监管机构对技术的认知和监管科技水平提供了重要的“事前监管”基础。

资料来源　柳立．监管沙盒：金融科技创新与监管匹配的新探索［N］．金融时报，2020-06-08（9）．

思政小课堂 12-1

金融开放与金融监管

党的十九大以来，中国人民银行以习近平新时代中国特色社会主义思想为指导，按照党中央、国务院决策部署，对标高质量发展和高水平开放要求，坚持市场化、法治化、国际化原则，会同有关部门深入推进金融业开放，取得突破性进展。2018年，习近平总书记在博鳌亚洲论坛年会致辞中指出，中国将大幅放宽市场准入，推动对外开放重大措施落实“宜早不宜迟、宜快不宜慢”。金融管理部门落实习近平总书记重要指示精神，出台了多项开放措施，推动中国金融业开放取得突破性进展。

针对推进金融业高质量开放，我们要把握好金融开放与防风险之间的监管平衡。必须继续坚定不移推进金融业的对外开放，全面实施准入前国民待遇加负面清单管理制度，不断改善营商环境，吸引更多具有专业特色的优质外资金融机构进入中国市场。同时，开放必须是稳妥有序的，要在确保金融安全的前提下提升金融业对外开放水平。要不断完善金融法律法规，坚持依法监管；要进一步优化监管规则，完善监管方式方法，增强开放条件下金融监管能力和风险防控能力；要按照市场化、法治化的原则，及时有效处置金融风险，坚决守住不发生系统性金融风险的底线。

资料来源　徐贝贝．在开放中不断提升监管质效，中国金融监管体系更趋健全［N］．金融时报，2021-12-22（1）．

本章小结

金融市场监管是监管主体采取相应的手段对金融业的运行进行监督和管理。金融监管是金融监督和管理的复合称谓，内容包括市场准入监管、日常业务营运监管以及市场退出监管三个部分。金融监管体制包括混业监管体制、分业监管体制和混合监管体制。证券市场监管是指证券管理机关运用法律的、经济的以及必要的行政手段，对证券的发行、交易等行为以及证券投资中介机构的行为进行监督与管理。证券市场监管的内容分为证券发行监管、证券交易监管、证券交易市场监管、证券经营机构监管、证券从业人员和投资者监管六个方面。金融衍生品市场监管包括场内衍生品市场监管和场外衍生品市场监管两个方面。

基本训练

一、主要概念

金融市场监管　三公原则　注册制　核准制　混业监管体制　分业监管体制　场内衍生品市场监管

二、重点实务

熟悉各国证券市场监管的法规体系　金融衍生品市场的监管原则　证券市场监管的内容

三、案例分析

金融科技进入高质量发展新阶段

中国数字经济经历了过去20年的蓬勃发展期，已成为中国经济新的增长点，很多细分垂直领域已走在世界前列。不可否认，平台经济和数字经济领域前期出现了一些问题，针对大型平台企业和金融科技公司的专项治理工作也在逐渐展开。

当前，我国在平台经济领域的监管规范工作取得了显著成效和实际效果，市场反响是积极的、正面的，公平竞争的市场秩序和发展环境也稳步向好。2022年以来，我国陆续出台了相关文件，召开了相关会议。2022年7月，国务院办公厅发函，同意建立数字经济发展部际联席会议制度。这些鲜明的政策信号表明，数字经济是中国经济高质量发展的重要内容，是提升中国经济与金融竞争力的重要引擎，中国的数字经济和金融科技进入了高质量发展新阶段。

在金融科技快速发展的背后，的确隐藏着一些风险隐患。具体而言，一是数据的垄断风险值得关注。由于科技公司不但可以依靠社交、游戏等采集大量数据，还能不断拓展新的数据来源，利用大数据技术分析客户偏好、习惯和需求，进而提供定制化的金融产品。一旦科技公司在数据领域确立了主导和垄断地位，将客户个人信息用于信用评估，它们就可以进行价格歧视，影响信贷的公平性。二是运营风险。全天候金融服务可能会增加金融机构受到外部冲击的时间和概率，对实时监测和突发事件管理能力形成挑战。同时，金融科技将加深金融业、科技企业和市场基础设施运营企业的融合，增加了金融行业的复杂性，如果风险管理不到位，面临市场冲击时可能会强化“羊群效应”和市场共振，增强风险波动和顺周期性。此外，金融科技公司的进入可能造成更高程度的市场集中，在云服务高度集中的情况下，一旦受到网络攻击，则可能形成金融风险。三是政策风险。由于科技行业天生具有赢者通吃的属性，伴随其快速扩张，可能带来市场垄断和歧视问题。一旦形成寡头垄断，就不利于竞争，从而导致行业的效力下降，带来潜在的社会和政策风险。

资料来源　赵萌．强化监管科技能力，应对潜藏风险［N］．金融时报，2021-09-13（007）．

请结合案例，针对金融科技快速发展背后隐藏的风险隐患，谈谈你对我国金融科技行业监管的建议。

四、模拟操作

随着金融衍生品市场的快速发展，几乎每一场世界性的金融危机都与之密切相关。请你在互联网上搜索一下世界各国和地区（如美国、英国、日本、新加坡、中国等）在金融衍生品市场监管方面出台过哪些法律法规并进行对比，思考我国应该如何加强对金融衍生品市场的监管。

五、即测即评

第12章单项选择题

第12章多项选择题

第12章判断题

参考文献

[1] 米什金，埃金斯. 金融市场与金融机构［M］. 英文版. 8版. 北京：中国人民大学出版社，2018.

[2] 马杜拉. 金融市场与机构［M］. 英文版. 12版. 北京：中国人民大学出版社，2020.

[3] 法博齐，莫迪利亚尼. 资本市场：机构与工具［M］. 汪涛，郭宁，译. 4版. 北京：中国人民大学出版社，2015.

[4] 法博齐. 固定收益证券手册［M］. 范舟，等译. 8版. 北京：中国人民大学出版社，2018.

[5] 亚历山大，夏普，贝利. 投资学基础［M］. 赵锡军，改编. 3版. 北京：中国人民大学出版社，2013.

[6] 麦克唐纳. 衍生品市场［M］. 杨丰，耿运栋，刘伟琳，译. 2版. 北京：中国人民大学出版社，2011.

[7] 法伯兹，曼恩，乔德里. 全球货币市场［M］. 孟昊，郭红，译. 大连：东北财经大学出版社，2011.

[8] 米什金. 货币金融学［M］. 英文版. 11版. 北京：中国人民大学出版社，2019.

[9] 法博齐. 债券市场：分析与策略［M］. 英文版. 9版. 北京：中国人民大学出版社，2018.

[10] 刘园. 金融机构与金融市场［M］. 4版. 北京：中国人民大学出版社，2022.

[11] 张亦春，郑振龙，林海. 金融市场学［M］. 6版. 北京：高等教育出版社，2020.

[12] 李心丹. 金融市场与金融机构［M］. 北京：中国人民大学出版社，2015.

[13] 张亦春. 现代金融市场学［M］. 4版. 北京：中国金融出版社，2019.

[14] 刘小玄. 金融市场化的演进：来自新兴金融机构和金融市场发展的实践［M］. 北京：社会科学文献出版社，2012.

[15] 李志斌. 后危机时代的金融衍生品市场监管：基于美国《金融监管改革法案》的思考［M］. 北京：中国金融出版社，2012.

[16] 李翀. 金融市场学［M］. 2版. 北京：北京师范大学出版社，2018.

全书知识结构图

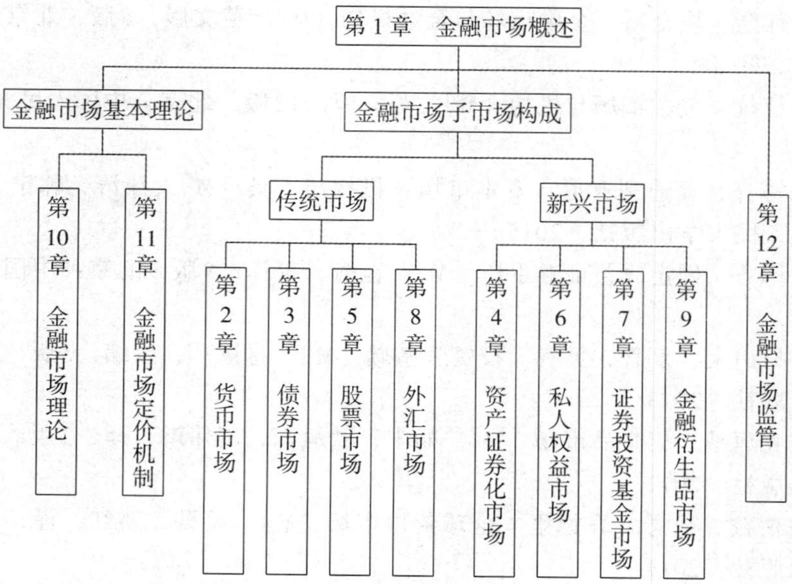

第1章　金融市场概述
金融市场基本理论
金融市场子市场构成
第10章　金融市场理论
第11章　金融市场定价机制
传统市场
新兴市场
第12章　金融市场监管
第2章　货币市场
第3章　债券市场
第5章　股票市场
第8章　外汇市场
第4章　资产证券化市场
第6章　私人权益市场
第7章　证券投资基金市场
第9章　金融衍生品市场